厦门大学
哲学社会科学繁荣计划
2011—2021

■ 本书系国家社会科学基金重点项目"'一带一路'背景下孔子学院本土化发展路径研究"（项目批准号：16AGJ009）的结项成果。

厦门大学公共事务学院文库

Path to Localization of Confucius Institutes under
the Background of the Belt and Road Initiative

"一带一路"背景下孔子学院
本土化发展路径研究

李丹 著

中国社会科学出版社

图书在版编目 (CIP) 数据

"一带一路"背景下孔子学院本土化发展路径研究 / 李丹著 . —北京：
中国社会科学出版社，2020.11

ISBN 978 - 7 - 5203 - 7026 - 4

Ⅰ.①—…　Ⅱ.①李…　Ⅲ.①"一带一路"—文化交流—研究
Ⅳ.①G115

中国版本图书馆 CIP 数据核字 (2020) 第 186054 号

出 版 人	赵剑英	
责任编辑	孔继萍	
责任校对	王佳玉	
责任印制	郝美娜	

出　　　版	中国社会科学出版社	
社　　　址	北京鼓楼西大街甲 158 号	
邮　　　编	100720	
网　　　址	http://www.csspw.cn	
发 行 部	010 - 84083685	
门 市 部	010 - 84029450	
经　　　销	新华书店及其他书店	

印刷装订	北京市十月印刷有限公司	
版　　　次	2020 年 11 月第 1 版	
印　　　次	2020 年 11 月第 1 次印刷	

开　　　本	710 × 1000　1/16	
印　　　张	24.5	
插　　　页	2	
字　　　数	328 千字	
定　　　价	138.00 元	

凡购买中国社会科学出版社图书，如有质量问题请与本社营销中心联系调换
电话：010 - 84083683

总　序

公共事务是一个涉及众多学科的重大理论与实践领域，既是政治学与行政学（或公共管理学）的研究对象，也是法学、社会学和经济学等学科研究的题中之义。公共事务研究是国家的一个重大战略要求领域。随着全球化、市场化、信息化以及数据化、网络化和智能化时代的来临，当代国内外公共事务的理论和实践都发生了深刻变化；我国改革开放和现代化建设亟须公共事务及其管理的创新研究。党的十八届三中、四中全会分别做出了《中共中央关于全面深化改革若干重大问题的决定》和《中共中央关于全面推进依法治国若干重大问题的决定》，提出了"推进国家治理体系和治理能力现代化"以及依法治国的改革总目标。

全面深化改革，国家治理现代化，依法治国，决策的科学化民主化，都迫切需要公共事务和管理理论的指导及其知识的更广泛应用。这为中国公共事务研究提供了前所未有的发展机遇。改革与发展中的大量公共管理与公共政策问题需要系统研究，国家治理的实践及其经验需要及时总结。新形势要求我们迅速改变公共事务及其管理研究滞后于实践发展的局面，推动中国公共事务及其管理的理论创新，以适应迅速变化着的实践发展需要。这是我们继续出版《厦门大学公共事务学院文库》这套丛书的初衷。

厦门大学政治学、行政学和社会学学科具有悠久的历史。早在20世纪20年代中期，我校就设立了相关的系科，中间几经调整分合及停办。20世纪80年代中期，作为国内首批恢复政治学与行政学学科的重点综合性大学之一，我校复办政治系，不久更名为"政治学与行政学系"，随后社会学系也复办了。2003年，由我校的政治学与行政学系、社会学系和人口研究所三个单位组建了公共事务学院，2012年学校又批准成立了公共政策研究院。

经过三十年的发展，我校的公共管理与公共政策、政治学和社会学等学科已经取得了长足的发展，迈进了国内相关学科的前列。学院及研究院拥有公共管理、政治学两个一级学科博士点和博士后科研流动站，人口、资源与环境经济学二级学科博士点（国家级重点学科），社会学二级博士点和博士后科研流动站，公共管理硕士（MPA）和社会工作两个专业学位，"行政管理"国家级特色专业，公共管理、政治学和社会学3个福建省重点学科，厦门大学"985工程"及一流学科建设项目——公共管理重点学科建设平台，福建省2011协同创新中心——"公共政策与地方治理协同创新中心"，福建省文科重点研究基地——"厦门大学公共政策与政府创新研究中心"和福建省人文社科研究基地——"厦门大学公共服务质量研究中心"以及多个人才创新或教学团队。此外，学院还建立了设备先进的公共政策实验室。

本学院及研究院已形成一支包括多名教育部"长江学者"特聘教授或讲座教授及中组部"万人计划"人才在内的以中青年教师为主、专业结构比较合理、创新能力较强的人才团队，并形成了包括公共管理理论、公共政策分析、政府改革与治理、公共服务及其管理、公共部门绩效管理、人才发展战略、社会管理及社会保障、国家学说、新政治经济学、政治社会学、社会性别与公共事务在内的多个有特色和优势的研究领域或方向。

作为厦门大学公共事务学院和公共政策研究院以及"厦门大学

哲学社会科学繁荣计划"和 2011 省级协创中心等项目或平台的研究成果,《厦门大学公共事务学院文库》围绕公共事务及其管理这一核心,遴选我院教师的各种项目研究成果以及优秀博士论文汇集出版,旨在显示近年来我院公共事务及相关学科的研究进展,加强与国内外学界的交流,推进我国公共事务及相关学科的理论创新与知识应用。

陈振明

于 2016 年 8 月 28 日

目 录

引　论

孔子学院已经走过了十几年的发展历程，在取得了巨大成就的同时，也始终面临外部挑战和自身可持续发展的问题。进入"志学之年"后应如何在新的条件下实现新的作为？新的外部条件和机遇是什么？新的作为是什么？这是孔子学院未来发展不得不考虑的头等大事。孔子学院是中国崛起的产物，与中华民族全面复兴战略紧密相关，本身就是中国国际战略的一个重要组成部分。目前中国开放发展的大战略是"一带一路"。"一带一路"是融通中国梦与世界梦的合作共赢之路，是孔子学院发展的时代背景、外在环境和战略机遇，必将对孔子学院的下一步发展产生深远影响。怎样才能使孔子学院发展与国家战略、时代使命结合？与所在国家所在地区的社会文化需求同步？孔子学院应如何以"一带一路"为契机发展自己？它未来的发展方向和目标是什么？

一　研究背景

孔子学院走本土化发展之路，是本书提供的答案。

孔子学院的高层领导人很早就提出本土化发展的思路。2007年，第二届孔子学院大会就提出了"加快汉语教师本土化步伐"的要求。此后的孔子学院大会先后多次重申要推动孔子学院本土化发展：2009年第四届孔子学院大会提出"汉语教学本土化"，2010年第五届大会明确"教师的本土化是师资建设的重要方向"，2014年第九届大会提出整体要求"希望孔子学院加快推进本土化，促进融合发展"，2015 年第十届大会指明未来方向就是"逐步实现孔子学院的本土化"，2017 年第十二届孔子学院大会提出"为各国民众多样化本土化需求提供新服务"，2018 年第十三届孔子学院大会将实施"汉语＋"项目、因地制宜开设特色课程作为对孔子学院本土化发展的新希望新要求，并将其提升到构建人类命运共同体的高度。2019 年国际中文教育大会在强调聚焦语言主业的同时，提出要适应本土需求，帮助当地培养中文教育人才，完善国际中文教育标准，发挥汉语水平考试的评价导向作用，构建更加开放、包容、规范的现代国际中文教育体系。因此，在顶层设计上，本土化早已与孔子学院的发展方向和未来前景联系在一起。这些年孔子学院本土化在稳步推进，但整体进展和效果并不十分明显，这一方面是由于孔子学院在发展初期主要致力于全球化开拓布局，本土化深耕细作还有待展开；另一方面也与本土化推进缺乏适当的动力、契机和战略依托有关。

"一带一路"倡议的提出和实施使孔子学院本土化发展出现新的转机，为孔子学院本土化发展提供了沃土和良机：设施联通从空间上接近了中外国家的距离，也从心理上增强了中外之间的亲近感，为师生、民众交流互动提供了基础和保障；政策沟通将从高层推动中外合作良好氛围的形成，为中外合作提供方向目标和外在推力，有助于调动外方力量参与建设孔子学院的积极性，也有利于宏观上引导改善舆论氛围；贸易畅通为孔子学院所在地带来了商机和就业，为其因地制宜开展"汉语＋"项目，推进就业培训、加快本土化教学步伐、推动中外人文交流提供了动力和机遇；资金融通将助推孔子学院筹款多元化，改变早期一些国家主要依赖中国政府拨款的状况，为吸纳民间资本、创新筹资方式带来历史契机；民心相通更是与孔子学院本土化发展息息相关，作为沟通语言、文化和心灵的事业，孔子学院与民心相通是相辅相成、互为条件的。通话、通心、通情一脉相承，"一带一路"有助于使语言相通发挥最大效应，凸显孔子学院在中外人文交流合作中的价值与意义。可见，"一带一路"倡议实施契合孔子学院本土化发展趋势，赋予孔子学院转型升级、融合发展的大好时机。孔子学院创建十余年，如果说事业初创时期依赖中方教师、资金与教材使孔子学院顺利步入发展的快车道，那么接下来面对各国民众学习汉语的新期待、新需求，面对中外大开放、大合作、大交流的新形势、新任务，孔子学院因地制宜内涵办学、服务当地深度融合就成为必然选择。

　　世界上其他国家的语言文化海外推广机构，也是发展到一定阶段就开始本土化进程的。如果说它们在初创之时更多地依赖本国资源和语言文化本身的影响力、吸引力、有用性，也直接服务于本国发展战略的话，那么接下来随着事业推进，语言文化海外推广机构本身的合作性、服务性、协同性、务实性等特征日益显现，入乡随俗、落地生根的本土化发展成为自然而然的战略方向和策略选择。英国文化委员会整体上已经完成本土化转型，它在世界各地的本土员工远超过英国员工，在各地的自营收入也超过英国政府拨款成为最大收入来源。本土化是海外语言文化推广机构可持续发展的必由之路，也是孔子学院谋划未来的长远之计。从孔子学院面临的舆论环境与外在挑战来看，本土化更是孔子学院顺利发展的应有之虑和必然之举。虽然我们说孔子学院既是中国的，也是世界的，但不少国外人士认为它是中国的或属于中国政府的，为中方所有，甚至有人认为它是中国输出意识形态的工具，并由此生发出一系列负面舆论。究其原因，除了一些国家、一些人不太适应中国崛起、不能客观看待孔子学院发展外，也与孔子学院本土化发展尚不充分、不深入、不到位有关，如这些年来大有改观但依然存在的官方办学色彩、资金来源单一、教师教学教法、管理方式方法等问题，在一定程度上导致了中外"两张皮"的现象，一些外方人士对孔子学院疑惑不解，一些合作院校也以局外人的眼光打量和挑剔孔子学院，明明是受益者、合作者却不敢在关键时候站在孔子学院一边，个别院校甚至在政治压力下与孔子学院分道扬镳。孔子学院中国基因、异域生长、海外办学的事实，决定了本土化的内在必然性。只有扎根当地才能茁壮成长，否则就像移植的盆栽植物根基不深，是长不成参天大树的，更经受不了风吹雨打。因此，植根本土，融入当地，与国外合作方形成利益、命运和责任共同体，是孔子学院实现可持续发展和长远目标的不二选择。

二 研究框架

本书的研究主题是探讨"一带一路"这一大战略背景下孔子学院本土化发展的路径，主要内容是探讨"一带一路"国际合作背景下沿线孔子学院实现本土化发展的条件、可能、策略、进程、路径及其意义、影响，研究对象是"一带一路"沿线孔子学院（包含孔子课堂）——凡在"一带一路"沿线国的孔子学院都被视为沿线孔子学院，非沿线的孔子学院除总体论述和一般概括外不作为调研对象和重点讨论对象。研究拟具体分析孔子学院在"一带一路"建设中面临哪些新机遇，为什么本土化发展既是必要也是可能，如何衡量测评孔子学院本土化，以及孔子学院在"一带一路"共建中实现本土化发展的具体路径及其重大意义等问题。研究目标旨在说明本土化是孔子学院实现从数量扩张到特色办学、从孔子学院总部推行向内生发展、从中方拨款为主向多元筹资、从单向交流向互学互鉴、从官方校方主导向市场运作、从浅层次交流向深层次交融等一系列升级转型的良性发展过程和关键战略举措。具体来说本书分为以下几个部分：

第一章，提出问题，孔子学院面临的转型升级发展之际，正值"一带一路"倡议提出之时，孔子学院可以借力乘势发展；

第二章，阐释问题，分析本土化是孔子学院实现可持续发展的内在必需，"一带一路"为孔子学院本土化提供了良好机遇和现实可能；

第三章，回答问题，孔子学院本土化究竟包括什么内容，如何对其本土化程度进行测评，结合典型案例进行了深入剖析与解释；

第四章，解决问题，从理论上说明本土化发生的过程机制，从实践上概括"一带一路"沿线孔子学院本土化的具体进路和相应举措；

第五章，总结问题，阐明沿线孔子学院本土化发展对孔子学院自身发展、对中国和世界的意义和影响。

总之，本书循着分析起点—抓住要点—寻找支点—聚焦重点—升华亮点的思路进行谋篇布局，力求独辟蹊径探寻孔子学院在"一带一路"建设中推进本土化发展、提升办学质量效益的进程，分享孔子学院与"一带一路"同步成长、与中华民族复兴共放异彩的故事。

三　研究方法

整体上，本书运用了多学科综合研究，国际问题、政治学（国际政治）、语言文化、教育学（教育管理）、中国外交、公共政策、对外传播、组织管理等领域都所涉及，力求用跨学科、宽领域、广视野的方法来探索求解孔子学院如何顺应天时地利民情，在新一轮发展中由规模化推广型发展转型到内涵式融入型发展这一综合性命题。孔子学院发展至今，远远超过了单一学科的研究范围和领域，多学科全方位理解考察孔子学院是非常必要的，尤其是孔子学院本土化问题本身就是一个多维度、多视角、多层次的问题，需要进行多重视野和方位的分析，只有跨学科探索才能开拓该问题的研究空间，得出富有启发性的结论。具体来说，主要运用了以下方法：

（一）文献分析法

本书围绕孔子学院、本土化、"一带一路"三大关键词，本着"真、新、全、准"的原则，对有关文献进行检索、筛选、阅读、解析，力图通过规范研究，进行理论反思和建构，切实弄清弄透孔子学院本土化为什么是必然、必需，凭什么可能、可行，有什么路径、措施，做什么推进、实现等问题。文献资料主要由两部分组成：

1. 理论文献

首先是相关学术论著。孔子学院是中华民族复兴的文化工程，是中国语言文化海外推广的教育机构，是中国文化软实力的体现，是中外合作典范，是人文交流品牌，是文明对话桥梁，是公共外交纽带。要研究孔子学院绕不开"语言文化""汉语教学""文化传播""教育合作""人文交流""文化合作""软实力""话语权""公共外交""'一带一路'民心相通"这些专业术语和理论问题，因此阅读这方面的学术论著是进行孔子学院研究的前提基础。同时，由于研究主题是孔子学院本土化，并非涉及孔子学院的方方面面，因此对本土化的相关著作，包括管理学、教育学、经济学、政治学中有关本土化的文献也有涉猎和参考。"一带一路"是本书的基本背景，也决定了研究对象和研究范围，因此有关"一带一路"、命运共同体的论著也是参考文献。

2. 政策文件、年度报告、新闻报道

本书既要在理论上弄清问题，也要在实践上解决问题，并非纯理论研究。因此，要解决"一带一路"背景下孔子学院本土化发展的路径问题，必须要了解、关注、研读党和国家相关的大政方针、领导讲话、政策报告，尤其是孔子学院总部/国家汉办的政策文件、高层讲话、年度报告、新闻报道、数据材料、合作协议、最新精神等，这是研究孔子学院问题必须要全面掌握、吃透的文献；此外还包括教育部、外交部、驻外使领馆、国侨办、文化部、地方政府、主要高校、世界汉语教学学会等发布的信息、资料、数据等；各地孔子学院的报告、报道、推送，以及"一带一路"倡议、文化政策相关的信息资料也在关注之列。

（二）参与观察法

文献法再全面也终归是纸上为孔子学院画像，为更真实、客观、生动、具体地研究"一带一路"背景下孔子学院本土化发展的路径，避免闭门造车、隔岸观火，必须深入孔子学院活动"现场"，面对面接触"孔院人"、近距离走入不同的孔子学院实地获取第一手资料。

1. 全球孔子学院大会

一年一度的全球孔子学院大会是"业内"① 规模最大、规格最高的孔子学院专业性协作会议。作者曾作为赴任前的中方院长、在职中方院长、离任后的孔子学院研究者三种身份先后参加了5次孔子学院大会。从北京的第八届大会，到厦门的第九届、上海的第十届、昆明的第十一届、西安的第十二届，这些会议从2013年到2017年，正值"一带一路"倡议提出、孔子学院发展10年之际转型升级的关键时期。通过连续5年参加全球孔子学院大会，亲历大

---

① 孔子学院是一项事业，不只是项目、活动、工程，这早已为孔子学院总部、孔子学院中外院长和教师所认同。在孔子学院总部/国家汉办主办、浙江师范大学承办的2018年第一期孔子学院外方院长研修班上，孔子学院总部副总干事、国家汉办副主任马箭飞在致辞中指出，孔子学院是伟大的教育事业，两千年前孔子"有教无类""因材施教"的教育思想当今在孔子学院继续传承。孔子学院也是不断创新、持续发展的事业，通过创新和发展，从规模发展转变为质量和内涵发展，这是孔子学院迈入新时代重要的标志。（《2018年第一期孔子学院外方院长研修班结业》，http://www.cim.chinesecio.com/hbcms/f/article/info? id = b986c1b351364b6cb6a7cff04e410c83）不仅总部领导是这样的看法，孔子学院的师生也是这么看的（参见《津巴布韦大学孔院：孔子学院是我们的共同事业》，https://world.huanqiu.com/article/9CaKrnJGOND）。

会现场，全程参加主题论坛、院长论坛、校长论坛、专题论坛、圆桌论坛等不同论坛和讨论，以不同的身份、带着不同的任务、从不同视角亲临观摩大会，既有自己任职前预热和期待中的聆听，也有任职期间带着问题渴望解疑释惑的参与，还有离职后以"前孔院人"身份带着课题研究任务的调研之行。这些亲身经历和调研经过大大丰富了对孔子学院的整体认知和持续动态把握。

2. 孔子学院相关工作会议

主要包括地区性片会和事务性会议，如中国驻英使馆新春招待会、全英孔子学院院长论坛、英国孔院汉语考试工作会、英国孔子学院中方院长座谈会、英国西北地区孔子学院片会、英国汉语教学培训会等。这些会议虽大多在课题立项之前参加，但亲身参与观察为课题论证和写作打下了知识、信息和经验基础。2015 年 10 月，全英孔子学院和孔子课堂年会（当年的英国孔子学院片会）在伦敦召开，国家主席习近平出席年会开幕式并致辞，称赞孔子学院在英国快速发展，29 所孔子学院和 126 个孔子课堂数量居欧洲之首，是中英人文交流蓬勃发展的缩影。习近平主席当场为全球第 1000 所孔子课堂奥特利尔中学孔子课堂揭牌。当年作者和同事们努力申请的两个孔子课堂（米布瑞克小学孔子课堂、若姆尼河谷中学孔子课堂）双双成功获批，成为这 1000 所孔子课堂中的成员。近距离参与增强了对孔子学院使命担当作为的强烈体认，这种参与式观察与其他研究方法不可同日而语，为课题研究增添了额外动力和生趣。

3. 高校组织的孔院共建会议

主要是亲自参与厦门大学的共建孔子学院会议，间接参与北京外国语大学孔子学院中外联席会议。厦门大学共建孔子学院会议是与每年全球孔子学院大会同期召开的孔子学院中外方院长、代表参加的联席交流论坛。厦门大学的共建会议在会议规模、议程设置、参会安排等方面较为规范、系统，每年研讨都有特定主题，也有分组话题，内容充实，讨论具体，通常会期是一天，时间则在大会前一天或后一天举行，会议形式一般是半天集中开会，半天分组研讨，大家庭式的参会方式提供了很好的内部交流机会。作者连续参加过6次，每次参加都收获颇丰，通过会议交流，笔者对厦门大学承办的十几所孔子学院有整体的了解，也对孔院持续发展的动力有了全面的认识，每次都收获了大量翔实的内部资料信息。作者还通过课题组成员传递传达北京外国语大学孔子学院中外联席会议精神和材料，积累了目前建有孔子学院最多的北京外国语大学所建孔子学院的经验材料。

此外，作者还查看了厦门大学有关孔子学院内部会议交流的情况，并有意识地追踪了这些会议落实的细节和后续情况。这是"解剖麻雀"深入全面了解一个具体孔子学院运行的有效方式，通过这样的亲身观察体验掌握了该孔子学院在语言教学、文化活动、行政管理的每个环节、过程与所有项目、活动。正是由于这样的经历有助于使本研究有效避免了一些外围研究者可能出现的闭门造车、一知半解、不接地气甚至妄加揣测的弊端。

（三）访谈调查法

访谈法、调查法本来是两种不同的研究方法，本研究在进行过程中，更多的是将两种方法相结合，鉴于孔子学院的特殊性和孔子学院本土化论题的专业性，一般的国内外公众对这一机构了解并不深入，存在诸多误解，更难以谈出对孔子学院本土化问题的见解。因此访谈和调查基本上是在"内行人""孔院人""知情人"中进行的，而且调查和访谈相结合，通常在访谈中让对方填写我们的调查表。本研究所采取的访谈调查主要有三种方式：即会议交流访谈、田野调查访谈、通信调查访谈。

1. 会议交流访谈

主要是利用事先约定或利用开会、活动间歇等工作场合对孔子学院的中外方院长等主要"当事人"进行全面访谈，以期全面了解孔子学院运作的内部情况。结合作者的学者和教师身份，能够深入细致进行。访谈的主要场合是在学术会议上与国内国际学术界及同行之间进行共享和交流，通常以文参会，会上通过发言、讨论进行集体正式交流，以及会前会后会议间歇的非正式交流。如在"多元文化下的汉语国际推广与孔院办学"学术研讨会期间，与参会的北京外国语大学孔子学院处处长张晓慧、华东师范大学国际汉语教师研修基地副主任张建民等高校管理口的"内行人"请教交流；在参加"中国全球传播与公共外交学术年会"期间，与汉办规划处处长王甬、项目官员李璐等"孔院人"交换了观点；在第16届对外汉语国际学术研讨会上，就教学本土化等观点与北京语言大学吴应辉、辽宁师范大学李宝贵教授等"专业"人士讨论。在这些会议交流中，深切感受到孔子学院本土化这一论题得到了认可与重视，不仅作者因与此相关的论文被安排发言和主持，而且在会场内外交流讨论时明显感受到与会的不同身份人士对这一论题均有话说，这说明他们或多或少对孔子学院本土化的命题有认识有思考，没有人觉得这是一个突兀的、无话可说的问题。

2. 田野调查访谈

田野调查访谈，是到孔子学院、孔子课堂实地走访，或到其活动现场进行融入性调研，对孔子学院工作团队（院长和主要行政人员）进行面对面访谈，以此获取本课题独有的一手材料或数据，了解孔子学院的真实状态，获得第一手资料和直接观感。围绕课题写作，作者和课题组成员共进行了20多次实地调研，历时3年多，调研对象有孔子学院中外方院长（在职和前任）、孔子学院管理人员、教师、学生，孔子学院总部/汉办官员、工作人员、汉办驻外工作处人员、驻外使馆教育处官员，以及高校孔子学院工作处、国际处、汉语国际推广基地人员，等等。结合具体情况，对有的访谈对象发放了问卷调查，事后对所有数据、资料都进行了归类整理与分析。详细情况见文后附录。

3. 通信调查访谈

通信调查访谈包括邮件访谈和微信访谈两种，邮件访谈主要是针对外方人员、不太熟悉的人员使用，采用相对统一、内容明确的调查问卷，以便对方理解准确、方便回答；微信访谈的主要对象有中方院长、汉办教师和志愿者等，由于微信传输文件、材料和图片很方便，可以即时沟通，并能附以语音，因此效果更好，得到的答案更具体和精确，还能通过查看朋友圈信息，收获到更多信息。在深度访谈的过程中，笔者发现无论这些调研对象是否自觉意识到了总部、汉办、高层对孔子学院本土化的重视、规划及重要意义，他们实际上都在或多或少地做着与本土化相关的事情，尤其是中外方院长大都能直接感受到孔子学院可持续发展与本土化之间的内在紧密联系，也就是说，在孔子学院的工作一线存在着本土化的真实样态——按照事物发展本身的要求和逻辑做有利于孔子学院发展的事情。这一定程度上印证了孔子学院播种、发芽、成长的故事就是本土化的故事，也是理解孔子学院可持续发展的故事。

（四）案例分析法

案例分析法是对研究对象中的某一特定对象加以调查分析，弄清其特点及其形成过程的一种研究方法。孔子学院本土化不仅是孔子学院全球大会的呼吁和高层的共识，更是孔子学院发展的现实之需和实际所为。孔子学院本土化实践各异，因此非常有必要通过案例解剖以小见大、见微知著。即使明明知道选取任何一个案例都不能算作最典型的，不足以具有全球普遍性和代表性，但孔子学院的多国多元模式、丰富多彩活动、"千院千面"形态，不以具体案例难以呈现本土化的样貌。案例从设计、选取到最后成型，经历了很多变化，最初课题论证时的设想不断地被广泛、复杂、多变的孔子学院及其本土化实践所修正，随着材料证据不断地收集、整理、舍弃、重选，案例选取对象也在不断变化。最终成型的案例既是本土化做得好的孔子学院，也是本土化故事能讲得出并有事实说服力的孔子学院。为了完整地呈现其全貌，对这些孔子学院的基本情况、本土化情况都做了深入介绍，以防漏掉自己可能因熟悉而忽略但对读者却有咀嚼领悟价值的细节。本书在典型案例上选取新加坡南洋理工大学孔子学院进行详细解读，深描出该孔子学院本土化的发展状况，从中总结出本土化发展的细节和规律。

其他方法无法一一尽述，不再逐个说明。总之，研究方法能够反映研究的方式、过程和结果，在一定程度上或直接或间接地决定了研究的方式态度、观点的创新程度和结论的可靠程度。

四　研究意义

（一）理论意义

本书通过对"一带一路"沿线孔子学院本土化的环境、条件、动力、路径、策略、措施进行全面考察和系统分析，在此基础上针对人文交流合作重新定义本土化概念、建构本土化的指标体系、分析其实现途径及特点、总结出孔院本土化的路径和规律，这不仅有利于厘清新形势下孔子学院的发展方向、战略目标、角色定位、职能任务等一系列基本理论问题，而且有助于改变目前孔子学院本土化研究不充分、不深入、不系统的状况，同时也可以为"一带一路"研究增添新的人文脉络和孔院维度，对加强"一带一路"沿线孔院的专门研究、补充个案研究奠定基础。具体来说，本书在以下这几个方面进行了开拓创新的尝试，提出了颇有见地的看法，说出了一些新的话语：

1. 设计了孔子学院本土化指标体系，这是目前首个专门对本土化进行评估的指标，4 个一级指标、16 个二级指标、26 个三级指标，层级清晰、构成合理，主客观评价兼顾，科学性与实践性相结合。

2. 探讨了孔子学院本土化发展内在要求与"一带一路"外在机遇的辩证关系：内涵式发展转型反映本土化的客观要求，沿线国家新需求彰显本土化的现实可能。内在要求预示着必然性，外在机遇蕴含着可能性，二者共同决定了孔子学院本土化发展的方向趋势。

3. 归纳了孔子学院本土化在理论上的发生机制、在实践上的推进路径，概括了本土化的具体措施：汉语教学纳入国民教育体系是立足之本；推行教师、教材、教法本土化是当务之急；目标定位与大学发展相契合是重要保障；融入社区获取各方支持是动力源泉；助力"一带一路"民心相通是现实依托。

4. 总结了"一带一路"背景下孔子学院办学、教学创新发展的"4个+"模式：办学模式"高校+"、教学模式"孔院+"、授课模式"汉语+"、学习模式"课堂+"，即合作多元化、运营特色化、办学实用化、教学灵活化趋势。

5. 升华了孔子学院本土化的影响意义，将其与中外教育、人文命运共同体建设联系起来，指出本土化不仅有助于孔子学院应对外部挑战，形成发展合力，而且有利于孔子学院创新发展模式、提高办学效益，最终成为当地教育文化生态、中外教育人文共同体的重要组成部分。

（二）实践意义

本书力求能为"一带一路"沿线孔子学院满足当地需求，对接"一带一路"建设，实现本土化而出谋划策、建言献策，推动孔子学院更好地挖掘新潜力、激发新活力、增加新动力，从而抓住时代机遇、适应时代需要、实现自我转型。具体来说，一则可以对有关主管部门出台相关政策和举措提供有参考价值的建议。鉴于目前孔子学院正在从全球化广度扩张向本土化深度发展过渡,《孔子学院发展规划（2012—2020 年）》接近尾声,本书研制的孔院本土化指标体系能够为教育部、孔子学院总部制订面向 2021 年后的孔子学院发展规划提供参考和启迪,对下一阶段评估、推进孔子学院本土化工作提供具有开拓性、前瞻性、实用性的观点和建议。二则对具体的孔子学院从业者来说可以启发思路,提供借鉴。作为中外合作机构,要发挥孔子学院的更大效益,必须有效调动本土力量和外方员工的积极主动性,使汉语国际推广事业由单向诉求"我需要你做",变成反向需求"你需要我做",最终生成双向互动的"我们一起做"。如何实现这个转化?本研究将朴素的感性认识升华为系统化的理论思考,集中呈现了"一带一路"沿线孔子学院的不同做法和经验,对具体的孔子学院从业者有开阔思路、启发借鉴作用。此外,本书对进一步向国内外读者解开孔子学院是什么、有什么、做什么的"谜底",让中外普通民众更加了解、理解、支持孔子学院也大有裨益;同时有助于使沿线政商文教人士认识到孔子学院提供的语言、文化、人才和信息服务对其事业发展和人文交流的意义,使其更好地支持、理解、助力孔子学院。

当然,本书也存在很多不足之处,主要表现为:

在案例选取上,新加坡南洋理工大学孔子学院是地处经济社会发达地区的孔子学院,且位于华人占人口多数、使用华语的"中华圈"国家。从类型上看,没有对经济社会欠发达国家的"一带一路"沿线孔子学院进行典型个案分析;从分布上,没有对中亚地区、东欧等地孔子学院进行深入实地调研。

在指标评估上,由于"一带一路"沿线孔子学院数量众多,随着越来越多国家签署共建"一带一路"协议,沿线范围也在扩展,也由于各地不同孔子学院之间在建立时间、国情地情、特色模式、语言教育政策、中外两国两校双边关系等方面的差距太大,对沿线所有孔子学院的本土化进行评估几乎是不可能的任务,本书无法对沿线孔子学院本土化情况进行逐一测评打分排序。希望能在以后的研究中可以进行更加细致的分类研究，起码可以通过按地区分类排序弥补这一欠缺。

在具体内容上，由于"一带一路"沿线国家众多、语言众多，出国调研受到各种条件限制、获取第一手资料的语言能力也有限，对于那些英语文本欠缺、网站信息有限、新闻报道简略的孔子学院无法进行深入分析。孔子学院置身海外，学术调研必须有邀请函、经过签证申请等手续才能亲临前往，无法进行"说走就走"的考察，更无法开展拉网式大规模的调研。因此材料是否容易获得成为制约案例选取的现实因素，不排除有的孔子学院本土化建设有声有色，而研究者却没有予以充分关注并进行归纳提炼。希望能通过后续调研来弥补可能的疏漏。

第一章 "一带一路"建设与孔子学院发展

"一带一路"沿线国家绝大部分是发展中国家和转型中国家，相对于其政治、经济发展整体上同质性大于异质性的特点，它们之间的文化、宗教、语言差异十分突出。"一带一路"沿线是四大文明的发祥地、五大宗教①的起源地、九大语系的汇聚地、多元文化的衍生地，2017年"一带一路"国际合作高峰论坛上现场同传的工作语言就有18种②。沿线很多国家内部也由多语言、多文化、多宗教的多元社会组成。因此，"一带一路"沿线国家的悠久历史、灿烂文化、多元民族、多种语言，提供了世界文化宝库极其重要的样本资源，成为我们研究孔子学院的基本背景、对象和内容。

第一节 "一带一路"及沿线孔子学院

本节是全书的基础、研究的起点，先从出台时间、展开空间、文化坐标等角度简要分析本研究的基础背景"一带一路"，然后再

---

① 儒家思想（一些地方称为儒教）、佛教、基督教、伊斯兰教、印度教。

② 张鹏飞：《人心相通 语言先行》，《光明日报》2017年8月3日。"一带一路"国际合作高峰论坛上的18种工作语言是：汉语、英语、法语、俄语、西班牙语、柬埔寨语、捷克语、匈牙利语、印度尼西亚语、哈萨克语、老挝语、蒙古语、波兰语、塞尔维亚语、土耳其语、越南语、日语和韩语。

明确"一带一路"沿线孔子学院的分布情况。

一 "一带一路"倡议开启中外合作新时代

"一带一路"是"丝绸之路经济带"和"21世纪海上丝绸之路"的简称。中国提出的"一带一路"倡议是一个国际合作框架，以古代的陆上和海上丝绸之路为基础，旨在增进中国与沿线国家在政治经济、贸易金融、文化社会等方面的互联互通——政策沟通、设施联通、贸易畅通、资金融通、民心相通——通常概括为"五通"。"一带"和"一路"贯穿亚欧大陆，沿线直接涉及65个国家和地区，包括东亚14国（含东盟10国），南亚8国，西亚15国，中亚5国，独联体7国，中东欧16国。

（一）"一带一路"的提出过程

2013年9月7日，习近平主席在哈萨克斯坦访问时在纳扎尔巴耶夫大学发表演讲提出，为了使欧亚各国经济联系更加紧密、相互合作更加深入、发展空间更加广阔，可以用创新的合作模式，共同建设"丝绸之路经济带"，以点带面，从线到片，逐步形成区域大合作。[①] 10月3日，习近平主席在印度尼西亚国会发表题为《携手建设中国—东盟命运共同体》的演讲，提出中国愿同东盟国家加强海上合作，发展海洋合作伙伴关系，共同建设"21世纪海上丝绸之路"。[②] 11月12日，十八届三中全会在通过的《中共中央关于全面深化改革若干重大问题的决定》中明确指出："加快同周边国家和区域基础设施互联互通建设，推进丝绸之路经济带、海上丝绸之

---

① 习近平：《弘扬人民友谊 共创美好未来——在纳扎尔巴耶夫大学的演讲》，《人民日报》2013年9月8日。

② 习近平：《携手建设中国—东盟命运共同体——在印度尼西亚国会的演讲》，《人民日报》2013年10月4日。

路建设，形成全方位开放新格局。"① 这被认为是"一带一路"上升为国家战略的标志。

2014 年"两会"期间，李克强总理在《政府工作报告》中将"一带一路"列为 2014 年重点工作，提出要"抓紧规划建设丝绸之路经济带、21 世纪海上丝绸之路，推进孟中印缅、中巴经济走廊建设，推出一批重大支撑项目，加快基础设施互联互通，拓展国际经济技术合作新空间"。② 5 月 21 日，习近平主席在上海举行的亚洲相互协作与信任措施会议（亚信会议）第四次峰会上提出，中国将同各国一道，加快推进丝绸之路经济带和 21 世纪海上丝绸之路建设，尽早启动亚洲基础设施投资银行，更加深入参与区域合作进程，推动亚洲发展和安全相互促进、相得益彰。③ 9 月 12 日，习近平在上海合作组织成员国元首理事会第十四次会议上发表讲话强调，丝绸之路经济带建设正进入务实合作新阶段，中方制定的规划基本成形，欢迎与会国共同创新区域合作和南南合作模式，促进上海合作组织地区互联互通和新型工业化进程。④ 11 月 4 日，习近平主持召开中央财经领导小组第八次会议时强调，丝绸之路经济带和 21 世纪海上丝绸之路倡议顺应了时代要求和各国加快发展的愿望，提供了一个包容性巨大的发展平台，具有深厚历史渊源和人文基础，能够把快速发展的中国经济同沿线国家的利益结合起来。会议

---

① 《中共中央关于全面深化改革若干重大问题的决定》，《人民日报》2013 年 11 月 16 日。

② 李克强：《政府工作报告——二〇一四年三月五日在第十二届全国人民代表大会第二次会议上的讲话》，《人民日报》2014 年 3 月 15 日。

③ 习近平：《积极树立亚洲安全观 共创安全合作新局面——在亚洲相互协作与信任措施会议第四次峰会上的讲话》，《人民日报》2014 年 5 月 22 日。

④ 习近平：《凝心聚力 精诚协作 推动上海合作组织再上新台阶——在上海合作组织成员国元首理事会第十四次会议上的讲话》，《人民日报》2014 年 9 月 13 日。

发起建立亚洲基础设施投资银行和设立丝路基金。[①] 12 月 29 日，丝路基金成立，资金规模为 400 亿美元，首期资本金 100 亿美元，旨在利用我国资金实力直接支持"一带一路"建设。

2015 年 2 月 1 日，中央"一带一路"建设工作领导小组首次公开亮相，国务院副总理张高丽担任组长，王沪宁、汪洋、杨晶和杨洁篪担任副组长。领导小组是"一带一路"顶层设计的国内领导和协调机制，由国务院副总理担任组长凸显了"一带一路"的重要性。3 月 28 日，习近平在博鳌亚洲论坛发表主旨演讲时指出，"一带一路"合作倡议契合中国、沿线国家和本地区发展需要，符合有关各方共同利益，顺应了地区和全球合作潮流。[②] 同一天，发改委、外交部、商务部联合发布了《推动共建丝绸之路经济带和 21 世纪海上丝绸之路的愿景与行动》，明确了共建原则、框架思路、合作重点、合作机制等具体内容。《愿景与行动》标志着"一带一路"总体战略规划正式出台。11 月 7 日，习近平在新加坡国立大学发表题为《深化合作伙伴关系 共建亚洲美好家园》的演讲指出，欢迎周边国家参与到合作中来，共同推进"一带一路"建设，携手实现和平、发展、合作的愿景。[③] 2015 年 12 月，亚洲基础设施投资银行成立，其主要任务是为亚洲基础设施和"一带一路"建设提供资金支持。亚投行法定资本 1000 亿美元，创始成员国 57 个。

2016 年 1 月 21 日，习近平在阿拉伯国家联盟总部的演讲《共同开创中阿关系的美好未来》中表示，中方愿同阿拉伯国家开展共建"一带一路"行动，推动中阿两大民族复兴形成更多交汇。"一

---

① 习近平：《习近平主持召开中央财经领导小组第八次会议强调 加快推进丝绸之路经济带和 21 世纪海上丝绸之路建设》，《人民日报》2014 年 11 月 7 日。

② 习近平：《迈向命运共同体，开创亚洲新未来——在博鳌亚洲论坛 2015 年年会上的主旨演讲》，《人民日报》2015 年 3 月 29 日。

③ 习近平：《深化合作伙伴关系 共建亚洲美好家园——在新加坡国立大学的演讲》，《人民日报》2015 年 11 月 8 日。

带一路"建设，倡导不同民族、不同文化要"交而通"，而不是"交而恶"，彼此要多拆墙、少筑墙，把对话当作"黄金法则"用起来，大家一起做有来有往的邻居。他还说，"'一带一路'延伸之处，是人文交流聚集活跃之地。民心交融要绵绵用力，久久为功。"①3月16日，"两会"上表决通过的《国民经济和社会发展第十三个五年规划纲要（草案）》将"一带一路"列入"十三五"时期主要目标任务和重大举措。4月29日，在中共中央政治局第三十一次集体学习时习近平强调，"一带一路"建设是我国在新的历史条件下实行全方位对外开放的重大举措、推行互利共赢的重要平台。7月13日，教育部印发《推进共建"一带一路"教育行动》，将促进沿线国家语言互通、民心相通当作合作重点，提出要支持更多社会力量助力孔子学院和孔子课堂建设，加强汉语教师和汉语教学志愿者队伍建设，全力满足沿线国家汉语学习需求。12月5日，中央全面深化改革领导小组第三十次会议指出，软力量是"一带一路"建设的重要助推器，要加强理论研究和话语体系建设，推进舆论宣传和舆论引导工作，加强国际传播能力建设，为"一带一路"建设提供有力理论支撑、舆论支持、文化条件。

2017年1月17日，习近平在世界经济论坛2017年年会开幕式上发表主旨演讲指出，"一带一路"倡议来自中国，但成效惠及世界。②5月14日，在"一带一路"国际合作高峰论坛上，29个国家元首和领导人、130多个国家代表和60多个国际组织代表共襄盛举。习近平在开幕式讲话中说"一带一路"建设植根于丝绸之路的

① 习近平：《共同开创中阿关系的美好未来——在阿拉伯国家联盟总部的演讲》，《人民日报》2016年1月22日。

② 习近平：《共担时代责任 共促全球发展——在世界经济论坛2017年年会开幕式上的主旨演讲》，《人民日报》2017年1月18日。

历史土壤，重点面向亚欧非大陆，同时向所有朋友开放。① 论坛期间共达成 5 大类 76 大项 279 项合作成果。10 月 18 日，习近平在党的十九大报告中指出：要以"一带一路"建设为重点，坚持"引进来"和"走出去"并重，遵循共商共建共享原则，加强创新能力开放合作，形成陆海内外联动、东西双向互济的开放格局。②

2018 年 8 月 27 日，习近平在推进"一带一路"建设工作 5 周年座谈会上指出，以共建"一带一路"为实践平台推动构建人类命运共同体，这是从我国改革开放和长远发展出发提出来的，也符合中华民族历来秉持的天下大同理念，符合中国人怀柔远人、和谐万邦的天下观，占据了国际道义制高点。共建"一带一路"不仅是经济合作，而且是完善全球发展模式和全球治理、推进经济全球化健康发展的重要途径。③

2019 年 4 月，第二届"一带一路"国际合作高峰论坛召开，圆桌峰会将广泛开展人文交流、实施更多民生合作项目作为未来共建"一带一路"合作的重点，并在达成的《联合公报》第 4 条中强调：古丝绸之路凝聚了和平合作、开放包容、互学互鉴、互利共赢的平等合作精神，为促进互联互通和世界经济增长作出重要贡献。④ 5 月 15 日，在亚洲文明对话大会开幕式上，习近平指出，"一带一路""两廊一圈""欧亚经济联盟"等拓展了文明交流互

① 习近平：《携手推进"一带一路"建设——在"一带一路"国际合作高峰论坛开幕式上的演讲》，《人民日报》2017 年 5 月 15 日。

② 习近平：《决胜全面建成小康社会 夺取新时代中国特色社会主义伟大胜利——在中国共产党第 19 次全国代表大会上的报告》，《人民日报》2017 年 10 月 28 日。

③ 《坚持对话协商共建共享合作共赢交流互鉴 推动共建"一带一路"走深走实造福人民》，《人民日报》2018 年 8 月 28 日。

④ 《第二届"一带一路"国际合作高峰论坛圆桌峰会联合公报》，《人民日报》2019 年 4 月 28 日。

鉴的途径，亚洲文明也在自身内部及同世界文明的交流互鉴中发展壮大。他还具体指出文明交流互鉴的中国主张和愿景，如：中国愿同有关国家一道，实施亚洲经典著作互译计划和亚洲影视交流合作计划，加强青少年、民间团体、地方、媒体等各界交流，打造智库交流合作网络，实施亚洲旅游促进计划，为促进亚洲经济发展、增进亚洲人民友谊贡献更大力量。[①] 这些为孔子学院展开更大作为、为人文交流搭建更好平台提供了思想指引，有深刻的启发意义。

2020 年是"一带一路"倡议提出的第 8 个年头，这几年"一带一路"突飞猛进，从中国倡议到国际共识，从设计蓝图到项目工程，从"写意画"到"工笔画"，从理念到实践，一步步落地、生根、开花、结果。这 8 年也正好是孔子学院转型升级的关键时期，事实表明，孔子学院所在国对中国语言文化的需求程度与这些国家和中国经济社会交往联系的紧密程度是高度正相关的，随着"一带一路"推进，中国与沿线国家的经济社会联系不断增强，新一轮的汉语热可期可盼，孔子学院本土化发展也将迎来更好机遇。

（二）"一带一路"开启中外合作新机遇

"一带一路"是新时代的大开放、大交流、大融合，是中国改革开放、中华民族复兴的新机遇，还是推进新一轮全球化、开展国际合作的新场域。

1. "一带一路"是中国新一轮对外开放

中国国际经济交流中心副理事长兼常务副主任、前商务部副部长魏建国曾多次说过，"一带一路"是中国的第三次对外开放。"如果说第一次改革开放是邓小平提出建设 4 个经济特区，彻底打

---

① 习近平：《深化文明交流互鉴 共建亚洲命运共同体——在亚洲文明对话大会开幕式上的主旨演讲》，《人民日报》2019 年 5 月 16 日。

开了中国对外开放的大门，第二次是加入 WTO 彻底改变了中国对外开放格局的话，那么第三次就是建设'一带一路'，这是未来30年的大战略。前两次改革开放是大量资本往中国走。相比而言，此次第三次改革开放质量更高，水平更高，层次更高，它的核心是带动中国的资本往外走，带动国内多余的优势产能'走出去'"。[①] 改革开放是决定当代中国命运的关键一招，极大地改变了中国的发展轨迹、发展面貌和发展前景，使中国经济政治社会发生了最为深刻的变革。但前两次改革开放还不够全面、深入、平衡，而"一带一路"第三次开放是在前两次基础上更大的开放，是高层次、高水平、高质量的开放。这次的改革开放：一是从单向变为双向。前两次改革开放是外国的资本、技术、设备、管理等进入中国，这次是中国的技术、设备、标准、管理"走出去"；二是从经贸为主到更广领域。从"多层次、高水平、宽领域"的经贸口到"共商共建共享"做好经贸、投资、金融、服务、农业、文化、教育、医疗等工程；三是从国家层面走向内部深层。这次的"一带一路"倡议要深入沿线每一个国家、每一个城市，深入每一个节点[②]；四是从面向西方到面向南方。从主要向西方发达国家开放转向同时向东西南北开放、面向欧亚大陆腹地开放、面向沿线发展中国家开放。在波澜壮阔的新一轮改革开放大潮中，中国不仅要"引进来"，还要"走出去"；不仅要注重经济"走出去"，还要注重文化"走出去"；不仅要局部、个别地"走出去"，还要成建制、成规模地"走出去"；不仅要埋头苦干、脚踏实地，还要打造品牌，营造口碑。因此，"一带一路"是新时代大开放、大交流、大融合，将为孔子学

---

① 魏建国：《"一带一路"是中国的第三次改革开放》，《中国投资》2015 年第 17 期。

② 魏建国：《"一带一路"是中国的第三次改革开放》，光明网—经济频道2017 - 04 - 19，http：//economy. gmw. cn/2017 -04/19/content_ 24246705. htm。

院在世界舞台上大展宏图提供广阔的时代背景。

2. "一带一路"是中国倡导的新型全球化

"一带一路"不仅是中国的开放战略，也是区域经济合作架构；不仅是区域合作架构，也是国际发展合作平台；不仅是国际发展合作平台，也是新一轮全球化浪潮。"一带一路"提出之时，全球金融危机尚未消除，世界经济增长乏力，国际贸易增速减缓，全球化陷入低谷，逆全球化、去全球化成风。在全球化何去何从的关键节点，美国引领全球化意愿能力下降，欧盟区域一体化内外挑战加剧，新兴大国发展势头面临考验，作为第二大经济体、世界增长引擎如何为全球化走出困境开药方、找出路？"一带一路"是中国给出的答案。中国领导人指出："一带一路"建设"本质上是通过提高有效供给来催生新的需求，实现世界经济再平衡……支持沿线国家推进工业化、现代化和提高基础设施水平的迫切需要，有利于稳定当前世界经济形势"。① 全球化是客观趋势，危机不是中断，更不是逆转，而是预示着调整与转机。"问题不是有没有全球化、多或少全球化，也不是全球化还是地方化的争论。不管喜欢与否，也不管欧美货币供过于求和大肆滥用在近年引发的经济崩溃，全球化是未来潮流。"② 法国前总理、资深政治家德维尔潘一语中的："全球化的发展形势和重心已发生改变，而法国和欧洲却受西式自由主义的全球化旧观念影响，看不太清这一新趋势。真正能反映出当前全球化新趋势的，是中国国家主席习近平提出并作为经济和外交优先战略的'一带一路'倡议。"③ "一带一路"是目前推动全球化转型

---

① 《习近平出席推进"一带一路"建设工作座谈会并发表重要讲话》，《人民日报》2016 年 8 月 18 日。

② Aqueil Ahmad, New age globalization, Palgrave Macmillan, London, 2013, pp. 7 – 8.

③ 《法国前总理：唯有"一带一路"能反映全球化新趋势》，环球网 2015 – 03 – 13, http: //oversea. huanqiu. com/article/2015 – 03/5896162. html? agt = 132。

的强心剂和全球经济的增长点，澳大利亚全球基金会秘书长史蒂夫·霍华德将"一带一路"称为"合作性全球化"，"我们清楚地看到中国已经成为一个拥有十足领导力的国家，正在推动全球性对话"。① "一带一路"是中国从全球化"跟跑者"变为"领跑者"的重要标志，是中国回报全球化、推动新型全球化的大作为。习近平指出："我们要支持开放、透明、包容、非歧视性的多边贸易体制，促进贸易投资自由化便利化，推动经济全球化朝着更加开放、包容、普惠、平衡、共赢的方向发展。我们要以共建'一带一路'为重点，同各方一道打造国际合作新平台，为世界共同发展增添新动力。"② "一带一路"为新型全球化打上了清晰的中国烙印，与以往的全球化不同，"一带一路"以经济合作为主干，以文明融合为灵魂，携带深厚的中国文化基因。③ 这是我们研究孔子学院在沿线发挥作用的基础和前提。

3. "一带一路"是中国特色大国外交方略

中国的雄心与作为不仅是要架构周边合作走廊、南南合作平台乃至引领新型经济全球化，"一带一路"还是中国崛起后的大国外交方略，是展示中国利己达人担当、优化周边与国际环境、实现大国责任抱负、推动建设人类命运共同体的实践路径。"一带一路"《愿景与行动》中明确，"推进'一带一路'建设既是中国扩大和深化对外开放的需要，也是加强和亚欧非及世界各国互利合作的需要，中国愿意在力所能及的范围内承担更多责任义务，为人类和平发展作出更大的贡献。""一带一路"是促进共同发展、实现共同

---

① 《道相通，心相知，力相合——与会人士热议一带一路国际合作高峰论坛成果》，《人民日报》2017 年 5 月 16 日。

② 习近平：《在庆祝改革开放 40 周年大会上的讲话》，2018 年 12 月 19 日。

③ 李丹：《"一带一路"：负责任大国的话语与作为》，《江苏大学学报》（社会科学版）2019 年第 3 期；《"一带一路"：构建人类命运共同体的实践探索》，《南开大学学报》（哲学社会科学版）2019 年第 1 期。

繁荣的合作共赢之路，是增进理解信任、加强全方位交流的和平友谊之路。"中国政府倡议，秉持和平合作、开放包容、互学互鉴、互利共赢的理念，全方位推进务实合作，打造政治互信、经济融合、文化包容的利益共同体、命运共同体和责任共同体。"① 构建人类命运共同体是共建"一带一路"的方向目标，共建"一带一路"是构建人类命运共同体的平台载体，二者是相辅相成的，共同构成新时代习近平外交的理论与实践。"一带一路"本身作为国家整体长远的发展规划，同时也是大国复兴方针、文化复兴工程，创造良好外部环境、减少外界不良舆论影响、加强中外人民友好关系、扩大中国语言文化的国际影响力是其应有之义。目前，"一带一路"已经度过了"大写意"的阶段，到了"工笔画"的新时期，而精工细作的"工笔画"自然离不开文化外交、公共外交，这是新时代中国特色大国外交的有机组成、重要篇章，也是"一带一路"互联互通的深入方向，而孔子学院所扮演的平台、工具、载体作用是不言而喻的，孔子学院以语言沟通心灵、以文化增进理解的功能是必不可少的。

4. "一带一路"是中外多元文明交融平台

习近平主席提出，"一带一路"是和平之路、繁荣之路、开放之路、创新之路、文明之路。文明之路是古代丝绸之路的灵魂，丝绸之路传承至今，最重要的遗产就是它承载的文化功能。古丝绸之路上的贸易往来和时兴、战时衰，但文化脉络却绵延不绝，千古流传，即使是在东西方贸易往来中断的情况下，文化传承依然保留下来并发扬光大，这是丝绸之路的内核、精髓。"千百年来，'和平合作、开放包容、互学互鉴、互利共赢'的丝绸之路精神薪火相传，推进了人类文明进步，是促进沿线各国繁荣发展的重要纽带，是东

---

① 《推动共建丝绸之路经济带和21世纪海上丝绸之路的愿景与行动》，《人民日报》2015年3月29日。

西方交流合作的象征，是世界各国共有的历史文化遗产。"① 我国古代的"四大发明"通过古代丝绸之路，在欧洲近代文明产生之前陆续传入西方，并对世界历史发展产生了重要影响；明代郑和七下西洋，通过海上丝绸之路与南亚、西亚、欧洲和北非进行经济和文化交流，广泛传播了中国文化。今天的"一带一路"是借用了这一历史符号提出的宏大战略倡议，这一倡议能否得到沿线国家的真正认同，很大程度上取决于我们如何继承和发扬丝绸之路精神——人文交流合作是"一带一路"倡议的根基与灵魂。② 当前在"一带一路"建设成效还未充分显现的情况下，外宣、外交、外事中不宜一味凸显经济因素，更要避免地缘政治联想，而应格外重视人文交流，以文化为桥梁缩短心理距离，增强对"一带一路"认知和接受，从而使中外实现心理对接、认识对接、理解对接。否则经济上大干快上、轰轰烈烈的项目，也许地方政府和企业的积极性容易调动上来，但普通民众会觉得"一带一路"与自己没关系，是中国的海外工程，是企业的赚钱之道，自己是局外人或者只是"为他人作嫁衣"，遇到问题还会滋生不满。如果人文交流合作项目同步推进，普通的沿线民众也能从中感受到"一带一路"带来的机会、便利和希望，那么民心相通的社会基础才能筑牢。"通心工程"是"五通"根基，要一步一步来，一点一点做。"通"既是一个过程，也是一个结果，要结合具体项目，才能找到突破口贯彻下去。孔子学院是实现民心相通的绝佳案例和理想途径，在这里语言能够化解障碍，文化可以润滑心灵，民心相通落实为实实在在的夏令营、访华团、交换生……

---

① 《推动共建丝绸之路经济带和21世纪海上丝绸之路的愿景与行动》，《人民日报》2015年3月29日。

② 户华为：《人文交流合作："一带一路"倡议的根基与灵魂——访国家文化软实力研究协同创新中心主任张国祚》，《光明日报》2016年9月22日。

本书通过翔实具体的材料说明在"一带一路"的文化交流、民心相通方面，孔子学院是如何起到先行者、"桥头堡"和民间大使作用的。

二 "一带一路"沿线孔子学院

本研究是在"一带一路"大背景下展开的，研究对象是"一带一路"沿线孔子学院。沿线是指沿"一带""一路"分布的孔子学院，具体包含哪些孔子学院，要依据孔子学院所在国家是否为"一带一路"沿线国、参与国、共建国，在此基础上试图厘清沿线孔子学院。

（一）"一带一路"沿线国家

"一带一路"建设共有多少个国家参与？"一带一路"沿线包括哪些国家？这些问题关系到本书研究的对象，"一带一路"孔子学院究竟包括哪些？国家发展改革委、外交部、商务部2015年3月28日联合发布的《推动共建丝绸之路经济带和21世纪海上丝绸之路的愿景与行动》（简称《"一带一路"规划》）中没有明确划定沿线国家，提出"一带一路"建设是开放的、包容的，欢迎世界各国和国际、地区组织积极参与。但"一带一路"沿线国家却是有数可查的，新闻报道和文章报告中多次提到"一带一路"涉及60多个国家和地区，总人口达44亿人等信息。具体哪些国家，按照"一带一路"倡议最初规划直接涉及的国家和地区大致如下：

1. 东亚11国[①]：蒙古以及东盟10国（新加坡、马来西亚、印度尼西亚、缅甸、泰国、老挝、柬埔寨、越南、文莱和菲律宾）；

2. 南亚8国：印度、巴基斯坦、孟加拉国、阿富汗、斯里兰

---

① 也有的版本说包括东亚14国，除了蒙古和东盟10国外，还包括日本、朝鲜、韩国。

卡、马尔代夫、尼泊尔、不丹；

3. 西亚 18 国[①]：伊朗、伊拉克、土耳其、叙利亚、约旦、黎巴嫩、以色列、巴勒斯坦、沙特阿拉伯、也门、阿曼、阿联酋、卡塔尔、科威特、巴林、希腊、塞浦路斯、埃及（西奈半岛）；

4. 中亚 5 国：哈萨克斯坦、乌兹别克斯坦、土库曼斯坦、塔吉克斯坦和吉尔吉斯斯坦；

5. 独联体 7 国：俄罗斯、乌克兰、白俄罗斯、格鲁吉亚、阿塞拜疆、亚美尼亚和摩尔多瓦；

6. 中东欧 16 国：波兰、立陶宛、爱沙尼亚、拉脱维亚、捷克、斯洛伐克、匈牙利、斯洛文尼亚、克罗地亚、波黑、黑山、塞尔维亚、阿尔巴尼亚、罗马尼亚、保加利亚和马其顿。

事实上，已有越来越多的国家参与到"一带一路"建设中，"一带一路"共建的范围与合作对象不断扩大，由倡议提出时所指的沿线 65 个国家和地区，已经扩展到非洲、拉丁美洲、大洋洲（也有的国家在沿线却没有做出实质性参与或反应，如印度、日本）。截至 2019 年 11 月底，中国已与五大洲 137 个国家和 30 个国际组织签署了共建"一带一路"文件 199 份，签署的范围涵盖联合国 193 个成员国的 71% 和中国 180 个建交国中的 76%。中国"一带一路"官网在"双边文件"中罗列了这些文件，包括联合声明、双边协议/合作协议、合作备忘录/谅解备忘录、中长期发展规划和合作规划纲要等。2018 年"一带一路"网在"各国概况"栏目列举国家时特加说明：本栏目收录国家以"一带一路"沿线国家和与中国签订"一带一路"相关合作协议的国家为主。2019 年第二届高峰论坛后，该网"各国概况"栏目改成"已同中国签订共建

---

① 另一版本是：东亚 14 国、西亚 15 国，多了东亚日本、朝鲜、韩国的同时，少了西亚希腊、塞浦路斯和埃及（西奈半岛）。

'一带一路'合作文件的国家一览",数目增至 137 个国家。[①] 可见,明确"一带一路"究竟包括哪些国家,要看统计时间,也要看统计口径,客观上分布在"一带一路"沿线的国家有 65 国,而行动上响应参与"一带一路"并签署双边文件的国家目前接近 200 个,它们未必分布在"一带一路"沿线。目前"一带一路"定位已经由 2015 年《推动共建丝绸之路经济带和 21 世纪海上丝绸之路的愿景与行动》所说的"区域经济合作架构",日益发展成为国际合作倡议,两次"一带一路"峰会都是"国际合作高峰论坛",第二届高峰论坛提出"在次区域、区域和全球层面加强国际合作,开创共同繁荣的美好未来"。"一带一路"从一开始就是一个广泛的、开放的、相对松散的国际合作框架,对倡议有回应、有意向、有合作、有参加的就是"一带一路"建设参与国(在我国的官方文件、领导讲话中使用的是"参与国"这个概念,有时用"共建国家"的概念,没有"成员国"这个说法)。因此在某种意义上,精确地划定"一带一路"的范围似乎不必要,从发展的动态眼光看,似乎也不太可能。

(二)"一带一路"沿线孔子学院

推进"一带一路"建设工作领导小组办公室于 2019 年 4 月 22 日发表《共建"一带一路"倡议:进展、贡献与展望》报告,其中指出,在 54 个沿线国家设有孔子学院 153 个、孔子课堂 149 个。据中央电视台节目报道,共建"一带一路"国家已经设立了 173 所

---

① 原来 65 国中没有包括西欧发达国家,也没有列出非洲和拉丁美洲国家,现在欧盟核心成员国希腊、德国、英国、法国、意大利、比利时、葡萄牙……非洲的埃及、埃塞俄比亚、肯尼亚、安哥拉、坦桑尼亚、南非、塞内加尔……拉丁美洲的秘鲁、牙买加、智利、乌拉圭……以及大洋洲的新西兰等国家都已纳入其中。详见《各国概况》,"一带一路"官网,https://www.yidaiyilu.gov.cn/info/iList.jsp?cat_id=10037&cur_page=1。

孔子学院、184个孔子课堂，约占全球孔子学院总数的三分之一。[①]
二者在统计时间上基本一致，但统计口径不同，前者是指沿线国
家，后者是指共建国家，因此在数据上有一定差距。如前所述，列
举出"一带一路"的合作范围似不必要也不可能，但作为本书研究
对象，鉴于本研究涉及孔子学院或语言方面的统计数据，如果不划
定较为明确的范围，则有前后冲突矛盾和不严谨、不一致的问题，
故在此明确沿线国为65国，将目前两种版本中的东亚、西亚国家
进行折中考虑，即东亚为12国，包括韩国，不包括尚未签订合作
协议的日本、朝鲜；西亚17国，包括已经签订协议并加入中东欧
机制的希腊及塞浦路斯，但不包括地理上显然不属于亚洲的埃及。
其他地理单元包括的国家未加改动，仍旧为65国（加上中国是66
国）。但在一些不涉及严格数据方面的论述，所涉及范围可能有所
不同，以行文中使用的语句（沿线国、参与国、协议国）或标明的
注释为准。特此说明，以避免统计混乱。[②]

表1—1　　　　"一带一路"沿线国家孔子学院和孔子课堂统计

排名	国家	孔子学院（所）	孔子课堂（个）
1	韩国	23	5
2	俄罗斯	19	4

---

① 《数说"一带一路"共享文明成果》，央视网2019 - 04 - 14，http：//news.
haiwainet. cn/n/2019/0414/c3543737 - 31536480. html。

② 在行文中，案例和讨论的重点更侧重于"一带一路"核心区域亚欧大陆的孔
子学院，因为欧亚地区自"一带一路"倡议提出后，一直在运行互联互通项目，对
该地区孔子学院本土化发展影响较大。非洲尤其是与中国关系密切的非洲国家也正在
开展一系列行动，因而文中也会论及非洲的孔子学院。对于非沿线的"一带一路"
共建国家的孔子学院则涉及较少。不过在人文意义上区分"一带一路"孔子学院的
地域分布不是本意和重点，如本研究题目所示，研究"一带一路"背景下孔子学院
的本土化作为才是中心和重点。

续表

排名	国家	孔子学院（所）	孔子课堂（个）
3	泰国	16	11
4	印度尼西亚	8	0
5	乌克兰	6	2
6	波兰、白俄罗斯（2）	6	1
7	匈牙利、马来西亚（2）	5	1
8	哈萨克斯坦、菲律宾（2）	5	0
9	巴基斯坦	5	2
10	印度	4	3
11	罗马尼亚	4	1
12	土耳其、吉尔吉斯斯坦（2）	4	0
13	蒙古	3	2
14	斯洛伐克	3	1
15	希腊	3	0
16	斯里兰卡、尼泊尔（2）	2	2
17	捷克、孟加拉国、老挝（3）	2	1
18	柬埔寨、伊朗、约旦、以色列、阿联酋、塔吉克斯坦、乌兹别克斯坦、阿塞拜疆、波黑、塞尔维亚、保加利亚、格鲁吉亚（12）	2	0
19	新加坡	1	2
20	黑山	1	1
21	越南、阿富汗、黎巴嫩、巴勒斯坦、亚美尼亚、摩尔多瓦、立陶宛、爱沙尼亚、拉脱维亚、斯洛文尼亚、克罗地亚、阿尔巴尼亚、北马其顿、巴林、塞浦路斯、沙特阿拉伯、马尔代夫（17）	1	0
22	缅甸	0	3

总计：沿线 56 个国家（不含中国，中国香港、中国澳门各建 1 所孔子学院）共建孔子学院 187 所，孔子课堂 48 个。

注：根据孔子学院总部/国家汉办网站动态数据整理，时间截至 2020 年 3 月 31 日。http：//www. hanban. org/confuciousinstitutes/node_10961. htm。

这些孔子学院呈现以下特点①：

1. "一带一路"沿线65个国家，截至2020年3月底仍有9个国家尚无孔子学院和孔子课堂，分别是文莱、不丹、伊拉克、叙利亚、也门、阿曼、卡塔尔、科威特、土库曼斯坦。这是未来孔子学院和孔子课堂布局的重点考虑区域。

2. 东盟十国作为整体而论，其建设的孔子学院数量最多，10个国家截至2020年3月共有34所孔子学院。这些国家地处中国周边，与中国有着密切的历史思想文化渊源和政治经济安全利益，更有华人华侨数量众多的独特优势。东盟的孔子学院对"一带一路"的响应较多，相关活动也较多。

3. 孔子学院数量排名前三的国家分别是：韩国23所，俄罗斯19所，泰国16所。这既与这些国家的人口数量有关，更与它们和中国的经济社会文化往来及外交关系有关。另外有的国家虽然没有孔子学院，却有孔子课堂，如缅甸没有孔子学院，但有3个孔子课堂：福星语言电脑学苑孔子课堂、福庆语言电脑学校孔子课堂、东方语言与商业中心孔子课堂。

4. 中方承办孔子学院数量最多的高校为北京外国语大学、北京语言大学、厦门大学。北京外国语大学目前已开齐与中国建交国家的官方用语，是最大"一带一路"非通用语建设基地；北京语言大学是中国唯一一所以对来华留学生进行汉语、中华文化教育为主要任务的国际型大学；厦门大学是中国近代教育史上第一所华侨创办的大学（由著名爱国华侨领袖陈嘉庚先生创办），国际合作交流尤其是与东南亚国家交往渊源深厚。全球孔子学院院长（培训）学

---

① 特点概括参见《"一带一路"沿线65个国家和地区136所孔子学院名单》，中国—中东欧国家智库交流与合作网络2017－05－18，http://16plus1－think-tank.com/11/20170518/1366.html，并于2019年7月更新数据。

院设在厦门大学。①

随着共建"一带一路"的推进，大批中资企业"走出去"，中外合作交流日益增多，语言需求还会上升，总部在布局上也会更加重视向"一带一路"倾斜，沿线国、参与国的孔子学院数量还会进一步增多。

第二节 "一带一路"与人文交流合作

将"一带一路"与孔子学院联系起来的桥梁中介是人文合作。"一带一路"的主要内容是"五通"，其中的民心相通讲的就是人文交流合作，而孔子学院是中外人文交流合作的产物，也是进一步推动人文交流合作的动力。"一带一路"建设中实现民心相通需要借助孔子学院语言文化交流传播优势，孔子学院实现本土化发展也依赖"一带一路"及其人文交流合作带来的巨大机遇。在"一带一路"的时代大合唱中，人文合作是一曲优美动听、雄浑深情的旋律，而孔子学院的声音高亢激越，令人耳目一新。

一 "一带一路"建设中人文交流合作的重要性

"人文"一词在中国文化典籍中与"天文"相对，《易经》云："刚柔交错，天文也。文明以止，人文也。""人文"与文明、文化是联系在一起的，"观乎人文以化成天下"。《辞海》的解释包括几个方面：指礼乐教化；泛指各种文化现象；人事，指人世间事；习

---

① 这三所大学也是全球孔子学院中方承办高校中的前三甲。以上信息见三个高校的官方网站。

俗，人情。可见，"人文"由"人"和"文"二字组成，与"人"和"文化（文明）"都紧密相关，指与人有关的文化活动，与"人文交流"的英文表达 people-to-people exchange 是相通的。

（一）"人文交流合作"概念

人文交流合作是指不同地域、不同国家、不同民族间除政治、经济、军事、安全以外的各种合作，包括文化、教育、科技、旅游、卫生、体育、媒体等诸多方面。人文交流合作是一国开展公共外交和实施文化外交的手段和途径，可以与其他国家建立长期、稳定、良好人际关系，赢得人心并建立信任。[①] "人文交流合作"有时将"人文交流""人文合作"两个方面分开使用，也经常并用，如"人文交流与合作""人文合作与交流"。前几年还与"文化外交""人文外交"和"公共外交"等作近义词混合使用。如2004年8月，胡锦涛在第十次驻外使节会议上提出，"要加强经济外交和文化外交，推动实施'引进来'和'走出去'相结合的对外开放战略，深入开展对外宣传和对外文化交流"，[②] 相继使用了"文化外交"和"对外文化交流"两个不同词语。2009年3月，在十一届全国人大二次会议举行的记者会上，时任外交部部长杨洁篪答记者问时提出，"要加强人文外交，进一步增进中国人民和世界各国人民的友谊和合作"，[③] 使用了"人文外交"一词。同年7月，

①　已有学者对"人文"含义和"人文交流"内涵、主体、客体、形式、内容、机制、问题等进行过较为深入的探讨。杨毅：《软实力视角下中国人文交流机制的构建》，《理论与改革》2012年第4期；刘宝存、傅淳华：《"一带一路"倡议下的中外人文交流机制——现状、问题与出路》，《大学教育科学》2018年第5期。

②　《胡锦涛在第十次驻外使节会议上发表重要讲话强调做好新形势下的外交工作》，新浪网 2004 - 08 - 30，http：//news. sina. com. cn/c/2004 - 08 - 30/07533529903s. shtml。

③　《十一届全国人大二次会议举行记者会 杨洁篪答记者问》，国际在线 2009 - 03 - 07，news. cri. cn/gb/27824/2009/03/07/2625s2450744. htm。

胡锦涛在第十一次驻外使节会议上提出,"要加强公共外交和人文外交,开展各种形式的对外文化交流活动,扎实传播中华优秀文化"。① 这一次是"公共外交""人文外交"并用。党的十八大报告使用的是"公共外交和人文交流"——"我们将扎实推进公共外交和人文交流,维护我国海外合法权益。"十九大报告指出,"加强中外人文交流,以我为主、兼收并蓄。推进国际传播能力建设,讲好中国故事,展现真实、立体、全面的中国,提高国家文化软实力"。用的是"人文交流"一词。2017 年 12 月,中共中央办公厅、国务院办公厅印发的《关于加强和改进中外人文交流工作的若干意见》② 中标题使用的是"人文交流"一词,但文中也使用了"人文交流与合作""人文合作"的说法。还有很多场合用的是"人文交流合作"的说法。2018 年 6 月,在上海合作组织青岛峰会上,习近平说拉紧人文交流合作的共同纽带。2019 年 5 月,习近平主席在亚洲文明对话大会开幕式上的主旨演讲中使用了"人文交流""文化交流互鉴""文化往来""文明交流互鉴""文明对话"等说法。

首先,这些不同词语之间的区别之一来自"人文""文化""文明"这 3 个词之间的差异。《易经》说:"观乎天文,以察时变;观乎人文,以化成天下。"可见,人文与天文相对,天文是指天道自然,人文是指社会人伦,"化成天下"的过程和结果则是文化,这是广义上的文化;通常说的文化是指作为观念形态的、与经济政治并列的、有关人类社会生活的思想理论、道德风尚、文学艺术、教育和科学等精神方面的内容;文明则是积极的、高质量的、成体系的、经过历史沉淀的文化。因此这 3 个概念中"人文"外延

---

① 《第十一次驻外使节会议在京召开》,《人民日报》2009 年 7 月 21 日第 1 版。
② 党的十八大以来,国家对人文交流工作愈加重视,《关于加强和改进中外人文交流工作的若干意见》是党和国家首次针对中外人文交流工作制定专门文件。

最大,包含了文化,而文化包含了文明,文明外延最小,层次最高。这与"人文"、"文化"、"文明"这三个词的英文 humanism、culture、civilization 的表达基本对应。

其次,这些不同词语之间的区别还来自"外交"与"交流""合作""对话"等词的不同。"外交"是以我为主体向外看的角度,"外"与"内"相对应,表示不是自己这方面的。如"外交""对外",但"外交"作为一个专门词汇,是指国与国之间的交往、交涉,通常是国家为维护其自身利益所进行的国家间交往活动,如访问、谈判、交涉、缔结条约、颁发外交文件、参加国际会议和活动等,无论在主体还是内容上都比"对外"要严格得多。而"交流""合作""对话""往来""互鉴"这些词是在相互关系的意义上说的,并非特指从我方出发针对外方的行为,虽然可以强调一方可以主动,但本质上强调双方互动性。

最后,这些不同用法之间的区别还在于我们具体使用时与其他词搭配后产生的语意不同。如"人文交流""文化合作"与"文明互鉴"这种词语搭配本身也反映它们在内涵上的细微差别。通常人文交流包含活动的过程,也包括活动的成果,文化合作则要更具体些,通常要到项目层面才能称得上进行了文化合作,而文明互鉴则要上升到国家政策和行为了。相应地,这几个词组的主语也有所不同,一般个人或单位都能作为人文交流的主语,但文化合作的主体是文化相关的专门机构,而文明互鉴通常谈的是国家和民族层面上的事情。

为化繁为简,文中一般论述用"人文交流合作"一词,但考虑到我们的研究对象孔子学院是语言文化项目,很多地方用"文化"一词;同时也鉴于"交流"重在过程,"互鉴"过于宏大,而"合作"则既指过程也指结果,既可以由"交流"而来,也可以升级为"互鉴",文中具体论述时倾向使用"文化合作"一词——这也与孔子学院是中外文化合作的产物这一定位相呼应。不过,这种区分并不严格，因为我们的重点不是在理论上、语义上探讨其区别与联系，而是从实践中、现实中探讨中外是如何进行人文交流、文化合作与文明互鉴的，从这个意义上说，这些词语之间的细微差别是可以忽略或弥合的。加上"一带一路"建设还处于初期，交流先于合作，交流多于合作，因此，行文中根据具体语境交互使用了以上这几种不同说法。

（二）"一带一路"人文交流合作的地位意义

中外人文交流合作是"一带一路"建设的重要内容，"一带一路"建设是中外人文交流合作的实践依托。自"一带一路"倡议提出以来，中国领导人和重要文件都多次强调人文交流合作的重要性。2014年5月在中国国际友好大会上，习近平主席讲述了中国在古代丝绸之路上进行人文友好交流的故事，"自古以来，中华民族就积极开展对外交往通商，而不是对外侵略扩张；执着于保家卫国的爱国主义，而不是开疆拓土的殖民主义。2100多年前，中国人就开通了丝绸之路，推动东西方平等开展文明交流，留下了互利合作的足迹，沿路各国人民均受益匪浅。600多年前，中国的郑和率领当时世界上最强大的船队7次远航太平洋和西印度洋，到访了30多个国家和地区，没有占领一寸土地，播撒了和平友谊的种子，留下的是同沿途人民友好交往和文明传播的佳话"。① 2014年9月，在纪念孔子诞辰2565周年国际学术研讨会上，习近平再次指出丝绸之路对中外文明交流互鉴的推动。"在长期演化过程中，中华文明从与其他文明的交流中获得了丰富营养，也为人类文明进步做出了重要贡献。丝绸之路的开辟，遣隋遣唐使大批来华，法显、玄奘

---

① 习近平：《在中国国际友好大会暨中国人民对外友好协会成立60周年纪念活动上的讲话》，《人民日报》2014年5月16日。

西行取经，郑和七下远洋，等等，都是中外文明交流互鉴的生动事例"。① 2015 年 3 月，《推动共建丝绸之路经济带和 21 世纪海上丝绸之路的愿景与行动》出台，这份"一带一路"纲领性文件明确政策沟通、设施联通、贸易畅通、资金融通、民心相通"五通"是"一带一路"的核心内容，其中民心相通是"一带一路"建设的社会根基。实现民心相通靠的是人文交流、文化合作，"传承和弘扬丝绸之路友好合作精神，广泛开展文化交流、学术往来、人才交流合作、媒体合作、青年和妇女交往、志愿者服务等，为深化双多边合作奠定坚实的民意基础。"② 2016 年 4 月，在中共中央政治局第三十一次集体学习中，习近平强调人文交流合作是"一带一路"建设的重要内容，他指出：真正要建成"一带一路"，必须在沿线国家民众中形成一个相互欣赏、相互理解、相互尊重的人文格局。要坚持经济合作和人文交流共同推进，注重在人文领域精耕细作，尊重各国人民文化历史、风俗习惯，加强同沿线国家人民的友好往来，为"一带一路"建设打下广泛社会基础。③ 2016 年 8 月，在推进"一带一路"建设工作座谈会上，习近平指出，"要切实推进民心相通，弘扬丝路精神，推进文明交流互鉴，重视人文合作。"④ 在首届国际合作高峰论坛圆桌峰会上，习近平重申，"民心相通是'一带一路'建设国际合作的重要内容。我们要深入开展人文领域交流合作，让合作更加包容，让合作基础更加坚实，让广大民众成

① 习近平：《在纪念孔子诞辰 2565 周年国际学术研讨会暨国际儒学联合会第五届会员大会开幕会上的讲话》，《人民日报》2014 年 9 月 25 日。

② 《推动共建丝绸之路经济带和 21 世纪海上丝绸之路的愿景与行动》，《人民日报》2015 年 3 月 29 日。

③ 《借鉴历史经验创新合作理念 让"一带一路"建设推动各国共同发展》，《人民日报》2016 年 5 月 1 日。

④ 《习近平主席推进"一带一路"建设工作座谈会并发表重要讲话》，《人民日报》2016 年 8 月 18 日。

为'一带一路'建设的主力军和受益者。"① 2017 年 12 月，中共中央办公厅、国务院办公厅印发《关于加强和改进中外人文交流工作的若干意见》（以下简称《意见》）指出，要丰富和拓展人文交流的内涵和领域，打造人文交流国际知名品牌。《意见》还特别指出，要构建语言互通工作机制，推动我国与世界各国语言互通，开辟多种层次语言文化交流渠道。着力加大汉语国际推广力度，支持更多国家将汉语教学纳入国民教育体系，努力将孔子学院打造成国际一流的语言推广机构。健全国内高校外语学科体系，加快培养非通用语人才，不断提升广大民众的语言交流能力。② 2019 年 5 月，在亚洲文明对话大会上，习近平指出，"人是文明交流互鉴最好的载体。深化人文交流互鉴是消除隔阂和误解、促进民心相知相通的重要途径。这些年来，中国同各国一道，在教育、文化、体育、卫生等领域搭建了众多合作平台，开辟了广泛合作渠道。中国愿同各国加强青少年、民间团体、地方、媒体等各界交流，打造智库交流合作网络，创新合作模式，推动各种形式的合作走深走实，为推动文明交流互鉴创造条件。"③这些论述为我们理解"一带一路"人文交流合作的意义与作用提供了思想指导。

　　1. 人文交流合作是三大支柱和五大联通之一

　　发展国家间关系，不仅要重视经贸往来、政治合作，还要重视人民间的交往和思想文化的交流。中国外交经历了"政治挂帅"、经济外交、政治经济双轮驱动、政治经济人文三足鼎立的演进过程。"一带一路"以经济合作为主干，以人文交流为灵魂，通过实

---

　　①　习近平：《开辟合作新起点　谋求发展新动力——在"一带一路"国际合作高峰论坛圆桌峰会上的开幕辞》，《人民日报》2017 年 5 月 16 日。

　　②　《中办国办印发〈关于加强和改进中外人文交流工作的若干意见〉》，《人民日报》2017 年 12 月 22 日。

　　③　习近平：《深化文明交流互鉴　共建亚洲命运共同体——在亚洲文明对话大会开幕式上的主旨演讲》，《人民日报》2019 年 5 月 16 日。

施政策沟通、设施联通、贸易畅通、资金融通、民心相通，与沿线国家共同打造政治互信、经济融合、文化包容的命运共同体，其实质是一项凝聚民心的新型区域合作、国际合作。由于"五通"中设施联通、贸易畅通、资金融通都可归为经贸合作，因此王毅外长将人文交流视为与政治、经贸并列的"一带一路"建设第三大支柱。① 无论是"五通"之一的民心相通，还是"一带一路"三大支柱乃至中国大国外交三大支柱之一的人文交流，其作用和意义都提升到前所未有的量级上。在"一带一路"中，怎样把沿线国家联成一体、拧成一股绳？文化交流合作就是让民相亲、心相通的途径，持续的交流合作能够穿透距离、打破障碍、凝聚人心。民心通畅程度，直接影响政府高层互动以及国际安全、经贸往来、投资走向等领域的合作，为政策沟通、设施联通、贸易畅通、资金融通发挥着独特支持、支撑作用。"国之交在于民相亲，民相亲在于心相通。"政策沟通背后靠的是民众相亲，设施联通有赖于往来频繁，贸易畅通来自相互需要，资金融通是人、财、物流动的必然结果。如果说其他"四通"相对独立、区分清晰的话，那么民心相通边界最模糊，最难衡量，且贯穿其他"四通"，与其相辅相成。

2. 文化是精神纽带，民心是基础工程

文化交流、民心相通不仅是"一带一路"建设的重要内容，也是"一带一路"建设的精神纽带和人文基础。2013 年 9 月，习近平主席访问哈萨克斯坦时，提出了共同建设"丝绸之路经济带"的五大内容——政策沟通、道路联通、贸易畅通、货币流通、民心相

---

① 2008 年，国家副总理刘延东曾在全球孔子学院大会上将人文合作与政治互信、经贸交流相提并论，她还特意强调了语言在人文交流合作中的角色与作用，"人文合作对于增进政治互信、加强经贸交流有着不可替代的作用，语言作为文化的载体和交流的工具，正是加强不同国家和人民之间人文交流与合作、加深理解与友谊的桥梁和纽带。刘延东：《共同参与平等合作把孔子学院越办越好——在第三届孔子学院大会上的主旨演讲》，《中国教育报》2008 年 12 月 11 日。

通，并指出："国之交在于民相亲。搞好上述领域合作，必须得到各国人民支持，必须加强人民友好往来，增进相互了解和传统友谊，为开展区域合作奠定坚实民意基础和社会基础。"[①] 人文交流涉及文化、教育、语言、艺术、科技、卫生、旅游等方方面面，直接与人相关，与人的生活相关，与人的感受相关，是"一带一路"浩大工程的根基底座部分，关系到整体工程是否稳定、持久。如果说人类命运共同体是要建设的宏伟大厦，那么民心相通是支柱，人文交流合作是砖石。现有的不良舆论和工程搁浅等问题，多与人文交流不够充分，民众不了解、不理解、不支持有关。而率先取得成果的地方、合作进行得顺利的地方，都是民众基础好、友好往来多的地区。这也表明，"一带一路"开展离不开民心相通提供的良好社会环境。民心相通是"一带一路"一经提出便得到沿线国家响应和认可的重要原因，也是中国与沿线各国凝成一体，编织你中有我、我中有你共同体的内在支撑。

3. 人文先行并贯穿始终，渗透到各个环节

人文交流似滴水穿石，润物无声，潜移默化，"不拘小节"，于细微处见精神。这些特点使其成为合作之初的催化剂、黏合剂，有助于消除距离感、陌生感，在此基础上产生的亲近感和信任感则可以直接促进合作的发生，这是人文先行的原因。在这个意义上人文合作是"一带一路"共建的起点；在合作过程中文化又是很好的润滑剂、推进器，"随风潜入夜，润物细无声"，在不知不觉中拉近了人们心灵的距离。在合作出现问题时文化也是有效的灭火器和抚慰人心的按摩仪，带着认同的心态容易达成善意的理解，从而有助于大事化小、小事化了，在关键时候文化起着四两拨千斤的作用。人文交流贯穿"一带一路"的整个过程和各个领域，人文交流合作也

① 习近平：《弘扬人民友谊 共创美好未来——在纳扎尔巴耶夫大学的演讲》，《人民日报》2013 年 9 月 8 日。

是检验"一带一路"建设最终成效的试金石。中国某央企在巴基斯坦的分公司每年在当地出资援建的医院、学校和福利院等场所，对于改善和提升巴基斯坦人的生活品质发挥了积极作用，赢得了巴基斯坦社会的普遍赞誉。该企业在巴基斯坦打造的品牌早已家喻户晓，且深入人心。① 该企业了解当地民情，切实满足他们的需要，最终在赢得民心之时也成就了自身成功。所以，人文交流合作是否成功也是衡量"一带一路"成功与否的标杆。因此可以说，深远文化渊源是"一带一路"得以提出的前提条件，千年友好往来是"一带一路"联通沿线各国的人文纽带，频繁交流互动是夯实各项合作的民意基础，文明对话互鉴是"一带一路"造福当代启迪全球的精神成果。

4. 实现美美与共、建设人类命运共同体是归宿

构建人类命运共同体从人文维度来说，是人文交流合作的产物，是民心深度相通的体现，是最高层次的民心相通。我国在"一带一路"《愿景与行动》文件中规划了美好未来，沿线各国通过高层引导、政策对接、和衷共济、相向而行固然重要，但要在共商共建中实现共享共赢必须得落实到民众层面，靠民众参与。民众在"一带一路"工程中切实体会到互联互通的好处，成为其中受益的一方，在利益交融、相互依存的情况下，实现经济、安全、文化上深度融合，最终形成休戚与共的命运共同体。马克思主义认为，全球化使民族历史、国家历史成为世界历史，人与人、国与国之间的交往也随之改变，逐渐变成世界性的交往。② 人类命运共同体作为马克思所说的"自由人的联合体"的必经阶段，它的形成过程就是人类社会交往不断扩大的过程。在这一交往过程中，打上深深文化

---

① 范磊：《"一带一路"生命力在于落地生根》，新加坡《联合早报》2017年9月6日。

② 《马克思恩格斯选集》（第1卷），人民出版社2012年版，第404页。

烙印的人从一地一国走向全球，将不同文化、文明汇集在一起，也将人类的命运紧密联系在一起。人类命运共同体是全人类的，以全球人民共同拥有、共同分享物质生产和精神生活为最终归属，它的实现要靠处在不同国家、不同社会中的人打破自身种族、民族、国家、宗教的各种藩篱，通过充分的社会交往最终实现，而文化生活作为人类文明进步的成果和标志是社会交往的重要内容。因此，在人类命运共同体的共建过程中，人文交流、文化交往是一个重要维度，当人文交流成为国家交往的普遍形式，人类超越文明差异走向心心相通，人心所向的方向就是共同体的方向，是天下一家、美美与共的理想境界。

二　"一带一路"人文交流面临的主要问题

人文合作是"一带一路"倡议实施中民心所向的重要举措，对于营造良好的民意基础，保障"一带一路"倡议的长期稳定推进具有重要的作用，应作为"一带一路"建设的优先领域。由于复杂的国际政治及其互信、经济环境、历史文化认知、文化产业基础及其各国体制等多种因素，人文交流合作也面临着不少问题，如不良国际舆论的影响和干扰、文化交流方式比较单一、人文交流合作机制不够完善、专业人才缺乏等。

（一）负面国际舆论的影响干扰

随着中国综合国力和国际影响力的日益上升，形形色色的负面舆论似乎如影随形，不时兴风作浪，中国几乎任何一个重大议题莫不遭到质疑和攻击，如北京奥运会、上海世博会、孔子学院、对外合作援助、南海问题等，而最近几年又集中火力对准了"一带一路"倡议。有关"一带一路"的负面言论主要有：

1. "新马歇尔计划论"

由于历史上还没有出现过一个由发展中大国提出的、用平等协商手段进行大规模海外投资、国际合作的倡议，一些境外人士先入为主、以己度人，将"一带一路"理解为中国版本的"马歇尔计划"，认为中国要步美国后尘，借助投资和开发进行地缘政治扩张，成为新秩序的领导者，与美欧自由世界对抗。①

2. "新殖民主义论"

认为"一带一路"是中国对沿线不发达国家进行掠夺的明证，说明中国与强大后实施霸权主义的西方列强并无二致，都是通过经济扩张，钳制参与国，强迫它们成为中国的原料产地和倾销市场。美国宾夕法尼亚大学沃顿商学院曾讨论"中国在非洲的真实故事"，有反对者称，中国与非洲基础设施项目融资以换取该大陆的自然资源是剥削性的"新殖民主义"行为。②《纽约时报》中文网于2017年5月4日和5日连续以所谓的"中国式新殖民主义"为题发布系列报道。③

3. "债务陷阱论"

2017年1月，印度战略学者布雷厄姆·切拉尼将中国与斯里兰卡就汉班托塔港债务问题进行的正常商务谈判视作中国的"债务陷阱外交"，认为在"一带一路"的包装下，中国正通过使东道国陷

---

① 这种论调有不同版本，持这种论调的人民很多，较早提出的有：Shannon Tiezzi, The New Silk Road: China's Marshall Plan?, The Diplomat, November 6, 2014, https：//thediplomat. com/2014/11/the-new-silk-road-chinas-marshall-plan; Michele Penna, China's Marshall Plan: All Silk Roads Lead to Beijing?, World Politics Review, December 9, 2014, p. 1。

② China's Investment in Africa: What's the Real Story? https：//knowledge. wharton. upenn. edu/article/Chinas – investments – in – africa – whats – the – real – story.

③ 《美媒又拿"新殖民主义"抹黑中国专家：解读非常歪曲》，《环球时报》2017年5月6日。

入债务危机达成自身的政治目的。① 美国副总统彭斯、前国务卿蒂勒森和现任国务卿蓬佩奥多次在演讲中指责中国为脆弱国家无序发放贷款，大肆兴建港口等基础设施，使这些国家陷入中国构建的"债务陷阱"中。在 2018 年亚太经合组织峰会上，美国副总统彭斯影射"一带一路"是"一条有约束力的带"（a constricting belt）"和一条单向的路"（a one-way road）。②

4. "环境破坏论"

一些西方国家人士在谈到"一带一路"动机时，总是将转移中国国内过剩产能视为中国开展"一带一路"的理由。一些外媒指责这些高产能项目都是高污染项目，"一带一路"的基础设施建设项目容易造成东道国生态环境破坏，存在"污染转移"行为。甚至还有美国一些学者称，中国为满足其对自然资源的渴望，正在盘剥世界上最贫穷的国家。"资源掠夺论"也引起了一些沿线国家的疑虑。

5. "自肥论"（"腐败论"）

一些人觉得"一带一路"倡议是"中国制造，为中国制造"，中国人只雇用中国人，外国人不受信任，不受重用，只是点缀，从管理层到劳工都是中国人；中国人只和中国人做生意，在沿线的伙伴大多是华人华侨。资源和基础设施的交易往往是不透明的，没有公开竞标。美国声称"一带一路"是"不良交易"，为贪污和管理不善提供了肥沃土壤。

6. "文化价值输出论"

一些西方媒体凭借自身在话语权、传媒、网络等方面的优势，

---

① Brahma Chellaney, China's Debt – Trap Diplomacy, https：//www. project – syndicate. org/commentary/china – one – belt – one – road – loans – debt – by – brahma – chellaney2017 – 01？barrier = accesspaylog.

② Remarks by Vice President Pence at the 2018 APEC CEO Summit, https：//www. whitehouse. gov/briefings – statements/remarks – vice – president – pence – 2018 – apec – ceo – summit – port – moresby – papua – new – guinea.

宣扬中国推行"一带一路"的"阴谋"和"企图",揣测中国强大后要恢复"朝贡体系"和"天朝地位",向沿线国家推行中国文化,输出"红色帝国的价值观"。美国国防部部长马蒂斯曾表示,中国有意恢复明朝的册封政策,欲将周边国家纳入本国的势力范围,变成向自己朝贡的附属国。

以上这几种论调分别代表从外交、政治、经济、环境、管理、文化价值观几个方面攻击"一带一路"的典型言论。造成这些负面舆论的原因很复杂,既有中国实力上升造成的结构性矛盾因素,也有意识形态、发展道路千差万别的制度性原因,更有信任不足、认知不清、沟通不畅造成的主观偏见等。一些沿线友好国家的民众在西方别有用心者的挑拨下跟着叫嚷"中国威胁论",质疑中国投资企图,甚至反对、破坏正常有益的合作项目。"一带一路"的负面舆论提醒我们应该重视域内外和沿线国家的人文交流对话,加强人员往来,增进互相理解,促进文化互鉴。习近平主席在首尔大学发表演讲时指出,"文化在增进人民相互了解和友谊方面可以起到春风化雨、润物无声的作用","加强人文交流,不断增进人民感情。以利相交,利尽则散;以势相交,势去则倾;惟以心相交,方成其久远。国家关系发展,说到底要靠人民心通意合。"① 孔子学院所做的工作就是以文化人的工作,其工作方式是春风化雨的方式,工作效果是潜移默化的效果,长期细致的工作必将有助于改善这些负面言论。

(二)人文交流工作尚待提升

"一带一路"是中国首倡的中外合作项目,离不开中国的引领和带头,"一带一路"沿线中外人文交流合作也需要中国走在前列,主动、积极、有效地开展对外交流工作,重视发挥中外人文交流在

---

① 习近平:《共创中韩合作未来,同襄亚洲振兴繁荣——在韩国国立首尔大学发表重要演讲》,《人民日报》2014 年 7 月 5 日。

对外工作中的重要作用。相对于"一带一路"对民心相通的要求和目前中外人文交流合作的现状，我国的对外人文交流工作还存在一些问题，需要进一步完善。

1. 人文交流主体过于依赖政府部门

人文交流对应的英文是 people-to-people exchanges，指人与人之间的友好交往、思想交流与文化交融。中文中的"人文"二字很好传递了人与人之间物理距离拉近与文化之间心理距离亲近的内在联系。人员交往尤其是生活在不同国情、不同宗教、不同习俗、不同制度的国家人民之间的交往就是文化交流过程。人文交流的主体可以是政府、政党、社会组织、民间机构、高校、智库，但本质是以人民为主体的。而人民既包括政府官员、经济精英、社会名流、专家学者、媒体人士，也包括最广泛的普通民众。民间交往和大众交流是"一带一路"建设的重要土壤，也是活力源泉，但从人文交流实践中看来，官方唱主角、民众参与不足的状况没有得到改变。国家层面组织的"文化年""文化月"等大型文化交流活动规模大、规格高、影响广，往往轰动一时，但这样的活动要想持久下去并深入人心，必须由国家层面进行主体转化或重心下移，让地方、民间、团体或民众个体参与其中，享受到其中的乐趣和益处，从而自身成为推动者、组织者、传递者。否则热闹一时之后悄然无声，上热下冷，基层无人呼应，后续没有行动，这样的文化活动就流于表面，花费不菲，效果却不深入、不持久。首届高峰论坛的成果清单和发布的《中国社会组织推动"一带一路"民心相通行动计划（2017—2020）》勾勒出民心相通工作的阶段性目标、具体安排和工作脉络，是民心相通工作的实际操作指南。《关于加强和改进中外人文交流工作的若干意见》也指出，要健全全社会广泛参与的体制机制，充分调动中央与地方、政府与社会的积极性，进一步挖掘各地方、各部门、各类组织和群体在中外人文交流中的潜力和资源。加强人文交流相关知识和理念的教育、传播、实践，引导海外华侨华人、留学人员、志愿者以及在海外投资的中资企业积极参与人文交流,将人文交流寓于中外民众日常交往中。鼓励专业化、国际化的社会组织和民间力量参与人文交流具体项目运作。这些措施都非常得力,可能是由于"一带一路"的"工笔画"还未完全展开,相关部门制定的具体方案和工作规划尚未落实,目前依然缺乏有效性、实质性、普遍性支持,民众参与不足,活动缺乏连续性,影响力不够深入持久。

2. 人文交流内容、形式有待拓展

"一带一路"沿线人文资源非常丰富,为开展人文交流合作提供了各种素材。目前"一带一路"沿线各国与中国人文交流的主要形式为举行互派艺术团体演出、影视作品展出、体育赛事、旅游项目合作等,文物、音乐、动漫、文学方面的交流也在增多,而在教育、学术、科技、图书等领域的交流与合作相对较弱,沿线国家合作办学、互认学历、联合研究、科技合作、学术出版等还比较有限。在交流合作形式上,更多流于官方宣传方面,具体的落实举措不力。有的学者研究了中国与印尼之间的人文交流状况,认为两国人文交流机制会议在顶层设计上指明了方向,但是在具体落实上还不够到位。"在教育方面,双方学位没有得到互认,联合培养制度也没有正式推出;因为中印尼媒体间缺乏实际深层次合作,印尼主流媒体对中国的正面报道不够,甚至对于中印尼副总理级人文交流机制会议的报道也不够深入广泛,导致印尼民众缺乏对中国正面认知及对中印尼人文交流机制的反响不够积极。在科技、卫生、文化、旅游、体育、青年等方面,更多的是人员的交流,实质性的深层次合作较少。"① 传承"一带一路"历史渊源、文化精神,使人

---

① 王勇辉:《当前中印尼人文交流的机遇、问题与政策思考》(原载印尼《国际日报》),华中师范大学印度尼西亚研究网 2018-12-20,http://www.cistudy.cn/html/32-6/6707.htm。

文交流成为促进沿线各国民意相通的纽带，要采取多元化的手段全方位展示中国与"一带一路"沿线国家的故事，"要深度挖掘沿线各国的人文资源、弘扬人文传统，除文艺展演、影视交流、文物博览等传统文化领域交流外，还要拓展科教、学术交流、知识产权保护等文化交流合作新领域，创新交流合作的形式，搭建新的交流合作平台。"① 对外人文交流面对的国外客体是一个多元的、多层次的复杂社会，这要求人文交流在内容上要丰富，能够满足多种需求和口味，在形式上要灵活创新，能够以不同版本讲述好中国故事。

3. 人文交流对象不够深入基层民众

人文交流是人民享有、人民主导、为了人民的"人民间的交流"。② 不仅交流主体要重心下移，而且交流对象也要重心下移，面向海外最广大的民众。有的学者以印尼的案例说明当前对外交流实践中存在的问题——"当前人文交流过于偏重高层和精英接触，对印尼草根的重视不够，对印尼草根正面宣传中国相关工作开展不足，导致印尼草根阶层没有从根本上改观对华负面认知。在当前，中印尼官方交流、高校交流与企业投资等活动更多是在高层或精英间开展，印尼普通民众因较少感知而反应冷淡。……这其中根本性的问题是，在精神文化层面，印尼普通民众无法感知精英交流带来的正能量，在物质利益层面，印尼普通民众难以客观认识中国对印尼投资所创造的巨大就业机会和对印尼经济发展所起的积极作用，

---

① 刘春荣：《为"一带一路"提供文化软力量》，《光明日报》2017 年 5 月 16 日。

② 庄礼伟：《中国式"人文交流"能否有效实现"民心相通"？》，《东南亚研究》2017 年第 6 期。

把共赢合作误以为零和博弈。"① 不仅是中国与印尼之间的人文交流存在着这样的问题，在与其他国家的人文交往中也不同程度地存在"官本位"思维，有的部门、有些企业以为"搞定"当地政府官员就搞定了项目，从而忽视了对普通民众进行细致、扎实、到位的交流疏通工作，结果引起民意反对或反感。中国在缅甸的密松水电站搁浅、中国与越南铁路对接中出现的波折都说明了"一带一路"共建中民意不通、民心不畅的后果有多么严重。

（三）国际文化交流人才比较缺乏

如果说国际舆论挑战与宗教文化差异是客观外在因素，对外人文交流工作中的问题需要从主观上找原因，那么国际文化交流人才缺乏则既表现为我国这方面的人才与"一带一路"需求不相称，也表现为沿线国掌握汉语、了解中国文化的人才相对有限。主要表现为：

1. 语言复合型人才不足

目前"一带一路"人文交流的困难之一，首先是语言沟通不畅。"走出去了才发现不会说话"，不会说当地人听得懂、听得惯的语言，只能用英语沟通，一则双方各自的英语在语音、语调、语义上不一致，导致沟通困难；二则用英语这一外来语谈论与当事人有关的当地事务，导致沟通别扭。连通话都有问题，通心效果可想而知。这不是一两个人遇到的偶然事件，而是普遍性问题。这一问题也不是偶然发生的，与我国外语教育长期以来的单一化有关，"学会英语，走遍天下"一直到现在还是朗朗上口的广告词。我们过于重视英语，过高估计了英语的沟通能力，对于其他国家尤其是发展中国家的语言重视不够，对"一带一路"国家和地区的语言更是准

---

① 王勇辉：《当前中印尼人文交流的机遇、问题与政策思考》（原载印尼《国际日报》），华中师范大学印度尼西亚研究网 2018 - 12 - 20，http：//www.cistudy.cn/html/32 - 6/6707.htm。

备不足。其次是"语言＋"能力有限。一方面缺乏大量精通"一带一路"国家和地区主体语言文化和相关专业技能的中国人才，另一方面国外也缺乏精通汉语的复合型人才。大量的中外合作项目中，密集的人员沟通需要有专职翻译协助完成，迫切需要汉语翻译人才；政策沟通、项目商议等问题需要了解中国语言文化、风土人情、专门业务的当地公务员；随着中国对外投资的增多，所在国需要更多的专业商务人才来完成与中国的经贸合作；工程建设中的技术人才需求也是极端重要的一部分；"一带一路"建设所带动的旺盛汉语学习需求，需要培养更多的本土汉语教师来满足……他们需要的其实是复合型人才，我们需要外语复合型人才，沿线国家则需要汉语复合型人才。

2. 沿线小语种人才不多

语言人才中最缺乏的是小语种人才。从"一带一路"沿线国家官方语言数量来看，沿线 64 个国家共有 53 种官方语言。从沿线国家官方语言的种类看，新加坡的官方语言种类最为复杂，包括英语、马来语、华语及泰米尔语 4 种，9 个国家有 2 种官方语言，其他 53 个国家均只有 1 种官方语言。从语言使用和分布情况看，英语、俄语、阿拉伯语是主要语言，此外都算作"小语种"语言。在非通用语言尤其是"一带一路"沿线国家非通用语言方面，仅有 2.6% 的企业提供"中译外"和"外译中"服务，占比较少，小语种的服务能力严重匮乏，制约着中国企业进入当地进行贸易合作。①"一带一路"倡议提出时，我国高校外语专业招生语种只覆盖其中 20 种语言。经过 2017 年、2018 年连续两年新增语言专业后，北京外国语大学才刚刚开齐与中国建交国家的官方用语。目前能掌握沿线国家小语种语言，进行沟通、开展工作的人员不多，能同时了解

① 《国家信息中心发布"一带一路"语言能力建设调研报告》，广西外国语学院网站 2017 - 10 - 13，http://www.gxufl.com/notices/21337.html。

当地文化、教育、金融、法律、贸易的更是寥寥无几。"例如与一些独联体国家的交往，我们都还是依靠俄语教育基础来进行，而这与他们的官方语言和文化传统往往是不一样的，甚至是格格不入的。"[1]

表1—2　　　　　"一带一路"沿线国家官方语言统计

国家	语言	国家	语言	国家	语言
阿富汗	波斯语、普什图语	印度尼西亚	印尼语	白俄罗斯	白俄罗斯语、俄语
亚美尼亚	亚美尼亚语	以色列	希伯来语、阿拉伯语	波兰	波兰语、英语
巴基斯坦	乌尔都语	约旦	阿拉伯语	俄罗斯	俄语
菲律宾	菲律宾语、英语	柬埔寨	高棉语	捷克	捷克语
吉尔吉斯斯坦	俄语	老挝	老挝语	罗马尼亚	罗马尼亚语
黎巴嫩	阿拉伯语	缅甸	缅甸语	塞尔维亚	塞尔维亚语
马来西亚	马来语	阿联酋	阿拉伯语	斯洛伐克	斯洛伐克语
蒙古	蒙古语	阿塞拜疆	阿塞拜疆语	乌克兰	乌克兰语
孟加拉国	孟加拉语	巴林	阿拉伯语	匈牙利	匈牙利语
尼泊尔	尼泊尔语	格鲁吉亚	格鲁吉亚语	斯洛文尼亚	斯洛文尼亚语
斯里兰卡	僧伽罗语、泰米尔语	新加坡	英语、马来语、华语、泰米尔语	克罗地亚	克罗地亚语
泰国	泰语	巴勒斯坦	阿拉伯语	摩尔多瓦	摩尔多瓦语
土耳其	土耳其语、英语	哈萨克斯坦	哈萨克语、俄语	拉脱维亚	拉脱维亚语
乌兹别克斯坦	乌兹别克语	黑山共和国	黑山语	北马其顿	马其顿语

---

[1] 周明伟：《"一带一路"人文交流亟待强化》，《中国报道》2015年第4期。

续表

国家	语言	国家	语言	国家	语言
塔吉克斯坦	塔吉克语	波黑	波斯尼亚语、克罗地亚语、塞尔维亚语	韩国	韩语
越南	越南语	希腊	希腊语	立陶宛	立陶宛语
伊朗	波斯语	塞浦路斯	希腊语、土耳其语	不丹	宗卡语、英语
印度	印地语、英语	爱沙尼亚	爱沙尼亚语	马尔代夫	迪维希语
文莱	马来语	阿尔巴尼亚	阿尔巴尼亚语	保加利亚	保加利亚语
土库曼斯坦	土库曼语	卡塔尔	阿拉伯语	沙特阿拉伯	阿拉伯语
阿曼	阿拉伯语	科威特	阿拉伯语	叙利亚	阿拉伯语
也门	阿拉伯语	伊拉克	阿拉伯语		

总计：沿线 65 国共有 54 种通用语言（去除重复后）。

资料来源："一带一路"官网。

3. 知华友华亲华人士不够

中外合作进展较大的成功案例有一个共同点就是有知华、友华、亲华人士的大力推动。如 2015 年中国与哈萨克斯坦产能合作进展迅速，很大程度上得益于中哈近年的频繁交往，高层精英有曾留学中国的总理马西莫夫等知华派的推动。"来华"是"知华"的重要渠道。近几年，中国设立"丝绸之路"中国政府奖学金项目，与 24 个沿线国家签署高等教育学历学位互认协议。2017 年沿线国家 3.87 万人接受中国政府奖学金来华留学，占奖学金生总数的 66.0%。香港、澳门特别行政区分别设立共建"一带一路"相关奖学金。① 这些措施有力推动了来华留学生的数量提升，但相比世界许多国家对留学生"严进严出"的教育政策，来华留学生教育的

① 《共建"一带一路"倡议：进展、贡献与展望》，《人民日报》2019 年 4 月 23 日。

"宽进宽出"政策直接影响了来华留学教育质量。"部分奖学金留学生在中国的学习投入程度低,学习动力不足,学习收获较小。物质利益的给予并没有提高其对中国的感知,也并未促进其在中国的学习收获。"① 虽然,哈萨克斯坦前总理马西莫夫、埃塞俄比亚前总统穆拉图·特肖梅、刚果民主共和国前总统约瑟夫·卡比拉都是来华留学的"外国校友",曾为促进所在国同中国的政治、经济、文化交流付出努力②,但与我们多多益善的期待比、与"一带一路"共建中的需要比,知华、友华、亲华人士还远远不够。

　　总之,当前的人文交流合作中还存在不少问题和短板,对此党和国家高度重视,党的十九大报告强调"加强中外人文交流,以我为主、兼收并蓄"。③ 2017 年,《关于加强和改进中外人文交流工作的若干意见》出台,这是进一步做好新时代中外人文交流工作的指导性文件。2017 年年底,教育部中外人文交流中心成立,这是一个全方位、全身心服务中外人文交流事业的崭新机构。孔子学院作为中外人文交流、教育"走出去"的品牌项目,其非政府组织的定位、以教师为主体、以语言文化传播为内容,面向大学师生、中小学生、社区民众直接面对面地上课、活动的方式,对于消除上述人文交流工作机制弊端和问题,探索新时代人文交流新机制、新形式具有不可取代的意义和价值。中外人文交流日益发挥着国家关系稳定器、务实合作推进器、人民友谊催化器的重要作用,这也预示着孔子学院发挥更大作用的必要性和重要性会更加凸显。

---

① 马佳妮、周作宇:《"一带一路"沿线高端留学生教育面临的挑战及其对策》,《高等教育研究》2018 年第 1 期。

② 《学在中国让他们知华友华》,《人民日报》(海外版) 2016 年 4 月 5 日。

③ 习近平:《决胜全面建成小康社会 索取新时代中国特色社会主义伟大胜利——在中国共产党第十九次全国代表大会上的报告》,《人民日报》2017 年 10 月 28 日。

第三节　孔子学院与"一带一路"民心相通

如上所述，"一带一路"建设中文化交流合作很重要，"一带一路"不仅仅是国家倡议和政府工程，更是公共议程和人文交流工程，不仅仅要求中国对沿线国家开展深入细致的公共外交，更是沿线国家彼此之间深耕友谊和厚植人脉的人文交流，是多元文明的融汇发展，是多种文化的大合唱。① 人文交流事关民心相通和整体工程的成败，但实际建设推进中又遇到很多问题，以至于文化困扰成为制约"一带一路"进展的重要瓶颈。应如何克服文化差异、不适和障碍？从历史上看，"两千多年的交往历史证明，只要坚持团结互信、平等互利、包容互鉴、合作共赢，不同种族、不同信仰、不同文化背景的国家完全可以共享和平，共同发展。这是古丝绸之路留给我们的宝贵启示"。② 从理论上看，良好的愿望结出美丽的果实，这是众望所归的事情，但从实践上看，却不是顺理成章、水到渠成的事情，这些只是必要而非充分的条件，背后大有功课可做，绝非朝夕可以做到，也绝无灵丹妙药。大而化之的方式方法不能解决心灵沟通的问题，民心相通的心灵工程只能踏踏实实、从"心"做起。心与心沟通，要靠人与人对话实现，而对话要靠语言和文化。2015 年 9 月，习近平主席在出席英国孔子学院和课堂年会开幕式上发表讲话，高度评价孔子学院为推进中国同世界各国人文交流

① 赵可金：《"一带一路"应重视人文为本》，中国网 2015 – 06 – 09，http：//opinion. china. com. cn/opinion_13_131313. html。

② 习近平：《弘扬人民友谊 共创美好未来——在纳扎尔巴耶夫大学的演讲》，《人民日报》（海外版）2013 年 9 月 9 日。

发挥的独特作用，指出孔子学院和孔子课堂为介绍中华文化、沟通人民心灵、搭建友谊桥梁倾注了大量热情和心血，取得了可喜成绩，希望孔子学院为传播文化、沟通心灵、促进世界文明多样性做出新的更大贡献。[①] 刘延东副总理在第11届孔子学院大会开幕式的主旨演讲中说，"孔子学院从语言入手，用文化交融，搭建了人民心灵相通的桥梁，成为世界认识中国、中国与各国深化友谊的窗口，促进了多元文明的交流。"[②] 在第12届孔子学院大会开幕式上，她再次盛赞孔子学院确实成为中国与各国人民的"心灵高铁"。[③]小小的孔子学院为什么能承载了如此巨大的能量？它具体做了些什么？

一　孔子学院的基本角色功能

孔子学院的宗旨、使命、作用、角色决定了它"心灵工程"的天然特质，体现了人文交流合作的内在特点，契合了民心相通的本质要求。人文交流的手段与媒介、交流交往的主体与对象、交流合作的内容形式、目标宗旨都能在孔子学院活动与作为中得到体现与诠释。孔子学院是由中外合作建立的面向所在国家、地区、社区民众进行语言文化教育培训的非营利性教育机构，由教育部、国家汉办引领、中外高校和相关机构共建，面向广大受众提供服务——从所在高校大学生及周边课堂的中小学生，到孔子学院和课堂所在的社区民众，以及有兴趣学习中国语言文化或有意向到中国或中国海

---

① 《习近平出席全英孔子学院和孔子课堂年会开幕式》，《人民日报》2015年10月23日。

② 刘延东：《创新 合作 包容 共享 携手并肩开创孔子学院发展新局面——在第十一届孔子学院大会开幕式上的主旨演讲》，《孔子学院》2017年第1期。

③ 刘延东：《深化合作 创新发展 为构建人类命运共同体贡献力量——在第十二届孔子学院大会开幕式上的主旨演讲》，《孔子学院》2018年第1期。

外机构留学、旅游、就业、培训、实习的普通民众，开展形式、内容丰富多彩的语言教学、文化活动、汉语考试、师资培训、信息咨询、中外交流等活动，旨在满足当地民众汉语学习需求，帮助其学习中国语言文化、了解中国及中国人。[①] 孔子学院成立十几年来，已经成为中国进行语言和文化交流传播的主要园地，也逐渐成为学术交流、人文交流的重要平台，是中外加深了解、增进友谊的桥梁纽带。从长远来看，孔子学院的语言文化教学有助于在国际交流交往中培育友华认知、培植对华友谊，从而有利于改变"中国威胁论"不良舆论，为"一带一路"海外经贸投资铺路架桥。因此，孔子学院与人文交流合作是相互契合、内在一致的。

（一）开展汉语教学，提供中文课程

孔子学院根植于当地大学和当地社区，为各类各样的不同需求的当地学习者提供学习汉语的师资、场地和教学资源，较之于各国当地的华人学校和社团，孔子学院具有很多优势。世界各地的孔子学院由孔子学院总部（教育部直属单位）统一管理，由各大高校具体承办，由外国一流高校联办，这些优势有助于获得较有保障的资金、规范标准的汉语教学、专业师资和系统教材。孔子学院教学对象从大学生、社会成年人到中小学生、幼儿园孩童，几乎涵盖了所有教育阶段的人群。课程类型涵盖了语言教学为主的大学必修课和选修课、中小学课程，交际实用为主的社会成人班、社区兴趣班、中小学课外班、短期来华培训等各种类型。

---

① 《孔子学院章程》第一章总则中第四条规定"孔子学院为非营利性教育机构"，第五条规定"孔子学院本着相互尊重、友好协商、平等互利的原则，在海外开展汉语教学和中外教育、文化等方面的交流与合作。"第二章业务范围第十一条界定了孔子学院的使命与角色：（一）开展汉语教学；（二）培训汉语教师，提供汉语教学资源；（三）开展汉语考试和汉语教师资格认证；（四）提供中国教育、文化等信息咨询；（五）开展中外语言文化交流活动。《孔子学院章程》，孔子学院总部/国家汉办官网，http://www.hanban.edu.cn/confuciousinstitutes/node_7537.htm。

1. 大学学分课

大学学分课包括大学必修课和选修课，包括为汉语专业提供的专业课或是作为大学公选课的外语选修课。这些课程无论必修、选修，都计学分，被纳入了所在大学的教学体系。2016 年 7 月，在厦门大学举办的外方院长研修班的座谈中，国家汉办/孔子学院总部主任许琳提道，"目前全球有一半的孔子学院教授的课程已经被纳入各个大学的外语学分，而且质量可观"。到 2018 年，据《孔子学院 2018 年度发展报告》的数据，已有 60 多个国家将汉语教学纳入国民教育体系，170 多个国家开设汉语课程或专业。① 以厦门大学于 2006 年建立的第一所孔子学院泰国皇太后大学孔子学院为例，在汉语课程方面，一方面，孔子学院负责皇太后大学汉学院的中文专业教学，为中文专业的学生提供汉语课程；另一方面对该大学全校学生开设汉语课程，使它与其他通识课程一样计入学生修课学分。同时，孔子学院也逐渐开始接管和负责其他院系的汉语课程，比如说为中医系的学生开展汉语课程，中医系的学生如果坚持学习汉语，一旦通过 HSK 四级考试，便有机会取得奖学金到中国学习中医继续深造。2018 年，皇太后大学孔子学院学习汉语的学生总数为 9058 人，其中大学本科学分课程 205 个班次，共 21012 学时，6872 个学生。② 孔子学院根植于当地大学，为共建大学提供了优秀师资和优质教学资源，提升了当地汉语教学的质量，并通过开设汉语选修课，为学生提供了学习汉语和中国文化的全新选择，"为选课学生打开一个世界，以通往全新的目的地、鼓舞人心的文化和令

① 《孔子学院 2018 年度发展报告》，孔子学院总部/国家汉办网站，2019 – 05 – 12 上网，http：//www. hanban. org/report/2018. pdf。

② 厦门大学《孔子学院暨汉语国际推广 2018 年度报告》，http：//ocia. xmu. edu. cn/resource/reports。

人兴奋的职业选择"①，受到学校和学生的一致欢迎。

2. 中小学汉语课程

中小学汉语课程②主要为孔子课堂提供，也有相当一部分是为非孔子课堂的中小学教学点开设。孔子课堂是孔子学院把汉语教学由成人推向中小学的重要途径，因为孔子课堂数量多（一个孔子学院可开设多个孔子课堂）、辐射范围广、与社区家庭联系广、学员人数多（覆盖幼儿到青少年），所以孔子课堂成为当地青少幼童学习汉语的主要场所，是"学习汉语从娃娃抓起"的重要实践方式，对推广汉语和中国文化有着深远影响。截至2018年年底，154个国家共设有1193个孔子课堂，5665个汉语教学点，大大超过548所孔子学院的数量。其中，欧美的孔子课堂最多，美洲就有595个孔子课堂，欧洲有341个孔子课堂。

一般来说，孔子课堂开设的中小学汉语课有如下几种类型：

常规汉语课。孔子课堂的常规汉语课是指纳入当地中小学课表的汉语课程，每周课时多（一般8节以上），时间固定，教师和志愿者的配备也较稳定。一般成为孔子课堂的学校都会有固定的常规汉语课（这是其申请孔子课堂的重要条件之一）。在一些教学点中，也开设固定的常规汉语课。

中文俱乐部。在孔子课堂或者中文教学点，中文俱乐部（Chinese club）也是一种常见的授课形式。每所学校会选拔出对中文感兴趣的学生，在午饭时间或者下午放学以后，参加中文小组学习汉语。

---

① Language for All, http：//www. cardiff. ac. uk/study/student – life/languages – for – all.

② 中小学汉语课程相对于大学的汉语课在内容和形式上更加丰富多彩，以下分类主要基于英国卡迪夫大学孔子学院的实践，不排除其他地方的孔子学院还开设了其他形式的中小学汉语课程。

中国文化体验课。中国文化俱乐部和中文俱乐部形式相似，但是以文化为主题的，比如说美食烹饪课、中国舞蹈课、中国象棋课等。学生每周一次或者两次参加文化俱乐部，学习实际的操作技能，比如说包饺子，跳民族舞，下中国象棋等。

中国日、中国文化周、中国文化月活动。文化周和文化月是在中小学教学点中开展最频繁、形式最多样的一种活动。如果某学校定下来某一周或者某个月为"中国周""中国月"，那么孔子学院的老师和志愿者会为之设计和计划这一周或一个月的活动内容和形式，为这个学校带来一段集中的汉语和文化体验。文化周和文化月往往会根据学校需要和要求举办，由于在靠近中国节日的时候举办更有气氛，因此中外协商选择在春节或端午节、中秋节前后举办。

除了日常的汉语教学，孔子课堂还可以申请参加汉办统一组织或所属孔子学院组织的学生访华四季营（夏令营最多，其次是冬令营、春令营、秋令营）等活动，以此促进学生学习中文的积极性。实践证明，这些访华经历对孩子们的学习成长以及对华认知、情感、态度起到了重要作用。孔子课堂和中小学教学点的教学，大大推进了汉语学习者的数量，扩大了汉语学习者的年龄段，是孔子学院汉语教学的组成部分。

3. 成人汉语课

成人汉语课是针对社会上的职业人士、社区居民、退休人士等群体提供的汉语课程。这些学员学习汉语的动机各不相同，有的是出于工作需要，要与中国客户打交道，到中国出差；有的是因为家庭关系中有中国成员，或者自身是华裔或家庭成员中有华裔；有的是一些学生家长因为孩子的学校里开设了汉语课程，为了与孩子交流而学习汉语；有的则单纯是出于兴趣爱好，或者出于对中国文化语言的好感和好奇。他们一般利用晚上或者周末的时间来孔子学院学习汉语，这部分课程多是付费课程。课程结束后孔子学院会颁发证书，说明其学习期限、时长与达到的水平；学员也可以直接在孔子学院报名，参加 HSK 考试获得相应等级证书。只要通过了相应的 HSK 考试，且符合学时、年龄等条件，还可以得到汉办、孔院的资助，来中国参加夏令营、冬令营，年轻人还可以申请中国政府或中国大学的留学奖学金。

4. 短期培训类课程

孔子学院还肩负着为当地非孔子课堂但有兴趣开设中文课程的学校培训汉语师资以及职员的任务。这些教师员工在教学、管理领域里有丰富的经验，有的承担汉语课程或与中国相关的课程（如中国历史），有的是因为管理工作中要与大量来自中国的留学生打交道。这些教工并不需要特别适应中外文化差异这一过程，这是他们的优势所在，但是在汉语基本功方面，他们大多没有受过专门的汉语教育或培训，或者由于汉语不是母语，发音需要改进；或者是一些说粤语或闽南语的华裔教师，普通话不太标准；或者是要去中国招生、要管理中国留学生，没有汉语基础又需要提升汉语水平尤其是口语交流能力。孔子学院的老师可以利用自身特长和优势为当地汉语老师提供培训进修类课程服务。此外，针对一些公司或群体的特殊需求，孔子学院也会提供一些定制课程。比如说，针对到华开展业务或与华开展合作的公司要求开设一些商务类口语交际课程、行业翻译类课程；或者针对一些访华团开设行前短期培训课程，如去北京访问考察的政界人士、去广交会进行商贸洽谈的团体要求不同，所学重点也不尽相同。

培训班、座谈会、行前集训等种种形式的短训课程，使汉语零基础的社会人士可以利用灵活机动的方式掌握简单的汉语知识，了解中国文化。孔子学院的老师在其中起到了"星星之火"的作用，借此提高了汉语推广的广度与效率。同时，这些社会人士的专业技能、社会见识和丰富经验也能让孔子学院的教师深入了解所在国家和地区的经济社会文化，对提高汉办教师的教学经验、改进教学方法很有助益。

（二）开展文化活动，展示中华文化

学习汉语和了解中国文化是相辅相成不可分割的，很多学习者都是先对中国文化产生了浓厚的兴趣，才慢慢走进了汉语学习的天地。孔子学院除了日常的汉语教学之外，承担的另一项重任就是展示和传播中国文化，开展文化活动。通过这些文化活动，让更多的人了解中国并喜欢上中国文化，因此文化活动也是直接展示中国"软实力"的有效途径。孔子学院开展文化活动的主要形式有三种：

1. 借助传统节日展示中华文化

最通常的形式是与中国传统节日春节、端午节、中秋节联系起来，在所在学校、当地社区和孔子课堂举办具有中国特色的文化活动，形式不限。比如有讲座式：包括专题讨论会，专题讲座，文化沙龙，电影欣赏；展览式：包括书画展、摄影展、文化用品展；表演式：乐器、舞蹈、太极、茶道、歌唱、京剧、舞龙；比赛式：诗朗诵、书法、绘画、翻译、作文、中文歌；游戏式：踢毽子、用筷子、包饺子、下象棋、拼七巧板等。

2. 借助庆典活动推介中国文化

除了传统节日，在"孔子学院日"举办大型文化活动也是孔子学院的一大盛事。"孔子学院日"是为庆祝孔子学院成立 10 周年设置的孔子诞辰日庆典，日期是 9 月 28 日，始于 2014 年。在第一个"孔子学院日"当天，全球各个国家和地区的孔子学院和孔子课堂同时举办中华文化讲座、中文图书教材展览、文化艺术表演竞赛、中国电影放映等中国语言文化体验活动，为各国民众献上一场丰富多彩的中华文化盛宴。孔子学院日在九月末，时间接近国庆节、中秋节，也比较适合结合中国节日一起做系列文化推广活动。"孔子学院日"既直接展示了中国文化，也从侧面宣传了孔子学院，结合媒体的报道与受众的口口相传，大大扩展了孔子学院和中国文化的知名度与美誉度。

3. 借助汉办项目进行文化展演

"三巡"活动是孔子学院总部为推动中国文化"走出去"开展的一个系列活动项目。"三巡"是指三种巡回表演、演讲和展示，主要包括巡演、巡讲和巡展。文艺巡演始于 2009 年，由孔子学院总部调动综合院校的艺术团[①]，派到相关的孔子学院举办文艺巡演。巡演节目一般以高校学生艺术团为主，20 人以内，巡演时长 60—90 分钟。为增强表演效果，巡演经常集表演、体验、互动、交流为一体，节目类型包括歌舞、器乐、戏曲、武术、语言节目、文化展示等形式。巡讲是汉办遴选专家进行了学术交流、文化普及类讲座，既有一定专业性，也有广泛接受度。巡展是展览类活动，最通常的形式是图片展，如"新中国成立 60 周年图片展"曾在孔子学院巡回展出，其翔实图文资料令国外公众对中国巨大的发展进步惊叹不已。中国风景图片展、少数民族风情展、戏剧脸谱服饰展等也广受欢迎。

此外，文化类孔子学院是孔子学院展示中国文化的一个突破性尝试。有些孔子学院专门以中国某一文化领域作为专业教学和发展方向，如中医孔子学院、烹饪孔子学院、舞蹈孔子学院、戏曲孔子学院、武术孔子学院等。这些专门性孔子学院在其特长专业上精心培育具有较高造诣的专门人才。

以上梳理了孔子学院的具体工作内容分两大块：语言教学和文化活动，进一步明确孔子学院的基本定位是教育机构，其主要角色

---

① 孔子学院总部除了派中国合作院校的艺术团，也跟不同国家的艺术节和艺术机构合作，组织一些文艺演出，或世界性或国别性的艺术节活动。比如 2015 年 9 月，中国人民大学艺术学院青年室内弦乐团在国家汉办安排下，与来自其他 16 个国家的青年音乐家共同演绎盛大交响音乐会，庆祝德国"拜罗伊特青年艺术节"；孔子学院总部也不断加强和国内艺术院团的合作，比如江苏省的刘天华阿炳民族音乐基金会等机构。

是语言文化教育者、相关活动提供者，主要功能是传播推广中国的语言和文化。孔子学院建立十几年来，已经成为中国的一张"文化名片"，随着孔子学院的发展、"一带一路"建设的推进，它的角色和作用会延伸拓展，但作为语言文化推广机构，"万变不离其宗"，基本角色定位是孔子学院功能提升、发展转型的基础。

二 孔子学院与"一带一路"的高度契合性

孔子学院在开展汉语教学、文化传播中所发挥的独特作用，在中外人文交流合作中担当的重要角色，决定了它们在助推"一带一路"民心相通中的价值意义。"孔子学院不是为'一带一路'而生，但客观上为沿线国家的民心相通做了铺垫。在新的时代背景下，孔子学院与'一带一路'可以携手同行，相辅相成。"①

（一）孔子学院对"一带一路"倡议积极响应

孔子学院是中国崛起的产物，与中国的大战略、大布局密切相关。"一带一路"是中国新时代推进改革开放的大战略，也是中国完善全球治理体系的新方案、回馈国际社会而提供的全球公共产品。这一改变中国、影响世界的战略布局构成了孔子学院新一轮发展的时代背景和地域环境。该倡议出台不久，孔子学院就做出了积极回应。

2014年12月，刘延东在第九届孔子学院大会开幕式上的主旨演讲中对"一带一路"进行了介绍，并提出"在这样的大背景下，深化人文交流、促进文明互鉴成为不可阻挡的时代大势。中国政府历来高度重视加强与世界各国的人文交流，在教育、科技、文化、卫生、体育、妇女、青年、媒体、智库等领域开展了丰富多彩的交

---

① 王义桅：《"一带一路"助孔子学院高飞》，《人民日报》（海外版）2015年2月17日。

流活动。蓬勃发展的人文交流已成为中华文明与各国文明互动互鉴互融的重要途径,与政治互信、经贸合作共同构成中国与各国关系发展的三大支柱"。"孔子学院作为沟通中外的文化桥梁和深化友谊的人文纽带,面临着前所未有的发展机遇。"① 2015 年 9 月,欧洲部分孔子学院联席会议将孔子学院未来发展、如何促进中国与世界其他国家交流与合作,特别是如何促进"一带一路"实施等列入议题。来自欧洲 22 个国家的 50 所孔子学院和孔子课堂的 100 多位代表对于孔子学院如何助力"一带一路"倡议的实施、如何促进中欧之间各个领域的交流提出了切实建议。来自匈牙利赛格德大学的汉学家李察德在发言中说,孔子学院可以提供对于企业培训、商业培训或者个性化的语言培训。与会者认为,大力开展文化交流与合作是"一带一路"重中之重的基础建设,而孔子学院的宗旨正是帮助世界各国人民学习汉语、了解中华文化、增进中外人民之间的友谊。发展孔子学院与实施"一带一路"之间存在许多契合点。国家汉办主任、孔子学院总部总干事许琳表示特别希望孔子学院能够为这一战略提供服务,比如为"一带一路"的经济建设培养人才。她表示,孔子学院对于"一带一路"沿线国家的贡献和重要作用会随着时间的推移越来越显得重要。② 如果说 2014 年孔子学院大会开启了孔子学院与"一带一路"联系的议题,那么这次欧洲联席会议则开启了孔子学院服务"一带一路"人文合作的历程。

2015 年 3 月《推动共建丝绸之路经济带和 21 世纪海上丝绸之路的愿景与行动》出台后,2016 年 7 月,教育部牵头制定了《推进共建"一带一路"教育行动》。作为国家推动共建"一带一路"愿

---

① 刘延东:《迈向孔子学院的新 10 年——在第九届孔子学院大会开幕式上的主旨演讲》,《孔子学院》2015 年第 1 期。

② 许琳:《孔子学院助力"一带一路"战略》,人民网 2015 - 09 - 09,http://politics. people. com. cn/n/2015/0909/c70731 - 27562502. html。

景与行动在教育领域的落实方案,《教育行动》指出,"一带一路"
为推动区域教育大开放、大交流、大融合提供了大契机,为此要开
展更大范围、更高水平、更深层次的人文交流,不断推进沿线各国
人民相知相亲;培养大批共建"一带一路"急需人才,支持沿线各
国实现政策互通、设施联通、贸易畅通、资金融通;推动教育深度
合作、互学互鉴,携手促进沿线各国教育发展,全面提升区域教育
影响力。"支持更多社会力量助力孔子学院和孔子课堂建设,加强
汉语教师和汉语教学志愿者队伍建设,全力满足沿线国家汉语学习
需求。"① "教育行动"为加强中外教育合作、推动孔子学院发展规
划了顶层设计和发展方向。此后不久,教育部有关负责人就《推进
共建"一带一路"教育行动》答记者问时提出,"力争做到经贸走
到哪里,教育的民心工程就延伸到哪里,教育的人才培养就覆盖到
哪里;力争推动教育发展和经贸合作并驾齐驱,成为车之两轮、鸟
之两翼;力争发挥教育'软力量'四两拨千斤的作用,实现'一
带一路'建设推进事半功倍。"② 教育要积极主动服务国家对外开
放大局,孔子学院作为教育国际合作的实践者和受益者亦是如此。
2016 年 11 月 22 日,教育部在与福建、广西、海南、贵州、云南、
新疆六省(区)在京签署"一带一路"教育行动国际合作备忘录
时,教育部部长陈宝生指出,要深刻认识"一带一路"对推进教育
对外开放的重要意义,充分发挥教育在"一带一路"中的基础性、
先导性、引领性作用,为"一带一路"倡议实施提供优质服务、智

---

① 《推进共建"一带一路"教育行动》,中国教育部网站 2016 – 08 – 11, ht-
tp://www.moe.gov.cn/srcsite/A20/s7068/201608/t20160811_274679.html。

② 《让"一带一路"愿景与行动在教育领域落地生根——教育部有关负责人就
〈推进共建"一带一路"教育行动〉答记者问》,中国教育部网站 2016 – 08 – 11, ht-
tp://www.moe.edu.cn/jyb_xwfb/s271/201608/t20160811_274678.html。

力支撑和人才保障。陈宝生还特别提到要推进孔子学院建设。[①]
2016 年 12 月,《文化部"一带一路"文化发展行动计划(2016—
2020 年)》发布,提出要建成"一带一路"文化交流合作机制、完善"一带一路"文化交流合作平台、打造"一带一路"文化交流品牌等五个方面的任务。其中,在文化交流品牌建设方面如"丝绸之路文化使者"计划中,"通过智库学者、汉学家、翻译家交流对话和青年人才培养,促进思想文化交流。推动中外文化经典作品互译和推广",这与孔子学院的新汉学计划、奖学金项目、经典互译项目等有一定交集。这些政策文件为孔子学院参与"一带一路"提供了依据,提出了要求,指明了方向。一方面,"一带一路"为推动区域教育大开放、大交流、大融合提供了大契机,这是孔子学院升级转型、持续发展的大机遇;另一方面,孔子学院可以为"一带一路"建设提供服务和支撑:一是为促进民心相通提供平台服务,二是为其他"四通"提供人才支撑。因此孔子学院发展与"一带一路"建设二者存在着高度战略契合和协同发展关系,孔子学院参与、服务"一带一路"的过程,也是"一带一路"激发其活力、动力的过程。

(二)孔子学院和"一带一路"相因相应

1. 孔子学院和"一带一路"同为中外友好合作的象征

公元前 138 年,张骞出使西域,本来以政治军事为目标的西行之旅(汉武帝让其说服大月氏与西汉一起攻打匈奴),却成为历史文明交流之旅,他开辟的通向西域的通道,被司马迁评价为"凿空"之行,开辟了联结东西方文明的丝绸之路。公元 1405 年,郑和的船队满载着中国的丝绸、瓷器、茶叶等精美物品一路向南、向

---

① 《陈宝生:"一带一路"是教育国际合作交流的顶层设计》,中国教育部网站 2016 – 11 – 28,http://www.moe.gov.cn/jyb_hygq/hygq_bzsy/201611/t20161128_290202.html。

西，开辟了中国与东南、南亚、西亚、中东、北非的海上丝绸之路。郑和历时 28 年先后 7 次下西洋，将先进的中华物质文化、思想观念、人文精神、道德规范等远播海外。古代陆上、海上丝绸之路传递的不仅有中国的丝绸和瓷器、西域的苜蓿和葡萄、南亚和东南亚的奇珍异宝、欧洲的玻璃和雕塑，还有各地的音乐、绘画、舞蹈、宗教，为当时不同种族、不同民族、不同国家、不同宗教之间的互通交流创造了条件。"一带一路"倡议将"丝绸之路"延续千年的经济商贸、思想文化、人文友好交流传统继承下来并赋予新的时代含义，为各国间的交往交流提供了一个广阔的舞台。从古到今，丝绸之路都不仅仅是国家政府工程，更是公共人文交流工程。"一带一路"连接历史面向未来，将中国人民追求文明发展进步的梦想与沿线各国人民的梦想有机地衔接在一起，勾勒了人类友好合作的美好前景。

2004 年 11 月，全球第一所"孔子学院"在韩国首都首尔挂牌，标志着中国正式开启对外语言文化交流传播事业。孔子学院的宗旨是，"致力于适应世界各国（地区）人民对汉语学习的需要，增进世界各国（地区）人民对中国语言文化的了解，加强中国与世界各国教育文化交流合作，发展中国与外国的友好关系，促进世界多元文化发展，构建和谐世界。"[①] "一带一路"以经济合作为主干，以人文合作为根基，其人文内涵在于，为加强不同国家、民族、宗教间的人文交流和相互理解、消除彼此的隔阂与误解、增强尊重互信、共创人类文明繁荣局面创造有利条件。[②] 旨在互联互通的"一带一路"与搭建"心灵高铁"的孔子学院不仅携带着相同的中华文化基因，而且怀揣着相同的友好交流目的，都是中外互联

---

① 《孔子学院章程》，孔子学院总部/国家汉办官网，http：//www. hanban. edu. cn/confuciousinstitutes/node_7537. htm。

② 孙志远：《"一带一路"战略构想的三重内涵》，《学习月刊》2015 年第 1 期。

互通、和平交往交流的桥梁和纽带。

2. 孔子学院和"一带一路"都是中国奉献世界的"龙的礼物"

孔子学院和"一带一路"都是中国巨龙腾飞后以自身发展回馈世界"龙的礼物"[①]。孔子学院是我国在海外设立的以教授汉语和传播中国文化为宗旨的非营利性公益机构。它秉承孔子"和为贵""和而不同"的理念，推动中外文化的交流与融合，以建设一个持久和平、共同繁荣的和谐世界为宗旨。自孔子学院开办以来，国际舆论的主流充分肯定了中国汉语国际推广和孔子学院建设对推动经济社会发展和文化交流沟通、促进世界和谐发展的重大意义。有的学者通过实证研究分析了孔子学院对所在国促进出口贸易的影响，发现美国每一个孔子学院的建立给所在州都带来了5%—6%的出口增长。这个结论证明了孔子学院能够给美国带来直接经济利益。[②]有的学者通过实地问卷调查的方式，从语言教学、文化传播、中国形象提升和孔子学院声誉四个方面考察了孔子学院教学活动对提升中国影响力的作用，证明通过孔院的学习，学员们对"中国民众""中国政府"和"中国"三者的总体评价在数量和质量上都呈正向增长。[③]"一带一路"通过"五通"工程与沿线各国共同打造政治互信、经济融合、文化包容的利益共同体、责任共同体和命运共同

---

① 美国约翰·霍普金斯大学教授黛博拉·布罗蒂加姆在《龙的礼物：中国在非洲的真实故事》一书中，根据她对国际组织、多个非洲国家的调查了解，用大量资料和案例还原了中国援非的真实情况，驳斥了西方媒体关于中国援非的一些不实说法。她指出，中国人、华人在非洲的制造业产生了积极的外溢现象。中国援非不像欧美日那样直接援助现金，而是设法将援助变成实物，相比之下，"龙的礼物"是对非洲更有效的援助。黛博拉·布罗蒂加姆：《龙的礼物：中国在非洲的真实故事》，社会科学文献出版社2012年版。

② 连大祥：《美国孔子学院对中国出口贸易的影响——基于美国各州的分析》，《上海金融学院学报》2013年第1期。

③ 吴晓萍：《中国形象的提升：来自孔子学院教学的启示——基于麻省大学波士顿分校和布莱恩特大学孔子学院问卷的实证分析》，《外交评论》2011年第1期。

体，实现中国与参与共建国家的互利共赢、共同繁荣。截至 2019
年 3 月底，中国政府已与 125 个国家和 29 个国际组织签署 173 份合
作文件，共建"一带一路"国家已由亚欧延伸至非洲、拉美、南太
等区域，一系列重大项目落地，互联互通的民生工程带给沿线国家
的便利和实惠有目共睹，沿线国家切切实实体会到了中国的繁荣崛
起就是他们的发展机遇。在民心相通方面，沿线国家设立了 17 个
中国文化中心，2017 年沿线国家 3.87 万人接受中国政府奖学金来
华留学，占奖学金生总数的 66.0%。在 54 个沿线国家设有孔子学
院 153 个、孔子课堂 149 个。中国科学院在沿线国家设立硕士、博
士生奖学金和科技培训班，已培训 5000 人次。① 各类丝绸之路文化
年、旅游年、艺术节、影视桥、研讨会、智库对话等人文合作项
目百花纷呈。孔子学院和"一带一路"交相辉映，在国际合作交
流方面争相发力，都是中国梦造福世界梦、中国崛起回馈世界的
献礼。

　　3. 孔子学院和"一带一路"都是提升国家形象的重要工程

　　孔子学院以语言为媒，以文化为桥，搭起了人民心灵相通的纽
带，成为世界认识中国、中国与各国深化友谊的窗口。它的诞生，
标志着中国在硬实力建设取得重大突破和成就之后，开始软实力崛
起的历程。针对 2008 年北京奥运会前后新一轮的反华舆论，2009
年商务部推出的"中国制造"广告、2011 年国务院新闻办推出的
"国家形象片"，这些由中国政府主导的国家形象塑造活动，声势浩
大，引人注目，但是对提升中国国家形象并没有收到立竿见影的效
果。相比之下，孔子学院这一海外办学的方式，"则可以将汉语和
中国文化带到他们身边，让外国学生和公众在这样的文化氛围中感

---

　　① 推进"一带一路"建设工作领导小组办公室：《共建"一带一路"倡议：进
展、贡献与展望》，《人民日报》2019 年 4 月 23 日。

受和认知中国，让'中国'成为一个触手可及的存在"。① 孔子学院成为中国软实力的代表性品牌。国外学者赞誉孔子学院"可以增强中国的软实力，并帮助中国树立一个良好国家形象"②，是中国"文化外交的旗舰组织"③，是"中国文化软实力议程中最明显的表现形式"④。孔子学院在促进外界了解中国、加强中外友好方面起到了正面积极的作用。同样，不带偏见的人对"一带一路"也是盛赞有加，境外人士说这是"一个绝妙的计划""非凡的工程"⑤，"中国魅力攻势再现，通过增加贸易激励和交通连接，赢得了该地区邻国和其他国家的支持"⑥。虽然有些国家心怀疑虑，但几年的实施成果看得见、摸得着，不仅让沿线国家感受到了实实在在的获得感、便利感，而且随着口口相传和网上传播，中国现代化建设成就、生活方式、神奇文化、友好民众也令全世界对中国形象增添了新的好感。网上外国朋友盛传的中国"新四大发明"让各地青年朋友羡慕不已，有的说着迷于淘宝，要把支付宝带回国；有的说希望中国赶快在自己国家建高铁；还有的喜欢中国的微信、快递、共享单车、

---

① 韩方明：《孔子学院代表中国软实力》，新加坡《联合早报》2013 年 12 月 17 日。

② James Paradise, China and International Harmony: The Role of Confucius Institutes in Bolstering Beijing's Soft Power, Asian Survey, Vol. 49, No. 4 (July/August 2009), pp. 647 – 669.

③ Stephen Hoare-Vance, The Confucius Institutes and China's Evolving Foreign Policy, MA Thesis, University of Canterbury 2009, p. 72.

④ Jacques DeLisle, Soft Power in a Hard Place: China, Taiwan, Cross-Strait Relations and U. S. Policy, Orbis, Vol. 54, Issue 4, 2010, pp. 493 – 524.

⑤ A Brilliant Plan: One Belt, One Road, https://www.clsa.com/special/onebeltoneroad/.

⑥ Lucio Blanco Pitlo III, China's One Belt, One Road' To Where? https://thediplomat.com/2015/02/chinas—one-belt-one-road-to-where.

滴滴打车……①如果没有"一带一路"、互联互通,中外交往不会这么方便快捷、无缝对接,中外民众交流不会这么便捷通畅。民心相通作为"一带一路"建设的基础工程,人文交流作为"一带一路"建设的灵魂,为提升中国形象和软实力起到了巨大的基础性作用。"民心是最大的政治,民心相通则是最基础、最坚实、最持久的互联互通。"② 在人文交流中中外民众拉近了心与心的距离,筑牢了国家与国家之间友好合作的社会根基和民意基础,这是提升国家形象和软实力的源头活水。

4. 孔子学院和"一带一路"都是打造人类命运共同体的平台

15 年来,孔子学院以语言沟通为桥,以文化理解为媒,搭建起一个个沟通中外心灵的平台,受到世界各国的广泛欢迎,赢得了全球广泛认同和支持。截至 2018 年年底,孔子学院现有中外专兼职教师 4.7 万人,各类面授学员 186 万人,网络注册学员 81 万人。近 10 年来,全球孔子学院和课堂举办文化活动 22 万场,受众达 1 亿人。"汉语桥"全球外国人汉语大会(2014 年以前名为"汉语桥"在华留学生汉语大赛)自 2008 年以来已有 107 个国家的 1 万多名优秀选手参加了比赛,其中 800 多名选手来北京参加决赛。130 万名各国青少年踊跃参加"汉语桥"世界大学生、中学生中文比赛预决赛。全球参加汉语水平考试(HSK)、汉语水平口语考试(HSKK)、中小学生汉语考试(YCT)、商务汉语考试(BCT)、"国际汉语教师证书"考试(CTCSOL)等考试项目的各类考生累计 3000 多万人次。2018 年全球各类考生达 680 万人

---

① 《最想把什么带回国?外国学生选出中国"新四大发明"》,《京华时报》2017 年 5 月 12 日。

② 中联部部长宋涛说的话,见《民心相通 民意基础更坚实》,《人民日报》2017 年 5 月 15 日。

次。① 孔子学院已经成为连接中国人民和世界人民的友谊纽带，孔子学院的师生、参加孔子学院文化活动的受众、参加"汉语桥"比赛的选手、参加各类汉语考试的考生累计上亿人次，他们分布在 154 个国家（地区）、548 所孔子学院、1193 个孔子课堂、5665 个教学点，以及它们周围无数个社区，已经宛如星星之火，形成燎原之势，将中国语言文化的火种撒向世界各个角落，这难道不是一个相知相识相处的大家庭和共商共建共享的共同体吗？2017 年 12 月，以"深化合作，创新发展，为构建人类命运共同体贡献力量"为主题的第十二届孔子学院大会在西安召开，国务院副总理、孔子学院总部理事会主席刘延东在主旨演讲中指出，孔子学院坚持共建共享，为增进中国与各国人民友谊，促进中外文明交流互鉴做出了积极贡献。今后孔子学院要打造包容共享、和谐共生的人文交流品牌，为构建人类命运共同体做出新的贡献。2018 年，第十三届孔子学院大会上，国务院副总理、孔子学院总部理事会主席孙春兰在主旨演讲中强调，构建人类命运共同体，推动各国共同繁荣发展，需要更好地发挥语言在增进理解、凝聚共识、促进合作、深化友谊中的独特作用。孔子学院要坚持开门办学，发挥双方办学优长，培养更多熟悉对方国家的优秀人才，构建国家友好交往平台，为深化中外友好、构建人类命运共同体做出贡献。"一带一路"是中国与沿线国家共同打造政治互信、经济融合、文化包容人类命运共同体的实践平台，这与孔子学院建设"更富魅力的国际教育文化共同体""覆盖面最广、包容性最强、影响力最大的全球语言文化共同体之一""具有权威

---

① 《孔子学院 2018 年度发展报告》，http：//www.hanban.org/report/index.html。

性和影响力的全球教育共同体"① 是相辅相成、相互促进的。"一带一路"为孔子学院发展提供了难得的历史机遇和广阔的发展空间,孔子学院建设的语言文化共同体、教育共同体是人类命运共同体的有机组成部分,二者是一脉相承、异曲同工、殊途同归的。

三 孔子学院在丝路民心相通中的价值

(一) 提供语言服务

"一带一路"地域广阔,人口众多,民族众多,语言众多,在中外语境、文化环境等各方面都存在差异的情况下,使用合适的语言进行沟通就成为较为突出的问题之一。虽然英语作为国际化语言应用广泛、沟通便利,但是面对重要问题、核心技术及国家核心利益方面问题时,仅承载言语功能的通用语,其局限性是显而易见的,与中国汉语所承载的语言沟通以外的功能也不可同日而语,而且就所涉及、所表达的含义来说与中国汉语所表达的意义也有可能相去甚远。何况这些语言上的差异还牵涉话语权的问题,有时与国家主权、利益、尊严、形象密切联系,非常重要。法国是欧洲一体化的发动机,长期以来法语是欧洲议会、欧洲法院的第一工作语言,主要的文件都用法文,法院判决书用法文,所有文件的标准文本是法文。这不仅彰显了法语的严谨性和重要性,更重要的显示了欧共体主创国法国以及共同体奠基人罗伯特·舒曼、欧元奠基人雅

---

① 分别由孔子学院总部理事会主席刘延东在第十届、第十一届、第十二届孔子学院大会开幕式上的主旨演讲中提出。刘延东:《适应需求 融合发展 为促进世界文明多元多彩贡献力量——在第十届孔子学院大会开幕式上的主旨演讲》,《孔子学院》2016 年第 1 期;《创新 合作 包容 共享 携手并肩开创孔子学院发展新局面——在第十一届孔子学院大会开幕式上的主旨演讲》,《孔子学院》2017 年第 1 期;《深化合作 创新发展 为构建人类命运共同体贡献力量——在第十二届孔子学院大会开幕式上的主旨演讲》,《孔子学院》2018 年第 1 期。

克·德洛尔等为代表的法国人的存在感和重要性。英国脱欧公投后不久，欧盟便有人出来说将来可能英语不再作为欧盟官方语言。语言是一种存在，其兴亡盛衰有一定的规律性，"我说故我在"。"一带一路"是中国倡导引领的国际合作平台，迄今为止中国是最主要的投资者，也是大多数国家的最大贸易伙伴，这些决定了汉语在"一带一路"建设中的存在感、重要性和便利性。目前全球学习使用汉语的外国人已超过1亿。已有60多个国家将汉语纳入国民教育体系，170多个国家开设汉语课程或汉语专业，其中美国、日本、韩国、泰国、印尼、蒙古、澳大利亚、新西兰等国的汉语教学均由第三外语上升为第二外语。在俄罗斯、爱尔兰等国家，汉语则已经迈开进入高考体系的步伐。① 与此同时，中国也非常重视学习"一带一路"沿线其他国家、民族的语言，孔子学院也优先选拔派出懂当地语言的中方院长、教师和志愿者们，针对多民族多语言国家，这些中方人员还在积极学习第二、第三外语。不仅如此，为实现双向互动、平等互鉴的人文交流，孔子学院也已推出国别研究和经典互译项目，"不仅让各国民众更好了解中国和中华文化，也要把各国文化介绍给中国人民，畅通中华文化与世界优秀文化互学互鉴的双向通道"。② "要发挥好孔子学院在促进中外人文交流的重要作用，将'走出去'和'请进来'相结合，在传播中华文化的同时，积极吸收借鉴各国优秀文化成果，把孔子学院打造成为推动文明互学互鉴的使者。"③

---

① 罗旭：《无中文 不世界》，《光明日报》2019 年 11 月 19 日。

② 刘延东：《迈向孔子学院的新 10 年——在第九届孔子学院大会开幕式上的主旨演讲》，《孔子学院》2015 年第 1 期。

③ 刘延东：《创新 合作 包容 共享 携手并肩开创孔子学院发展新局面——在第十一届孔子学院大会开幕式上的主旨演讲》，《孔子学院》2017 年第 1 期。

(二) 构筑人才支撑

孔子学院长期的海外文化磨合经验、务实的汉语教学内容以及丰富多样的教学活动，为"一带一路"建设提供了语言前提和交流经验，理应在此基础上发挥更大作用。从长远来看，结合孔子学院所在大学的专业优势，基于"一带一路"建设需要培养"汉语＋"的复合人才。如果说这样的人才更多的是满足沿线国家用人需求的话，那么孔子学院也可利用自己海外办学的优势，为国内大学尤其是国内孔子学院的承建大学牵线搭桥，利用双方大学、中外大学的优势设立"外语＋专业"。当然这两种方式分别在国外、国内大学设立相应专业都需要一个长期过程，受制于中外国家特有的教育体系制度，也受中外大学专业优势、发展方向与办学方针影响，都不是可以由孔子学院掌控的。匈牙利罗兰大学成立"一带一路"研究中心，上海大学成立土耳其研究中心，保加利亚索非亚大学孔子学院与北京外国语大学联合培养博士生等都是这一思路下的合作形式。从短期来看，孔子学院能独当一面服务"一带一路"建设的作为，是开展实用性培训。目前已经有不少孔子学院在进行实践探索，有的已经取得了不错成绩。如：乌克兰孔子学院为乌航空公司培训本土员工；泰国孔敬大学孔子学院配合"一带一路"倡议，促进泰国职业教育委员会与中国铁路企业合作培养铁路人才，创办高铁汉语培训项目；塔吉克斯坦冶金孔子学院为中资企业海成集团开设本土管理层汉语强化班等。① 当前无论是国内还是沿线国家有关"一带一路"语言人才培养才刚开始起步，速度、规模还远远不能满足需求，因此孔子学院的"汉语＋"培养模式和短期实用型培训模式都很有用武之地，也很有意义。

---

① 《孔子学院助推"一带一路"建设大有可为》，《孔子学院》2017 年第 1 期。

（三）助力教育合作

"孔子学院是教育对外开放与国际交流的重要窗口。教育规划纲要明确提出，要支持国际汉语教育，提高孔子学院的办学质量和水平。中国将一如既往地大力支持孔子学院和国际汉语教育事业发展。使其在中外教育交流与合作中稳步推进，蓬勃发展。"[1] 孔子学院本身是教育合作、中国教育国际化办学的产物和典范，主要采取"大学对大学""教育局与教育局（学区）"的合作办学模式[2]，在"一带一路"沿线国家的大学设立孔子学院，在周边中学或社区设立孔子课堂和汉语教学点，这是一种阻力小、见效快、风险小、效益好的办学方式，不仅有利于在不同层次教育体系中快速开展汉语

---

① 刘延东：《携手促进孔子学院可持续发展——在第五届孔子学院大会上的主旨演讲》，《孔子学院》2011 年第 1 期。

② 现阶段孔子学院的办学模式主要有四种：一是中外高校间的协作办学模式。目前海外孔子学院的绝大部分都是采用的中外大学"1＋1"的办学模式，通常由国内外大学"自由恋爱、自愿结对"，有时是由国家汉办委托中国境内的某一大学（有时是一个大学）与欲设立孔子学院境外大学合作办学。如，英国谢菲尔德大学孔子学院于 2007 年 1 月成立，由孔子学院总部与谢菲尔德大学合作建立，中方承办院校是北京语言大学和南京大学（"2＋1"模式）。二是中外教育部门联合办学模式。此模式是由当地政府部门提供硬件设施并辅以相关政策支持，教学方面则是由中国省市教育部门负责，多与中小学校合作。如加拿大埃德蒙顿孔子学院，其外方承办机构是埃德蒙顿市教育局，中方合作机构是山东省教育厅，主要合作对象是埃德蒙顿公立学校。三是中外学校＋企业的合作办学模式。该模式允许企业涉入，投入资金并获取一定的收益。这种模式虽能解决启动资金上的压力，但其营利性质相对较浓，不尽符合孔子学院章程的"非营利性"之初衷，所以以这类模式下建设的孔子学院为数不多。如英国伦敦商务孔子学院的承办机构有：伦敦政治经济学院、汇丰银行、渣打银行、德勤会计事务所、太古集团、英国石油公司，中方合作机构是清华大学。四是外国社团组织与中国高校合作办学模式。如美国华美协进社孔子学院，是华东师范大学与华美协进社合作成立的美国最早的孔子学院之一。华美协进社是 1926 年由杜威和胡适在纽约创办的，是美国境内最早的中美合作机构。在这几种合作模式中，中外大学合作办学的孔子学院最多、最有代表性，其次是中外教育部门联合办学模式，主要面向中小学。

教学，而且有利于深化拓展教育合作与交流。当前孔子学院大都是由国内大学作为中方的合作机构的。这些大学之所以积极参与孔子学院建设，也往往基于它对教育合作、国际化办学有较好基础和较高需求所致。事实证明，孔子学院设立的确加快了这些高校的国际化程度，拓展了国际交流合作的广度、幅度和深度。以厦门大学为例，它是设立孔子学院最多的"985"重点综合性大学，也是共建孔子学院第三多的高校，同时也在"一带一路"沿线设立孔子学院高校中名列第三（仅次于北京外国语大学和北京语言大学）。厦门大学校长认为，与外方院校合作共建孔子学院使得中国高校的国际化步伐更加坚实，道路更加宽广，内涵也更加丰富而充实。以孔子学院为桥梁和纽带，在双方校园中互办大学日、国家日（周）等活动，使双方更广泛地相互了解。[①]"孔子学院的建立作为高等教育国际化的形式之一，成为我校进一步国际化的渠道，为厦门大学师生搭建起了学习、访问、科研以及学术交流等走向世界的桥梁，同时，也为海外学生走进中国，了解厦门大学铺建了道路。""孔子学院不仅成为世界各国人民学习以及了解汉语言文化的理想园地，并且成为了我校向国际化迈进的最佳平台。"[②]厦门大学率先在全国高校中开展海外办学，建设马来西亚分校，既与该校由爱国华侨陈嘉庚所办、从一开始就有国际化办学的优良传统有关，也与其在孔子学院共建中积累的丰富国际合作办学经验有关。从孔子学院办学中受益的不止厦门大学，其他高校也都受益匪浅，这从各校积极争办孔子学院的热情中可以窥见一斑。

---

① 《写在 10 年之际——中国大学校长眼中的孔子学院》，《光明日报》2014 年 9 月 27 日。

② 《以孔子学院为平台的国际化之路》，厦门大学汉语国际推广南方基地 2014 – 10 – 23，http://ocia.xmu.edu.cn/training/201409/gy/2203.html。

(四) 搭建交流平台

早在 2009 年第四届全球孔子学院大会开幕式上的主旨演讲中，孔子学院总部理事会主席、国务院副总理刘延东就指出，要坚持以人为本，沟通为要，文化为媒，经贸为桥，利用好孔子学院搭建的人文交流平台，有针对性提供教育、科技、经贸、文化等信息和咨询服务，发挥孔子学院的综合效益。① 2011 年 12 月 12 日，刘延东在第六届孔子学院大会开幕式上的主旨演讲中提出，"希望孔子学院以语言教学带动文化交流，以文化交流丰富语言教学，充分发挥综合文化交流平台的作用，让世界更多国家的人民了解中国文化，把更多国家的优秀文化介绍到中国来。"② 2013 年 2 月 27 日出台的《孔子学院发展规划 (2012—2020 年)》开篇第一句话就是"为进一步加强孔子学院建设，促进中外教育交流与合作，充分发挥孔子学院综合文化交流平台作用，推动中华文化走向世界，制定本规划"。在"指导思路"中提出，"充分发挥孔子学院综合文化交流平台作用，为推动中国语言文化走向世界，促进中外友好关系发展作出应有贡献"。在"基本原则"第四条中指出，"充分发挥综合文化交流平台作用，促进各国人民和不同文明之间的交流互鉴，努力为当地经济、教育、文化发展提供服务"。③ 此后，第八届、第九届孔子学院大会分别提出"孔子学院作为中外合作的综合文化交流平台，在展示一个真实的中国方面具有得天独厚的优势"④；"我们要更好发挥孔子学院综合文化交流平台的独特优势，进一步拓展功

① 刘延东:《平等合作 创新发展 推进中外人文交流与合作——在第四届孔子学院大会开幕式上的主旨演讲》,《中国教育报》2009 年 12 月 23 日。

② 刘延东:《面向未来 携手合作 共同谱写孔子学院发展新篇章——在第六届孔子学院大会开幕式上的主旨演讲》,《中国教育报》2011 年 12 月 21 日。

③ 《孔子学院发展规划 (2012—2020 年)》,《光明日报》2013 年 2 月 28 日。

④ 刘延东:《携手促进孔子学院事业发展 共同谱写中外人文交流的新篇章——在第八届孔子学院大会开幕式上的主旨演讲》,《孔子学院》2014 年第 1 期。

能，从单一的语言教学向文化交流、科技合作、信息咨询等多元服务功能发展，从简单的你来我往向深层次的汉学研究、国别研究和经典互译发展"。① 孔子学院发挥综合文化交流平台作用是孔子学院服务中外人文交流合作的客观要求，正像世界上学习汉语、了解中国的需求、推动孔子学院的成立一样，中外往来日益密切、交流不断拓展的客观趋势要求孔子学院基于自身优势提供互联互通、牵线搭桥的服务。语言相通、文化相知是交流合作的首要条件，合作各方需要交流平台和资讯信息，孔子学院搭建平台桥梁、提供服务便利是顺理成章的。当然孔子学院的语言教学主业不会变也不能变，只能在这个基础上或者围绕这个中心，向其他功能辐射和拓展。如果主业不精却功能泛化则有可能成为众矢之的，甚至可能会遭到政治化的攻击。因此，刘延东副总理在第七届全球孔子学院大会主旨演讲中明确指出，"国际汉语教育和中外文化交流是孔子学院的核心任务。应坚持科学定位，始终以汉语教学为主体，发挥综合文化交流平台的作用，服务经济社会发展，服务中外友好合作，促进多样文明交流互鉴。"② "一带一路"建设为孔子学院发展提供了难得机遇，也提出了更高要求，孔院一则要聚焦主业，把汉语教学作为立身之本；二则要有所作为，面对需求不能无动于衷，文化和语言是分不开的，人文交流和文化语言是分不开的，经贸合作和人文交流也是分不开的。因此不能回避，发挥综合文化交流平台是孔子学院的优势特长，也是其服务责任和使命担当。孔子学院推动中外进行全方位、深层次、互动式交流合作，以自身特长、优势促进"一带一路"民心相通，也有助于促进孔子学院本身办学内容、层次和

---

① 刘延东：《迈向孔子学院的新 10 年——在第九届孔子学院大会开幕式上的主旨演讲》，《孔子学院》2015 年第 1 期。

② 刘延东：《共同推动孔子学院融入大学和社区——在第七届全球孔子学院大会上发表主旨演讲》，《孔子学院》2013 年第 1 期。

方式不断提升，使孔子学院中外融合的本土化发展要求与人文交流合作务实化、双向化、多元化的发展趋势并驾齐驱、相得益彰。

本章小结

作为开篇第一部分，本章旨在点题："一带一路"建设与孔子学院发展在逻辑上相关联，在实践上相契合。

第一节，"一带一路"及沿线孔子学院。这是全文的出发点，首先阐明研究背景——"一带一路"倡议的提出过程和特征定位，说明"一带一路"是中华文明复兴的新机遇，是中国开放合作的新场域。其次厘清研究对象——"一带一路"沿线孔子学院的大致范围和分布情况，明确本研究在很大意义上是将"一带一路"作为本土化的契机和背景下展开的。

第二节，"一带一路"与人文交流合作。这是本章的研究支点，人文交流合作是"一带一路"与孔子学院二者的交汇点。先后分别论述了"一带一路"建设中人文交流合作的重要性、必要性，旨在说明人文交流作为民心相通工程，既是"五通"之一，也对其他"四通"起着关键作用，然而人文交流工作还有短板，任重道远，这正是孔子学院发挥作用的意义功能所在。

第三节，孔子学院与"一带一路"民心相通。这一节是本章的落脚点。首先对孔子学院的角色与作用进行梳理介绍，明确孔子学院最基础性的功能是开设中文课程、开展文化活动，从而为下文铺开论述提供基本知识信息；其次阐述孔子学院是怎样响应"一带一路"倡议的，孔子学院和"一带一路"二者之间存在哪些契合点；最后论述孔子学院在"一带一路"民心相通中的价值。

第二章 孔子学院本土化发展的
必要性与可能性

如果说第一章是研究的起点，旨在阐发"一带一路"与孔子学院的关系，那么这一章则是课题的支点，旨在分析孔子学院本土化发展的可能与必然。本土化问题从何而来？孔子学院为什么要实现本土化发展？首先分析孔子学院的发展困境，其次引出本土化概念，阐明为什么本土化发展是解决孔子学院发展困境的思路与方向，最后从实践角度分析本土化发展何以可能，"一带一路"为孔子学院本土化发展提供了哪些可能与机遇。

第一节 现实困难与挑战：孔子学院本土化的必要性

孔子学院诞生已经整满 15 年了，15 岁对一个人来说是志学之年也是及笄之年，意味着身心开始成熟，可以立志做事；同时，这个年龄的人又刚刚步入社会，"少年立志当拿云"在很大程度上反映的是主观上无畏，客观上还没有与这个世界融为一体。孔子学院也是一样，初创至今一路披荆斩棘，迅速走向世界遍布全球，在短短的十几年里走完了其他国家语言文化推广机构花费几十年走过的历程，取得的成就举世瞩目，但像任何美好事物在实现、成功前，常常会遇到许多波折一样，孔子学院也遭遇了一系列不适、困难、挑战，甚至猜疑、指责、抵制。在一定意义上，孔子学院在初步完成全球化布局的同时，还没有完成融入世界、融入当地的本土化，在人己、物我之间相容相处、共生共存的过程中，产生了一些困境与难题，这很正常，也很复杂，其中有自己的原因，有外界的因素；有表面的原因，有深层的根源；有单一原因，也有综合缘由……林林总总，大致表现为以下几个方面：师资不充分、教材不实用、教法不适应、生源不稳定、中外管理不接轨、经费来源不合理、舆论认同不乐观等。这些方面可以归纳概括为教学问题、机制问题、经费问题、海外处境四大类别，下面将逐一论之。

一　教学问题

对于一个学校、一个办学机构而言，最重要、最核心的活动是教学活动。孔子学院的出现，标志着新中国开展 60 多年的对外汉语教学向语言文化国际推广的"重大转变"，即，从对外汉语教学向全方位汉语国际推广的转变；从"请进来"学汉语向同时"走出去"教汉语的转变；从专业汉语教学向更注重大众化、普及型、应用型教学的转变；从主要靠少数学校参与推广向系统内外共同推广的转变；从政府行政主导为主向政府推动、加强市场运作的转变；从纸质教材面授为主向发展多媒体网络等多样化教学的转变。[①]作为孔子学院的首要问题，教学问题主要指围绕施教者教师、受教者学生和教学活动产生的问题。孔院的教学活动相对于一般教育单位在内涵和外延上有所不同，主要包括这些内容[②]。

---

① 　陈至立：《对外汉语推广和中外文化交流的成功实践——写在孔子学院创建10 周年之际》，《人民日报》2014 年 12 月 19 日。

② 　与《孔子学院章程》第二章第十一条规定的孔子学院业务范围中的五条内容基本相一致。孔子学院总部/国家汉办官网，http://www.hanban.edu.cn/confucious-institutes/node_7537.htm。

表 2—1　　　　　　　　　　孔子学院的实际教学活动归类

《孔子学院章程》第二章	孔子学院的实际教学活动
开展汉语教学	汉语语言教学（课堂教学或网络教学）；汉语教材编写、论文撰写、课题申请
培训汉语教师，提供汉语教学资源	培训（语言强化培训和相关技能培训）①
开展汉语考试和汉语教师资格认证	汉语水平考试和汉语作为外语教学能力认证考试
提供中国教育、文化等信息咨询	信息咨询、资料查阅服务、翻译相关资料
开展中外语言文化交流活动	学术讲座、中文竞赛、汉语角、语言体验、展演活动、图书展等，其他新增加或出现的活动②

资料来源：作者自制。

需要说明的是，孔子学院的教学活动包含了部分文化活动，由于在实践中文化课教学与活动难以分开，如学术讲座、语言体验等介于教学和文化活动之间，且实施者都是教师，大部分受众也是学生，出现的问题也有共性，尽管这类活动在汉办的统计上是归口文化活动的。这些年来，孔子学院语言教学中呈现的主要问题有：师资不充分、教材不实用、方法不适应（包括教学方法不适应学生需求、不适应所处环境、不适应新技术等）、生源不稳定等。

（一）师资问题

师资问题既包括教师数量不够，还包括教师素质方面的欠缺——或者是自身能力不足、不强，或者是不太符合孔子学院的具体要求。教师是施教者，是开展教育教学活动的主导者、统领者，一定数量和质量的教师是办学的前提，是教学活动正常开展的保

---

① 语言培训课有：当地中文教师培训、新任教师岗前辅导培训、政商部门人员语言培训，所在或当地大学师生来华行前语言强化培训，或某些单位对华开展业务所需的语言培训等，技能培训有：翻译（也可归为语言培训）、中医、来华旅游、对华商务、赴华就业及武术、书法等特长培训。

② 中外重大外交活动、所在国的重要活动，如巴西里约奥运会期间所需的汉语支持，孔子学院进行力所能及的服务支持。

障。孔子学院的教师有一定特殊性，如对外语水平、文化活动能力和跨文化交际能力有普遍和较高的要求。这种特殊性在一定程度上模糊了专业性，以至于孔子学院教师的角色定位、岗位要求不甚明了甚至还有争议，比如：孔子学院教师应聘时首先要求是外语专业、汉语专业还是其他专业①？孔子学院最优秀的教师是语言教学型教师还是文化活动型教师？理想的孔子学院教师是实用的教书匠还是学者型的人才？最受欢迎的老师是具有教学经验的从业教师还是可塑性强的年轻志愿者？评价主体对老师能力定位的要求也不甚统一，学生喜欢的教师是对孔子学院事业发展最有助益的教师吗？就是中外方院长认为最好用的教师吗？就是派出单位合作学校最满意的、最符合汉办标准②的教师吗？

---

①　汉办网站上面发布的《2019学年度赴英、美孔子学院（课堂）及中小学任教的国家公派出国教师招聘通知》中，对应聘者的专业要求是：对外汉语、中文、外语、教育专业学习背景。孔子学院总部/国家汉办官网 2018 - 10 - 02，http://www.hanban.edu.cn/news/article/2018 - 10/22/content_748104.htm。

②　2007年国家汉办组织研制并出版了《国际汉语教师标准》，旨在建立一套完善、科学、规范的教师标准体系，为国际汉语教师的培养、培训、能力评价和资格认证提供依据。该标准由5个模块组成。分别为：（1）语言知识与技能。包括"汉语知识与技能"和"外语知识与技能"两个标准，对教师应具备的汉语及外语知识与技能进行了描述。（2）文化与交际。包括"中国文化和中外文化比较"与"跨文化交际"两部分。要求教师具备多元文化意识，了解中国和世界文化知识及其异同，掌握跨文化交际的基本规则。（3）第二语言习得理论与学习策略。要求教师了解汉语作为第二语言的学习规律和学习者特点，能够帮助学习者成功学习汉语。（4）教学方法。包括"汉语教学法""测试与评估""课程、大纲、教材与教辅材料""现代教育技术与运用"四个标准。要求教师掌握汉语作为第二语言的教学理论和教学法知识，具备教学组织和实施能力。（5）综合素质。主要对教师的职业素质、职业发展能力和职业道德进行描述。《标准》借鉴了 TESOL 等国际第二语言教学和教师研究新成果，吸收了国际汉语教师实践经验，反映了国际汉语教学的特点。《国际汉语教师标准》于2007年11月由外语教学与研究出版社出版。孔子学院总部/国家汉办官网，http://www.hanban.edu.cn/teachers/node_9732.htm。

1. 数量不充足

仅仅从数量上来看，近十几年来孔子学院教职工数量从有数据可查的 2007 年的 1000 人发展到 2017 年的 46200 人，年均递增46.7%。教师总量的增长不可谓不大，但与学生数量从 2007 年的4.6 万人发展到 2017 年的 916 万人的年均递增率 69.8% 相比，就相形见绌了。2007 年师生比为 1：46，2017 年师生比接近 1：200。这是孔子学院师资力量不足的主要表现，加上建立孔子学院之初教师储备量不大，几乎是选拔一批，培训一批，派出一批，总是处于供不应求的状态。另外，孔子学院的教师不仅要给学生上课，还有一大任务是要完成各种各样的文化活动，而文化活动历年增长情况更是惊人，2008 年文化交流活动参加者 140 多万人次，而到了2017 年文化活动的受众则达到了 1 亿人次！孔子学院的发展速度令孔子学院总部和国家汉办始料未及，一开始并没有、事实上也很难做好充分准备和规划，对本身"手上没兵"的汉办来说提前做好师资储备工作也有一定难度。孔子学院总部总干事、中国国家汉办主任许琳在接受采访时说：孔子学院的发展速度"可以赶得上雨后蘑菇"，"感觉太快了"，"我们自己也没有想到"，"门板挡不住"，"门一下子被推开了"。① 孔子学院发展仅用短短几年时间，走完了英法德等西方国家语言推广机构几十年甚至上百年的路，和中国经济发展一样堪称世界奇迹。教师培养、培育是常规性建设工作，应对常规性发展是没有问题的，但遭遇"奇迹""井喷"时就捉襟见肘了。在这个意义上看，孔子学院师资短缺是可以理解的非常规发展中的正常问题，汉办并非没意识到，更非不重视，只是时间短任务重，无法从容应对罢了。师资问题说到底是整体、长期发展规划

---

① 参见刘汉俊、翁淮南《孔子学院：中国文化"走出去"的成功范例》，载《党建》2011 年第 11 期；《从对外汉语教学到汉语国际推广路渐宽》，中国新闻网 2009 - 09 - 03，http//www.chinanews.com/2009/09 - 03/1848499.shtml。

问题，不单纯是局部、短期的管理问题。

表 2—2　　　　　　　2006—2018 年孔子学院教师数量统计

年份	派出汉语教师	派出志愿者		培训本土汉语教师
		汉办派出	省市派出	
2006	80 个国家，1004 人	34 个国家，1050 人		15896 人
2007	104 个国家，1532 人	42 个国家，1445 人		70 个国家，16782 人
2008	109 个国家，2000 人	47 个国家，2000 人		16512 人
2009	109 个国家，2060 人	71 个国家，2740 人		49 个国家，23000 人
2010	114 个国家，3000 人	81 个国家，3099 人	1348 人	
2011	123 个国家，3343 人	81 个国家，3472 人	派往课堂 1348 人	32319 人
2012	128 个国家，4001 人	90 个国家，3981 人	3000 余人	6229 人
2013	5800 人	95 个国家，5660 人	2940 人	5720 人
2014	139 个国家，6300 人	112 个国家，5724 人	3476 人	40000 人
2015	144 个国家，7062 人[①]	118 个国家，5562 人	3476 人	43322 人
2016	147 个国家，3450 余人，"一带一路"国家 1073 人	130 个国家，6071 人	4921 人	52000 人
2017	146 个国家，3574 余人，"一带一路"国家 1076 人	127 个国家，6306 人	5001 人	117454 人
2018	累计派出 10.5 万名院长、教师和志愿者。其中 2018 年向 137 国 534 所孔子学院（课堂）派出教师 2988 人，向 89 国 217 个国外大中小学派出教师 565 人。			累计培养培训本土教师 46 万人次。

资料来源：硕士生王雅雯协助制作。根据汉办 2006—2018 年的年度发展报告与历年全球孔子学院大会领导人讲话中的数据整理（个别年份无相应数据，故空缺）。

2. 素质难匹配

从师资构成看，目前孔子学院的中方教师主要包括：大学教

---

① 2015 年度发展报告里说向 144 国派出汉语教师、院长 3751 人，支持省市派出 3311 人；向 118 个国家派出汉语教师志愿者 5562 人，各省市高校派出 3476 人。

师——合作大学师资、汉办人才库师资；中小学教师——合作地教育局派出或中小学派出的师资；志愿者——合作大学选拔的志愿者或其他高校相关专业的志愿者（通常为汉语国际教育专业或外文专业的硕士生，也有一些其他相关专业的如中文、新闻、国际关系等专业的优秀硕士毕业生或本科毕业生）。整体上看，中方师资呈现高校教师为主力大军、志愿者为有效补充、中小学教师部分参与的多元化渠道，这三者与本土教师共同构成孔子学院的师资队伍。应该说，这些年来孔子学院声望日隆，派出教师与志愿者的业务水平、综合素质也越来越高，这一点从汉办师资选拔的淘汰率上可以得到验证，但有些问题一直没有克服。比如，为了更好地实现交流，在汉语教师主流力量——对外汉语专业、汉语国际教育专业教师供应并不十分充足或者派出效果并不特别好（如给低层次汉语学习者授课和从事文化活动）的情况下，一大批外语专业的教师派了出来，这些教师的外语交流能力突出，无论是课堂沟通还是文化活动都显示了较强的语言优势。因此出现了所谓的师资悖论：孔子学院究竟是更需要汉语教师还是外语教师？其实，这些专业的教师可以互补，对外汉语专业的可以上高级汉语，外语专业的负责文化活动和低级汉语教学，其他相关文科专业的可以多参与文化活动、新闻报道、内务管理等。孔子学院是全新的事业，完全为它量身定做的具有"外语＋汉语"优势、复合型知识架构、性格外向善于交流、能文能武、既能教学又可以做各种文化活动的全能型教师还没有专门学校和专业能够培养出来，是可遇而不可求的，也较难在选拔中制订标准进行筛选。

3. 稳定成问题

孔子学院师资稳定性是另一大问题。师资数量不足、质量待提升在很大程度上也与此相关。孔子学院大概是唯一一个没有固定教师或者说是以流动教师为主的实际办学机构。首先是中方汉语师资队伍流动性大，缺乏长期性、稳定性。公派教师和志愿者的任教时间为1—3年，受任期所限，缺乏长期职业规划。我国派出的汉语教师大多是国内各大学抽调的，专业不尽一致，水平参差不齐，经过一段短时间的培训后上岗教授外国学员学习中文，通常需要半年到一年的时间历练和适应，当他们逐步适应了当地环境，摸索出比较有效的教学方式时，又到了回国的时候，积累的教学经验没有用武之地。"铁打的营盘流水的兵"，这样的师资模式，必然影响教师教学经验积累和跨文化交际能力的持续提升，也使得教师对于孔子学院没有应有的归属感，他们是作为特定单位人而存在的，必须兼顾原来单位的各种要求，无法进行全盘的自主职业生涯规划。由于整个教师队伍偏年轻，且女性教师居多，因此面临着恋爱、结婚、成家、生育等压力和问题，有不少海外汉语教师不得不在工作得心应手之际，中途回国或提前离职评职称、拿学位、生孩子。另外，国家汉语教师资格审定起步时间晚，发展仍有较大的空间。2014年开始正式举办的国际汉语教师证书考试目前有5.16万人次参加，持证人员达7354人。① 从孔子学院汉语教师构成的多样性、复杂性等特征来看，进一步加强国际汉语教师资格认定工作的重要性和紧迫性将更加凸显。

在这种情况下，教师的职业化与本土化成为未来孔子学院发展的重要方向，成为解决孔子学院师资问题的主要出路。然而，本土教师的培养却并非易事。目前孔子学院的海外师资来源有相当一部分是海外华人，大多数人汉语流利，对中国抱有一定感情，愿意从事中文教学，但他们中毕业于汉语教育的专业人员不是很多，学历不太符合国外大学的教师标准。而土生土长的汉语教师在一些没有设立汉语专业、缺乏汉学传统的国家，还比较稀缺。有的国家教师待遇不高，从事汉语教学的教师课时量不大，无论是固定岗还是聘

---

① 《项目看孔院：孔子学院项目一览》，第十三届孔子学院大会专栏（2018成都），http：//conference. hanban. org/pc/news_details. html? main_lan = Cn&_id = 3。

用岗收入都不高。近年来虽然汉办正在加大扶持力度，加紧培训培育，但短期里本土教师难以成为主导力量。师资来源的不正规、待遇不高、教学岗位的流动性、复杂性，使得这些海外教师很难长期从事汉语教学行业，其中有不少教师是兼职教学，本身不是孔子学院所在大学的正式员工，只是签订了工作合同，因此他们表面在孔子学院工作，实则各自分散在不同的地方，难以进行集中管理和培训，导致各孔子学院甚至各教学点的教学水平参差不齐。从长远看，孔子学院本土师资的培养要形成体系，需要建立类似于地区教育局的地区孔子学院中心加以集中管理和培训，将这一群体纳入统一的管理制度和标准规则之中，否则本土汉语师资质量水平不高、队伍后继乏人的现象难以改观。

从知识结构看，最理想的孔子学院教师是不仅要掌握汉语言文字学科专业知识和对外汉语教学基本理论和教学方法，具备一定文化素养、文化活动技能，能熟练地使用英语，而且还具备较强学习能力和适应能力的教师。如果本身已经是从业教师，那么在其入行时就已具备了教育学和心理学的专业基础或岗位培训；如果是志愿者，尚未进入教师行业或未能获取教师资格证，他们在选拔考试时要加上这样的考察环节，以使其可以通过学习培训获得这些基本素养。志愿者最大的优势是年轻，精力旺盛，学习能力强，适应环境快。只要态度认真，有责任心和使命感，完全可以通过自己在工作中的体会和积累而自行掌握这些知识、锻炼这些技能。如果过于求全责备，以更严苛的标准来筛选，可能师资数量更加难以保证。没有人集中各种优点于一身，"术业有专攻"，汉语教师不可能在语言、文化、舞蹈、绘画、书法、剪纸、太极各方面都精通擅长，"全能"教师不存在，"全能"的孔子学院只能通过教师之间的优势互补来满足各种需求。个体上注重特长、集体上优势互补，这样的模式是目前孔子学院师资使用、管理上比较节约可行的方式。孔子学院专职教师队伍正在构建，这将有助于解决教师不稳定、不专业、少培训等问题，但"流水的兵"变成了"铁饭碗"后又会带来新的问题，这还需要汉办未雨绸缪，防患于未然。

（二）教材问题

教材是教师和学生课堂互动中的重要依托和介质工具，在教学的三个全局性问题——谁来教、教什么、如何教——中，教材居于中间环节，课堂教学固然不能照本宣科完全依赖教材，但没有教材的教学无章可循、无据可依，也难以想象会有计划、按步骤井然有序地进行。孔子学院建立以来，非常重视教材建设和开发，"要根据母语特征、不同层次、不同人群的特点，采取多样化的教材、课程和教学方式，积极为所在地中小学生和社会群众学习汉语提供服务，使孔子学院成为汉语教学资源研发和推广中心……"① 根据刘延东在 2017 年全球孔子学院大会上的讲话，10 多年来中外合作研发教材和读物 9300 多册；另据 2017 年孔子学院年度发展报告，孔子学院总部主干教材资源库已达 80 个语种，852 套 6691 册/件，各类教材编写成果 6 万余件；又据 2018 年孔子学院年度发展报告，除《国际汉语教学通用课程大纲》《国际汉语教材编写指南》等各类汉语教学标准、教材评估体系外，还开发认证、推广各类多语种汉语教材、文化读物、工具书等教学产品，完成《汉语图解词典》《汉语图解小词典》《汉语 800 字》三套工具书 80 个语种的翻译出版。"国际汉语教材编写指南"在线版注册用户达 11.5 万人，取得各类教材编写成果 6 万余件。全球孔子学院出版学术著作、译作 640 多册，开展学术研究项目 1600 多个。这些汉语教材，从数量上、种类上、语种上都取得了长足进展，但国内外对现有教材依然不太满意。那么问题出在哪里呢？

---

① 刘延东：《共同参与 平等合作 把孔子学院越办越好——在第三届孔子学院大会上的主旨演讲》，《中国教育报》2008 年 12 月 11 日。

表 2—3　　　　　　2006—2018 年孔子学院教材开发、配送情况

教材	语种	本土教材	教材、书籍	赠书（万册）	
2006 年				85 个国家 839 个机构	59
2007 年	9			95 个国家 1616 个机构	81.3
2008 年			130 万册	100 多个国家 上千个机构	130
2009 年	20	500 多种	430 万册	114 个国家 2169 个机构	82
2010 年		118 种	40 万册		
2011 年		45 个语种骨干教材，160 多个国家 300 多万册	133 万册	110 个国家 1767 个机构	272
2012 年			38 万册	104 个国家 1660 个机构	78
2013 年		21 种 147 册	41 万册	120 个国家 1375 个机构	70
2014 年		664 套 884 册	60 万册	119 个国家 738 个机构	75
2015 年	54	81 个国家 293 所孔院 938 套 1225 册	802 套，教材 6083 册/件	128 个国家 803 个机构	86
2016 年 累计	64	109 个国家 435 所孔院 2150 套 2603 册	804 套，6643 册/件	108 个国家 599 个机构	54
2017 年 累计	80	109 个国家 435 所孔院 2615 册	852 套，6691 册/件	119 个国家 697 个机构	45
2018 年 累计	80	114 个国家 457 所孔院 3119 册	6700 册	170 个国家	3000 余

资料来源：根据汉办 2006—2018 年的年度发展报告、历年全球孔子学院大会领导人讲话中的数据整理（一些年份统计口径不一，有的无相应数据）。

1. 实用性不强

教材的实用性是指"教材的内容符合学习者的目标要求，教材

编排有利于教师的教和学习者的学","所谓实用性强，就是要求教材在满足学习者目标需求和效率需求方面能发挥最大的效用。所谓对学习者有用，是指教材能够最大限度地满足学习者实现他们在外语学习的目标和效率方面的功利之用。所谓好教易学，是指教材内容的编排和语言知识的说明等符合所教语言的语言规律，符合学习者的学习心理，符合外语教材的编写原则。"① 对学生学习的效用是决定教材价值的关键因素。通常孔子学院的学生学习汉语的目标有两个：一个是提升语言交际能力，即到中国去或见到中国人能够活用汉语、实现对话的能力；另一个是有助于通过汉语考试，获得资格证书以利留学或得到奖学金等。但从我们目前编写的教材内容来看，这两方面结合得不很好，难以同时满足学习者的两大基本需求。《长城汉语：生存交际》是北京语言文化大学出版社出版的一套教材，是国家汉办重点项目，也是孔子学院的主干教材之一，在孔子学院中使用较为普遍。该教材编排合理，一个模块一个话题，有人物、有故事、有练习，由浅入深，能够满足学习者口语交际目标的需要，但却不适合学生应考，它的单词词汇与 HSK 各级别考试中要求掌握的单词词汇量没有对应关系，因此学过第一册的学生如果参加 HSK 一级考试，有的必考单词学生却没学过、没掌握，而学过的单词则有可能"超前"而暂时不会考到。《HSK 标准教程》由北京语言大学出版社联合汉考国际（CTI）共同研发，将 HSK 真题作为基本素材，实现了与 HSK 考试内容、形式及等级水平的对接，按其出版社介绍，"100% 覆盖 HSK 考试大纲，100% 吻合 HSK 真题题型"，是一套充分体现"考教结合、以考促学、以考促教"理念的新型汉语教材。② 但在使用过程中，任课教师反映其

---

① 李泉：《论对外汉语教材的实用性》，《语言教学与研究》2007 年第 3 期。

② 北京语言大学出版社网上书城《HSK 标准教程》介绍，http：//www. blcup. com/PInfo/index/77。

编写内容有"为学而学、为考而考、为练而练"之嫌，教、考、练一体贯通，过于强调考试指针，一切为考而学，可能导致学习过程缺乏想象力和趣味性。综合考虑利弊，在成人学生中使用《长城汉语：生存交际》教材，在校大学生使用《HSK标准教程》教材是一种扬长避短的办法，针对不同需求的学生发挥每种教材的优势，将教材不实用可能带来的弊端降低到最小限度。

2. 针对性不足

针对性是指对教学对象及其所处环境、语境的有目的、有指向性的教学。从针对性上看，目前孔子学院现有教材普遍存在不太适合国外教学对象、环境、语境之处。孔子学院教学不同于我们国内的对外汉语教学，对中国教师说是对外教学（对外国学生授课），对本土教师说可能是对内教学（对本国学生授课），从孔子学院是一个大家庭、一个整体的角度上看，在同一个机构中教师教授学生，似乎不算是对外教学，而且也不完全是对外汉语。《长城汉语：生存交际》教材编排由浅入深，能够适应学习者口语交际的一般需要，但部分教学材料过时、个别词汇地域性比较强、语法编排偏笼统等问题较突出。比如：课文中使用"支线""大灯"等词，这种地域、口语特色比较浓的词语，有的中国人尚难以准确理解其含义，更不要说外国人了，有的老师自己也不知道如何解释①。这也许对国内的对外汉语

---

① 关于"大灯"一词，曾引发英国卡迪夫孔子学院老师们的争论，有的说大灯是指房间最亮的灯，有的说是指吊顶上的灯，有的说大灯只能特指汽车远光灯，但课文中的场景在房间里，因此令人费解。老师说不明白，学生自然不理解。关于"支线"也是如此，不怎么坐公交车的英国孩子不理解这个词，要老师解释"支"字，有的老师对应为 branch，有的说是 regional，有的说是 extended，有的干脆不知道如何用英语解释。结果课堂上不得不把时间浪费在解释这些词上，有的老师不想为此纠结，甚至想跳过这些地方来讲授其他主要内容。因此，这些地方就成了教材中的暗点，处理不当就成了硬伤。这里举出的例子还只是词汇问题。

教学不成问题，但却不太适合孔子学院的汉语教学。还有《长城汉语：生存交际》第 6 单元关于"健身教练"的话题不太符合中国国情，语境、内容也与前后单元衔接性不强，突然谈到"男朋友很帅"的话题有些突兀，而且"健身教练"这几个汉字对刚入门的学生来说明显太难，学生难写，教师难教。语言背后是文化，汉语的语境是中国，教授汉语的内容应该首先贴近中国人生活的内容，而不是外国人生活的内容，何况孔子学院所在大学通常都是很国际化的大学，拥有所在国国籍的学生只占其中一部分（如卡迪夫孔子学院的学生中，英国国籍的学生不到 1/3），其他学生也是"外国人"。讲汉语课时的内容语境只能是中国，不能是笼统的"国外"，也不宜对应特定的"外国"（所在国）。孔子学院的教材在对象、环境、语境各方面都要考虑针对性，否则让学生不好理解，教材就起不到辅助教学的应有作用了，反而成为顺利实施教学的羁绊。

3. 适用性不够

从适用性上看，目前孔子学院组织编写的教材在国别化、本土化方面还不充分、不到位。全球各地孔子学院面对的教学对象千差万别，课程设置的课时、容量、进度都不相同，不存在一本放之四海而皆准的教材。目前的孔子学院分布在世界 100 多个国家和地区，使用比较广泛的教材主要有《新实用汉语课本》《HSK 汉语教程》《长城汉语》《快乐汉语》《新编汉语教程》等，这些教材本身就是基于通用意义上编写的，没有明显的特色，泛化倾向严重。针对具体国家所编写的国别化、本土化教材近年来进展巨大，但总体上还跟不上孔子学院的扩展和发展。教材甚至是知名度比较高的教材也需要接受时间和实践的检验。出版之后，对这些教材后续的评估、总结和改进等也相对匮乏。① 有教材、有好教材、有好的本土化教材、有不断改进的优秀本土化教材，这是一个递进过程，需要长期努力。目前开发国别化教材的目标尚未实现，要求教材地方化、地域化、当地化的条件还不成熟，孔子学院只能根据实际情况在实践中摸索出具体的解决方案。卡迪夫孔子学院选择了过渡接轨的办法，即先行培训教师，让其在教学中熟悉常用的威尔士语，以后条件成熟时招聘掌握威尔士语的本土教师，在此基础上编写以威尔士语为中介语的教材，才能最终实现教材的适用性。

　　总之，孔子学院教学需要的是实用性强、针对性较好的、适用当地特色的、语种多元的、多层次的汉语教材——起码目前看起来这几乎是一个不可能完成的任务。编纂教材是一项权威性工作，目前汉语教材的作者大多是从事汉语教学多年的权威专家，绝大多数获批编者并没有孔子学院从教经验，也难以跳出原有对外汉语教学的窠臼和框架。这样不是基于孔子学院经验的教材拿到孔子学院使用，即使是中国体制内成长的汉办教师也感觉用不顺，更何况本土教师和国外学生？同时，这几年教材建设大开发，对教材数量有较大促进作用，但同时也造成了教材质量参差不齐、鱼龙混杂的局面，比如缺乏精品工程，不同教材之间从体例、构思、框架、逻辑到内容没有太大的不同，彼此之间的区别和特色也不明显，看似教材不少，实则对某一具体孔子学院来说选择空间依然有限。

---

① 有些研究者反映土耳其语版的"一版多本"教材里的问题：如《跟我学汉语》《快乐汉语》这些书主要的编写原则和内容设置都与原版本无太大出入，基本只是将英文注释换成了土耳其文。在内容上有不合适的地方。例如《快乐汉语》第二册第八课中有"猪肉"出现在生词中让学生学习，作为伊斯兰国家的土耳其，汉语课本要求学生主动在课堂上学习这个词语，是不太恰当的。一些汉语教师说在学习这个单词时就有学生表示出明显的不悦甚至抱怨。《长城汉语》第二册中32页也出现了"猪肉"这个词。贾昊：《土耳其安卡拉地区汉语教学"三教"（教师、教材、教法）问题调查研究》，《云南大学》2013年硕士学位论文，第48、50页。

(三) 教法问题

教学方法包括教学思路、教学手段、教学要求，以及对待学生的方法和态度等，是方法（method）与方式（approach）的统称。"教学方法作为教师达成教育目的之手段的体系，是教师教学实践力的最直观表现。教学方法的概念是一种复合的概念而非单一的概念"，包括教学形态、教学方式、教学方略等几个方面。① 教无定法，适合教学对象的方法就是好的教法。汉语国际教育在"教学模式、教学方法不求整齐划一，一定要适合当地的实际情况。还要关注海外学习者有效的学习时间，适当考虑教材的内容量，兼顾学习者的学习动机，选用学习者感兴趣的言语内容，因地、因人、因时地开展汉语教学"。② 随着国际汉语教育在世界范围内的广泛推进，越来越多的专家学者开始关注到海外汉语教学与国内汉语教学（对来华学生或少数民族学生）的巨大差别，以及各国各地汉语教学的巨大差别。"针对不同国情要有不同教法……通过对当地教学设施、学生学习目的、学生语言水平等展开调研，做到心中有数，因材施教。其次，针对不同学生要有不同教法。对汉字文化圈和非汉字文化圈的学生要区别对待，通过汉语与学生母语的比较研究，确定教学重点和难点，对语音、词汇、语法尤其是汉字的教学要采用不同的教学方法。最后，针对不同教学内容要有不同的教法。"③ 孔子学院海外办学的实践最终将教法本土化问题提到亟待解决的日程，如何根据海外汉语教学的当地实际对教学模式、教学方法、教学手段等进行改造，如何使孔子学院的教学计划、教学设计、教学评价及

---

① 钟启泉：《教学方法：概念的诠释》，《教育研究》2017 年第 1 期。

② 赵金铭：《国际汉语教育研究的现状与拓展》，《语言教学与研究》2011 年第 4 期。

③ 黄卓明：《服务于"一带一路"建设的汉语国际教育》，《世界教育信息》2017 年第 21 期。

考核方式等更加适应所在国家和地区的教学模式，使汉语教学更加为孔子学院学生喜爱和接受，成为孔子学院面临的突出现实问题。现阶段，由于本土化教师、本土化教材的数量和覆盖率远未达到各地汉语教学的需求，多数的孔子学院、孔子课堂及下属教学点的汉语教学依旧是以汉办教师和"普适性"汉语教材为主。这一情况加剧了对汉办教师教法的考验，对教法本土化提出了更高的要求。

1. 教学理念

在教学理念方面，汉办教师要提高跨文化交际的意识，注重学习国外比较先进的教育教学理念、语言教学理论和语言教学模式。教学法的选择取决于教师的理念，不同的思想理念决定了不同的教学方法。长期以来，我国的教学以"教师为中心"模式更加注重知识积累和应试，不太重视技能和应用。在这种教学模式浸润下成长的汉办教师，要自觉有意识地进行教学思想观念更新，如从"填鸭式"一讲到底、单一教学到互动式教学、综合运用多种教法转变，从注重语法、词汇、知识点到注重培养语言交际能力、运用技能的方向转变，也要重视吸纳国外语言教学中比较流行的行动教学理念、"多元智能理论"、"5C"① 标准等。"准确、全面、深刻理解所在国的教学思想，从本土的教学问题出发调整教学思想，树立开展

---

① "5C"从学生的角度看是指 Communication，Cultures，Connections，Comparisons，Communities（即语言交流、文化沟通、获得相关信息和知识、比较能力、能用外语参与多文化社团活动——把学习外语当作乐趣和充实自我的手段）；从教师的角度是指 Curious，Comprehend，Convinced，Contextualized，Changed Practice（即好奇：意识到你的想法，并好好发现新的想法；理解：寻求理解这些想法并能够将它们表达给他人；确信：相信你可以把新想法融入自己的背景和现有信念中；语境化：将这些想法视为有助于理解的言行；改变实践：应用新想法，成为一个更熟练的老师，改变实践）分别参考 National Standards in Foreign Language Education Project（1996）. Standards for Foreign Language Learning：Preparing for the 21st Century. Allen Press Inc.，Kansas，USA，1996；Mastering the Craft of Teaching，http：//singteach. nie. edu. sg/issue35 - teachered。

教学实践创新的教学思想"。① 在一项关于教学方法的调查中，关于
"最喜欢的教学方式"，有39.5%的受访者接受"老师讲课"的方
式，其次是"对话、辩论"占33.8%，排在第三位的是"游戏"
占14.9%，另外还有8.7%的人选择"中国民俗活动"。② 孔院教师
应改变传统的"传递—接受"型教学模式，充分发挥国外学生活泼
爱问、大胆质疑、独立思考的特点；转变传统"师道尊严"和
"传道授业解惑"师长型角色定位，以学生学习引路人、同路人的
身份出现，与他们打成一片，一同在新的环境中成长。

2. 教学设计

在教学设计方面，参考国内权威汉语教学大纲和标准的同时，
兼顾当地通用的第二语言教学大纲和能力标准，选择合适的授课方
式和考核形式。一方面，依据《国际汉语教学通用课程大纲》、汉语
考试要求，创造性地用好"普适性"教材，将汉语考试标准和等级
要求融会贯通到具体教学设计中去。孔子学院总部支持开发了一系
列主干汉语教材和配套工具书，如适合小学生使用的《汉语乐园》
《快乐汉语》《跟我学汉语》，适合大学生使用的《当代中文》《长城
汉语》《HSK标准教程》，以及《汉语800字》《汉语图解词典》《声
典·汉语教学有声挂图》等工具书，这些凝聚着汉教专家经验、智
慧和心血的资源成果是汉语教学和评估的重要依据。平时可以课中
无纲，但要心中有纲，化汉语考试标准和要求于无形，融入考卷和
评估中去。另一方面，充分借鉴所在学校、所在国家、所在区域已
有的语言教学标准，如处于欧盟成员国的孔子学院要了解《欧洲语
言教学与评估框架性共同标准》（英文 Common European Framework of

---

① 吕明：《美国孔子学院教师教学本土化的调查及培训策略》，《延边大学学
报》（社会科学版）2014年第5期。

② 吴瑛：《中国文化对外传播效果研究——以孔子学院为例》，China Media Re-
port Overseas，2011.7（4），http：//www.chinamediaoverseas.com。

Reference for Languages，CEFR）的要求，按照语言类课程的教学方法方式，参照本土化教材或本土化教学材料，并根据授课对象，在课程设计上加入贴近学生生活实践、符合学生兴趣点的本土化词汇、话题、文化点对比等，以充分调动学生的潜能和积极能动性，提高教学效果。有条件的汉办教师要多向本土汉语教师沟通请教，也要向本土其他科目的任课教师学习借鉴。如那些设在语言学院的孔子学院教师与其他语言类教师一起备课时，可以向教法语、西班牙语、日语的老师请教带有共性的语言教学问题。

3. 教学手段

在教学手段方面，汉语教师可作为的空间很大，语言教学的手段与其他课程相比堪称是最为丰富的。电影、电视、实物、图片、VCD、CD、多媒体动画等无不可以纳入课堂，成为语言教学的辅助工具和手段。至于选择哪种具体的教学手段要依据讲授对象和内容而定。如在孔子课堂教学生颜色和水果的时候，实物或图片教学便能起到很好的辅助作用；在大学生中讲授中国地理或历史知识的时候，如果能播放相应的纪录片，配合一定的图片、画册，则能起到事半功倍的效果；在来华夏令营或实习培训课中，如能找到合适电视、电影片断则马上能向学生呈现出中国活色生香的鲜活观感；在教授太极拳、中国舞蹈的课堂上，VCD碟片、网络视频和多媒体动画则是最好的上课秘籍和"葵花宝典"……充分利用直观教具、辅助手段和现代技术，能大大提升教学效果，综合运用各种手段比单一语言教学要直观、具体、生动得多，学生更容易接受，也更有兴趣深入。由于大多数汉办派出教师较为年轻，对于各种现代化教学手段都能较好掌握，也乐于尝试新鲜事物。以至于现在的问题在一定程度上已经由原来的教学手段不足演变为教学手段滥用，使课堂变成了炫酷的技术展示会，教师成了忙前忙后的操作员，学生成了看热闹的观众，表面上高端现代，效果却未必理想。"人为物役"，教师本来是驾驭课堂的主人却沦为被各种技术工具操纵的前台人员。因此凡事有度，在教学手段上也不可以滥用。语言学习是一个艰难复杂的过程，运用现代化的教学手段，如利用电脑学习汉语，练习朗读，纠正发音，进行听力训练，利用网上资源，这些都是必要的，但电脑不能代替教师，技术不能代替教学。年轻的孔院教师还需要重视教学的基本功。而近几年关于网络课堂、翻转课堂、微课、慕课（MOOC）的讨论也说明了这一点。①

---

①　以慕课为例，近几年已经纳入网络孔子学院，也推出了《HSK 入门课程：跟十三亿人学汉语》等课程。但"课程革命"毕竟不能代替教师在教学方法方式上的作为，何况它本身也是教师开发出来的产物。慕课（MOOC, massive open online courses）全称为"大型开放式在线课程"是一种新兴的教学模式，其开放性、共享性、互动性是对传统的以讲课为主的教学模式的颠覆，学习者可以通过 PC 以及移动端访问课程，随时随地完成汉语学习。有的学者认为，慕课与传统教学模式相比，实现了五个方面的转变：课程规模的转变；教学方式的转变；学习方式的转变；教师角色的转变和学生角色的转变。慕课能够适应信息资源丰富、获取渠道多元化的现代学习环境，这种突破时空界限的在线教学模式有助于建立一个学习共同体，师生成为共同体中共同的学习者，致力于共同的目标，共享学习资源，共负实现目标的使命（李明明：《商务英语专业慕课与传统教学手段界面研究综述》，《高教学刊》2015 年第 5 期）。第八届全球孔子学院大会"优秀办学案例论坛"特别设立题为"孔子学院与'慕课'（MOOC）"的分论坛，探讨大规模地使用网络教学等信息化手段，来自中国、美国、英国、加拿大、南非、瑞典等国的大学校长、孔子学院院长就各自对慕课的理解与尝试进行了经验分享。教育部副部长田学军在 2017 年第十二届孔子学院大会闭幕式上的总结讲话中宣布，网络孔子学院的"慕课"教学平台已正式启动。针对慕课对孔子学院教学的意义，美国堪萨斯大学孔子学院执行院长韦雪瑞说，"孔子学院的对外汉语教学决定了其教育的国际性，而互联网时代，借助网络、数字化开展网络教学也是孔子学院发展的必经之路。""借助慕课的跳板，孔子学院的教育可以真正实现全球化。"而美国华美协进社教育部主任廖申展认为，开展"慕课"并非只借助于互联网教学的外在形式，而是要从课程内容及教师教授方式上有大的转变。"因为慕课所面临的是世界各个国家的成千上万的在线学生，这就要求课程质量、完成率及考评有科学统一的标准，并在教学方法上实现课程差异化调整。这对孔子学院来说是一大挑战。"（卢彦蓉：《中国孔子学院总部将在全球采用"慕课"（MOOC）教学模式》，美国华裔教授专家网 2013 年 12 月 8 日，http://scholarsupdate. hi2net. com/news. asp？NewsID = 13359）

　　孔子学院所在国家不同、教学环境不同，教师们的教学对象也有所不同，教学要求、教材使用不同，具体到每个课堂教学设备条件不同，教师和学习者的互动关系也有所不同，所以很难定义哪种教学方法是最好的方法。教师要在教学实践中摸索出哪一种或哪几种方法对自己所教的对象、所处的教学环境更合适。在这个意义上，"教无定法"，关于教学法"后方法时代"的说法有一定的道理。但"无定法"并不是"无法"，"无常规"不等于"无规"。"我们做任何事情都要讲究方法，没法岂能做事？方法是科学的总结。不能从批判'唯方法论'走到'无方法论'，这是两个极端。其实'后方法时代'也不是什么新的名词，中国学者早就提出过'教无定法'，但是完整的说法应该是'教学有法，教无定法'，不能只要后半句，不要前半句。'有法'和'无定法'是一种矛盾关系。"① 对于孔子学院来说，"教学有法"就是鼓励教师要积极探索、掌握、运用有效的教学方法，用科学的方法进行教学；"教无定法"则是指在实际教学活动中，哪怕是最有经验的汉语教师也不能简单套用老的包括在国内行之有效教学模式和方法，一定要转换场景、贴近实际。教成人课、大学生课、孔子课堂中小学的课以及学前班、培训班、短期班的方法方式都要因时而变，不能以不变应万变。我们的教师和志愿者外派之前通常会参加汉办和高校组织的培训活动，接受教学环境、教学方法、课程类型、通用教材等方面的系统培训，以减少赴任之后在教育习惯和教学方法上的摩擦和不适应。但是，所有的岗前培训都只能解决最一般的问题，无法完成有针对性的各种准备。因此，赴任之后由任教单位进行岗内培训亦十分重要和必要。

　　总之，随着汉语进入越来越多国家的教育体系，孔子学院的教学

---

　　① 贾冠杰：《语言教学流派发展的新趋势——〈语言教学原则和方法〉评析与讨论》，《外语界》2004 年第 6 期。

必须更好地适应新形势新需要，教学本土化趋势是立足长远的发展之道。在教师本土化、教材本土化一时难以做到的情况下，促进教学方法接轨适应当地是当务之急，而培训和研讨是使外派教师掌握本土化教学的现实之举，可以直接向他们展示本土教师的教学思路、教学设计、教学方法和教学模式，既能满足孔院教师到海外后直接上岗教学的需要，又能从长远上培养汉语教师搜集、归纳、总结和创造性地使用本土化教学资源的能力，促进教师教学本土化能力的提升。

二　机制问题

关于孔子学院的机制，这里主要从机构设置、体制运行两个方面来分析，前者侧重于分析机构性质、隶属关系等宏观因素，后者着重分析运行管理、规章制度等内部微观因素。

（一）机构设置

从机构归属看，孔子学院的管理机构是孔子学院总部；从业务关系看，孔子学院的业务指导是国家汉办；从机构性质看，孔子学院是国家支持、民间运作的非政府非营利组织。孔子学院、孔子学院总部、国家汉办是既相区别又密切联系的机构。

1. 孔子学院总部与国家汉办

全球孔子学院的最高管理机构是孔子学院总部。孔子学院总部是拥有孔子学院名称、标识、品牌的所有权，负责管理和指导全球孔子学院的具有独立法人资格的非营利机构。孔子学院总部负责管理和指导全球孔子学院，具体职能包括：制订孔子学院建设规划和设置、评估标准；审批设置孔子学院；审批各地孔子学院的年度项目计划和预决算；指导、评估孔子学院办学活动，对孔子学院运行进行质量管理；为各地孔子学院提供教学资源支持与服务；选派中方院长和教学人员，培训孔子学院管理人员和教师；组织召开孔子学院大会。① 国家汉办全称是"国家对外汉语教学领导小组办公室"，是国家对外汉语教学领导小组（教育部对外汉语教学发展中心）下设的日常办事机构，是挂靠在教育部的司局级事业单位。其主要职责任务是：支持各国各级各类教育机构开展汉语教学和中华文化传播；制定、完善和推广国际汉语教师标准、国际汉语能力标准、国际汉语教学通用课程大纲；选派和培训出国汉语教师和志愿者；开发和实施汉语水平考试；实施"孔子新汉学计划"，支持开展中国研究；组织管理孔子学院奖学金。开展"汉语桥"系列比赛等重要活动；建设国际汉语教学网络、电视、广播立体化平台并提供数字化资源。②

正像孔子学院总部网站显示的是汉办网址 http：//www. hanban. edu. cn 或 http：//www. hanban. org 与"孔子学院总部/国家汉办"名称一样，国家汉办与孔子学院总部关系密切，对外统一挂牌，合署办公。孔子学院总部是负责管理和协调全球孔子学院的机构，汉办是负责指导、组织对外汉语教学并开展相关业务指导与开发的机构；孔子学院总部是机构的管理者，汉办是业务的指导者；孔子学院总部是相对独立的非营利组织，汉办则是教育部的下设机构（挂靠教育部的事业单位）；孔子学院总部是落实汉办宗旨的主要机构——汉办的对外推广汉语的职责任务需要依托孔子学院总部建设和管理孔子学院的主要渠道去完成实现，汉办是孔子学院总部推进孔子学院事业的核心——孔子学院总部管理全球孔子学院要围绕推广汉语的核心业务展开。

分布在全球各地的孔子学院是在孔子学院总部管理指导下，由中外方合作机构共同协商建立的。相对于孔子学院总部与国家汉办

---

① 孔子学院总部职能，孔子学院总部/国家汉办网站，http：//www. hanban. org/hb/node_7446. htm。

② 国家汉办主要职责（与教育部网站上的不太相同），孔子学院总部/国家汉办网站，http：//www. hanban. edu. cn/hb。

的职责，孔子学院的职责更为具体，主要是：开展汉语教学；培训汉语教师，提供汉语教学资源；开展汉语考试和汉语教师资格认证；提供中国教育、文化等信息咨询；开展中外语言文化交流活动。① 因此，孔子学院总部、国家汉办、孔子学院这是彼此不同又相互联系的机构，它们之间的错综复杂关系，导致人们在认识上混淆不清，一些人说孔子学院是中国政府的"分支机构""中共下属机构"大概源于对这几个机构的混淆和模糊认识。德国汉学家、歌德学院（中国）总院长米歇尔·康·阿克曼（Michael Kahn-Ackermann）作为孔子学院的顾问和"同行"，曾针对那些对孔子学院一知半解的人说②："他们不知道一个最根本的事实，孔子学院在国外不是一个中国的机构，是德国跟当地政府创立的一个德国机构。孔子学院不是一个中国机构驻外，而是一个当地机构。美国的孔子学院是一个美国的机构，德国的孔子学院是一个德国的机构，法国的孔子学院是一个法国的机构。孔子学院不是中国人到国外，说我想创立一个就创立一个，实际上是，孔子学院总部在北京老老实实地等着人家来找我，问我想创立一个孔子学院你同意不同意？没有一个孔子学院不是国外找来要创立的结果。孔子学院是一个比较复杂的合办机构，大部分是跟某个中国大学的合办机构，孔子学院总部给钱、派人而已。孔子学院跟歌德学院的不同在于，歌德学

---

① 《孔子学院章程》，孔子学院总部/国家汉办网站，http：//www. hanban. edu. cn/confuciousinstitutes/node_7537. htm。

② 阿克曼2014年12月3日，在北京冬季思享会"中国说"活动上发表主题演讲《从歌德学院到孔子学院》，当时的语境是针对一些中国人不了解孔子学院而言的，其实外国人对此的误解和批评更多。在此引用他的话，不是说他的话更正确，而是以他的身份说出的话有人更愿意接受（汉办的章程、中外双方协议很少人仔细去看，中方人员的解释很少人当真去听）。参见《前歌德学院总院长怎么评价孔子学院？》，澎湃新闻2014－12－04，https：//www. thepaper. cn/newsDetail_forward_1283120；《阿克曼：孔子学院需要停止扩张去抓质量》，腾讯文化2014－12－08，https：//cul. qq. com/a/20141204/014701. htm。

院的总部是领导全球的歌德学院，钱也是总部分配，而孔子学院不仅在法律上，从好多方面来讲，都是一个十分独立的当地机构。假如你想评价孔子学院的工作，你一定要了解这个事实，要不然你不知道他们怎么工作的。"

2. 孔子学院总部理事会

根据《孔子学院发展规划（2012—2020 年)》，总部理事会是孔子学院的最高决策机构，负责制定、修改孔子学院章程，审议全球孔子学院的发展战略和规划，审议总部年度工作报告和工作计划，研究孔子学院建设的重大事项。① 《孔子学院章程》第十三条规定，"孔子学院总部设立理事会，由主席、副主席、常务理事和理事组成。其中，主席 1 名，副主席和常务理事若干名，具体人选由中国国务院教育行政部门提出建议，报国务院批准。理事 15 名，其中 10 名由海外孔子学院的理事长担任，第一届理事由总部聘任，以后选举产生或按孔子学院成立时间顺序轮流担任；其余 5 名由中方合作机构代表担任，由总部直接聘任。理事任期为两年，可连任一次。理事会成员任职期间不从孔子学院总部获取任何报酬。理事会设立总干事、副总干事。总干事为总部法人代表，由常务理事担任。""第十四条理事会的职责是：制定、修改孔子学院章程，审议全球孔子学院的发展战略和规划，审议总部年度工作报告和工作计划，研究孔子学院建设的重大事项。"②

2007 年 12 月 11 日第二届孔子学院大会在北京开幕，中国教育部部长周济向大会作工作报告时说，孔子学院总部第一届理事会已经组成：中国国务委员陈至立担任理事会主席，五位副主席是：教育部部长周济、国务院侨办主任李海峰、国务院副秘书长项兆伦、

---

① 《孔子学院发展规划（2012—2020 年)》，《光明日报》2013 年 2 月 28 日第 7 版。

② 《孔子学院章程》，孔子学院总部/国家汉办网站，http：//www. hanban. edu. cn/confuciousinstitutes/node_7537. htm。

财政部副部长张少春、前国务院副秘书长陈进玉。常务理事 12 名，分别是外交部、发改委、商务部、文化部等部门的有关负责人。国家汉办主任许琳担任常务理事兼总干事。理事会还设有 15 名理事，其中 10 名由海外孔子学院的理事长担任。第一届理事由总部聘任，以后将选举产生或按孔子学院成立时间顺序轮流担任。理事任期两年，可连任一次。理事会成员任职期间，不从孔子学院总部获取任何报酬。① 至今，孔子学院总部理事会进行了几届更替，但基本构成变化不大，第一届奠定了基本构成模式：主席 1 + 副主席 5 + 常务理事 11 + 理事 15，主席是陈至立。第二届理事会主席是刘延东，副主席改为 4 人，常务理事 11 人，理事 16 人。第三届以后都大体维护这样的格局，主席外职务构成上下浮动 1—2 个名额，总数几乎不变，许琳一直担任常务理事兼总干事。2018 年总部理事会主席由刘延东改为孙春兰，其他成员也进行了个别调整。② 总数中，官员占据 32 席或 33 席中的一半稍多，高校成员 15—16 人占将近一

---

① 《孔子学院总部第一届理事会成立 陈至立任主席》，中国新闻网 2007 年 12 月 12 日，http：//www.chinanews.com/hr/hwjy/news/2007/12 – 12/1101943.shtml。

② 在 2009 年"两会"期间，教育部、国家汉办曾就"孔子学院发展情况"答记者问，时任教育部副部长的章新胜曾这样介绍，"孔子学院总部设在北京，总部理事会由中外人士组成，理事会主席由国务院分管教育的领导担任，副主席由国务院办公厅、教育部、国务院侨办、财政部负责人担任，常务理事由外交部、国家发改委、教育部、商务部、财政部、文化部、广电总局、新闻出版总署、国务院侨办、国务院新闻办、国家语委、中国国际广播电台负责人和国家汉办主任担任。理事会理事由五所中国著名大学校长和十所外国著名大学校长组成。刘延东国务委员为现任孔子学院总部理事会主席。"参见《章新胜：81 个国家已建立 256 所孔子学院和 58 所孔子课堂》，人民网 2009 全国两会专题 2009 – 03 – 12，http：//lianghui2009.people.com.cn/GB/145749/8951095.html。孔子学院总部理事会第二届成员名单，见《孔子学院总部理事会成员名单》，《孔子学院》2011 年第 1 期；《孔子学院总部第三届理事会成员名单》，见《孔子学院》2012 年第 1 期与 2013 年第 1 期；《孔子学院总部第四届理事会成员名单》，见《孔子学院》2014 年第 1 期与 2015 年第 1 期；《孔子学院总部第五届理事会成员名单》，见《孔子学院》2017 年第 1 期。

半，其中海外人员 10 人，占总数的 1/3，在孔子学院任职的占大约 1/5。但对于具体某一孔子学院的理事会而言，通常是由中外方合作高校的分管副校长、孔子学院中外方院长、中外方高校国际交流处处长或副处长（部分中方高校有孔子学院办公室的，则是主任或副主任）等构成，并无政府官员。

因此，要想弄清楚孔子学院是一个什么机构，必须搞清楚这一机构的来历和构成、其所属机构、相关机构与决策机构及其成员。就孔子学院总部/国家汉办来说，作为运作孔子学院这一项目的操盘手，自然离不开相关部门的支持，与一些政府部门有密切联系，成员也大多由政府部门官员构成，这并不奇怪，政府本来就是汉语国际推广、孔子学院建设政策的制定者、执行者和监督者。哪一国的语言文化推广机构都不是凭空出世的，必然是政府决策和实施的结果。事实上孔子学院总部 2007 年 4 月 9 日才挂牌，境外孔子学院 2004 年就有了。但与此同时，政府这一角色最多只是决定总部与汉办的机构运作。如果说总部与汉办有官方背景，汉办属于教育部主管，孔子学院总部理事会成员中有部分是政府官员，那么遍布全球的孔子学院本身并不是政府行为的直接产物，它是中外合作的非营利机构、教育学术机构，中外合作办学是其基本机制准则。其具体执行运作都是由中外方合作进行的，由外方合作者提出申请，中方合作者积极配合，总部掌握大的原则方向，具体事务则由合作高校负责承办，最终派出的是不具备官方身份头衔、具备相应专业知识和学历职称的教师担任中方院长和汉语教员，在前台一线与外方同行共事。即使考虑到高校并非纯民间机构的身份，即使考虑到有的孔子学院处于盈利状态的事实，孔子学院也不能称为政府机构或是营利机构，说它是"国家支持，民间运作"的非政府组织（NGO，Non-Governmental Organization）、非营利组织（NPO，Non-Profit Organization）是比较客观和中肯的，也是大多数语言推广机构的共性。

（二）体制运行

孔子学院是源自中国、置身海外的中外合作办学机构。在体制运行上，共商共建共享是其最大特点和优势。

1. 孔子学院源自中国

孔子学院是中国崛起的产物，是中国的语言文化推广机构。孔子学院的办学宗旨、办学目标、发展规划都是由中国进行顶层设计的。如《孔子学院发展规划（2012—2020年）》中写道，"到2020年，基本完成孔子学院全球布局，做到统一质量标准、统一考试认证、统一选派和培训教师。基本建成一支质量合格、适应需要的中外专兼职教师队伍。基本实现国际汉语教材多语种、广覆盖。基本建成功能较全、覆盖广泛的中国语言文化全球传播体系。国内国际、政府民间共同推动的体制机制进一步完善，汉语成为外国人广泛学习使用的语言之一。"①《孔子学院章程》《孔子学院发展规划》等基本文件规定了孔子学院的身份、地位、角色、意义、章程、规则、规划、目标。作为中国运作的语言文化项目，孔子学院已经成为海外认知中国语言文化的旗舰工程，与国外几大语言文化机构并肩而立。

2. 孔子学院办在境外

尽管孔子学院是由中国规划的项目，但却并不是中国单方创办的机构，汉办给了它"出生证"，但它的出生地是海外②，至于它出生在哪里，这是由境外合作者决定的。《孔子学院章程》中第一章"总则"第九条规定，"中国境外具有从事语言教学和教育文化交流活动能力且符合本章程规定申办者条件的法人机构，可以向孔子学院总部申办孔子学院。"第四章"设置"中第十九条明确了孔子学院申办者应具备的条件：（1）申办机构是所在地合法注册的法

---

① 《孔子学院发展规划（2012—2020年）》，《光明日报》2013年2月28日第7版。

② 香港孔子学院和澳门大学孔子学院是设在中国的孔子学院。

人机构，有从事教学和教育文化交流并提供公共服务的资源；（2）申办机构所在地有学习中国语言和文化的需求；（3）有符合办学需要的人员、场所、设施和设备；（4）有必备的办学资金和稳定的经费来源。第二十二条规定，"孔子学院总部批准申办后，与申办者签订协议并颁授孔子学院铭牌。"因此，孔子学院是有资质的海外办学单位申请后才落地生根的，孔子学院铭牌显示了它花落谁家的身份。一般来说，孔子学院的名称是国外大学名称＋孔子学院组成的，也有的是简称，如马里安·恩古瓦比大学孔子学院是指刚果（布）马里安·恩古瓦比大学的孔子学院，南洋理工大学孔子学院是设在新加坡南洋理工大学的孔子学院。中国合作高校的名称没有体现，充分体现了外方在办学中的主体性。在具体工作上，无论是机构设置、管理运营、教学安排，还是资源统筹、师生招考、活动实施，都在很大程度上依靠外方机构来完成，外方大学的支持配合、外方员工的能力态度直接影响着孔子学院能否顺利开设和深入发展。这从根本上决定了孔子学院本土化的必然性，置身海外的事实决定了孔子学院要想办成事、有所成，必须走依靠本土、发动当地的中外融合发展之路。教育部原副部长章新胜曾在 2009 年全国"两会"答记者问时说，孔子学院的办学模式"有一个重要的特点，办学模式就是采取统一的名称，但是中外合作，在管理上是以外方为主的。这样就能充分地因地制宜，因需定教和因势利导"。①

3. 孔子学院是多元合作治理

习近平主席说"孔子学院属于中国，也属于世界"②，国家汉

---

① 《章新胜：孔子学院办学模式统一名称 中外合作在管理上以外方为主》，人民网全国两会专题 2009 年 3 月 12 日，http://lianghui2009.people.cn/GB/145749/8951339.html。

② 《习近平主席致信祝贺孔子学院建立十周年暨首个全球"孔子学院日"》，《孔子学院》2014 年第 6 期。

办主任、孔子学院总部总干事许琳也曾说，孔子学院是中外联姻的结果。孔子学院事务是中外双方共同管理，《孔子学院章程》第六章"管理"第二十五条、第二十六条规定"孔子学院设立理事会。中外合作设置的孔子学院，理事会成员由双方共同组成，其人数及构成比例由双方协商确定。""孔子学院理事会负责审议孔子学院发展规划、年度工作计划、年终总结报告、项目实施方案及其预决算，聘任、解聘院长、副院长。"① 孔子学院是中国基因海外发育，或中国种子异域生长，其混合身份又不同于其他合资机构或驻外机构。孔子学院不是驻外使馆，虽然它像使馆一样分布在世界各地，与大使馆教育处也有一定的业务合作关系，但使馆是政治机构，代表中国政府，而孔子学院是教育机构，是非政府组织。孔子学院也不是像跨国公司在海外设立的分支机构子公司一样以母公司为主，孔子学院的成长、发育、运作取决于双方合作情况，孔子学院总部/国家汉办、中方大学、外方大学及其上下级部门（如所属的教育局、学区及省市单位），任何一方都不具有绝对支配权，垂直的上下级结构不明显，是典型的多元治理结构。除了这些直接合作方外，还有很多利益相关方、重要影响方。不少中外学者都以利益相关方理论进行过分析论证。② 中国相关方包括：第一类是有关的政府部门，包括教育部、国务院侨办、财政部、外交部等；第二类是遍布在世界各国的中国使领馆；第三类是承办孔子学院的高校和有

---

① 《孔子学院章程》，孔子学院总部/国家汉办官网，http：//www. han-ban. edu. cn/confuciousinstitutes/node_7537. htm。

② 王彦伟：《非营利组织全球文化治理功能的实践——以孔子学院项目为例》，《中国非营利评论》2017 年第 1 期；Fan Qiang, Promoting Public Diplomacy in Adversarial Environment-A Stakeholder Approach to the Survival of the Confucius Institutes（CIs），Doctoral Thesis of Niigata University, 2018；Ma Sirui, Building the "Chinese Bridge"：Dynamics of Transnational Engagement through Confucius Institutes in Southeast Asia, Doctoral Thesis of Nanyang Technological University, 2018。

关省市教育主管部门；第四类是各类中资机构，他们以钱物捐赠、提供信息和便利条件等多种方式参与孔子学院建设；第五类是社会组织，主要是文化公益组织，他们以孔子学院为平台、以产品或项目合作为途径进行文化对外交流（外语教学与研究出版社）。海外的相关方包括六类：第一类是承办孔子学院的学校，包括合作大学、孔子课堂所在学校及教学点学校；第二类是当地政府、国家部门（如教育部、外交部、文化部等）；第三类是本地企业、银行等营利性机构，他们通过课程学习、项目合作等形式与当地孔子学院发生业务关系；第四类是本地社会组织、文化组织等非营利机构，如图书馆、博物馆，他们会和孔子学院联合实施一些交流活动；第五类是华人华侨等与中国有血缘、地缘、文缘联系的民间社团与个人；第六类是国际组织。联合国教科文组织、国际汉语教学会。近年来孔子学院与国际组织合作越来越多，如与联合国教科文组织联合发起有关儒家文化的论坛、联合国教科文组织到孔子学院的考察交流、自 2009 年起孔子学院总部每年派老师到联合国来协助中文语言培训和教学等。孔子学院与歌德学院、英国文化委员会、法语联盟等世界主要语言推广组织也保持着紧密的业务联系；孔子学院总部与其他语言国际推广机构保持着总部层面的沟通，很多国家的孔子学院都与当地的语言推广机构开展了各种形式的交流与合作。①

　　把孔子学院利益相关方简单分成中方与海外方并不十分科学，

---

　　①　参见王彦伟《非营利组织全球文化治理功能的实践——以孔子学院项目为例》（《中国非营利评论》2017 年第 1 期）中的分析，并在此基础上进行了修改，本研究认为国内外媒体不是利益相关方，一些地方的华人华侨对孔子学院尤其是东南亚孔子学院的影响很大，应算为一类。还有像"五洲汉风"这样的利益相关方是企业？还是文化单位？在一些孔子学院较多的国家，汉办有驻外机构，如英国的汉办 UK，它可以视为汉办的一部分，但不享有一般意义上的决策权。孔院的利益相关方还有很多方面尚待梳理、探讨。

一则中外双方有相应、对称、一致的地方，分开有复杂化之嫌；二则有的机构在性质归属与地理归属上不一致或相混合，不容易分开，如华侨社团、华校。因此，可以将孔子学院的利益相关方分为直接决定者、利益相关者、重要影响者。直接决定者中又包括孔子学院总部/国家汉办、中外方大学（孔子学院理事会）这样的决策者，以及中外方院长、汉语教师、外方管理人员、中外志愿者等工作者（或实施者、执行者）；利益相关方包括各类学员、文化活动参与者、课堂所在学校、教学点负责人、地方政府主管（学区、教育局）；重要影响者包括：与孔子学院有人员、财务、业务联系的中外捐赠者、地方文化团体、机构（如当地的图书馆、太极俱乐部，也有中国文化中心）、家庭与个人（汉学家、华侨），等等。近年来，随着孔子学院办学规模的扩大，功能、角色不断充实完善，孔子学院的利益相关方也在相应增多和扩展。

4. 孔子学院是中外共建共管

从具体管理上看，孔子学院是中外共建共管体系，这与其多元治理结构密切相关。"中外合作是办好孔子学院的体制保障。多年办学历程表明，正是依靠中外双方的共同努力，才克服了前进道路上的种种困难。要继续坚持政府支持、社会参与、民间推动的办学方式，中外双方共建共管，实现共享共赢。"[1] 孔子学院中外合作的混合身份既是优势特点，也是矛盾困扰，孔子学院水土不服、根基不稳，负面舆论不理解、民众不买账，危机时中国应对底气不足、理直气不壮，都与孔子学院的特殊身份地位和中外合作体制有关。一些西方学者甚至将孔子学院这种独特性、双重性、混合性、中外

---

[1] 刘延东：《共同推动孔子学院融入大学和社区——在第七届全球孔子学院大会上发表主旨演讲》，《孔子学院》2013 年第 1 期。

浑然一体的现象解读为混乱和困惑。① 应该说，孔子学院是一个复合体 complex，有一些 complicated，但不是 confusing……不过孔子学院身份没有明确界定，这给孔子学院带来了很多批评和指责，不是所有的人都能了解得这么清楚，有的人一提到汉办或一看到孔子学院总部理事会名单，就会简单地视其为政府机构——属于教育部管辖，接受服从党政领导，为"党国体制"服务等一套观点接踵而至。不仅容易招致外界误解，而且还带来了具体的管理问题。每个孔子学院是一个多头管理的、权力松散的机构，中外任何一方都不具有绝对支配权，在一定程度上就决定了孔子学院也是一个"几不管""不好管"的机构。

在管理体制中，职责明晰是最基本的要求，但中外方院长和外方职员、中方教师和志愿者的职责和权限很难明确规范，每个孔子学院都不同，角色分工也因国因院而异。如外方院长究竟肩负多大职责、具体做哪些工作、投入多少小时工作，没有明确的统一规定。而外派的中方员工则都是全职工作，这些以大学教师为主构成的群体通常是全身心投入工作，而汉办的工作要求也使他们纵然全力付出也未必能够圆满完成各种任务——因为这些任务是合作型任务，外方不配合，中方无法完成，或无权越俎代庖（如完成决算任务）。中方院长和教师大多责任使命感较强、对汉推事业有热情、对文化交流有兴趣，加上外派后远离家庭琐事，普遍都自觉不自觉地将全部精力都投入孔子学院工作中去，这与很多没有加班意识的

---

① Falk Hartig, Confusion about Confucius Institute: Soft Power Push or Conspiracy? ——A Case Study of Confucius Institutes in Germany. Presented paper at the 18th Biennial Conference of the Asian Studies Association of Australia in Adelaide. 05 – 08 Jul. 2010. http: //citeseerx. ist. psu. edu/viewdoc/download? doi = 10. 1. 1. 458. 49&rep = rep1&type = pdf; Helle Dale, The State Department's Confusion over Confucius Institutes, June 13, 2012, https: //www. dailysignal. com/2012/06/13/the – state – departments – confusion – over – confucius – institutes.

外国员工形成巨大反差，结果在有些时候非但中方员工的劳动没有得到相应认可和尊重，反而因为对工作的"狂热"而令外方同事不解或怀疑，有极个别外方院长甚至把本来自己该做的事让中方院长做（如全球孔子学院大会网上注册报名等手续，有的外方院长以汉办的"中式英语"费解难懂而让中方院长代为操作外，到中国后工作内外的事情也习惯性地让中方院长承担，不少中方院长像跟班的一样照顾外方院长的"超国民待遇"）。

中外方院长之间职责权限不清造成的"磕磕绊绊"成为影响孔子学院规范运作的重要问题。在亚非拉，一些中方院长不够尊重对方，工作方法简单粗暴，态度颐指气使，官僚主义作风严重，成为这些地区外方院长诟病的话题。但在欧美，却上演着不同的版本，西方中心主义、种族文化优越论、自由民主价值观念及西式制度体制，令中方院长在话语权上气短三分，角色上沦为副院长，地位上普遍处于弱势，在事务上没有决定权，财务上没有使用权。事实上，很多中方院长沦为外方院长的私人秘书或助理，严重制约影响其独立履行工作职责，而一旦没有按时完成孔子学院总部的任务，却要承担工作不力的责任。汉办和中方院校相关领导远隔万里，并不知情，也没有时间、精力甚至意愿去了解和评判，如果中外方有任何合作或沟通上的问题，为了化解冲突使合作能进行下去，最简单易行、成本小、后遗症小的办法就是让中方院长离任回国。这种运作方式令责任大、压力大、困扰多的中方院长十分痛心和伤心，以至于每次全球孔子学院大会之后召开的中方院长大会成了"诉苦大会"，不少欧美地区的中方院长甚至情不自禁地哭诉自己承受的委屈和不公对待。这些问题虽是局部问题，但也暴露出中外合作中的运行与管理问题。

三　经费问题

经费问题是孔子学院的供血问题，立院之本。孔子学院的经费问题既有经费来源问题，也有经费管理问题和经费使用效率问题。

（一）经费来源问题

《孔子学院章程》规定：孔子学院总部对新启动的孔子学院投入一定数额的启动经费，孔子学院的年度项目经费由外方承办单位和中方共同筹措，双方承担比例一般为 1∶1 左右。汉办的年度经费是以项目申请预算的形式进行拨付的，外方的经费通常是以实物的形式配套的，如外方合作高校出场地、出设备、出人员。[①] 一些较发达国家财力较好并且对孔子学院很重视的高校有可能远远超过 1∶1 的配套，而有的高校财力不济，当地政府又没有补贴的，则只出场地和设备，外方员工不多，兼职为主，他们的工资有时都要由孔子学院发放。孔子学院是非营利组织，不能按市场价格对其提供的课程和服务进行收费，通常在大中小学生中开设的课程是免费的，只对成人课程、文化专长类课程收费，且课程缴费中的收益有限，原则上这些收费也只能用于教学活动和改善教学服务条件，因此外方员工尤其是聘任的秘书、经理、文化项目协调员等，并不是

---

① 在 2009 年"两会"期间，教育部、国家汉办曾就"孔子学院发展情况"答记者问，德国《世界报》记者提问"到现在为止，投资了多少钱？因为每建立一个孔子学院好像需要 20 万美元，到现在为止你们投资了多少钱？"国家汉办主任、孔子学院总部总干事回应了上述问题，"关于投资问题，我们是根据《孔子学院章程》，中方和外国举办机构的投入比例是 1∶1，很多欧美国家大大超出了 1∶1 的比例，也就是他们投入多，我们投入少。总体上来说，从 2005 年到现在（2009 年 3 月），整个孔子学院总部对各个孔子学院的支出总计是人民币 5 亿元。"《教育部、国家汉办等有关负责同志谈"孔子学院的发展情况"》，中国新闻网 2009 - 03 - 12，http：//www. chinanews. com/313/2009/0311/24. html。

该大学的员工，其工资无处支付时，有的孔子学院就需要向汉办申请预算，或者用汉办拨款支付一部分，用公益收入等其他收入抵支出剩下部分。对于那些配套经费没有稳定保障，也没有外部捐款、本身又正处于汉语教学初创阶段收益不多的孔子学院，并没有稳定的足够的盈余来维持孔子学院的日常运行，因此他们对汉办拨款依赖性较强。也有个别孔子学院由于仓促上马，连基本的办学条件也达不到起码的要求，汉办的拨款更是唯一经费来源。这很容易授人以柄，使一些有偏见的人趁机指责孔子学院花中国政府的钱要受制于中国政府或中共，中国老百姓也不太理解这种出力不讨好的"洋扶贫"行为。因此，加大经费来源多样化迫在眉睫，要支持动员中外企业通过捐资捐物、合作办学等方式，积极支持参与孔子学院建设。如中信建设援建安哥拉内图大学孔子学院教学楼，奥迪集团资助建设德国英戈尔施塔特孔子学院①，在一定程度上改变了经费来源渠道单一的局面，为孔子学院可持续发展注入了新的活力。今后还要想办法发挥国外企业和民间力量在经费筹措中的作用，未来经费来源本土化、多元化是总体趋势和方向。此外，还要加紧孔子学院校友会的建设，孔子学院建设已有15年，校友会力量初步积蓄，以后可以大有用武之地。

（二）经费管理问题

孔子学院的经费包括汉办总部的拨款统一纳入外方高校财务部门管理，一般来说这些高校都有规范的审计制度，有的孔子学院还引入第三方审计，确保每一笔钱来得清楚、花得明白。经费纳入外方高校统一管理，体现了中外双方的互信，也方便在同类比较中检测孔子学院经费的使用效率。在经费的使用上，通常需要中外方院长同时签字，在有的学校甚至还需要主管孔子学院的

---

① 刘延东：《创新 合作 包容 共享 携手并肩开创孔子学院发展新局面——在第十一届孔子学院大会开幕式上的主旨演讲》，《孔子学院》2017年第1期。

上级领导审批。① 但在实际运作中，也存在一些问题。一些外方高

---

① 在 2009 年"两会"期间，教育部、国家汉办曾就"孔子学院发展情况"答记者问。当场有《经济日报》、中国经济网记者问国家汉办主任、孔子学院总部总干事许琳女士："这位外国记者都问到了，大家很关心资金问题。而咱们的孔子学院是非营利性的公益机构，外方有何投入？您刚才讲到我们有一部分投资，我们的资金如何管、怎么用，把这笔资金用好，发挥它的最大效益？"［许琳］：我们首先是在《孔子学院章程》里有严格的规定，需要孔子学院由中外双方组成的理事会来决定怎么用钱、用多少钱。我们在座的三位大学校长在这方面都有很好的实践。从总部来说，也有专门的文件，教育部、财政部共同制定的大概有 21 个文件，专门是用于怎么管好这笔资金。总的来说，大学都有孔子学院的专门账户，也有独立于学校之外的审计机构，每年对孔子学院的中方资金使用情况进行审计，在孔子学院里面具体每笔开支都需要孔子学院的院长和他们所在的比如说文学院、外事国际处、以及大学的副校长乃至于校长签字才能使用资金。所以我们想，在资金管理上，目前是没有问题的。如果想知道具体的例子，我特别希望三位校长能够谈一谈。［朱崇实（厦门大学校长）］：关于这个问题，我们厦门大学已经在 10 个国家和 10 所著名大学合作创办了孔子学院。在资金的使用方面，我们非常谨慎，比如说我们和德国特里尔大学合作建设了特里尔大学孔子学院，我们的每笔经费都要经过孔子学院中方和外方两位院长联署才能支出这笔费用。因此到目前为止，可以这么说，我们学校是对整个资金的管理和使用感到满意，在某些方面，好像比我们学校的财务管得还要严格一点。谢谢！［纪宝成（中国人民大学校长）］：我去年参加过孔子学院的评估督导组，包括美国和墨西哥等 4 所孔子学院，在评估督导的过程中，中方资金的使用情况以及整个孔子学院的财务状况，我们都进行了详细的了解。孔子学院本身也有很详细的报告。我参加了 4 所孔子学院的评估督导，给我的印象是，这些资金的使用得很好，不存在什么问题。［顾海良（武汉大学校长）］：武汉大学和巴黎七大孔子学院建立得比较早一点，已经有 4 年的历史了，从 2006 年正式开班以来，我们对财务进行共同管理。和其他孔子学院一样，巴黎七大孔子学院也是由巴黎七大的前任校长任院长，我们也派一位教学方面的行政院长。财务是经过校长和副院长共同协商的。每年的年度报表都要送到我们这儿进行审核。从现在来看，财务开支还是非常合理的。我在 2007 年 2 月到七大孔子学院去的时候，法方的院长欧汗先生主动提出了他们财务开支的情况，我看了账目还是比较清楚的，用的还是比较经济合理的。因为创办之初，事情比较多，需要使用的经费比较多，我认为账务还是比较清楚的，使用还是有效率的。《教育部、国家汉办就"孔子学院发展情况"答问》，搜狐网 2009 - 03 - 12，http://news.sohu.com/20090312/n262759912_1.shtml。

校将孔子学院总部拨款当作 windfall, free money （"意外之财"），并没有纳入与其他经费一样的严格监管之列。一些外方院长在缺乏明确监管的情况下，会出现使用不规范的情况。如汉办明确规定参加孔子学院大会，中外方院长乘坐经济舱，但有的外方院长却选择坐优选舱（介于经济舱与头等舱之间，实际上收费接近商务舱，比经济舱价格要高出不少）；有的还对汉办没有具体规定的条文打擦边球，如飞机上点餐、预订特定的座位等，这些对某些航空公司来说都要收费，最后报销时外方院长与外方财务如何沟通不得而知。在访谈时，不少欧美国家任职的孔子学院中方院长反映他们是没有任何财务权力的，无权过问、更谈不上监督孔子学院的开支使用情况，对外方院长的花费开支并不知情，对正常开支也没有发言权。如 HSK 考试都是在周末举行的，在不少孔子学院这是中方院长的工作职责，中方院长除了要与汉办及孔子学院所在国或地区的汉考负责人（如在英国是汉办 UK 考试工作处）上报考生人数、报考类别、考点状况，有时还要代为收缴考费，需联络考卷寄送事宜，中方院长还要提早两三周定好考场教室、通知考生、安排监考教师、准备放音设备，详细考虑与考试相关的各个环节，甚至包括检查安全设施、饮水设施、与考场所在教学场所值班人员预约开门通电等事宜……否则任何一个环节出现问题便影响考试如期顺利举行。如果说这些都纳入中方院长的日常工作无须计较报酬或补贴的话，那么周末中方院长与中方教师加班监考 HSK、YCT 考试及必要的交通费，本应该是可以报销的，但在一些孔子学院如果一开始由于考生人少等原因并没有列到开支范围，那么随后如果没有外方人员参与通常很难再纳入报销范围。为调动老师积极性，中方院长不得不想办法请老师们吃饭喝咖啡来弥补愧疚——占用老师们周末休息时间，自己身为他们的领导却无法申请经费报销，对于的确无法步行前往需要搭乘公共交通的老师，中方院长通过自掏交通费（有行政级别的中方院长可以享有汉办少量交通通信补贴）或口头表扬的方式予以支持和安慰。对于周末或假期（如中秋节时一些国家暑假还没结束）从事其他文化活动，除了有预算或专项经费（孔子学院日、示范孔子学院活动）的大型活动，中方院长和教师参与的周末节假日活动并没有任何补助，如大学的开放日，中小学的语言文化日，图书馆、议会或公共机构的多元文化体验日等活动。这些活动对于以语言文化推广为使命、异国他乡无家事拖累的中方人员大多以为乐事，不会推托，也不太计较，但对同样参加活动的外方院长和员工获取出场费、停车费和按小时计的报酬还是心里酸楚，不是滋味儿。难怪一位中方教师调侃说，"咱们连娘家带来的嫁妆也花不到"①。

（三）经费使用效率问题

国内外经常有舆论和议论，为什么中国尚不富裕还要向孔子学院大把撒钱？一些批评者说我们老少边穷地区的孩子上学还没鞋子穿，为了面子却大举"洋扶贫"，往富国花钱，是为哪般？国外批评者说中国政府不惜巨资到海外办学有图谋、有政治目的，是"特洛伊木马"等。这里既有"花得值不值"的问题，也有"花得对不对""花得好不好"的问题。

"花得值"是指少花钱多办事，这是比较而言的，一是衡量把钱花在海外孔子学院与花在国内"老少边穷"地区哪个产出的效益高。对于这样权衡事情，有人就归结为"里子""面子"之争，实则国家身份定位之争：中国到底是发展中国家还是世界大国——如果自我定位仅仅是发展中国家，那"里子"更重要，"穷则独善其身"，没

---

① 有意思的是，在研讨会和多种场合都听到孔子学院是中外联姻，汉办是娘家人，中方是外嫁姑娘，外方是男方东家的比喻、隐喻。《人民日报》（海外版）2012年12月17日第三版曾刊文《孔院谋发展，将融入大学和社区》，引题目是"全球孔子学院掌门人聚'娘家'"。在一定程度上以性别视角反映了中外双方的地位，虽然算不上是正式话语，但中方院长和教师们深有体会，何况他们中的大多数是女性。

必要以发展中国家之身给发达国家花钱；如果从第二大经济体的身份出发，作为由富到强的泱泱大国，应该"达则兼济天下"，不能目光短浅，"面子"、软实力、国家形象兹事体大，对外资助推广语言文化项目，其他国家做了，中国也该这么做。汉办领导人不是没有考虑到反对意见，汉办原主任许琳曾说，"我后来就对这些给我提意见的这些人说扶贫是一个轮子、开放是另外一个轮子，我们只有这两个轮子都要投入，两个轮子都飞快地走起来，中国改革开放真正的这个道路，才叫成功。"① 二是衡量钱花在哪个或哪些孔子学院产出更高。在汉办同样的启动资金支持下，不同孔子学院的效益、产出是不同的。例如尼日利亚纳姆迪·阿齐克韦大学孔子学院 10 年来累计培养汉语人才近万人，获得奖学金留学中国者近 300 人，目前注册学生近 3000 人，拥有 1—6 级全部汉语等级证书班，一个中文本科专业，汉语学分课覆盖从小学、中学和大学。此外，还开设了本土教师培训班、商务英语班、海关官员班、地方警察培训和中国武术班。② 这样的业绩恐怕是很多生源单一、深耕细作型或以汉学研究见长的发达国家孔子学院无法相比的。发达国家学习中文的有不少是退休人士，完全为了兴趣、修养和文化雅兴，谈不上什么就业、考级、比赛。"花得值"无法横向对比，很难确立量化标准。

　　"花得对""花得好"的问题更多的是指花钱的方式是否合适、是否发挥了最佳效应。为调动外方办学积极性同时减少可能的疑虑

---

　　① 许琳还说过，"随着做这个工作一天一天、一年一年下来，我真的是觉得这笔钱该出，非常必要，有时候一个误会能使两国打起仗来，那得死多少人，那得损失多少经济啊。我前不久走了一趟以色列、约旦、黎巴嫩，我就更深切地体会到这个世界各国互相了解文化是非常必要的……"《国家汉办：开办孔子学院这笔钱该出》，博讯北京时间 2012 年 11 月 10 日转载凤凰卫视，https：//www.boxun.com/news/gb/china/2012/11/201211102039.shtml。

　　② 《孔院十载功臣喜获"中尼友谊'十一奖'"嘉奖》，尼日利亚纳姆迪·阿齐克韦大学孔子学院中方院长余章宝在尼日利亚纳姆迪孔院的微信推送，2019 年 1 月 25 日。

与批评，汉办根据项目预算直接拨款给外方合作机构，这一做法从总体上说是对的，方式公开透明，有利于让外方机构有直接的获得感，纳入外方财务系统有利于经费统筹管理、规范使用，外方在直接拥有这笔钱后也可以据此量入计出进行经费安排，亦有动力和财力开展活动。但如前所述，在一些孔子学院经费由外方掌控、中方院长无权也无法过问的情况下，"花得对不对"很大程度上是由外方决定的，评价标准和体系有其个性色彩，与外方其他经费开支相比较，评价起来要兼顾汉办视角、合作外方视角，最好还要有第三方视角。至于"花得好"则是指资金使用的合理性和有效性，衡量孔子学院有没有把钱花在最应该花的地方。作为教授汉语推广文化的机构，理应把最大一笔钱花在教学上，其次是花在文化活动上。但不同发展时期的孔子学院、不同职能定位的孔子学院、不同国家分布的孔子学院，其经费开支又怎能一刀切地衡量？何况经费使用的效果还存在滞后期的问题。例如早期教学设备与教室课堂建设的投入，各个孔子学院差别很大，条件好的地方甚至不存在这一问题，有的发达国家作为建立孔子学院配套经费提供的教学设备与教室条件很好，不需要花钱再投入，只需要维修费即可；而在一些条件不太好的国家和地区，几乎要依赖汉办的预算拨款重新购买和装修，这在建院之初是一笔不小的开支；对于一些条件艰苦的孔子学院，还存在着需要用汉办经费来进行孔子学院基本校舍、办公室、教室的建设①。这些孔子学院一下子要运用大量资金进行独立大楼

---

①　如几内亚科纳克里大学孔子学院 2017 年 12 月启动，当时是从科纳克里大学图书馆开辟出的一个空间开始建院的，需要进行改造及翻新工程，甚至中方院长还要筹备在图书馆门前修一条路和一座桥来连接孔子学院。2018 年 6 月，汉办资金到位后，科纳克里大学孔子学院大楼项目立项，选址后即可开工建设孔子学院大楼。建成后，将有独立的教学楼，可容纳 3000 名学生同时上课（几内亚人学汉语的积极性很高，学成后就业受欢迎）。参见邱芹《无棣人王宝祥在几内亚"白手起家"创办孔子学院》，《滨州日报》2018 年 6 月 22 日第 6 版。

的建筑设计或大型改造，这笔钱该不该投入、其长期效益如何衡量？

因此千差万别的境况使孔子学院在经费拨款和使用上可比性很低，衡量孔子学院开支"花得值""花得对""花得好"是一个十分复杂的问题。对这个孔子学院来说是合理性的开支对另一个来说就是荒诞的，如在非洲孔子学院修路、储水的费用在欧洲孔子学院就是不可想象的，这些费用与在欧洲孔子学院刊登广告宣传中文课程的费用，哪个花得更值、花得更对、花得更好？总之，孔子学院经费使用有时通过进行自身的纵向比较反而更能说明问题，如经费开支是否符合以往惯例？与以往相比有何异同？或者与同校的其他类似项目相比有无不合适之处？说到底，经费的使用效率是评价经费使用效果的一个参数，花出去的钱自然要心中有数，从汉办角度来看，要与孔子学院目标宗旨相符合，产出与投入相一致。但实际操作中如何进行核算审计，还要落实到本土化、具体化上，只有根据当地孔子学院需要的满足程度才能确定经费是否得到了最优利用，理论上、技术上的问题，在这里要让位于现实的、本土的答案。

四 海外处境

过去 15 年，孔子学院在中外各方支持下发展壮大，其速度、效果、影响远远超出预期，但与此同时也遇到了许多始料未及的挑战和非难，或受到不实指责（文化入侵、妨碍学术自由、意识形态输出、教师洗脑），或陷入舆论旋涡（党政主管、政府拨款、教材审查），或遭到不公对待（签证风波、停课关门、中止协议）。2018 年以来美国掀起了新一轮关闭孔子学院的风波，使孔子学院遭遇成立以来的严峻考验。孔子学院承受的"恶名"攻击大致可概括为以下几个方面。

1. "妨碍学术自由论"

曾组织2014年芝加哥大学联名请愿行动的芝大宗教历史教授布鲁斯·林肯（Bruce Lincoln）认为，大学的学术自由会受到有中国政府背景的孔子学院影响。请愿书指出，芝大孔子学院的中文教师聘用、教学以及研究计划资金，都由汉办掌控大部分权力，对一个美国高等学府来说，由外国政府来决定学校项目"完全不合理，更不符合学术研究原则"。孔子学院忽视学术自由，美国教育交流不应以牺牲言论自由为代价。[①] 2018年2月，美国佛罗里达州参议员马可·卢比奥（Marco Rubio）的公开信提出，"鉴于中国积极开展'渗透'美国教室，扼杀自由探究，颠覆国内外言论自由的运动，我恳请你考虑终止你的孔子学院协议。"他敦促该州4所大学和1所高中结束与孔子学院的合作关系。[②]

2. "政府宣传工具论"

2013年11月，芝加哥大学退休教授马歇尔·萨林斯（Marshall Sahlins）撰文攻击孔子学院代表政府从事政治宣传，审查课堂上的政治讨论，限制学生自由交换思想，建议美国大学取消孔子学院。[③]美国大学教授协会（American Association of University Professors, AAUP）指责"孔子学院是中国国家的一个机构，忽视学术自由。他们的学术活动受到中国国家机构国家汉办的监督，该机构由中央

---

① Editorial Board, The Price of Confucius Institutes, Washington Post, June 21, 2014.

② Joel Gehrke, Marco Rubio warns: Communist China is targeting US students, The Washington Examiner, 2018 – 02 – 05, https://www.washingtonexaminer.com/marco – rubio – warns – communist – china – is – targeting – us – students.

③ Marshall Sahlins, China U, The Nation, November 2013, pp. 36 – 43.

政治局委员和中华人民共和国副总理担任主席"。① 有人甚至耸人听闻地说，"中国政府基本上已经买下了开办孔子学院学校的课程"，"学院和大学已将他们的课程外包给外国政府。"② 美国众议员乔·威尔逊（Joe Wilson）建议将孔子学院纳入外国代理人登记法（Foreign Agents Registration Act）的范围，他说这是为了提高外国代理人和大学的透明度，"美国人民需要知道他们所接收到的是政治宣传"。③

3. "国家安全威胁论"

2018 年 2 月，美国联邦调查局局长克里斯托弗·雷伊（Christopher Wray）在参议院情报委员会出席听证会时暗示，孔子学院充当了中国的"海外情报前哨站"，他承认联邦调查局"正在警惕地观察"并调查一些孔子学院。参议员特德·克鲁兹（Ted Cruz）说："共产主义中国正在渗透美国的大学，以干涉我们的课程，沉默对其政权的批评，并窃取包括敏感的两用研究在内的知识产权。"④ 2018 年 3 月，美国众议员迈克尔·麦考尔（Michael McCaul）和亨利·库埃拉（Henry Cuellar）致信得克萨斯州合办孔子学院的大学，敦促他们考虑终止与孔子学院的伙伴关系，称这些机构"对美国的国家安全构成威胁"。哥伦比亚大学的一位助教说，

---

① The American Association of University Professors（AAUP），On Partnerships with Foreign Governments：The Case of Confucius Institutes， June 2014， https：//www. aaup. org/file/Confucius_Institutes_0. pdf.

② Lucas Daprile， USC allows Chinese "propaganda" outpost to stay on campus despite FBI concerns， The State， 2018 – 12 – 03， https：//www. thestate. com/news/local/education/article221959630. html.

③ Bethany Allen-Ebrahimian， House Proposal Targets Confucius Institutes as Foreign Agents， Foreign Policy， March 2018.

④ Josh Rogin， Waking up to China's infiltration of American colleges， Washington Post， 2018 – 02 – 18； Josh Rogin， Preventing Chinese espionage at America's universities， Washington Post， 2018 – 05 – 22. https：//www. washingtonpost. com/news/josh – rogin.

他担心孔子学院会使中国政府有机会收集美国华裔学生的信息，他们其中一些人从事政治敏感工作。①

4. "破坏大学价值论"

孔子学院是"恶意病毒软件"，不可避免地损害了大学的学术自由和诚信原则，"孔子学院的教材和教师由中华人民共和国政府的一个分支机构选择和控制"，"无论他们提供多少钱，都是不合适的"，"这将剥夺我们的专业权力"。② 2018 年 2 月 18 日，美国专栏作家、外交和国家安全方面的媒体人乔希·罗金在《华盛顿邮报》发表题为《认识中国对美国大学的渗透》的评论，指出中国在美国大学中采取了长远的播种的方式，意图多年甚至几十年后开花。而孔子学院正是中国政府与美国高校建立合作的重要方式。除了可能是中共的间谍窝点，孔子学院构成的更严重的挑战，是危害美国下一代领导人了解、思考和谈论中国现实及中共政权真实性质的能力。孔子学院作为中共安插的"特洛伊木马"（Trojan horse），具有"政治化使命"（Politicized Mission）③。

5. "锐实力论"（sharp power）

美国智库、媒体以"锐实力"为武器，指责中俄等"威权国家"采用"收买、审查、操纵、胁迫"等富有穿透性的非常规手段对他国施加影响。如有人诋毁孔子学院是"宣传前哨"（propa-

---

① Peter Schmidt. At U. S. Colleges, Chinese-Financed Centers Prompt Worries About Academic Freedom, The Chronicle of Higher Education, 2010 – 10 – 17, Academic OneFile, httplink. galegroup. comappsdocA239857066AONEu = nantecun&sid = AONE&xid = e1b0fc88.

② Marshall Sahlins, Confucius Institute: Academic Malware, The Asia Pacific Journal, Vol. 12, Issue 46, No. 1, 2015, pp. 1 – 29.

③ Steven W. Mosher, Confucius Institutes: Trojan Horses with Chinese Characteristics, https: //www. breitbart. com/national-security/2018/02/14/mosher – confucius – institutes – trojan – horses – with – chinese – characteristics/.

ganda outpost)"文化前哨"(cultural outposts)①,"文化渗透论""政治审查论""输出论""洗脑论"都可以归为这类攻击。美国全国学者协会主席雷切尔·彼得森(Rachelle Peterson)抨击孔子学院"扼杀批评中国的美国学者","可能是中国监督、恐吓和骚扰在美留学生的工具","孔子学院是对知识自由、国家安全和美国利益的侮辱",还呼吁美国政府应该采取行动,减少对开设孔子学院大学的联邦拨款,起诉部分孔子学院等。②

其实孔子学院遭到的不白之冤远不止这些,也很难归结为究竟是哪个方面的指责,因为这些责难本身就是无风起浪,或项庄舞剑,或"条件反射",或逞口舌之快——什么妨碍学术自由、危害国家安全,具体怎样妨碍和危害、妨碍和危害的证据和表现都并无详细论证,只是耸人听闻、夸大其词。这些孔院人、明眼人一看便知甚至不屑批驳的事情,却产生了很大的破坏性,引起了巨大的副作用。对此,我们有必要从根源上、体制上、运作上加以反思和应对。

第二节　孔子学院本土化问题的提出

上一节我们讨论了孔子学院在艰难复杂的办学过程中,遇到的种种教学上、机构上、经费上、舆论上、运作上的问题。这些问题

---

① Falk Harting, Chinese Public Diplomacy: The Rise of the Confucius Institute, New York: Routledge, 2016, pp. 2, 169.

② Rachelle Peterson, Get China's pernicious Confucius Institutes out of US colleges, https://thehill.com/opinion/education/375092 - get - chinas - pernicious - confucius - institutes - out - of - us - colleges.

有的是孔子学院发展壮大中出现的阵痛和不适，有的来自严峻国际形势带来的阻力和挑战，对于这些问题，如果仅仅归结为"成长中的烦恼"或"反华势力的阴谋"未必流于简单，也不利于我们总结经验教训继续前行。立足于孔子学院本身、从本土化发展的角度来看问题，有利于分析阻碍孔子学院发展的内在性、根本性、机制性原因。在一定意义上，如果孔子学院与所在大学的利益和需要融为一体，那么这些大学的抗压能力就更强一些，做出对孔子学院不利的决定时更加慎重。研究发现，那些植根当地、与所在地所在学校利益、需求对接融合较好的孔子学院，即使身在逆境也能渡过难关。① 因此，是否与所在大学和社区的利益与需要结成一体，是孔子学院能否抵御现实困境与挑战的关键因素，也就是说：孔子学院本土化程度在很大程度上决定了其可持续发展能力。本土化程度高，孔子学院发展与当地的利益和需要融合就得好，就能得到全力支持从而茁壮成长、发展壮大；反之，本土化不足，无法从周围环境汲取营养，则会发育不良、根基不稳，依靠中方注入养分、提供支持也照样成长受限，长不大，也经不起风浪。一旦出现质疑反对的声音，就容易造成中外之间的不信任，一些大学明明是汉语教学的受益者，关键时候却仿佛受害者一样，站在孔子学院对立面翻脸不认人，甚至对它反戈一击。即使在风平浪静的情况下，一些外方人士也对孔子学院心怀芥蒂，另眼相看，由此造成日常管理中的一些误会误解，增加了中外合作磨合的难度，成为冲突矛盾滋生的温

---

① 日本新潟大学的一篇博士论文考察了日本立命馆大学孔子学院和菲律宾红溪礼示大学孔子学院，即使在中日关系低谷、中菲争端激烈时依然能够渡过困境发展延续，加拿大的麦克马斯特大学孔子学院如果不是因为中方教师（Sonia Zhao）诉诸安大略人权法庭影响其声誉也不会贸然中止合同。Fan Qiang, Promoting Public Diplomacy in Adversarial Environment-A Stakeholder Approach to the Survival of the Confucius Institutes（CIs），March 2018, Niigata University. http：//dspace. lib. niigata - u. ac. jp/dspace/bitstream/10191/50136/2/h29zik92. pdf。

床。因此，孔子学院实现本土化发展是摆脱现实困境、推进孔子学院持续发展的出路和方向。

一　什么是本土化

"本土"：本地、本乡，本来的生长地。"化"用在名词或形容词后，表示转变成某种性质或状态。"本土化"（localization 或 indigenization）又称为本地化、在地化、本国化、当地化，是指将某一事物转换成符合本国本地特定要求的过程，是相对于"全球化"（globalization）"国际化"（internationalization）"世界化"（或"普遍性"，universalization）而言的过程和趋势。本土化最早用在跨国公司的管理中，而跨国公司既是全球化的产物，也是全球化的体现和动力。在全球化兴起之前，"本土"就是本土，无须"本土化"，只有全球化浪潮席卷下越来越有脱离本土之虞时方才凸显本土化的必要，因此本土化有时也称为全球本土化（glocalization）。这一人造新词指全球化的产品适应所销售国家的本土特征，强调全球化必须与本地化紧密结合、融合在一起。这一概念首次由罗兰·罗伯逊提出。[①]"全球思考，本土行动"（think globally，act locally）的口号是对全球本土化的生动阐释。

（一）本土化与全球化

本土化是相对全球化而言的另一趋势和过程。全球化是不断超越地理空间因素阻隔而将世界各地在经济、政治、文化、社会维度上日益紧密地联系起来的过程。全球化在广度、深度、密度、强度上日益加大，刺激着人们对本土社会生活的反思和觉醒。如果说全球化是国际推广的过程，旨在使产品和服务走向世界，本土化则是

---

① Roland Robertson, Globalization: Social Theory and Global Culture, London Sage Publications, 1992.

在全球化之后或同时使产品和服务满足本土需要进而提高能力、效益和品牌价值的行动过程。

本土化最基本的含义是使一个产品或服务更加适应当地市场需求，为适应当前所处环境而进行的调适和变化。本土化不是狭隘的地域观念，是基于全球化中"区域""地方""空间"等概念被淡化或忽略而重新强调对地理空间问题的关注。在商品、服务、资本、人员与信息的国际化、全球化兴起之前，是没有"本土化"一说的。20世纪后半叶，全球化伴随第三次科技革命成为和平与发展的时代潮流，尤其是冷战结束以来，全球化进入高速发展的黄金时期。为适应全球化体系下的"扁平"世界，企业纷纷兼并重组，成为全球500强为代表的跨国公司"巨无霸"。然而，越是全球化最成功的企业，本土化面临的压力越大：一是国际化之后必须使产品和服务适应特定目标国家和地区，否则难以满足本土消费者对个性化产品的需求，很可能攻城略地之后面临铩羽而归的结局；二是投资东道国对本地采购、本地生产与本地雇用的要求，消费者、当地社区和投资人对企业社会价值的期待都必须做出本土化的回应。因此，"多元本地化"时代的到来——即企业更加注重当地社区、行业与产品、文化与习俗等元素——"企业必须融入当地社区，成为当地社会公民，与本地员工、客户、供应商、投资人、政府和其他相关方深入互动，以创造长期的价值。多元本地化时代下，只有在所有市场充分建立这些意识才是企业可持续获利和增长的关键所在。"① 支持本土化的人们认为，全球标准必须与本土价值相结合，全球产品如果没有添加本地元素，便不可能成功。在全球化、市场化进程中，必须考虑跨国界的重大差异包括环境差异、文化差异、

① 科尔尼全球商业政策委员会（GBPC）：《"多元本地化"，全球化的下一站》，ATKearney网站（2019 - 08 - 01登录），https：//www.atkearney.cn/en/ideas - insights/ - /asset_publisher/lON5IOfbQl6C/content/ - 456？inheritRedirect = false。

宗教信仰、语言文字、法律制度、经济发展和基础设施等本土因素。后来本土化含义日渐拓展，不仅要求从产品和服务上要充分考虑本地市场需求，而且资源获取、员工来源都要实现本土化，有的跨国公司甚至还以本土员工所占比例衡量其本土化程度。因此，在外延上，本土化可以包括产品本土化（服务、业务）、成员本土化、资源本土化（含经费）、行为本土化（活动方式）、理念制度本土化、关系本土化、结构本土化等。

（二）孔子学院的全球化与本土化

孔子学院本土化的外延与此有相同之处，也有个性特点。孔子学院虽然不是跨国公司，但置身海外、扎根本土的处境是一样的。如果说孔子学院总部和汉办通过全球化使中国语言文化走向世界的话，那么各地孔子学院则通过本土化使中国基因在异域站稳脚跟，开花结果。十几年的发展经验正在印证一个假设：本土化程度决定孔子学院的生存和发展，本土化越好，生存能力越强；本土化程度越低，则遭遇困境越多。水土不服轻则发展受挫，重则遭到灭顶之灾。因此，在孔子学院发展的更高阶段，要适当降低对孔子学院总部和汉办整体部署和统一指挥的期待，更加重视孔子学院和课堂本身的自主性能力和自觉性行为。孔子学院发展之初，孔子学院总部、汉办的管理规划非常必要，否则不足以立规成事，但步入第二阶段后，过多总体安排影响各地孔子学院因地制宜根据当地情况灵活变通，不利于发挥它们自身的积极能动性。时间一长，可能养成惰性依赖，还容易为一些人指责中国党政机构干预控制孔子学院事务提供口实和证据。总部和汉办要更多鼓励孔子学院开发出满足当地需求的课程和项目，将其自主开发能力视为衡量可持续发展能力的一个依据，不必拘泥于固有框框和统一标准。尤其在"一带一路"背景下，中外方互联互通、对接合作程度日益密切，沿线国家更容易基于共商共建共识共赢强化信任，形成长期需求，因此孔子学院的转型升级有了很好的氛围、条件和助力，总部可鼓励或营造多样化的、有利于创新、个性化发展的环境和政策，让孔子学院成为真正负责任的行为主体——发展得好它本身受益，发展不好自身受损——而不是像现在好像孔子学院中止关门是总部或中方的挫折和尴尬，真正拥有孔子学院并从中受益的东道主好像倒没什么责任，反而将出钱出力的中方置于舆论的风口浪尖。总之，孔子学院到了转型和升级的时候，也具备了转型和升级的条件，本土化发展正当其时，可以大有作为。

二　孔子学院本土化发展思路

孔子学院本土化不仅有其必要性、迫切性，是海外生根发芽、枝繁叶茂、开花结果的必由之路，也是孔子学院办学的一贯思路。孔子学院总部理事会主席陈至立在 2007 年第二届孔子学院大会上就提出"加快汉语教师本土化步伐"；① 孔子学院新一届理事会主席刘延东在第四届孔子学院大会上又提出"创新汉语教学本土化方法"，"真正融入当地实现本土化发展"②；第五届大会上她强调"教师的本土化是师资建设的重要方向"③；第九届大会是孔子学院成立 10 周年的重要节点，大会更加迫切地提出"希望孔子学院加快推进本土化，促进融合发展。只有更好适应各国社会和文化环境，让开放包容的种子生根发芽，孔子学院才能枝繁叶茂，保持旺盛的生命力。要与所在学校的目标定位相契合，通过强化汉语人才

① 陈至立：《共同办好孔子学院 搭建增进友谊和了解的桥梁——在第二届孔子学院大会上的主旨演讲》，《中国新闻与报道》2008 年第 2 期。

② 刘延东：《平等合作 创新发展 推进中外人文交流与合作——在第四届孔子学院大会开幕式上的主旨演讲》，《孔子学院》2010 年第 1 期。

③ 刘延东：《携手促进孔子学院可持续发展——在第五届孔子学院大会上的主旨演讲》，《孔子学院》2011 年第 1 期。

培养、提升汉学研究和国际化水平，成为学校发展战略的有机组成部分。要与社区大众的实际需求相适应，走出象牙塔，融入社区、服务大众，满足不同年龄、不同层次民众语言学习、文化理解、职业培训等多样化需要。要与所在国家的文化环境相交融，贴近当地民众思维、习惯、生活的方式，提高跨文化交际能力，让孔子学院成为不同文化相互了解、不同国度人民相互走近的窗口"。① 这是孔子学院总部最高领导人理事会主席对孔子学院本土化进行的第一次详细阐述，从中可以提炼出孔子学院本土化的基本含义——孔子学院与所在国家的文化环境相交融，融入社区、服务大众，贴近当地民众思维、习惯、生活的方式，满足民众多样化需要的过程。这标志着经历 10 年发展之后，孔子学院本土化已经有了初步思路，开始从理念走向行动。第十届大会的主题就是"适应需求融合发展"，大会明确未来方向就是"逐步实现孔子学院的本土化"——"最为关键的是要贴近各国不同的生活方式、不同的语言习惯和不同的思维表达。要改革教学内容方法，因地因校制宜，突出特色发展。要着眼培养各国本土师资，扩大'孔子学院奖学金'招生规模，支持各国大学设立汉语师范专业，实行教师持证上岗制度，聘用优秀来华留学生担任本土教师。还要鼓励支持各国研发本土汉语教材和各类汉语词典，制订中小学汉语教学大纲，努力推动汉语教学进入所在国家国民教育体系"。② 这次大会对本土化的要求更为具体，不仅提到思维本土化、师资本土化、教材本土化，还讲到了实现这些本土化的方法、步骤与策略，即培养本土教师、研发本土教材、推动汉语教学进入国民教育体系；第十一届孔子学院大会提出"要推

---

① 刘延东：《迈向孔子学院的新 10 年——在第九届孔子学院大会开幕式上的主旨演讲》，《孔子学院》2015 年第 1 期。

② 刘延东：《适应需求 融合发展 为促进世界文明多元多彩贡献力量——在第十届孔子学院大会开幕式上的主旨演讲》，《孔子学院》2016 年第 1 期。

动孔子学院的本土化发展，充分尊重各国国情和文化差异，尊重各国办学自主权，面向社区，因地制宜，积极研发从启蒙到高端的教学资源体系，努力满足不同国家、不同人群多层次、多样化的学习需求。"① 这一论述道出了本土化的真谛——尊重多元文化、鼓励因地办学、满足不同需求。因为本土化不是以我为中心强加给对方，而是尊重对方、主动适应对方，前提是承认包容多元文化、强调本土需要的重要性，并把与对方的合作、共享当作获得新的发展经验的方式，这正好契合了这次大会的主题"创新、合作、包容、共享"；第十二届大会上，刘延东再次强调指出，孔子学院"提升办学水平，为各国民众多样化本土化需求提供新服务"。② 讲话中还提出了增设本土核心教师岗位，主动参与"一带一路"建设，在中国与世界各国各领域全方位的合作大局中找准定位、特色发展等具体要求；2018 年，孔子学院新一届总部理事会主席孙春兰副总理在第十三届孔子学院大会主旨演讲中强调，构建人类命运共同体，推动各国共同繁荣发展，需要更好地发挥语言在增进理解、凝聚共识、促进合作、深化友谊中的独特作用③，本土化思路蕴含于与各国共建人类命运共同体的逻辑中。2019 年在国际中文教育大会④上，中央政治局委员、国务院副总理孙春兰在主旨演讲中指出：我们将遵循语言传播的国际惯例，按照相互尊重、友好协商、平等互利的原

---

① 刘延东：《创新 合作 包容 共享 携手并肩开创孔子学院发展新局面——在第十一届孔子学院大会开幕式上的主旨演讲》，《孔子学院》2017 年第 1 期。

② 刘延东：《深化合作 创新发展 为构建人类命运共同体贡献力量——在第十二届孔子学院大会开幕式上的主旨演讲》，《孔子学院》2018 年第 1 期。

③ 孙春兰：《推动孔子学院高质量发展 为构建人类命运共同体贡献力量》，新华网 2018 – 12 – 04，http://www.xinhuanet.com/politics/2018 – 12/04/c_1123807457.htm。

④ 首届孔子学院大会于 2006 年 7 月 7 日在北京召开，自 2007 年起，每年 12 月上旬举行全球孔子学院大会，2018 年是第十三届全球孔子学院大会。2019 年 12 月 9 日，大会改为国际中文教育大会。

则，坚持市场化运作，支持中外高校、企业、社会组织开展国际中文教育项目和交流合作，聚焦语言主业，适应本土需求，帮助当地培养中文教育人才，完善国际中文教育标准，发挥汉语水平考试的评价导向作用，构建更加开放、包容、规范的现代国际中文教育体系。① 专业化、双向化、市场化、本土化的思路十分清晰明确。

可见，十几年来，孔子学院本土化发展思路一直在强调，从未被放弃，孔子学院本土化的内涵与外延日渐清晰。从内涵上说，孔子学院本土化是指置身海外的孔子学院为了实现在异域落地生根、发展壮大，在孔子学院总部指导下有意识地推进办学与所在高校目标定位相契合、服务与当地民众实际需要相适应、教学与所在国家文化环境相交融的过程。从外延上说，孔子学院本土化具体包括教学本土化（教材本土化、教师本土化、教法本土化）、文化活动本土化、项目本土化、管理本土化、财务本土化等几个主要方面。从更广义的角度上也可以将教育本土化纳入其中，或者称其为办学本土化、发展本土化。这几种说法含义略有不同，但内在地包括了以上五个具体方面。② 孔子学院教育部副部长、孔子学院总部理事会常务理事田学军在第十二届孔子学院大会闭幕式讲话中强调，"要大力推动孔子学院本土化建设。充分尊重各国国情和文化差异，主动适应当地民众多样化需求，通过培养本土师资、研发本土教材、开设本土课程等多种方式，持续推动孔子学院融入本土，特色发

---

① 《孙春兰出席国际中文教育大会时强调 深化国际中文教育 让世界更加了解中国》，《人民日报》2019 年 12 月 10 日。

② "本土化"教育，可以从以下两个层面来加以理解：一是教育内容的"本土化"，即利用当地的历史地理、语言文化、风俗民情来充实教学；二是教育行为的"本土化"，即按照当地的教学理念、教学规律、教学方式、教学传统来施行教学。参见王建军《汉语国际教育师资本土化的基本内涵、培养模式与未来走向》，《云南师范大学学报》（对外汉语教学与研究版）2015 年第 3 期。

展，真正成为当地教育文化生态的重要组成部分。"① 讲话强调了本土师资、本土教材、本土课程等教学本土化的核心内容。这也是很多学者的共识，"也只有通过本土化，汉语国际传播才能真正进入寻常百姓家，达到传播的最佳效果。本土化包括本土化的师资、教材、教学法等方面。"② 本土化既放眼长远又立足现实，从师资、教材、课程到思维、习惯、生活方式到目标、定位、需求都要与当地相契合、相适应、相交融，不仅入乡随俗，还要融为一体——"将孔子学院建设成更富魅力的国际教育文化共同体"③，"成为当地教育文化生态的重要组成部分"④。"本土化"从动力机制上可分为两种，即内源性本土化（endogenous indigenization）与外衍性本土化（exogenous indigenization）。前者是一种发自内的本土化，其动力是内在的自发性要求；后者是一种发自外的本土化，是受外力推动的本土化进程。⑤ 孔子学院的本土化，也正在由外力推动的本土化走向内源自发的本土化。

第三节　"一带一路"机遇：孔子学院本土化的可能性

第一节主要论述了孔子学院本土化的必要性，这一节则着重论

---

① 田学军：《在第十二届孔子学院大会闭幕式上的总结讲话》，《孔子学院》2018 年第 1 期。

② 王春辉：《汉语国际传播事业新格局》，《中国社会科学报》2018 年 10 月 23 日。

③ 刘延东：《适应需求 融合发展 为促进世界文明多元多彩贡献力量——在第十届孔子学院大会开幕式上的主旨演讲》，《孔子学院》2016 年第 1 期。

④ 田学军：《在第十二届孔子学院大会闭幕式上的总结讲话》，《孔子学院》2018 年第 1 期。

⑤ David Y. F. Ho, Indigenous psychologies: Asian perspectives. Journal of Cross - Cultural Psychology, Vol. 29, No. 1, 1998, pp. 88 - 103.

述孔子学院本土化的可能性。如果说必要性是孔子学院本土化的内在依据，那么可能性则是其外在条件。只要在现实中外在条件与内在属性相契合，那么这种可能性就会变成现实性。"一带一路"是孔子学院本土化的现实条件，为孔子学院本土化由可能变成现实提供了空前机遇。如前所述，本土化的发展策略早在第二届孔子学院大会之时已经初露端倪，这些年来，高层领导人一直呼吁加强孔子学院本土化建设，孔子学院的一线院长和教师们对此也有切身体会，但实际效果并不明显，主要原因是缺乏一个强有力的外在契机和现实驱动力。"推—拉"模式（The Push/Pull Model）是一个市场学中关于供应链管理的模式，其中"推送类型"是指"按库存生产"，在没有特定客户需求下根据自身条件开发产品；"拉动类型"是指"按订单生产"，表示基于客户实际需求进行生产。通常每个供应链战略都是两者之间的混合体，不能片面，只注重一方，如既不能把大豆加工完毕后才发现市场上豆制品早已饱和，也不能收到寿司订单后再去钓鱼，而是要基于自身生产能力产出最符合实际需求的产品和服务。现代信息技术的发展，使生产和销售业务模式从"推送式"转变为"拉动式"越来越成为可能。"推—拉"模式对孔子学院的发展具有重要借鉴意义。实际上，孔子学院十几年前初创时期的策略是"推"①，主要是基于我们自身所有和愿望向外推广我们的语言文化，随着孔子学院度过最早的创业时期，品牌已经树立，"产品"（课程、项目）也已经成熟，那么现在的策略应该是由"推"向"拉"，怎样更多地从市场需求"订单"考虑，

---

① 巧合的是，"汉办"是国家汉语国际推广领导小组办公室的简称，我们早期重视"汉语国际推广"（"汉推"），现在更多的是强调双向沟通交流，如加强中外人文合作交流、构建国际教育文化共同体。在第十二届全球孔子学院大会上，刘延东提出孔子学院要以语言交流为纽带，以文明互鉴为平台，努力成为增进友谊、合作共赢的桥梁，"充分发挥孔子学院在中外人文交流、构建人类命运共同体中的作用"。

而不是从我们自身"库存"考虑，让当地需求驱动孔子学院事业发展。如果说推送策略可以更快地向客户提供更大量的产品，拉动策略则可以让客户主动地成为孔子学院大家庭中的一员。"一带一路"为孔子学院实现由"推"向"拉"转变提供了契机，"五通"为本土化开展提供了沃土：贸易畅通将为孔子学院因地制宜开设新课、扩大零基础成人生源、倒逼教学实用化改革提出要求；资金融通将为孔子学院吸纳社会资本、实现资金来源多样化、突出孔子学院的民间互益性提供历史契机；政策沟通将有助于从上到下推进文化双向互动、形成中外共商共建共享、外方更加积极参与孔院建设的良好局面；设施联通与民心相通也将为加速中外融合、加强资源整合、赢得当地民众理解支持提供基础保障。

一　服务"一带一路"促成孔子学院发展转机

如前所述，2014 年第九届孔子学院大会首次引入"一带一路"话语，刘延东副总理说"孔子学院作为沟通中外的文化桥梁和深化友谊的人文纽带，面临着前所未有的发展机遇。"[①] 2015 年第十届全球孔子学院大会对"一带一路"倡议进行了全面热烈回应。刘延东副总理在开幕式的主旨演讲提出："孔子学院自身要挖掘潜能，主动服务各领域务实合作，特别是在'一带一路'沿线国家和亚非拉发展中国家，注重将语言教学与职业技能培训紧密结合，助力当地青年就业。"[②] 在大会设置的"孔子学院与'一带一路'建设"校长论坛上，法国诺欧商学院校长弗兰克·博斯坦（Frank Bostyn）

---

① 刘延东：《迈向孔子学院的新 10 年——在第九届孔子学院大会开幕式上的主旨演讲》，《孔子学院》2015 年第 1 期。

② 刘延东：《适应需求 融合发展 为促进世界文明多元多彩贡献力量——在第十届孔子学院大会开幕式上的主旨演讲》，《孔子学院》2016 年第 1 期。

说，中国政府提倡的"一带一路"不仅包含发展经贸关系，更包含教育、文化、语言领域的内容。他说，孔子学院作为文化教育交流平台，对下一代人了解中国，塑造其对中国的态度将扮演重要角色。乌克兰基辅国立语言大学副校长伊丽娜·谢里亚科娃（Iryna Ivanivna Sieriakova）说，该校的孔院将在语言和文化教学的基础上，发展中乌两国之间的商业合作，如与乌克兰商会合作，为中国企业提供翻译服务等。美国乔治华盛顿大学副教务长道格拉斯·肖（Douglas Bryan Shaw）建议每年国际组织，如 IMF 会议期间，可将中国文化引入其中，会对全球了解"一带一路"大有帮助。他认为，将来"一带一路"建设中，地处各国的孔子学院应携手建立联系，共同致力于中国文化的推广。论坛主持人厦门大学校长、孔子学院总部理事会理事朱崇实说，"中非合作计划中提到，中国将为非洲培训 20 万名职业技术人才，这是一个很大的工程。如何更好地为职业部门和企业培训职业技术人才，孔子学院也是大有可为。"① 在闭幕式上，中国人民大学教授王义桅发表《"一带一路"助推人类文明共同复兴》的演讲，从文明复兴的角度将"一带一路"话题引入孔子学院中来。这次大会从开幕式到闭幕式，"一带一路"成为探讨孔子学院未来发展的核心议题。此后，历年孔子学院大会都对孔子学院在"一带一路"建设中的角色与作为，以及"一带一路"给孔子学院发展带来的机遇与可能进行强调和明确。

① 《海内外高校人士黄浦江畔共议孔子学院与"一带一路"》，国务院新闻办公室网站 2015 - 12 - 08，http://www.scio.gov.cn/31773/35507/35514/35522/Document/1531913/1531913.htm；《传播中国文化 助力"一带一路"第十届全球孔子学院大会"校长论坛"举行》，孔子学院总部/国家汉办官网 2015 - 12 - 08，http://www.hanban.org/article/2015 - 12/08/content_626410.htm。

表 2—4 　　　　**近年孔子学院大会关于"一带一路"的讲话和讨论**

年份届次	开幕式主旨讲话	其他演讲或讨论
2014 年第九届孔子学院大会	刘延东在谈及时代背景时提到了"一带一路"倡议构想。这是孔子学院大会中第一次出现"一带一路"话语。	
2015 年第十届孔子学院大会	刘延东明确孔子学院在"一带一路"沿线国家和亚非拉发展中国家的作为："注重将语言教学与职业技能培训紧密结合，助力当地青年就业。"	在"孔子学院与'一带一路'建设"专题论坛中，中外校长们讨论了孔子学院响应"一带一路"的设想与计划。
2016 年第十一届孔子学院大会	刘延东提出孔子学院"要主动参与'一带一路'建设，充分发挥培养语言人才和熟悉当地政策信息等优势，为中外企业合作搭建平台，提供信息咨询服务，加强职业技能培训，服务好各领域务实合作，以语言互通促进政策沟通、贸易畅通、民心相通"。	其间专门召开孔子学院与"一带一路"建设工作座谈会，教育部副部长郝平在总结讲话中指出，各国孔子学院要树立"靠前服务"意识，主动参与和服务"一带一路"建设；大会期间还举办了孔子学院和"一带一路"建设圆桌论坛。
2017 年第十二届孔子学院大会	刘延东在讲话中先后 6 次提及"一带一路"，肯定孔子学院"成为'一带一路'国际合作的有生力量"，并希望孔子学院"要因地制宜，促进双向交流，主动参与'一带一路'建设，在中国与世界各国各领域全方位的合作大局中找准定位、特色发展，打造包容共享、和谐共生的人文交流品牌，促进人与人、心与心的交流，增进国与国的友好。"在开幕式的代表发言环节，白俄罗斯国立大学孔子学院院长托济克先生讲述了孔子学院为中白工业园建设培养人才、服务"一带一路"建设的情况。	其间还举办了"中外大学通过孔子学院参与'一带一路'建设"、"孔子学院促进民心相通"等校长论坛；教育部副部长田学军在闭幕式发言中提出"推动孔子学院持续优化全球布局，稳步扩大办学规模，不断提升办学质量，主动服务'一带一路'建设和中外友好合作大局。"
2018 年第十三届孔子学院大会	孙春兰强调，构建人类命运共同体，推动各国共同繁荣发展，需要更好地发挥语言在增进理解、凝聚共识、促进合作、深化友谊中的独特作用。	在嘉宾致辞和分组论坛中，多位嘉宾、校长、院长都在发言中谈到"一带一路"及其作为和贡献。
2019 年国际中文教育大会	孙春兰强调，坚持市场化运作，支持中外高校、企业、社会组织开展国际中文教育项目和交流合作，聚焦语言主业，适应本土需求，帮助当地培养中文教育人才。	大会新增了"中文＋职业技能"项目专题论坛，并增加了中文教育与复合型人才培养（学生创业就业、中外经贸合作）等新议题。

　注：表格根据历次孔子学院大会主旨演讲统计制作。

在第二届"一带一路"国际合作高峰论坛上，与会各国首脑在圆桌峰会上一致认为，"互联互通让不同国家、人民和社会之间的联系更加紧密。我们相信'一带一路'合作有利于促进各国人民以及不同文化和文明间的对话交流、互学互鉴。我们欢迎扩大人文交流的努力，包括加强青年间的交往。"① 这为孔子学院在沿线助力人文交流，加强青年学生培养进一步指明了道路。孔子学院发展的目标和方向已经明确，各个孔子学院接下来要做的就是结合当地需求，充分发挥语言优势，服务"一带一路"，让汉语成为沿线青年人留学、就业、旅游、生活的助手，让汉语能力成为他们成长履历中的亮点，让孔子学院成为他们圆梦的地方。在巴基斯坦，中国的中巴走廊项目和大量投资推动了当地人学习汉语的热潮。巴基斯坦旁遮普大学孔子学院的主任拉纳·艾哈迈德（Rana Ahmad）说，许多巴基斯坦人正在学习普通话，他们想在"中国世纪"中占据先机。② 在如此有利的背景下，孔子学院自然不能坐等观望，而是要树立"靠前服务"意识，主动参与和服务"一带一路"建设。③ 这种"靠前"、参与、服务就是与地方接轨，就是本土化过程。

二　语言互通成就孔子学院本土化良机

语言是文化的载体，"通话"是"五通"的先行条件。古丝绸之路的璀璨历史印证了这一点。"从 14 世纪开始，就有外国汉语研

---

① 《第二届"一带一路"国际合作高峰论坛圆桌峰会联合公报》，《人民日报》2019 年 4 月 28 日。

② Sabrina Toppa, Why Young Pakistanis Are Learning Chinese, 2018 - 11 - 14, https：//www. theatlantic. com/international/archive/2018/11/pakistan - china - cooperation - cpec/568750.

③ 《孔子学院与"一带一路"建设工作座谈会召开》，中国日报网 2016 - 12 - 11, http：//cnews. chinadaily. com. cn/2016 - 12/11/content_27635713. htm。

究者，编纂了很多对外汉语教材，培养了一批会说汉语、理解中华文化的友好人士。"　"海行靠舟，陆运需车"，语言看似最"软"，却是思想之舟舆，不仅"达意"，还能"表情"，可以"通事"，更能"通心"。①　"一带一路"建设与推进的过程，是中国企业、中国品牌"走出去"的过程，也是中国文化和语言"走出去"的过程。全球范围内尤其是"一带一路"沿线国家，近几年学习汉语的热潮如火如荼。从本质上看，语言既是一种软实力，也是一种硬实力，世界上语言国际推广呈现的"一超多强"格局与国际实力格局基本对应，语言影响力和传播力背后是经济实力等硬力量；语言是一种资源，也是一种资本。语言资源与人口、领土等资源一样重要，而语言资本则是人力资本其中一个重要方面；语言是一种知识，也是一种能力。职业技能中包括语言技能，语言服务如翻译可以是一种职业，语言考试可以成为一种产业；语言是一种权力，也是一种权利。使用什么样的语言表达体现了语言权力的大小，语言表达也是权利的表达。②　从历史上看，国际通用语言都是经济军事实力强的大国语言，强国的语言通常也是流行一时的国际通用语言；四大文明古国的语言尽管有悠久深厚的文化支撑，但却未必是有影响力的国际通用语言。工业革命后英国经济实力独领风骚使英语从法语、德语、西班牙语、葡萄牙语等几大国际性通用语言中脱颖而出，20世纪美国主导的全球化，彻底奠定了英语全球第一大通用语言的"一超"地位。国际通用语言中的"多强"主要是法语、西班牙语、葡萄牙语、德语、日语、汉语、阿拉伯语等，这些语言之所以

---

①　徐倩、张茵：《用汉语点亮"一带一路"让文化燃动民心相通》，新华网2017 - 04 - 15，http://www. xinhuanet. com/world/2017 - 04/15/c_129536678. htm。

②　李宇明：《语言也是"硬实力"》，《华中师范大学学报》（人文社会科学版）2011年第5期；段奕：《硬实力—软实力理论框架下的语言——文化国际推广与孔子学院》，《复旦教育论坛》2008年第2期。

"强"，主要表现在通用程度上，而不仅仅是使用人口上，还有影响力、传播力、代表性等因素在内。汉语是世界上使用人口最多的语言，覆盖面也很广，却不是最具影响力和商业价值的语言。[①]

表2—5 国际十大通用语言

影响力排名	语言	通用程度排名	使用该语言的人口
1	英语	1	11.21 亿
2	法语	5	2.849 亿
3	西班牙语	4	5.129 亿
4	俄语	7	2.65 亿
5	阿拉伯语	6	2.739 亿
6	中文	2	11.07 亿
7	德语	9	1.85 亿
8	日语	10	1.32 亿
9	葡萄牙语	8	2.365 亿
10	乌尔都语	3	5.342 亿

资料来源：参考 Hannah, 10 Most Influential Languages in the World, https://www.altalang.com/beyond-words/10-most-influential-languages-in-the-world; Vincen, The 10 Most Powerful Languages in the World, http://lifehacklane.com/the-most-powerful-languages-in-the-world-1; Global Language Network, http://language.media.mit.edu/rankings/books; James Lane, The 10 Most Spoken Languages in the World, 2018-11-14, https://www.babbel.com/en/magazine/the-10-most-spoken-languages-in-the-world（纯粹按使用人口分，孟加拉语使用者2.618亿，列第9位；印尼语使用者1.984亿，排第10位）。

---

① 关于语言重要性的说法有最具影响力的语言（most influential）、最强大的语言（Powerful）、最有用的语言（most useful）、最多人用的语言（most spoken）、最重要的语言（most important）、最受欢迎的语言（most popular）、最通用的语言（most common）、最国际化语言（most international）等多种不同说法，还有商务语言（business language）、学术语言（academic language）、文学语言（literary language）、网络语言（internet/web language）、科技语言（technological languages）等具体的分类。

"一带一路"作为"中国式全球化最新浪潮",虽然与英美在强力推行殖民式全球化、霸权式全球化同时进行语言文化扩张不同,但沿线共建的贯通东亚、东南亚、南亚、西亚、中亚直达欧洲和非洲的经济大走廊,必将大大提升沿线的汉语使用率。2010年,罗马尼亚锡比乌卢奇安·布拉卡大学孔子学院院长奥普利安·康斯坦丁参加孔子学院大会时曾对世界语言格局进行分析,得出"英语持平,德语、西班牙语、法语下降,中文上升"的结论,预言"中文将成为全球性语言"。①"五通"大大拉近了沿线中外国家间的距离,古老的丝绸之路上越来越多的人学习汉语、了解中国,这是推动孔子学院发展的有利契机。"孔子学院是中国教育走向世界的重要体现,中外教育交流合作的成功典范。随着中国的快速发展,各国人民学习汉语、了解中国的需求不断增长,全球范围内的'汉语热''中国热'持续升温,为孔子学院事业发展提供了难得的历史机遇。"② 孔子学院作为汉语国际推广的主力军,必将在"一带一路"中大有可为。"一带一路"沿线的60多个国家中,大多数是发展中国家,人均收入中等偏下,人口结构年轻。随着这些国家与中国在政治、经济、文化等领域的全方位合作逐渐展开,汉语热蔚然成风,成为青年人到中资企业就业、来华留学旅游、与中方开展业务合作的金钥匙,也是推动孔子学院融入当地需求、提升办学效益的内在动力,还是孔子学院在师资力量、教材适用性、教学方法和目标上进行适时调整和转型的契机,一些孔子学院已经将汉语教学与实用培训、岗位技能结合起来,使汉语学习更好地为学生就业服务、为当地发展服务,并在实践中检验和推动汉语教学质量与效果

---

① 《孔子学院遍全球》,孔子学院总部/国家汉办官网,http://www. han-ban. edu. cn/article/2013 – 12/12/content_518186. htm。

② 田学军:《在第十二届孔子学院大会闭幕式上的总结讲话》,《孔子学院》2018年第1期。

的提升。"一带一路"为孔子学院本土化语言教学与培训提供机遇与动力，孔子学院主动配合转型为"一带一路"建设提供语言人才与语言服务，二者之间相得益彰、相互推动。汉语正在成为加强"一带一路"沿线民众文化交流、心灵沟通的润滑剂和促进经济往来、商贸合作的助推器，汉语的地位和作用必将随着沿线合作的加强而日益提升。

三 "一带一路"推动孔子学院实现双向互动

孔子学院建立之初，主要提供语言教学服务，以课堂教授汉语为主，为各国民众提供学习汉语的机会。在"一带一路"建设中，中国与沿线国家的交往不断拓展，联系更加密切，单一的语言教学已经不能满足当地的需求，加强文化交流与人文互动、提供商旅信息咨询、培养语言＋技能的实用培训、推介东道国优秀文化成果等服务已经提上日程。2016 年 4 月，在厦门大学举办"21 世纪海上丝绸之路"大学校长论坛上，孔子学院总部总干事、国家汉办主任许琳指出：孔子学院下一个 10 年的重要工作是推动双边交流，不仅要做到"走出去"，还要做好"引进来"，不仅要做好语言的交流，更要做好文化的交往，让中外文明相融相生，互相促进，共同发展。① 第一个 10 年，孔子学院的主要任务是"走出去"，通过广泛布点、落户，向国外推广展示中国语言文化，让他们了解中国、喜爱中国。孔子学院站稳脚跟步入第二个 10 年之际，正值"一带一路"倡议提出之时，落实"一带一路"需要共商共建，这是一个彼此需求、双向沟通的过程。新需求、新形势要求孔子学院实现从单向"走出去"向"走出去"与"引

---

① 《厦大举办"21 世纪海上丝绸之路"大学校长论坛》，http：//www. han-ban. edu. cn/article/2016－04/06/content_636723. htm。

进来"双向交流发展，从简单的你来我往向深层次互学互鉴发展。这将推动孔子学院升级转型，如果说最初办学思路更多是从自身出发的话，现在则要结合共建"一带一路"，立足本土，去关注孔子学院所在国所在地需要中国做什么，需要孔子学院做什么，在双向互动中了解本土，以便更全面、更有效地服务当地社会经济发展。从长远来说，也是孔子学院扎根本土、持续发展的需要。"来而不往非礼也"，孔子学院推广中国的语言文化需要对象国对我们的举措作出反应，同时也要求我们对他人的需要、愿望作出相应的反应，有来有往、双向互动才有"礼"，才合"理"，何况孔子学院本身就是双方合作设立的，而且还设立在人家的地盘上，如果不考虑本土和当地需要怎么会长久呢？因此同时满足双向需要，既是尊重他人他国的表现，是本土化、接地气的反映，也是孔子学院凝聚多方共识、获得内生动力的必然。来自汉办的推力固然重要，但仅有一种动力是不够的、不平衡的，加上来自当地的拉力，孔子学院的发展才有内外双动力的保障，双引擎驱动力量更强劲、更均衡，也更持续。

对"一带一路"沿线大多数发展中国家来说，语言的实用交际功能、经济效益功能超过了它的思维认知功能、审美愉悦功能，学习汉语对欠发达国家的大多数民众来说，更多地与升学、就业、谋生和收入联系在一起。在这种情况下，"一带一路"沿线孔子学院响应当地需要，在课程开设、文化活动、项目运行、办学模式、管理方式上进行因地制宜的调整就显得特别必要也势在必行了。2017年，在第十二届全球孔子学院大会开幕式上，托济克先生从白俄罗斯国立大学孔子学院院长的角度提出，"目前非常现实的任务是，把孔子学院发展成关于'一带一路'的权威信息中心，以保证沿线各国政府机构和公众更好地了解'一带一路'的宗旨、内涵、项目和资源等信息。其次，另一个重要的现实任务是把孔子学院发展成研究中心，为沿线国家提供有科学依据的建议,指明'一带一路'框架下的双边和多边合作中最有前景和互惠互利的方向"。① 这样的建议很有针对性和建设性,现实中关于"一带一路"的误会、误解、误传很多,沿线国民众无从判断也无所适从,作为位于他们身边的机构、作为中外交流桥梁的孔子学院,理应担负责任,向当地民众解释"一带一路"宗旨、内涵、项目和资源等信息,这不是单向的宣传,告诉外界我们要做什么,而是回应本地的关切,解答他们的疑惑;这不是政治化举措,而是从专业角度进行的解读。因此,托济克先生提出要将孔子学院发展成研究中心,为沿线国家提供有科学依据的建议。

　　沿线孔子学院在满足本土需要的同时,走出了一条自我发展的新路。泰国孔敬大学孔子学院创办高铁汉语培训项目、乌克兰孔子学院为乌航培训本土员工、白俄罗斯孔子学院为入驻中白工业园区的中资企业输送汉语人才、塔吉克斯坦孔子学院为海成集团本土员工提供职业培训等,都是沿线孔子学院为服务当地量身定做的培训项目。② 从中可以看出,孔子学院发挥"一带一路"服务支撑作用是由供求双方共同决定的,既非中方率先设想,也非仅仅个别孔院突发奇想,而是孔子学院在满足学员求学、深造、就业、经商需求中积极配合、主动接轨而产生的。随着"一带一路"建设的推进,为更好适应学员现实需要,孔子学院还会进一步形塑自身功能,向双向互动方向拓展,这是"一带一路"带来的新要求、新使命,也是孔子学院深入持久本土化发展的内在动力。

---

　　① 阿娜托利·托济克:《孔子学院和"一带一路"建设》,《孔子学院》2018 年第 1 期。

　　② 周明阳:《从语言入手 用心灵沟通——"一带一路"沿线已有 53 国建立 137 所孔子学院》,《经济日报》2018 年 9 月 11 日。

四 民心相通催生孔子学院的综合性服务功能

孔子学院建立的"初心"是增进世界人民对中国语言和文化的了解，发展中国与外国的友好关系。这也是"一带一路"民心相通的主要内容，中外双方增进理解与信任，以平和、友好心态接纳对方，这是包括政治、经济、文化合作在内一切合作的前提，也是后续合作巩固发展的根基。"以利相交，利尽则散；以势相交，势败则倾；以权相交，权失则弃；以情相交，情断则伤；唯以心相交，方能成其久远。"孔子学院和"一带一路"建设都是要成其久远的大事业，需要"以心相交"，正像"交通"要修路建桥，"交心"则要人文交流，通过交流实现相知相通，即所谓"民心相通"。"人文交流与政治安全合作、经济贸易合作一道构成现代国际关系的三大推动力。与后两者相比，人文交流是人与人之间沟通情感和心灵的桥梁，是国与国之间加深理解与信任的纽带，更具有基础性、先导性、广泛性和持久性。人文交流的基本内涵就是以和平的方式，推动各国文明和文化之间的相互理解与共同繁荣，为深化双多边合作奠定坚实的民意基础和社会根基。"① 在"一带一路"建设中，民心相通是"五通"之一，虽然不像"政策沟通"那么引人注目，不如"设施联通、贸易畅通、资金融通"可见度那么高，但却是这"四通"的基石保障，决定着其他"四通"的成败效果。孔子学院以语言为桥、文化为媒，是语言学习的园地、文化交流的纽带，也是凝聚民心的平台。因此，孔子学院除了加强语言实用功能、推进双向文化交流外，它在"一带一路"中的作用还体现在为中国与沿线国家各领域合作牵线搭桥、提供服务上，即发挥综合文化交流平台的作用和功能。这是"一带一路"民心相通新需求、新

---

① 邢丽菊：《何以人文：中外人文交流的意义》，《世界知识》2017 年第 23 期。

形势下孔子学院功能定位的创新之举。在第十一届孔子学院大会上，刘延东在开幕式上的主旨演讲中明确提出，孔子学院"要主动参与'一带一路'建设，充分发挥培养语言人才和熟悉当地政策信息等优势，为中外企业合作搭建平台，提供信息咨询服务，加强职业技能培训，服务好各领域务实合作，以语言互通促进政策沟通、贸易畅通、民心相通。"① 在第十二届孔子学院大会上，刘延东将孔子学院"综合平台"的"综合服务"概括为语言、文化、学术、社会服务四个方面："……拓展服务功能，构建集语言教学、文化交流、学术研究和社会服务于一体的综合平台。坚持因地制宜、灵活多样、扎根本土，推动各国孔子学院特色发展，突出教学、研究、文化交流、职业培训等方向和优势，提升综合服务水平。全球孔子学院累计举办丰富多彩的文化活动 22 万场，受众达 1 亿人次，积极服务中外姊妹学校、友好省州、经贸往来、人文交流等各领域合作，成为'一带一路'国际合作的有生力量。"②

近年来沿线孔子学院纷纷结合自身特点和优势，支持服务"一带一路"建设，搭建交流平台，提供综合服务。据菲律宾雅典耀大学孔子学院前任中方院长梁广寒介绍，2014 年，也是"一带一路"提出后的第二年，雅典耀大学孔子学院开始了积极响应：不仅设立一年三次的常规论坛活动，还开设了许多与"一带一路"有关的项目。孔子学院组织的教授访华团以专题研习为主，集结了社会科学的多位知名教授，游历了广州、北京，并参观了包括北京大学、中国人民大学在内的 5 所高校和相关文化机构，与这些大学和"一带一路"研究相关的学者进行交流。孔子学院还召开"一带一路"

---

① 刘延东：《创新 合作 包容 共享 携手并肩开创孔子学院发展新局面——在第十一届孔子学院大会开幕式上的主旨演讲》，《孔子学院》2017 年第 1 期。
② 刘延东：《深化合作 创新发展 为构建人类命运共同体贡献力量——在第十二届孔子学院大会开幕式上的主旨演讲》，《孔子学院》2018 年第 1 期。

企业招聘会，向有意拓展中国市场的菲律宾企业推荐掌握汉语的管理人才和基层员工，也为在菲华人企业引入当地劳动力，解决就业问题。2016 年，菲律宾总统府总统通信部和战略制定部 28 名官员前往孔子学院进行汉语进修，菲律宾外交部、旅游部等相关机构的政府官员也到孔院进修。① 远在非洲大陆南端的德班理工大学孔子学院是非洲较早对"一带一路"倡议进行讨论的孔子学院之一。2015 年 11 月 19 日至 21 日，该院就组织了"一带一路"与非洲发展高级别研讨会（ONE BELT ONE ROAD and a Prosperous Africa），会议讨论了南非参与"一带一路"建设的具体设想，以及"一带一路"给包括南非在内的整个非洲政治、经济、文化和人员交流等方面带来的机遇和挑战，会议为当年在南非约翰内斯堡举行的"中非合作论坛峰会"进行了预热，为南非作为非洲重要的经济体、德班作为非洲最繁忙的港口和整个南非的海上门户在"一带一路"合作中发挥作用献计献策。② 近年来，德班理工大学孔子学院结合"一带一路"创业需求，与德班理工大学创业中心联手创新思路，帮助青年学生创业者了解中国和中国市场，激发学生学以致用，将学习汉语和中国文化的热情转化为就业创业技能。2018 年，德班理工大学孔子学院参加广东 21 世纪海上丝绸之路国际博览会，成为这届博览会的唯一参展教育机构。德班理工大学孔子学院和广州五行教育科技有限公司签署了《在南非开展国际实用汉语培训与就业创业孵化战略合作意向书》，双方预期在南非的职业汉语及特殊技能培训领域开展合作，建立国际职业汉语人才培养中心，以期提升

---

① 《航空学院"SEE SEA"海外游学——记与雅典耀大学孔子学院梁广寒院长的一次访谈》，北京航空航天大学航空科学与工程学院网站 2018 - 10 - 05，http：// www. ase. buaa. edu. cn/info/1084/7332. htm。

② 《德班理工大学孔子学院成功举办"一带一路与非洲发展"高级别研讨会》，网络孔子学院 - 南非德班理工大学孔子学院网站 2015 - 11 - 23，http：// dut. za. chinesecio. com/zh - hans/node/362。

南非汉语学习者的附加价值，为南非汉语学生就业、创业注入新血液，也可以解决中资企业普遍面临的外籍汉语人才短缺的困难。随着南中两国关系的不断加深，贸易往来越来越密切，汉语已经成为南非学生择业、就业甚至创业的有效工具。孔子学院为南非学生接触汉语、学习汉语、运用汉语提供了平台，也为他们赴华交换、留学开辟了渠道，更为南非人近距离了解中国文化，解读中国市场拓宽了路径。该院在 2018 年 8 月组织的南非最大校园职场招聘会上，邀请中国中车、上海振华重工集团、中国远洋海运集团、中国银行、东莞商品南非展销中心以及当地知名华资企业 GOLF、Sun-Free、Value Co 等参加职业招聘会。孔子学院为中国企业积极参与当地劳动力市场发展、创造就业岗位搭建了交流平台，为毕业生们提供更为广阔的就业天地发挥了桥梁纽带作用。正如中方院长吴林所说，孔子学院搭建的人才交流平台"互惠于双方的同时，也增强了孔院学员学习汉语的动力，为日后孔院的'职业化'汉语教学提供了思路。"①

　　总而言之，"一带一路"是孔子学院实现从数量扩张到内涵升级的沃土和良机，为孔子学院本土化发展提供外在条件和可能。如果分别从"五通"角度来看的话，设施联通为孔子学院加速中外人员往来、加强资源整合、促进文化交流融合提供基础保障，贸易畅通将为孔子学院因地制宜开设新课、广开生源、倒逼教学技能化、实用化改革提供广阔空间；资金融通将为孔子学院吸纳社会资本、实现资金来源多样化、突出孔子学院的民间互益性提供历史契机；

① 《拓展海丝平台，共享创新未来——德班理工大学孔子学院参加 2018 广东 21 世纪海上丝绸之路国际博览会》，孔子学院总部/汉办官网 2018 - 11 - 06；《虚位待招，解锁职场未来——德班理工大学孔子学院首次组织中国企业参加职业招聘会》，孔子学院总部/汉办官网 2018 - 09 - 06，德班理工大学孔子学院新闻专页，http：//www. hanban. org/confuciousinstitutes/node_39541. htm？vak = list.

政策沟通将为消除不良国际舆论、形成中外共商共建、多方参与、立体合作提供顶层设计；民心相通也将为孔子学院赢得当地民众理解支持、实现从计划性开拓向市场需求导向转型、落实本土化转型提供内生动力。"一带一路"与孔子学院升级发展之间存在重要契合点，二者相互借力、相互推动的局面正在形成。

本章小结

如果说第一章是点题，那么本章则是入题，开始深入本研究的核心问题——孔子学院本土化发展。

第一节首先陈述了孔子学院发展的挑战与困难。从四个方面分析了孔子学院的发展困境：既有教师、教材、教法等教学核心问题，又有机构设置、体制运行、经费管理等内在机制问题，还有不良舆论、反对风波等外在挑战问题。从中引出下一节孔子学院本土化命题。

第二节说明本土化是孔子学院应对这些内忧外虑、实现持续发展的内在要求。在剖析本土化的内涵与外延的基础上，阐述孔子学院本土化命题的提出与要求，诠释为什么本土化是孔子学院的"危"中之"机"。

第三节论证"一带一路"为孔子学院本土化提供了良好机遇和现实可能。"一带一路"不仅凸显了孔子学院的语言功能，而且强化了其服务功能、互动功能和社会功能，这种转型升级正是本土化发生发展的触媒、动力和沃土。

第三章 孔子学院本土化指标设计与评估

第二章分析了孔子学院本土化的必要性与可能性，提出本土化是解决孔子学院发展困境的现实要求，也是"一带一路"背景下孔子学院发展的可贵机遇与可行选择，那么孔子学院本土化究竟包括什么内容？如何对其本土化程度进行测评？"不能测量的就不能管理"，因此本章试图构建孔子学院本土化指标体系，并对这些指标进行赋值，然后选取"一带一路"沿线孔子学院为典型案例进行具体分析评估，在分析个案过程中更深入地认识孔子学院的差异性和特殊性对本土化指标体系的影响。

第一节 孔子学院本土化指标体系构建

在一般意义上，所谓"本土化"指对地方性的强调或强化，是一种尽可能地按照本地环境和需求提供相应服务的组织治理战略，以使当地社区、个人更大程度地参与的进程。[①] 这一进程与"去中心化""分散化"相连相近，与"全球化""国际化"相反相成。

---

① Ian Greener, Localization, Encyclopedia Britannica, https：//www. britanni-ca. com/topic/localization.

关于全球化中外已经有很多衡量标准，几大机构开发出测量全球化几个著名指标：OECD 指标、科尔尼指数（Kearney）、KOF 指数、英国华威大学全球化与地域化研究中心（CSGR）指数等。[①] 然而关于本土化的指标却至今没有得到专门开发，没有公认的本土化指标，甚至连像当初衡量现代化[②]那样的简要指标也鲜见。公司以外其他机构诸如像孔子学院这样的文化机构，对其本土化进行指标设计的就更加缺乏，这也是本研究不揣浅陋进行尝试的原因。

一　孔子学院本土化评价指标的设计原则

对孔子学院本土化的测量有助于推进孔子学院管理科学化、精细化，推动孔子学院高水平、可持续发展，也有助于比较全球各地不同孔子学院在本土化发展方面的异同及其原因，从而发现孔子学院在本土化和全面持续发展之间的联系——本土化程度高、得分高的孔子学院也是发展好、受欢迎的孔子学院吗？进而探寻孔子学院

---

① 经济合作与发展组织编：《衡量全球化——OECD 经济全球化指标体系》，蔡春林、杜耀武译，2007 年中国财政经济出版社出版；KOF Index of Globalization, http: //globalization. kof. ethz. ch/；Kearney, https: //www. atkearney. com；The CSGR Globalisation Index, http: //www2. warwick. ac. uk/fac/soc/pais/research/researchcentres/csgr/index。

② 第二次世界大战后，"现代化"由一个时髦热词成为世界潮流，为了摆脱人们对现代化抽象、模糊的认识，1960 年日本箱根"国际现代化会议"上最先提出了 8 项标准，用以衡量和比较现代化进程中的水平和阶段。这 8 项标准以定性描述为主，虽然依然比较笼统，但这一量化努力鼓励了更多的后来者去关注现代化的衡量标准。20 世纪 70 年代，美国社会学家、著名的现代化研究专家英格尔斯（Alex Inkeles）教授提出了现代化的 11 个评价指标，获得国际公认，成为比较常用的一组现代化指标体系。90 年代联合国出台了更为全面完善的人类发展指数（HDI），21 世纪初中国社科院根据中国国情又设计了中国现代化的指标体系和国内各省市的现代化指标体系。现代化的量化指标体系经历了一个日益完善的过程。

本土化发展的有益经验与问题不足，以便为自觉有效地推动孔子学院整体本土化进程提供某些启示借鉴和建议思路。为此，本研究在不断试错改错中构建了孔子学院本土化的评价指标体系，以期通过有据可查的测评精确定位和发现问题。指标体系的构建设计主要基于以下几个原则：

（一）导向性与激励性相统一

孔子学院本土化是为了实现孔子学院自身的健康可持续发展，这也是孔子学院总部的政策和理念，从根本上服务于孔子学院的发展。故追求本土化不是忽视孔子学院总部对孔子学院发展的高层引领作用，孔子学院本土化与总部和汉办的政策要求是一致的，否则本土化就失去了应有目的与意义。因此，一方面，孔子学院本土化程度的评估指标体系应具有鲜明的导向性，充分体现孔子学院总部的办学理念和政策导向，将推动汉语加快走向世界、提升中国语言文化影响力的理念和导向贯穿于评估过程，引导孔子学院以成为各国人民学习汉语和了解中华文化的园地、中外文化交流的平台、中外人民友谊合作的桥梁为宗旨开展本土化。本土化不是"去汉办化"，汉办也即孔子学院总部始终握着本土化风筝线，决定着本土化的范围与方向。指标中的项目本土化就是汉办推行项目的本土化。另一方面，孔子学院本土化的评估指标应当具有激励性的引导作用，鼓励孔子学院探索和实践有利于孔子学院融入当地社会文化、实现持续发展。因此指标中要体现孔子学院是否与所在学校的目标定位相契合，汉语课是否成为学校的学分课，管理、项目是否融入学校发展战略；是否与社区大众的实际需求相适应，融入社区、服务大众、满足需要的情况，如孔子课堂、教学点、文化活动的规模、数量或覆盖面；要与所在国家的文化环境相交融，如汉语教学是否融入所在国教育体系，管理方式是否与当地接轨等。总之，指标体系的导向性与激励性相统一，既体现孔子学院总部的引领性，又发挥本土的积极性。

（二）科学性与实践性相结合

孔子学院本土化评价指标体系的建构应该遵循评价的基本原则与客观规律，力求全面反映孔子学院的本土化状况，准确评价和预测孔子学院的本土化趋势和发展方向。同时，无论是在指标体系的制定，还是正式实施评估的阶段，都要既满足理论上的合理性，如指标设计应该尽量有客观标准，在涵盖内容上不重复，尽可能与汉办现有的统计分类方法相衔接，有一定的共识基础或较普遍认可；同时还要充分全面考虑孔子学院所处的现实条件与实际情况，如孔院所在国家的人口状况、经济发展与对华关系等因素。对于明显有地域性差距的指标，适当通过减少赋值避免有可能在不同孔子学院之间产生的巨大偏差。只有建立在实践基础上符合具体实际的评价，才是衡量各地孔子学院本土化程度更为全面的、科学的评价。

（三）定量与定性指标相补充

一方面，对孔子学院本土化程度的评价需要用数据说明问题，以客观反映孔子学院在教学、管理等各个方面的本土化状况。这是不言而喻的，也是设计指标的意义所在；另一方面，由于不同国家和地区社会文化条件的差异，不同的孔子学院在本土化过程中面临的情况和可选择的路径也不尽相同或完全不同，对一些项目的评估如文化活动本土化的评估很难完全进行定量分析，活动吸引的人数固然重要，但考虑到不同活动的特点，需要进行定性分析，以反映不同的活动对人数多少的影响与制约。如新年庆祝活动人数较多，人口多的城市参与者更多，衡量参与人数的尺度也比较宽松，而学术讲座、会议则可能因为专业的缘故吸引的人数受限，通常不会很多，但学术会议参与投入的时间较长，这样的活动对参与者的自觉主动性要求也较高，产生的影响也更大。因此同样是文化活动，不能仅以参与者的数量来衡量，也需要对活动性质、种类进行定性分析，这样才不会偏颇。

（四）客观测量与主观评价相呼应

孔子学院的本土化指标，在设计时理应能够尽可能通过直观的现实表现进行衡量，但与此同时，本土化的成功与否在很大程度上最终取决于孔子学院在教学、管理等方面的实际效果，而这些效果究竟是否令人满意，需要由孔子学院的参与者（包括管理人员自身和学生）来进行评价。因此有必要在客观的测量数据外，辅助建立一些主观评价指标或混合性指标，供参与者结合自身体验进行评价。如师资本土化指标在量上的标准是本土教师的占比，这是客观测量指标，可以从客观数据中直接获得；有的是间接测评指标，如中文是否列为该国教育体系、孔子学院开设的中文课是否列入学分课等情况，不是简单能"算"出来的，而是要"估"出来的。如果该孔子学院在大、中、小学三个层次均列为选修课、学分课则该项得分为5分，如只有其中一项则计为1分。也有的指标不能光靠"估"，还要靠"评"。如外方院长是推进本土化的关键力量，院长是否全职，在大学所任职务高低如何？是否有发言权、决策权和影响力？其活动能力怎样？执行能力强不强？本土化意识如何？这些问题无法设计成客观硬性指标直接计分，只能靠在横向对比中加以人工赋值。

（五）关键指标确立的 SMART 原则

SMART 原则即要求指标的明确具体（Specific）、可衡量的（Measurable）、可行性（Achievable）、相关性（Relevant）和及时性（Timely）。[1] 明确具体是指目标要针对性、明细化、具体化，

---

①　Performance Management-Creating Smart Objectives：Participant Guide，https：//www.falmouthinstitute.com/files/GV018/SMARTgoals.pdf.

如对文化活动本土化的衡量，由于不同文化活动参与的时间与互动程度不同，文化活动不能仅以总数次、总人数计，需要对文化活动进行具体分类，归口统计；可衡量是说指标可量化，相关数据信息可获取。如以上文化活动分类如大致与汉办年终统计口径一致，操作起来更容易获得数据；可行性是指任务可以分解和分配，对全球不同的孔子学院都适合。还以文化活动说明，将其分为推广、交流、互动这三大类，这种划分既不很笼统也不至于太琐碎细致，可操作性、可行性较好；相关性是指指标服务整体目标，与其密切相关，符合、支持或推进组织的愿景、使命、价值观、原则和战略。本指标体系围绕孔子学院本土化情况而设计，不同于整体发展评价（如孔子学院总部评优评奖），不是中外合作办学评估，也不是绩效评估或形象评估；及时性是指考虑时间段的设定，要有弹性和灵活性。各项指标的数据以一年为限，通常是自然年，但一些国家由于财政年度从一年的 4 月 1 日始次年 3 月 31 日终，因此对这类国家有的指标按财政年度计，但时长周期也是一年。

二 孔子学院本土化评价指标的构成

孔子学院的本土化主要从教学、文化活动、管理和项目四个方面来考察，因而孔子学院的本土化包含了教学本土化（A_1）、文化活动本土化（A_2）、管理本土化（A_3）和项目本土化（A_4）4 个一级指标。[①]

（一）教学本土化

教学本土化的评价指标为 A_1，其中又包括师资本土化指标 B_1、

---

① 感谢博士生李凌羽所做的基础性工作。

教材本土化指标 B_2、课程本土化指标 B_3、学生总数指标（B_4），以及孔子学院教学点覆盖情况（B_5）5 个二级指标。

1. 师资本土化指标

孔子学院师资本土化的评价指标主要围绕本土师资的数量和质量。在数量方面，可以通过孔子学院中本土汉语教师占教师总数百分比（C_1）来测量。目前随着孔子学院影响日隆，如果不考虑专业水平等质量指标，数量上的问题越来越容易得到解决，因此有必要同时考虑本土师资的质量。质量方面，可以通过考察达到 HSK4 级及以上水平的本土汉语教师占本土汉语教师总数的百分比（C_2）。二者结合起来进行评估才是更全面的，由此可以建立一个综合性指标，即师资本土化综合指数 $B_1 =（C_1，C_2）=（\dfrac{\text{本土教师数量}}{\text{教师总数}}，\dfrac{\text{HSK4 级以上本土教师数}}{\text{本土教师总数}}）$。

2. 教材本土化指标

孔子学院使用的教材主要有三种，包括本土教材、中国教材和自编教材。从教材使用上来说，本土教材和自编教材在孔子学院的教学中更有利于适应本土的学生需要和教学特色，达到更好的教学效果。所以教材本土化程度主要考察孔子学院所使用教材中本土教材和自编教材分别所占的百分比，记为 B_2，$B_2 = \dfrac{\text{本土教材数}}{\text{使用教材总数}}$。教材本土化位于教学本土化的核心，如果能编写出本土化教材，这能在很大程度上反映教学本土化的较高水平和该院中文教学的专业性、系统性和持续性，同时它也内在地包括了教学方法本土化。本土化的教法主要体现在教师在教学过程中运用本土语言、结合当地情景及案例等体现本土文化特点的教学方式。但由于该指标难以通过客观数据测量，化繁为简的一个办法是将是否使用当地语言①作为解释汉语词汇的辅助工具作为一个可量化的指标,尽管不全面,但可以通过管窥一二,而这一点当然会体现在本土化教材中,为了不重复,这里不再单列教法本土化的指标。

3. 课程本土化指标

这里是从整体上试图评估中文教育教学本土化的情况,记为 B_3。从国家层面上看,汉语是否纳入所在国的国民教育体系,是汉语本土化的重要表现——尽管这也可能不单纯是孔子学院自身努力的结果;从所在大学层面来看,面向大学生开设的中文课程是否学分课或是否列为全校选修课,却可以反映出孔子学院的努力及水平。当然更全面综合的方法是采取调查问卷的方式,由受访者对孔子学院教学各方面、全过程的本土化程度进行主观评分,从 0 分到 5 分进行评分,然后对分数赋予相应权重计入孔子学院本土化的总体评分体系中。对于汉语尚未纳入国民教育体系,也未成为学分课的孔子学院或特色性孔子学院来说,前两项得分为零自然不能反映该孔子学院本土化的情况,这种通过访谈评分的方法就比较适合。

4. 教学规模与覆盖面指标

除了以上 3 个指标外,为衡量教学本土化的规模和成效,在此又设置了学生总数指标(B_4)和教学点覆盖情况指标(B_5)。研究的基本假设是:一个注重教学本土化,在本土化做得很好的孔子学院,应该是办学效果不错、学生认可度较高的孔子学院。学生数的多少一般情况下可以反映办学情况,教学点与孔子课堂的多少也能

---

①　当地语言是指孔子学院所在地的通用语言,不一定是所在国的官方语言。如英国卡迪夫孔子学院在大学上汉语课时可用英语作中介语解释;但在某些倡导并通用威尔士语的地方(如其下属的一些孔子课堂)只能以威尔士语作中介语言在课堂上使用。

部分反映办学质量与效果。因此,在这里设置了这两个指标加以辅助说明,这也是关于孔子学院办学的基本数据信息,数字易得,比较客观。

(二) 文化活动本土化

文化活动是孔子学院的两大职能之一,除了教学活动,孔子学院的一大职能就是举办各种文化活动。如前所述,文化活动贯穿常年,五花八门,丰富多彩。为了统计和分析的方便,这里根据活动特点将孔子学院的文化活动分为三类:推广类活动、学术类活动、互动类活动。

1. 推广类活动指标

推广类活动主要是孔子学院日与中国传统节日的庆祝活动、文艺演出活动,也有少量结合当地实际的庆祝活动,如大学开放日、多元文化日等。这类活动在孔子学院比较常见,每年春节、元宵节、清明节、端午节、中秋节、孔子学院日都会有最少一场活动,而春节通常会组织一系列活动。每年全球各地的孔子学院庆祝春节的活动从除夕前后一直绵延到元宵节前后,时间上往往持续一月有余,这是参与量最大、群众性最强的活动。该指标主要统计参与人次,与孔子学院总部年终统计口径一致。

2. 学术类活动指标

学术类活动包括讲座、研讨会、论坛等活动。这也是孔子学院的一大类活动,体现孔子学院的学术水平和在大学教师、专业人士和知识分子中的影响。这些年来由于推广类活动占比较大也比较普遍,一些人批评孔子学院说它层次低,敲锣、打鼓、练太极、舞扇子并不能代表中国文化的精华,而且只能吸引普通民众看看热闹,连所在大学的教师都不以为意。因此,近几年孔子学院的高层次的学术活动也日益增多,这类活动对参与者有一定的要求,如以文参会(中华环保文化与中式建筑风格论坛),或是某一方面的专业人士（汉语教学大会），或是某行业的代表（如创意产业论坛），参与者数量有限，参与投入时间相对较长。指标设计上为了方便测评，简化为对参与人次的统计，并通过增加赋值来反映其重要性。

3. 互动类活动指标

互动类活动指文化体验、汉语角、文化技能培训、展示展演或其他类似活动，如手把手教学生练中国字，一招一式演示太极拳，当场体验如何剪纸，一步步学编中国结，电影展演与分享讨论，汉语角面对面交流等。这类活动的最大特点是互动性强，参加者兴趣浓厚，因要动手操作，参与者感觉上比较有收获，这类活动有助于巩固受众，培养参与者对中国文化的持续关注和长期爱好。这一指标在量和质测评上介于推广类与学术类两种活动之间。

4. 文化活动总量与效果指标

文化活动的一个重要衡量尺度是活动次数和参与人数，再好的活动一年到头没组织几次，或参与者寥寥无几，也可以从一个侧面表明文化活动组织没有吸引力，或没有结合当地具体情况，或没有摸清观众听众需要。因此在这里将文化活动的总次数和参与总人数糅合起来设置了总量指标（C_{10}），以此反映某孔子学院文化活动在量上的全貌。另一个能够反映文化活动效果的数据，是新闻报道的次数。我们的假设是：效果好的文化活动，在当地反响大、影响大，就容易吸引当地媒体的报道。当然这反映的是一般情况。

（三）管理本土化

对一般的教学单位而言，管理不外乎是对人、财、物的管理，通常包括人事管理、财务管理、资源管理、事务管理几个方面，但对于孔子学院这一特殊的中外合作型语言文化教育教学单位，涉及管理本土化这一特定问题的，教学是一大块，活动是又一大块，这是本土化的着力点。孔子学院的管理事关孔院的长期发展，管理水平高低可以反映孔子学院融入所在大学、所在社区的程度，是否受当地欢迎、是否与本土需求呼应；孔子学院教学教务上的管理是否与该大学的管理对接，而资金财务管理体现该孔院是怎样获取资源的、财路是否广开、怎样做到取之有道、用之有度的等。管理本土化的一级指标 A_3，包含活动管理本土化（B_{10}）、教务管理本土化（B_{11}）和财务管理本土化（B_{12}）3 个二级指标。

1. 活动管理本土化

如何衡量孔子学院活动融入所在大学、所在社区的程度？怎样测量孔子学院活动受欢迎情况及与当地需求呼应对接程度？我们无法面面俱到，只能选取主要的角度。孔子学院活动融入所在国家、地区、大学、社区程度可以用其各级官员议员、大学校长、地方长官、社会名流出席活动的次数来衡量，如这些数据不连续、不确定或不可得，则可以根据孔子学院外方员工是否在大学任职、职位高低来衡量；至于孔子学院活动受社区欢迎情况及与当地需求呼应对接程度，可以看当地合作伙伴的数量——包括赞助商，以及提供场地与便利的博物馆、图书馆、剧场、文化中心等合作伙伴的数量，侧重商务经贸的孔院当然还包括商会、经贸促进会、工商协会等伙伴的支持认可情况。

2. 教务管理本土化

教务管理本土化（B_{11}）包括两个方面的指标，第一是孔子学院外方院长或主管人员在该机构、大学所任职务、能力、本土化意识等情况。一般来说，外方院长或主管在大学的职位越高、能力越强，越有可能将孔子学院纳入学校的发展整体来考虑，孔子学院就越有可能和有条件进行本土化管理，本土化的指数就越高。由于不少孔子学院本土工作人员有限，且不少是兼职，在一定程度上也可以通过衡量本土教务管理人员工作时间的多少，即工作量的大小来确定。① 本土工作人员工作量越大，意味着孔子学院的教务管理越能得到外方大学的重视，相应地工作本土化程度可能就越高。第二个指标从教务管理的成效维度来考察。这方面主要表现为核心教师岗位申请及汉语师范专业设置情况，如果受具体条件所限，这一指标没有得到体现的话，也可以用孔子学院师生是否能够充分利用大学的资源和条件（图书资料、场地设备、运动设施、选课系统）等情况来替代，这几个方面可以体现孔子学院的管理是否被纳入了所在学校的管理渠道。该项指标要通过实地调研获得，采取评分制，从 0 分到 5 分进行评分，然后对分数赋予相应权重计入评分体系中。教材教辅文化活动材料等资源是孔子学院教务管理的重要方面，尤其是汉办赠书②对孔子学院来说是一项可观的资源，一所运行 10 年的孔子学院，包括其下属的孔子课堂的赠书价值可累计多达四五十万元人民币之巨。因此能否让孔子学院的学生、所在大学

---

①　英国卡迪夫孔子学院的外方院长的主要工作人员外方经理都是兼职岗位，外方大学有明确规定他们在孔子学院的工作量，即工作时间长短，如外方院长是每周两天，外方活动经理是每周 3 个半天，外方中学经理是每周 4 天。孔子学院的外方院长、外方经理等外方管理人员投入孔子学院的工作时间就是本土管理人员的工作量。孔子学院外方管理人员投入的工作量理论上也包括上级主管如教务长、校长等为孔子学院工作投入的时间。但这种时间不易统计和计算，在此不计在内，放在孔子学院理事会运作这一指标中考察。

②　新建孔子学院首次赠书额度为 15 万元人民币，新建课堂首次赠书额度为 5 万元人民币（2017 年 3 月 8 日以后批准设立的课堂因启动经费包含图书经费，取消首次 5 万元赠书）。2016 年 7 月 1 日起实施的修订后的《赠书管理办法》规定，运行 5 年以内（含 5 年）的孔子学院，每年赠书额度为 4 万元人民币；运行 5 年以内（含 5 年）的课堂，每年赠书额度为 2 万元人民币。运行 5 年以上 10 年以下（含 10 年）的孔子学院，每年赠书额度 2 万元人民币；运行 5 年以上 10 年以下（含 10 年）的课堂，每年赠书额度为 1 万元人民币。运行 10 年以上的孔子学院（课堂），原则上不予赠送，但考虑到教学资源需补充及更新等问题，汉办将每年新研发的教材、读物、音像制品及工具书免费赠送。文化用品不能超过赠书额度的 10%。国家汉办/孔子学院总部网站，http://zengshu.hanban.org。

师生乃至社区的居民阅读使用这些资源也是衡量孔子学院运行本土化的一个依据。鉴于这二者都不容易以具体数字量化，在具体计分时可以选取相对容易获得数据的一项。

3. 财务管理本土化

一是资金来源本土化。孔子学院的资金来源本土化程度主要是考察外方学校和当地社会对孔子学院的资金投入，以及孔子学院在当地的办学收入情况。因此可以用外方学校投入、当地社会捐助加上学院办学收入占学院总收入的百分比来衡量，即 $C_{17} = \dfrac{外方学校投入 + 当地社会捐助 + 办学收入}{孔子学院总收入}$。

二是资金管理本土化。资金管理本土化从理论上来看包括两个方面：谁来管理、怎样管理。前者是指本土人员管理，在建设全球各地的孔子学院过程中，为尊重合作学校，从一开始孔子学院的资金都打入所在学校账户由学校财务人员统一管理，可以说从这一点来看已经实现了管理人员本土化；后者"怎样管理"才是本土化的关键，即是否按本土流程、程序进行管理，孔子学院的资金在使用方式上是否与大学里其他资金的使用方式一致，是否贴近当地的实际条件，在使用内容上用于孔子学院本土化建设的幅度有多大。因此该指标大致包括两个方面：即资金使用方式的本土化和使用内容的本土化。使用方式不易于用数据衡量，通过实地调查由受访者进行评分，按照适应当地实际条件的本土化程度从低到高、从 0 分到 5 分进行评分，然后对分数赋予相应权重计入孔子学院本土化的总体评分体系中；资金使用内容的本土化，可以通过资金在本土化项目中的投入占总投入的百分比来测量。[①]

---

① 对于孔子学院总部来源资金的预算和决算管理，孔子学院总部都有明确规定和要求。而本土来源资金的预算和决算管理则取决于本土的资金来源方的要求。因此预算决算管理的本土化程度，就与预算和决算中的本土来源资金的比重有密切关系。

（四）项目本土化

孔子学院的项目主要包括教师项目、志愿者项目、教材等教学资源项目、考试项目、奖学金项目、新汉学计划项目（联合培养博士项目）、汉语桥项目、各类交流项目，共涵盖八大领域。[①] 为避免与以上指标重复，在此对孔子学院项目本土化的衡量，主要通过交流培训、HSK 考试和"汉语桥"比赛三个方面项目的本土化程度来加以评估。孔子学院项目本土化的指标 A_4 下面分设交流项目本土化（B_{13}）、培训项目本土化（B_{14}）、汉考项目本土化（B_{15}）和比赛项目本土化（B_{16}）4 个二级指标。

1. 交流项目本土化

孔子学院开展的交流项目主要有学生夏令营/冬令营、校长/议员访华团、"三巡"文化交流项目、新汉学计划项目等。评估交流项目的本土化程度，重点在于考察孔子学院开展的交流项目是否得到外国相关人群的充分关注和参与，项目参与人数越多，越能够反映出项目的开展符合相关人士的实际需要——这是从参与者数量衡量的指标；另外，孔子学院的项目经理是如何评价这些项目及其运作的，他们欢迎不欢迎、愿意不愿意配合这些项目？主观态度和组织进程是否顺利很难衡量，而这些活动的成功率高不高则能从一定侧面说明一些问题，这是从组织者角度衡量的指标。如关于"三巡"文化交流项目，这是汉办的重点项目，组织专业演出队伍或专家或图片实物展览，通常耗资巨大，孔子学院院长和项目经理也要花费不少时间、精力来保证这些项目落地，如寻找场地、组织观众，最终这些项目能吸引多少当地民众师生参加？这些项目组织是

---

① 《项目看孔院：孔子学院项目一览》，国家汉办/孔子学院总部网站，http://conference2017. chinesecio. com/news/detail21. html。

否顺利、成功率高不高也是一个因素。① 因此，除了参与人数，这里也计入了项目组织次数，二者相加构成了交流项目本土化指标（B_{13}）。

2. 培训项目本土化

建立数量充足、质量优良的本土化师资队伍是提高孔子学院本土化程度的重要基础。因此，培训项目本土化最重要的体现是对汉语教师的培训，主要包括汉办派出教师的本土化培训、针对本土教师的培训（教师本土化指标中本土教师通过 HSK4 级的占比与此相关），以及总体上针对汉语教学、中国文化或新教材使用、新教法推广的师资教学培训。另外，近几年"一带一路"沿线和发展中国家中比较突出的培训是对当地民众、社区公众开展的就业技能培训，主要是"语言＋"培训，也有个别是文化教育、风土人情或法律法规方面的实用信息培训。培训项目本身的本土化程度越高，越能够反映当地需求，培训的参与度也就越高。所以孔子学院培训项目的本土化指标，可以化繁为简通过参与培训人数来进行测量。分值越高，反映出孔子学院培训项目越受欢迎。

3. 汉考项目本土化

国家汉办目前已开设汉语水平考试（HSK）、汉语水平口语考试（HSKK）、中小学生汉语考试（YCT）、商务汉语考试（BCT）

---

① 本人任职英国卡迪夫孔子学院期间（2014—2016），正值孔子学院庆祝 10 周年活动、迎接刘延东副总理访问卡迪夫、习近平主席访问英国等重要外交外事活动，"三巡"文化交流项目也很多，但由于通知较为急促、预留准备时间不长，外方经理对此颇有微词，称其作为兼职经理不可能在短期内将全部精力投入某个项目中去，并明确表示没有提前半年通知的项目均不可能运作，请中方院长注意并转达中方……这一案例从一定程度上反映了项目运作本土化的一个方面，即没有与对方的管理模式、工作模式对接，不符合对方的工作习惯、模式、规划和预期。如今汉办项目运作日益成熟，已经基本上实现了规范化、制度化、程序化，这一点从通知时间越来越提前、双语通知越来越多，以及汉办网站上详细的巡演流程图可以看出（汉办巡演流程图可见 http://www.hanban.org/cooperation/jlhzlct1.html）。

等多种汉语考试。目前在全球 137 个国家和地区设立了 1147 个考点。提供网考服务考点 453 个，网考覆盖率 39.5%。2018 年全球各类汉语考试人数达 680 万人。[①] 考试项目本土化指标（B_{15}）可以通过考试的参与率来获得测量。以孔子学院为单位，选取最具代表性的汉语水平考试（HSK），一段时间内参与考试总人数占孔子学院学生总数的百分比（C_{23}），可以作为评价孔子学院考试项目本土化程度的主要指标。同时，以学生参与 HSK 的通过率（C_{24}）作为参数衡量 HSK 项目运行是否成功的另一标准，以参与率和参与效果两个方面来反映 HSK 项目本土化的整体情况。

4. 比赛项目本土化

孔子学院开展的比赛项目主要包括"汉语桥"世界大学生中文比赛、世界中学生中文比赛、全球外国人汉语大会等。"汉语桥"比赛已经成为知名度非常高的汉语"奥林匹克"、汉语高手的"武林大会"，一些选手通过地区赛、本国赛、中国总决赛一路"过关斩将"，期间上电视、受采访、捧大奖一举成名，享受明星般欢迎和赞誉。在"一带一路"沿线这一项目对于梦想出国、留学中国、拿奖学金的学生就更有吸引力。孔子学院比赛项目的本土化程度，一方面可以通过比赛项目的参与度来进行评估，即以孔子学院为单位，参与该学院比赛项目学生数占学院学生总数百分比（C_{25}）；另一方面通过比赛得奖情况来进行评估，即以孔子学院为单位，该院比赛得奖次数占总参加次数的百分比（C_{26}），以此衡量其参加比赛的结果。由于层层选拔、奖项众多，仅三大比赛中的"汉语桥"世界中学生中文比赛中就有地区预选赛、赛区比赛（通常一个国家一个赛区，但大国被划分为两个或以上赛区）、洲际决赛、来华决赛，最终得奖的奖

---

① 《孔子学院 2018 年度发展报告》，http：//www. hanban. org/report/2018. pdf。

项又有团体奖和个人奖。[1] 为计分方便，年度总冠军可得满分外，其余按五大洲洲冠军和个人一等奖、团体奖和个人二等奖、来华决赛、洲际决赛、赛区比赛、预选赛依次递减计分。由于得奖孔子学院实属凤毛麟角，因此实际统计时按奖项高低计分并不特别复杂。

　　总之，在孔子学院本土化的评价指标设计中，总的指导原则是化抽象为具象，化复杂为简单，化质性为量性，从本质上反映本土化要求，最高目标是能否与当地结成一体——形成利益、责任和命运共同体，当然这一立意与主旨无法直接通过某一指标表现，只能将其贯穿其中。

表3—1　　　　　　　　孔子学院本土化指标体系框架[2]

一级指标	二级指标	三级指标	权重
教学本土化（A_1）30%	师资本土化（B_1）	本土教师占专职教师总数百分比（C_1）	5%
		本土教师通过 HSK4 级的占本土教师总数百分比（C_2）	3%
	教材本土化（B_2）	本土教材与自编教材在全部教材中的占比（C_3）	6%

---

　　[1]　团体奖中有团体总冠军1个，团体洲冠军5个，团体优胜奖15个，最佳人气团体奖1个，优秀人气团体奖3个。个人奖中有选手综合一等奖3名、二等奖6名、三等奖10名；选手单项奖5名：最佳口才奖、最佳风采奖、最佳创意奖、最佳表演奖、最快进步奖各1名；最佳人气个人奖1名，优秀人气个人奖3名。除以上奖项外，其余参赛选手获得个人优胜奖。《第十一届"汉语桥"世界中学生中文比赛活动方案》，http://bridge.chinese.cn/s11/160/160_3783_1.html。

　　[2]　在该表设计过程中，得到新加坡南洋理工大学孔子学院梁秉赋教授、南洋理工大学公共管理研究生院马思睿博士、意大利罗马大学孔子学院中方院长张红、德国杜伊斯堡—埃森大学鲁尔都市孔子学院中方院长刘靓、纽伦堡—埃尔兰根孔子学院中方院长李锷（原伦敦孔子学院中方院长）、南非斯坦陵布什大学孔子学院中方院长王颖（原英国纽卡斯尔大学孔子学院中方院长）、美国特洛伊大学孔子学院中方院长方丽、山东大学国际教育学院副教授王彦伟、厦门大学公共事务学院博士生李凌羽同学等人的帮助、启发和建议。

一级指标	二级指标	三级指标	权重
教学本土化（A_1）30%	汉语课程本土化（B_3）	中文是否纳入本国、本地教育体系，孔院中文课列入学分课的情况（C_4）	5%
	学生总数（B_4）	大学生、中小学生、成人生总数（C_5）	6%
	教学覆盖情况（B_5）	孔子课堂与教学点数量总数（C_6）	5%
文化活动本土化（A_2）20%	推广类活动（B_6）	节日庆祝、演出类活动参与人次（C_7）	3%
	学术类活动（B_7）	讲座、研讨会、论坛参与者人次（C_8）	5%
	互动类活动（B_8）	文化体验、展演展示等活动参与人次（C_9）	4%
	活动量与报道量（B_9）	文化活动的总次数（C_{10}）	5%
		当地媒体报道情况（C_{11}）	3%
管理本土化（A_3）25%	活动管理本土化（B_{10}）	中外两校、两地、两国官员、议员、名流、专家参与活动情况（C_{12}）	5%
		活动当地合作伙伴的数量（C_{13}）	3%
	教务管理本土化（B_{11}）	外方院长是否全职，在大学所任职务、能力、工作量（C_{14}）	3%
		核心教师岗位申请及汉语师范专业设置情况（C_{15}）	3%
		孔院理事会运作情况（C_{16}）	3%
	财务管理本土化（B_{12}）	外方学校投入、社会捐助、办学收入占总收入的百分比（C_{17}）	5%
		资金使用方式、内容本土化情况（C_{18}）	3%
项目本土化（A_4）25%	交流项目本土化（B_{13}）	夏令营、奖学金项目次数、参与人数（C_{19}）	3%
		新汉学计划、高级访华团次数和参与人数（C_{20}）	4%
	培训项目本土化（B_{14}）	师资、教学培训参与人次（C_{21}）	4%
		社区民众就业、技术培训参与人次（C_{22}）	3%
	汉考项目本土化（B_{15}）	参与 HSK 考试总人数占学生总数的百分比（C_{23}）	4%
		学生参与 HSK 考试的通过率（C_{24}）	2%
	比赛项目本土化（B_{16}）	参与比赛项目学生数占学院学生总数百分比（C_{25}）	3%
		比赛获奖次数占总参加次数百分比（C_{26}）	2%

　　注：表格在博士生李凌羽协助下制作。为减少三级指标数量，化繁为简，对其进行了合并，也即很多三级指标是复合型指标，实际上不存在一个二级指标对应一个三级指标的情况。

三 孔子学院本土化评价指标的赋值

以上介绍了孔子学院本土化指标体系的4个一级指标、16个二级指标、26个三级指标的层级构成情况，下面专门就这些指标的赋值情况予以解释说明。

（一）权重分配

从前文中评价指标建构的若干基本原则出发，对各级指标做出如下权重分配：

1.4个一级指标

教学本土化占30%，文化活动本土化占20%，管理本土化占25%，项目本土化占25%。教学本土化指标权重最大，这是由孔子学院的办学性质决定的。管理本土化、项目本土化次之，文化活动本土化得分较少，因为在这里项目打破了教学、文化两大板块的划分方法，包含了汉办运行的多个项目，有的还与文化活动有交叉重叠，这也是文化活动本土化指标分值较少的原因。

2.16个二级指标

相应的二级指标与三级指标在此基础上进行进一步的分配。16个更为具体的二级指标分值中，教务管理本土化（B_{11}）赋值最高，达9%。另外，师资本土化（B_1）、活动管理本土化（B_{10}）、财务管理本土化（B_{12}）各占8%，文化活动的总量及新闻报道情况这一综合指标（B_6）也占8%。总体上体现教学是核心，管理是关键，教师很重要，人、财、物并重的理念。

3.26个三级指标

三级指标共细分为26个，包含了师资、教材、招生管理、教务管理、资金来源与使用以及各类项目等，涉及孔子学院的方方面面。26个指标将孔子学院活动进行的量化表达，构成了整个评估体系的基本支撑点。在对这些三级指标进行量化打分的基础上，进行相应权重的计算并求和，最终即可得出被评估的孔子学院本土化程度的总得分。评分指标体系的总分为 100 分。

（二）赋值方式

以上教学本土化指标有客观测量指标、主观评价指标和主客观混合指标之分，在具体评估中有不同的赋值方式。

1. 直接赋值

客观测量指标可以从获得的客观数据再通过一定的加权计算之后直接得分。如某孔子学院的本土教师 7 人、专职教师总数 20 人，那么其占比是 35%，根据权重本土教师占专职教师总数百分比（C_1）权重为 5%，因此该栏目得分为 1.75 分。在总的指标体系中，客观测量指标共占其中的 78%，尽可能用数字说话，客观直接反映孔子学院的本土化进程。

2. 间接赋值

在指标的性质方面，为了充分反映孔子学院在本土化过程中的实际情况和效果，该评分指标体系在确保客观测量指标占主导的情况下，也包含了一定的主观评价成分，因此这些指标是主客观混合评价指标，对此无法通过直接测评得分，而要通过访谈、调查问卷等方式从受访者那里获得相关认识和评价，再将这些认识和评价转化为分数，最终通过加权，按照一定的权重计入总得分当中。如关于课程本土化的得分，即中文是否列为该国教育体系、孔子学院开设课程是否列入大学专业课和学分课等情况，在给具体的孔子学院评估时往往要使用间接赋值。比如，有的孔院在本科生和硕士研究生中开设了汉语选修课，此后又协助所在大学设置了汉语专业；还在当地中学中开设了常规性汉语课程；在小学中也开设了较为固定的汉语俱乐部和文化体验课程。针对该孔院课程本土化指标，无法直接赋值，只能综合考虑和横向比较后间接给分。

3. 综合赋值

为使评价更客观、更有数据可依，研究中尽量避免纯主观评价，而是采用混合评价的方式，即将主观评价与客观数据相结合，如某人类活动中的参与人数的分值，可以按 500 人以上的计 5 分，400 人以上的计 4 分……100 人以上的计 1 分来计算，还可根据当地人口数量在人工赋值时灵活处理，避免不同孔子学院之间过大的偏差。最后得分在进行综合处理时，注重受访者体验及对孔子学院本土化的引导与激励作用。如一些孔子学院目前客观上得分较小，但他们事实上采取了不少措施，只是由于客观原因、特殊原因无法获得"漂亮的数据"，由受访者对孔子学院本土化成效进行主观评分时，体现一定倾斜，以反映该孔子学院进行本土化的主观努力。主客观综合评价指标占总分值的 22%（主要体现在 C_4、C_{11}、C_{14}、C_{15}、C_{16}、C_{18}、C_{26}），能够体现出孔子学院的本土化是否对孔子学院的运行产生实际影响，获得相关参与者的主观认可。

（三）赋值理念

尽管赋值方式不同，孔子学院本土化评价体系在分值获取和计算时并非没有章法，也不乏严谨性，而是基于以下几个基本原则：

1. 教学和管理活动并重

本指标体系在衡量孔子学院的本土化程度时，把教学和管理放在本土化的核心地位，通过提高权重在分值上给予充分体现。因为教学是孔子学院的主业，教学质量是生命线，教学本土化则是保证，因此教学本土化在一级指标中占比最大，分值高达 30%。但是教学本土化是一个过程，不可能一蹴而就、一劳永逸地解决，教师本土化需要时间训练、培养和招募，教材和教法本土化需要在实践中反复锤炼，课程纳入国民教育体系和学分系统除了自身努力还需要外在机缘。在这一过程中，管理将发挥巨大的作用，优质的、高效的管理本身就是一种资源，会在一定程度上弥补不足，将有限的条件和资源发挥最大效用，将不利和局限抑制到最小可能。中国有句古话"吃不穷，穿不穷，打算不到就受穷"讲的是同样道理。孔子学院是中外多方合作的产物，管理协调是非常重要的。鉴于管理是资源，也是善用资源的能力，是生产力的一个方面，在指标设计中将三个方面的管理置于突出位置，赋予较高分值。

2. 普遍性与特殊性统一

为使指标体系具有较好的适用性，在此遵守普遍性高于特殊性的原则。如在项目本土化指标（A_4）中，比赛项目本土化（B_{16}）很能体现孔子学院的本土化水平和成就，汉语桥比赛的优胜者们无论是语言水平还是文化功力都很高，与所在孔子学院教师的得力指导和学生本人的勤学苦练是分不开的，在一定程度上能够折射出该孔子学院的办学水平和教与学的本土化状况。但从全球孔子学院整体看，从更注重"短、平、快"实用效果的沿线发展中国家孔子学院看，在高水平比赛中获得佳绩很难，冠军更是可遇而不可求。考虑到这些因素，对比赛项目本土化（B_{16}）的赋值在项目本土化指标中最小，低于交流项目本土化（B_{13}）、培训项目本土化（B_{14}）和汉考项目本土化（B_{15}）的分值。

3. 原则性与灵活性兼顾

没有原则性，赋值时尺度随意就失去了评价的意义，但如果不注重变通性和灵活性，不考虑具体情况，则会导致评价失真。例如孔子学院的几大类文化活动都很重要，功能、特点各不相同，不能厚此薄彼而忽略任何一个方面，这是原则上的把握。但在三类活动中，推广类活动由于观赏性、表演性都很强，容易吸引人，因此这类活动参与者数量多，且参与没有设置门槛和任何要求。因此对推广类文化活动指标的赋值（B_6）占比不宜与另两类活动分值"一视同仁"。因为在学术类活动中，参与者有一定的门槛要求，投入的时间、精力也比较多，与会中交流探讨比较深入充分。这类活动产生的学术、专业影响也比较大，鉴于这些特点，对学术类活动指标（B_7）的赋值应该比推广类活动指标的赋值高，因此设为 5%。互动类文化活动在参与者数量上、时间投入上、对参与者要求和影响上介于以上两种活动之间，因此对该指标（B_8）的设计分值也介于推广类活动和学术类活动之间，设为 4%。

　　总之，本指标体系依据指标设计的一般原理，针对孔子学院精心设计，基于孔子学院特点分类赋值，学术性、专业性强，各种因素考虑周全，可适用于不同周期的孔子学院本土化程度的评估，如年度评估、院长任期评估、三年评估、五年评估等。不过需要说明的是，这一套指标体系是针对孔子学院的，孔子课堂因为仅仅是教授中小学汉语的课堂，文化活动范围也较小，组织管理上基本上以所隶属的孔子学院为单位，不涉及管理、资金等问题，故这套指标体系不太适用于孔子课堂本土化程度的评价。即使是在孔子学院层面，以上指标基本上反映一般孔子学院而非特色孔子学院，特色型孔子学院功能、任务、情况特殊，如舞蹈孔子学院本土化肯定不用语言培训这样的指标来测评。作为对孔子学院本土化发展指标的首次开拓性、尝试性设计，这些指标及赋值能否反映孔子学院本土化的全貌，还有待实践检验。仅仅在研究进行的几年时间里，设计方案就进行过不下十次大大小小的修改，常常因为看到一些孔院的新实践、新经验而重新设置新的子项指标。同时也多次反躬自问，通过这样的指标算出来得分最高的孔子学院是不是发展最好的孔子学院？全球示范孔子学院、历年孔子学院大会上表彰的优秀、模范孔子学院是汉办评选出来的发展好的孔子学院，如果本土化得分高的孔子学院与这些孔子学院毫无交叉重合之处，那说明我们的指标存在一定的问题，还有待优化，当然本土化好的孔子学院与优秀、示范孔子学院的评价体系不同，不可能完全交叉重叠。本土化进行得较好的孔子学院应该是深受本土认同（官方认可、孔子学院师生认可、民众认可）、为当地做出一定贡献并有一定知名度和美誉度的孔子学院。因此，本土化较为充分的孔子学院除了与汉办的表彰，还应与所在大学师生的评价、当地民众的感受、新闻媒体的报道密切相关。下面我们拟选取"一带一路"沿线的新加坡南洋理工大学孔子学院进行个案考察和人物访谈，以检验本土化指标是否能够反映其本土化发展情况。该孔子学院的本土化作为有哪些？口碑和效果如何？在指标体系中得分情况如何？下面我们通过典型案例来进行更深入细致的考察和检验。

第二节　新加坡南洋理工大学孔子学院本土化案例分析

新加坡南洋理工大学孔子学院位于"一带一路"海上丝绸之路枢纽地带，是新加坡唯一的孔子学院，也是东南亚开办历史较早、公众汉语基础良好、语言文化与学术活动高端、管理运作成熟有序的一所孔子学院，同时也是本土化发展较为成功的孔子学院，曾荣获"2010 年先进孔子学院"的荣誉。

一　南洋理工大学孔子学院开设课程

南洋理工大学孔子学院（简称"南大孔院"或"南洋孔院"）成立于 2005 年 8 月，由汉办与新加坡南洋理工大学签署合作协议，合建学校是中国山东大学。2007 年 7 月 14 日，南洋理工大学孔子学院正式启动，新加坡内阁资政李光耀亲自到场，与中国全国人大常委会原副委员长许嘉璐教授共同主持开幕典礼。南洋理工大学孔子学院成立后，得到新、中两国的大力支持与高度关注。新加坡总统纳丹夫妇两度访问孔子学院，新加坡前后几任教育部部长尚达曼、黄永宏、王瑞杰、王乙康均到访过孔子学院或主持活动或考察。2009 年 4 月 24 日，中国国务委员刘延东、教育部部长周济一行也前来访问孔子学院并听取了工作汇报。2009 年 6 月，南洋理工大学孔子学院承办了国家汉办组织的"亚洲地区孔子学院联席会议"，原汉办主任许琳等出席。新加坡现任副总理、曾任教育部部长的王瑞杰先生先后于 2014 年、2015 年莅临指导。2018 年，时任教育部部长王乙康先生受邀主持《状元学堂·亲亲华文》学前教材发布会。从开国总理、时任总统、几任教育部部长莅临孔子学院的情况来看，南洋理工大学孔子学院深受新加坡政府的重视。

南洋理工大学孔子学院是新加坡唯一一所孔子学院，其定位是高层次的中华语言与文化教育机构，使命是"提升新加坡华文的整体资源、教学水平与学术研究，促进新加坡与中国的学术交流，扩大与世界华人、华社的联系"，愿景是"成为世界一流的孔子学院"。南洋理工大学孔子学院的网站主页是这样自我介绍的——"在中国国家汉办与山东大学国际教育学院的鼎力支持下，南洋理工大学孔子学院将陆续聘请中国大专院校著名学府的教授学者，根据东南亚各国实际情况，编写适用的教学大纲，为社会团体、企业以及个人提供广泛的中华语言文化课程，协助促进华语、中华文化、中国研究及商用中文在新加坡及本区域的整体发展。南大孔子学院也将继续通过举办各类文化活动、学术交流，为东南亚地区提供权威的华语教学资源，并持续不断地总结和研究，为中华文化的长远发展提供健康且多元的养分。"[1] 寥寥数语说明了南洋理工大学孔子学院扎根本土、立足区域，提供权威资源、多元服务的定位与宏愿。新加坡会说华语的人口大约占 70%，公众汉语环境好，简体字书写与中国大陆完全一致。2008 年 9 月 6 日，新加坡总理李显龙宣布成立新加坡华文教研中心（Singapore Centre for Chinese, LANGUAGE SCC），这是新加坡教育部和国立教育学院合作设立的加强

---

① 学院介绍，南洋理工大学孔子学院官方网页，http://ci.ntu.edu.sg/chi/aboutus/Pages/default.aspx。

华语华文学习的教研与培训中心。2009 年 11 月 17 日，内阁资政李光耀先生亲自揭幕。教研中心成立的宗旨是加强双语环境下华文作为第二语言的教学成效，并满足以非华语为主要家庭用语的学生学习华文的需要。教研中心通过提供优质的培训课程，提升华文教师的教学素养、教学能力与专业水平，并尽力促进华族语言文化在新加坡的发展。新加坡华文教研中心设在南洋理工大学，但是一个拥有自主权的独立机构。中心的使命是"双 T"：提供优质教研培训（training）、建立新加坡华文教学（teaching）品牌。①良好的公众汉语基础和健全的华文教研机制，意味着南洋理工大学孔子学院只有提供与众不同的服务，才能凸显它的存在价值和本土意义。在现任院长梁秉赋博士看来，提供包括"多主办一些跟中国语言、文化等有关的学术性讲座"以及比较高端的教学和课程是其特色和定位。南洋理工大学孔子学院所提供的语言文化课程主要分为三类：中小学课程（状元学堂）、成人课程以及文化课程。这三类课程都是基于新加坡的语境和社会背景开设的，和其他孔子学院比较一致的地方是在成人课程中开设了基本中文课程、商务中文和交际华语课程。

（一）中小学课程：状元学堂

状元学堂是专门为 3—16 岁的华族学生开设的课程，以强化他们对中文的认知以及理解能力，也被称作华语强化班，有助于从小培养孩子们对华语的兴趣及对中华价值观的认同。新加坡教育部每隔几年都会修订与发表最新的课程标准，2015 年课程标准的总目标为"培养语言能力""培养人文素养"以及"培养通用能力"。状元学堂课程响应了新加坡教育部的三大目标，帮助学生们强化自己的语文能力，体现了南洋孔院植根本土的思路。该孔院和其他国家

---

① 新加坡华文教研中心网站，https://www.sccl.sg/zh。

尤其是西方国家的孔子学院不同的是，在这里学生们不只是学习华语、接触中华文化，而且还学习中华文化价值观。南洋理工大学孔子学院应当地不少学校，如南华小学、辅华小学、士林中学、道南小学和花菲卫理小学等要求，帮助他们共同举办文化学习营。其中的项目不只是让学生学书法、彩墨画等，而且在具体的教学方针与目标中，注重灌输和中国哲学有关的价值观。2015 年 7 月 28 日，时任新加坡教育部部长的王瑞杰先生在南洋理工大学孔子学院举行成立 10 周年庆典上发表演讲说，南大孔子学院在辅助和加强新加坡学生汉语及儒家思想教育上做出了杰出贡献。除语言学习外，对中国文化中思想、价值观的学习更为重要，这也是新加坡教育部把儒家思想纳入教材的重要原因。他表示，在全球化思潮影响下，未来栋梁如何立足本土、建立与世界的联系将是国家发展面临的关键课题。青少年可以通过对儒家思想的学习，找到答案，从而更好地建设新加坡。① 建国总理李光耀多次强调华校有优良的传统，并且肩负着传承华族文化的责任。在维护汉语教学和中华文化问题上，新加坡传承中华文化的做法与西方国家的防范之心形成了鲜明对照，除了其华族人口占绝大多数的现实原因外，其观念开放、多元、包容与自信也是富有启发性的。②

（二）成人课程：重中之重

在南洋理工大学孔子学院，成人课程是重头戏，这里的成人课

① 《新加坡南洋理工大学孔子学院举行成立十周年庆典》，中国侨网 2015 - 07 - 30, http://www.chinaqw.com/hwjy/2015/07 - 30/58900. shtml。

② 2019 年 3 月 21 日，由华侨领袖陈嘉庚倡办的东南亚第一所华文中学——华侨中学举行百年校庆，新加坡总理李显龙出席校庆万人宴，并呼吁每一所学校像华中那样，倡导开放包容的精神，维护新加坡多元文化社会的根本。李显龙说："我们应该加强对各族母语的教导，丰富我们社会的底蕴，进一步巩固新加坡多元种族、多元文化的国家身份。"参见《总理：优良传统华校以新形式保留 特选学校肩负传承华族文化责任》，新加坡《联合早报》2019 年 3 月 22 日。

程因地制宜，设置规范，种类繁多，语言、文化并重，主要包括汉语国际教育专业文凭课程和商务翻译及口译文凭课程等专业文凭课程，及众多非文凭成人课程。

表3—2　　　　　　　南洋理工大学孔子学院专业文凭课程

	汉语国际教育专业文凭课程	汉语商务翻译及口译文凭课程
课程定位	本课程特为有志于从事汉语教学事业的工作者而设，通过系统化的训练，使学员具备汉语作为外语或二语教学的专业能力，为其创造在国际学校、语言中心，以及新加坡教育机构中任职的机会。	本课程主要为那些在职场上需经常用中文与中国客户交际，或希望掌握中、英双向笔译与口译基础理论与基本技巧的专业人士所量身定制的，旨在加强学员的双语能力，并提高其市场竞争力。
课程宗旨	掌握作为一名汉语或华语教师所应具有的基础学科知识与教学技能；了解如何在汉语作为一种国际语言及华语作为一种官方语言这一大背景下，所应采用的相应教学法；具备在新加坡、东南亚地区以及国际上（特别是英语语系国家）从事汉语教学工作或教育行政管理的能力。	确切了解中、英两种语言的差异；掌握并了解英—汉及汉—英的翻译技能；掌握各种常见商贸文件的双向翻译技巧；掌握口译窍门，及其基本技巧；学会并熟练使用各类电脑翻译软件。
主要特色	扎实的中国语言与文化基础学科训练；最新的对外汉语教学、汉语国际教育及新加坡华语教学法的综合性训练；优质的课程后持续进修与深造机会。	为有志从事翻译工作者创造专职或兼职就业机会；与中国顶尖大学合作。比如口译课程便是在中国著名的外语人才培训基地——北京外国语大学进行。
师资力量	由本国与国外的资深学人组成的一流教师团队。授课语言：中文。	由本国与国外的资深学人组成的一流教师团队，以及从事专业翻译工作的行内资深人士。授课语言：中文与英文。
课程要求	共有8门科目，为期10个月。每一科目的总课时为30小时，计为3个学分，学员必须修满所有8门课，考获24个学分才可毕业。	学员需修读8门课，为期10个月。每一科目的总课时为30小时，计为3个学分；学员必须修满所有8门课，考获24个学分方可毕业。

	汉语国际教育专业文凭课程	汉语商务翻译及口译文凭课程
主要科目	现代汉语、中国文化常识、对外汉语教学理论与实践、阅读与写作教学、教育心理学、比较语言学、中国文学通论、中国现代散文与诗歌赏析（每门课3学分）	英汉对比语言学、实用英汉翻译技能训练、实用汉英翻译技能训练、商业文书翻译、实用翻译专题——新闻、法律与科技翻译、中英交替传译、英中交替传译（每门课3学分，后两门传译课程在北京外国语大学高级翻译学院上课）
	学员修毕全部8门科目（且各科之出席率皆不低于75%）并通过学院考试，将颁获南洋理工大学孔子学院的专业文凭。	

资料来源：表格自制。根据南洋理工大学孔子学院网站信息整理。

1. 汉语国际教育专业文凭课程

汉语国际教育专业文凭课程是南洋理工大学孔子学院培养非政府公立学校（即国际学校、语文中心和补习学堂）的本土华文教师、提高教师素质的重要措施。专业任课教师绝大多数来自新加坡两所国立大学，即新加坡国立大学和南洋理工大学，也有个别专家来自中方合作学校山东大学。对南洋理工大学孔子学院来说，由于没有中方院长，也没有汉办派的教师，这些针对本土的长期项目，都是依靠培训本土教师完成，更高端的项目则聘请这些领域的相关专家开设。这样避免了汉办教师和志愿者任期时间短、交接时间长、教法不适应、工作环境差异大、生活水土不服等可能对教学造成负面影响的因素。

2. 商务汉语翻译及口译文凭课程

商务汉语翻译及口译文凭课程主要针对在新加坡工作的人士，其中除了祖籍来自中国的华裔员工之外，也有来自泰国、印度尼西亚、越南、欧美国家等在新加坡工作的人员。鉴于华语（Mandarin）是新加坡的官方语言之一，加上新加坡近年来越来越成为中国人热门的投资置业、探亲旅游目的地，新加坡劳动力发展局

（WDA）推出了 Chinese Workplace Literacy 计划（"工作场所高级华语"培训项目，简称 CWPL），鼓励大家在工作场合使用正确和适当的华文华语，也就是所谓的商务汉语（Business Chinese）。[①] 那些没有华语背景但是想学习的工作人士也能够参与此计划，以便在这个多语国家能够在工作场合以华语顺利沟通。完成课程并通过考试后，学员们能够获得汉办认可的商务汉语证书（听说、写作、阅读三个环节），证明他们的华语实力。而南洋理工大学孔子学院是新加坡劳动力发展局审批及认定的 4 所教育机构之一，孔子学院编写的商务汉语课程已经通过了新加坡劳动力发展局的审批。梁秉赋院长和他的团队通过不断修订与进步使课程紧扣新加坡的商业发展和需求，让学员们能够获得最新资讯，从而让学习与工作实践更加相关。这是本土化的一种独特路径和方式。[②]

3. 非文凭成人课程

除了专业文凭类课程外，南洋孔子学院还根据学员需求开设了一些有助于职业提升和文化素养的语言文化课程。以 2018 年春夏季学期为例，这类课程主要有[③]：

《汉语拼音课程》（Introduction to Chinese Phonetics/Hanyu Pinyin）[④]，共 6 堂课，每周 1 堂课，每堂课 3 小时；

---

① Singapore Workforce Development Agency, "Chinese Workplace Literacy," http: //www. ssg － wsg. gov. sg/content/dam/ssg － wsg/ssgwsg/news/media － release/ 19092011/Annex%20B. pdf.

② Chua Cindy Sin Ni/蔡欣霓：《论南洋理工大学孔子学院的本土化与社会功能》，硕士学位论文，南洋理工大学，2015 年。

③ 《南洋理工大学孔子学院快讯》2018 年第 1 期，http: //ci. ntu. edu. sg/eng/ Documents/CI_e_Newsletter. Jan%202018. higher_res. webcopy. pdf。

④ 新加坡 50 岁以上的那几代人，在他们成长的过程中没有机会学习汉语拼音（多数只学习过注音符号），但现在电脑和手机的输入打字主要依靠汉语拼音，因此这个年龄段的人有学习汉语拼音的需要。该课程正是为满足这部分人的需要而开设的。在此感谢新加坡公民郭有福先生现身说法，讲述他学习拼音的经历。

《HSK 日常汉语》（Daily Chinese HSK），每个级别共 10 堂课，每周 1 堂课，每堂课 3 小时；

《财务与会计汉语》（Professional Chinese in Finance and Accounting），共 10 堂课，每周 2 堂课，每堂课 3 小时；

《领导学：中华古典智慧》（Nurturing a Leader：Wisdom from the Ancient Chinese Philosophies），共 4 堂课，每周 2 堂课，每堂课 3 小时；

《中文应用文写作》（Applied Writing in Chinese），共 4 堂课，每周 2 堂课，每堂课 2—3 小时。

这些课程兼具专业性与趣味性，满足了特定人士的需要，具有开阔视野、提升品位、激发兴趣之效果，满足了新加坡学习型社会的多样化需求，同时在一定条件下还成为专业文凭类课程的前期引导类课程，体现了课程设计不拘一格、以人为本的本土化精髓。2015 年该孔子学院还曾开设过《中国通商策略与法则》，该院网站上的介绍颇为有趣："到中国做生意孰难孰易？中国的经济快速增长速度之快已是不争之实，要搭上中国经济增长列车，正是时候！本课程将教授大家在中国通商之道：从理论到实际操作，人脉的建立、实战经验的分享、项目投资及管理的蓝图设计，皆有涉及。学额有限，尽快报名，以免向隅！"① 其时代化、本土化的气息扑面而来。

（三）文化课程：名师学堂

南洋理工大学孔子学院文化资源部常年组织开展包括书法艺术、中国彩墨画、太极拳、八卦掌、认识中医、嗓音的应用与保健以及中文流行歌词创作与欣赏在内的众多文化类课程。南洋孔子学院将语言和文化作为孔子学院的双翼，以文化带动语言，以语言促

---

① 南洋理工大学孔子学院网站，http：//enewsletter. ntu. edu. sg/CINTU/ACP-CHI/Pages/201503. aspx。

进文化，诠释中华文化层出不穷的精彩与感动。文化类课程共包括"名师学堂"文化课程、精品论坛讲座、系列经典大观、高级管理研修项目、华乐器乐考级等系列。以"名师学堂"文化课程为例，自 2014 年开办以来广受欢迎，成为最负盛名的"拳头"品牌。

表3—3　　　　　　　　　　　"名师学堂"文化课程简介

课程名称		开课目标	课程特点
名师学堂文化课程	"认识中医"课程	本课程是提供给中医爱好者的初级课程，目的在于介绍中医的基本概念，中医诊断疾病原理，常见中药的认识，针灸经络知识等。内容包括关于糖尿病、抑郁症、妇科疾病、中医养颜美发等问题的中医防治与保健。同时还包括参观草药园、辨识中药，以及中医咨询、病例分析等内容。	本课程讲师均为南大中医顾问医师及中医师，拥有多年临床及教学经验。他们将发挥各自医术专长为学员传授中医知识并分享临床心得和学术成果，有助于使学员学以致用，学有所获。
	歌唱嗓音课程	该课是以实际演练为主的歌唱嗓音课程，通过学习麦格罗斯基发声法，让学员在经验丰富的麦格罗斯基发声法专业技师的引导下，掌握健康、自然与放松的歌声。学员可根据个别的歌唱爱好，把麦格罗斯基发声法运用到选唱的曲目。	通过演练麦格罗斯基发声法，掌握健康、自然、完美的歌声学习发声的基本原理（气息、发声器官和共鸣）及其科学依据、歌唱气息的运用、咬字吐词与共鸣。
	中华书法系列	本课程介绍汉字书写艺术、发展史、基本书写常识等，旨在使学员认识不同书体、书写技法，通过深入浅出练习，体会审美及其娱乐性。	学习书法、基础理论与实践练习配合。依实际情况予以个别辅导；以循序渐进、深入浅出为特点。
	中国彩墨画班	主要讲授花鸟鱼虫山水等中国画的重要绘画技巧，让学生领略中国画中诗、书、画、印相结合的艺术，从而使学习者怡情养性，亲手创作趣味盎然的画作，步入中西绘画技巧结合的独特意境，从而有助于平静心灵、疏解压力与消除疲劳，具有养生保健的功效。	通过讲授如何用水、笔、墨、色创作中国彩墨画，用传统书画艺术不可或缺的元素——"水、笔、墨、色"创作生动有趣的画作。将中西画技与中华书法相结合，创作别出心裁的作品。

续表

课程名称	开课目标	课程特点
奖项与竞赛（汉语桥为主，兼有其他国内小型分类比赛）	汉语桥中文比赛是孔子学院总部主办的大型国际汉语比赛项目，汉语桥活动有助于促进汉语和中华文化在新加坡的传播和推广，加深新加坡各族裔，尤其是青年学生对汉语和中华文化的了解和热爱。从2009年起每年承办汉语桥活动。	汉语桥活动为具有一定汉语水平的新加坡在读大学生提供一个提高能力、展示才华、增进友谊、不断进取的平台，并为在中国举行的总决赛选拔和培养优秀人才。
华乐器乐考级	成立广受本地及海外学术和艺术学府所承认与肯定的考级制度，设立一套统一方针，促进有系统的华族器乐训练，推动本地及区域对华乐的欣赏与认识。考级分为8个级别（第一级至第八级）及演奏文凭级别。	考级包括二胡、笛子、古筝、琵琶、扬琴、阮、柳琴、笙、中音笙、唢呐、中音唢呐、管、葫芦丝、大提琴、倍大提琴以及打击乐16种乐器。

资料来源：表格自制。根据南洋理工大学孔子学院网站信息整理。

南洋理工大学孔子学院除了开办个人学习的课程，也为公司开办特别定制的培训课程，给非华裔员工讲授基本华语。如为一些企事业单位定制的"高级管理研修班项目"（如果是侧重文化、礼仪类的则放在文化课程中）。南洋理工大学孔子学院近几年也开始与南洋理工大学的环球教育与交流处进行合作，如在暑假（7月）和寒假（1月）开办华语及中华文化的短期课程，供南洋理工大学和合作伙伴学校的外籍交换生选修。学生在完成这门84小时的课程以后会得到6个学分，而这些学分可以转化为自己所属大学的学分。基于南洋理工大学在学期内已经设有提供华语的课程，南洋理工大学孔子学院只有在假期提供此学分制的课程。另外，南洋理工大学孔子学院除了为新加坡公民和在新加坡居住或学习的个人与群体提供语言服务之外，也和相邻的马来西亚的一些机构合作开设课程。如，为训练、提升马来西亚教师的技能，南大孔子学院开设了高水平的汉语教学培训班，发挥其作为该地区"高层次的中华语言及文化机构"的枢纽作用。

二　南洋理工大学孔子学院本土化表现

以研究者和观察者的角度来看，南洋理工大学孔子学院在本土化方面表现可圈可点，成绩喜人。而在孔院的掌舵人看来，这似乎是天经地义的事情，也是孔子学院生存的"本能"。早在几年前，南大孔子学院中方（外方）院长梁秉赋先生在一次学生访谈中就表示，孔子学院的本土化也是环球化，因为孔子学院是一个环球性的成功。但这种环球化的成功是从本土化的成功中得以彰显的。就是说你连你在自己的环境成功都有困难的话，那就没有办法在全球化的方面取得成功。所以扎根本土应该是最关键的考量。[①] 在作者对梁秉赋院长的访谈中，他再次强调他作为生于新加坡、长于新加坡的公民，他们在孔子学院的工作自然要适应本土的环境和本土的土壤，本土扎根，才能够成功，这是最基本的道理。在对他的搭档、孔子学院助理院长何奕恺先生访谈时，何先生甚至否认本土化概念对他们的适用性。在他看来，孔子学院办在"本土"，他们的员工、老师来自"本土"，中文是新加坡的母语、通用语，中国文化是他们先辈母国文化，一切本来就是"本土"，

---

① Chua Cindy Sin Ni/蔡欣霓：《论南洋理工大学孔子学院的本土化与社会功能》，硕士学位论文，南洋理工大学，2015 年。

不用"本土化"。① 这是一种早已内化的、不自觉的"本土化",其研究价值也是独特的,以下将南洋理工大学孔子学院本土化成绩最突出的几个方面具体加以分析说明。

（一）课程教学本土化：南洋"华言侨语"

1. 课程开设贴近本土需要

南大孔子学院针对新加坡不同社会阶层、不同年龄人群的语言需求,设置了丰富多彩的系列语言课程：有面向自幼儿园至中学学生,依不同年级开设的孔子状元学堂和少年孔子文化营系列课程；有面向成年人的专业文凭课程、华语会话课程,以及为公司高级管理人员量身定做的商务华语课程等；还开设了丰富的文化怡养修研课程,如书画鉴赏、彩墨画、中医养生、歌词创作、汉字学堂、嗓音保健等,这些课程都紧贴社会需求,适合新加坡学习型社会、华人社会、老龄社会的特点,生源长年不衰,深得学员喜爱。南洋理工大学孔子学院位于南洋理工大学的主校区外,地处商务活动繁华地段,这仿佛预示着该孔子学院深入社会大众的程度高于他们服务大学的程度。《认识中医》就是一门社会服务类课程,其定位是提供给中医爱好者的一门初级语言文化课程。课程目的在于介绍中医的基本概念,讲解中医如何诊断疾病,常见中药的认识,针灸经络

---

① 南洋理工大学孔子学院助理院长何奕恺先生对本土化的理解深化甚至颠覆了作者此前对本土化的认识——以为中国语言文化是孔子学院要推广的,本土化是要推行的,没有意识到中国语言文化不只是中国的语言文化,语言文化可以"不用推广"（可以通过华人华侨自然传播、传递、传承）,本土化可以"自然天成"。南洋孔院没有刻意采取什么本土化措施,他们在自然而然地做这些事情,做这些他们看来是必要的、必需的事情,对孔子学院是好的、对的事情。因此,本文的提炼与总结如有不当和理解偏差,文责自负,这不是访谈对象的陈述,而是作者自己的观察。在此感谢不同地区工作的孔院人,总是能以他们的知识丰富、开拓、提升我的认识,使我从枯燥的研究中汲取智慧、获得乐趣,并不断升华对孔子学院这一研究主题的热爱和执着（这些本为研究的题外话,但此处并非无关）。

知识等。课程结合本土常见病症和学员比较关心的保健问题，会详细讲解关于糖尿病、抑郁症、妇科疾病、中医养颜美发等问题的中医防治与保健，同时还包括参观草药园、辨识中药，以及中医咨询、病例分析等实地考察内容。①

表3—4　南大孔院 2019 年春季学期成人课《认识中医》的课程大纲

日期	课程大纲
2019 年 3 月 23 日	第一讲：什么是中医
2019 年 3 月 30 日	第二讲：中医如何诊断疾病
2019 年 4 月 6 日	第三讲：针灸经络穴位的保健与治疗
2019 年 4 月 13 日	第四讲：扶正与祛邪中药的日常应用（包括参观草药园）
2019 年 4 月 20 日	第五讲：中医如何应付压力
2019 年 4 月 27 日	第六讲：中医如何控制糖尿病
2019 年 5 月 4 日	第七讲："五色补脏"食疗养生法
2019 年 5 月 11 日	第八讲：常见病的推拿保健与治疗
2019 年 5 月 18 日	第九讲：中医如何调理、保护脾胃
2019 年 5 月 25 日	第十讲：常见妇科病的中医防治与保健

资料来源：表格自制。根据南洋理工大学孔子学院网站资料整理。

《认识中医》这门课程广受欢迎并非偶然。新加坡是发达社会，2018 年人均 GDP 超出 90530 美元，远远超过了美国、日本、韩国等国家。新加坡不仅人均收入高，而且人均寿命长，其人均寿命排名世界第三，为 83.1 岁；平均预期健康寿命排名世界第二，为 73.9 岁。精致经济、精致环境、精致保健是新加坡的重要特征，民众普遍注重保健、推崇中医，因此开设中医保健课程在华人为主的新加坡广受欢迎。南洋理工大学孔子学院开设《认识中医》可谓把

---

① 《"认识中医"课程》，http://ci.ntu.edu.sg/chi/NewsnEvents/Pages/Events-Detailed.aspx? event=ef4f1e54-9155-486c-a64c-d1e34c624100。

准了脉，同时也契合孔子学院所在大学开设中医课程的优势和条件。南洋理工大学是新加坡第一所培养中医本科学生的正规大学，新加坡政府（包括教育部及卫生部）重视支持中医学科发展。《认识中医》的授课教师均为南大中医顾问医师及中医师，拥有多年临床及教学经验，均能熟练使用中文授课。从时间安排看，授课时间为周六早上9点30分至中午12点，适合选课学生利用闲暇周末时间去听课。从课程内容看，非常适合"中医爱好者"的学员定位，有系统知识，有实地参观；有疾病诊治，有日常保健；有基础知识，有技能手法；有综合中医，也有分类专科。教师可以发挥各自医术专长为学员传授中医知识，分享临床心得和学术成果，学生多方面的兴趣、需要都能从中得到满足。

2. 教材内容紧扣学员特点

南洋理工大学孔子学院梁秉赋院长认为，在新加坡这样一个以英语为主要工作语言的国家里，如果在学校里教授华文的话，要用哪种教科书很关键，因为学生没有学习汉语的大环境，中国国内编的教科书跟新加坡学生的环境不一定契合。新加坡的华人家庭因祖籍地、文化背景等不同，有的在家里讲方言（闽南话、潮州话、广东话、客家话、海南话是几大方言），有的在家里讲中文普通话，也有的家里几代人都完全不讲中文，而这些家庭的子弟跟其他国家的孩子其实没什么两样。因此，梁院长认为新加坡的华文课程要分成很多种类型，不同家庭背景的孩子，不可能用一样的教材。① 南大孔子学院在教材编写过程中深刻体察新加坡的多语环境，同时确保教材使用的中介语兼顾到不同家庭、不同代别的差异及其对孩子的影响。应该说，这样细致入微的本土化思路是不多见的，也十分难能可贵。南洋理工大学孔子学院结合新加坡本地与东南亚华语教

---

① 《南大孔子学院院长：量体裁衣的新加坡华文教学》，海外网2014 - 04 - 04，http://huaren.haiwainet.cn/n/2014/0404/c232657 - 20496692.html。

育的特殊需要，精心策划、打造了一系列儿童与成人课程教材，这些出版物代表该孔子学院本土化的特色风格。①

以南大孔子学院的大型系列本土教材《状元学堂·亲亲华文》为例，这是孔子学院 2016 年精心策划的学前教材系列，以帮助幼教者引导幼童学习华语。这套学前教材出版前，新加坡许多私人教育中心只能从中国大陆或台湾购买现成教材，然后自行根据学生的水平与学习进度进行修改。为了给本地 3 岁至 6 岁学生编写一套完整的华语教材，孔子学院为此成立了制作团队，与中国山东师范大学合作，耗时两年完成《状元学堂·亲亲华文》。该教材专为 N1、N2、K1、K2 四个年级的小朋友们设计，每个年级都包含教案、故事书、作业簿、图卡等配套材料，尝试递进式教学，为小朋友们打下扎实的华语口语基础。整套教材共包括 68 本绘本、544 份教案、16 本学生活动本和约 2800 张认读卡（图卡、字词卡等）。整套教材的本土化特色浓郁：一是编写人员多为本土教师。孔子学院教材制作团队由 5 人组成，其中 4 人是土生土长的新加坡人，而且均毕业于南洋理工大学中文系。二是坚持新加坡语境编入本地历史故事。团队虽然选择与经验丰富的山东师范大学合作，但在教学语境上坚持使用本地学生熟悉的词汇和语法。比如，本地语境中有许多词汇是和中国大陆不同的。中国会将新加坡的公共巴士称作"汽车"，把新加坡脚踏车称作"自行车"等，新加坡团队逐一修改，确保教材内容符合新加坡实际②。另外，教材内容还包括新加坡独有的政府组屋、本地特色美食和公共交通工具，以及各种族之间所

---

① 2019 年 3 月 26 日，在南洋理工大学教育学院（NIE）图书馆对南洋理工大学孔子学院梁秉赋院长进行大约 2 小时的访谈。

② 有的"新加坡实际"也来自中国，如对自行车的"脚踏车"称谓与中国福建和台湾地区的叫法相同，应该来自闽南语的称谓。教材合作方山东师范大学的用语应是中国北方用语，与中国南方也存在差异。这不是讨论的重点，重点是南洋孔院有意识地将这些词对应为目前新加坡广泛使用的语言。

庆祝的节日及历史人物等。苏门答腊王子桑尼拉乌他玛（Sang Nila Utama）将新加坡命名为"狮子城"，以及《美丽的新加坡河》等历史故事也被编成绘本。三是适合该年龄段学生的需要。为博得小朋友青睐，新加坡本地著名漫画家黄展鸣先生和他的团队，为这套教材中的所有人物，赋予鲜明讨喜的形象。教材中每册绘本还附有"点读笔"，增加课堂趣味性，小朋友用点读笔点阅，就可带入鲜活有趣的华文世界，童稚可爱的声音，让原本仅具平面图像人物，从纸本上跳跃出来。为点读笔配音的人员都是本地人，团队不要求"字正腔圆"，而是希望通过熟悉的语调增加学生对华语的亲切感。此外，教材还请工艺教育中区学院的学生为学前孩童设计出 5 套电子游戏，内容紧贴教材，让幼儿以互动方式轻松学习华文。① 因此，《状元学堂·亲亲华文》从编写目标、内容设计、使用方式、图文声像、游戏体验等各个方面都紧贴这一年龄段小读者的特点，适合当地学华语从娃娃抓起的需要，是一套广受欢迎、非常优秀的幼儿本土化教材。

　　相对于幼儿教材，成人教材的开发更早。2011 年 6 月，新加坡南洋理工大学孔子学院自行研发的商务汉语教材——《今日商务》正式出版发行。该教材分为初、中、高级（听说和读写）共 6 册，内容本地化，适合成年人业余提升，对新加坡乃至东南亚地区的商务华语学习者都非常有用。作为新加坡劳动力发展局准允的培训机构，南洋理工大学孔子学院一直开办各类商务华语课程，其学员涵盖了政府部门、跨国公司、政联企业及私人企业的中高级管理人员。南大孔院根据学员反馈，经过几年的探索与总结，考虑到新加坡及东南亚地区商务华语的市场需求，自行研发了这套教材。教材

---

　　① 靳忻：《孔子学院推出华语学前教育教材》，新加坡《联合早报》2018 年 1 月 2 日；邓华贵：《工教院毕业生设计 网络游戏让孩童轻松学华文》，新加坡《联合早报》2018 年 1 月 4 日。

中使用了大量与商务活动有关的真实语料，选材实用生动，为不同语言层次的工作人士业余进修商务华文提供了一套完整的学习资料，力求满足商务人士对提高商务交往中实用性华语的迫切需求。①许琳主任曾提出："国家汉办非常鼓励各孔子学院能研发本土化教材。"出版汉语教材是扩大孔子学院影响力，提高知名度的一种重要方式，也是南大孔子学院解决汉语教材适用性、实用性问题的重要途径和教学本土化发展的重要举措。

3. 教学方法注重灵活实用

好的教材是教学的重要辅助，好的教学法可以让教材锦上添花。南洋理工大学孔子学院重视教材但不拘泥于教材，他们根据学员的实际需求将静态的教材变成鲜活的、灵动的教材。在给成人高层次学员授课中，教师有针对性地增添相应内容，如教导学员有关新加坡和中国的经贸关系，以及新加坡对于中国的投资等话题和有关词汇。这些话题对于居住在新加坡但是在生意上和中国有所往来的学员尤其有用。学员们不仅仅能够学会适当的用语和沟通方式，也能了解到中新商业往来的情况。若纯粹使用汉办所提供的教材，可能不会有针对新加坡和中国商业往来这样细节的、个性化的内容。这是南洋理工大学孔子学院在此教材中做出的本土化的区别与用心。懂得并且强化华语及中华文化不只在职场上有所帮助，也能让年青一代的华裔不忘自己的根，继续说华语用华语，把这个语言和文化传承下去。②

南洋理工大学孔子学院注重探索历史文化知识与现场实践教学

---

① 《新加坡南洋理工大学孔子学院自行研发出版《今日商务》汉语教材，孔子学院总部/国家汉办网站 2011 - 08 - 03，http: //www. hanban. org/article/2011 - 08/03/content_287403. htm。

② Chua Cindy Sin Ni/蔡欣霓：《论南洋理工大学孔子学院的本土化与社会功能》，硕士学位论文，南洋理工大学，2015 年。

相结合的教学方式。为增加学员对新加坡华人华语的具体感悟和体认，让他们体会到和其他地方学习华语不一样的特点和乐趣，课程还适当融入了一些新加坡华人的历史，让这些学生在学习语言之时，亲自触摸语言背后的文化及新加坡的华人华侨历史。如在这些课程的宣传单中就有提到会带学生去孙中山纪念堂、虎豹别墅、牛车水等与中国有文化渊源的地方参观。这些实地走访参观对加深课堂知识、增添学习兴趣和动力大有裨益，可促使学生对华人华侨华语、新加坡与中国的相关文化历史进行更深入的探究与了解。南大孔院的教学方法得到了学员的认同和喜爱，在学员的留言区，很多学生留下了他们的心声。"老师们生动有趣的教学方法让我对中国历史文化不再畏惧，反而产生了浓厚的学习兴趣，每次上课都舍不得结束，我很自豪我是孔院的学生，我会用所学到的知识去教好我的学生，为中华文化贡献出我的力量。""通过这一年的学习，不仅学到更专业、更系统、更有趣的教学方法，也丰富了教学阅历。比如王军老师的'理论与实践'，会让本是中国人的自己都在快乐中学习华语。又如刘碧娟老师的'中国现代散文与诗歌赏析'让本是枯燥的中国文学变得更生活化、更有趣，让我们在幸福中体验文学带给我们的快乐。"①

（二）活动管理本土化："明师经典"品牌

南大孔子学院管理团队目前共有 12 名员工（最多时 16 名员工），管理层包括 1 名院长、3 名课程主管，他们 4 人全部是新加坡公民。另有 3 名高级执行员、5 名执行员。由于南洋理工大学孔子学院没有设立中方院长，所有的管理活动都是由本土员工完成。在管理本土化方面，南洋理工大学孔子学院的文化活动管理尤其突

---

① 学员感言（第十八届汉语国际教育专业文凭班学员吴小红、第十九届汉语国际教育专业文凭晚间班学员赵锦），南洋理工大学孔子学院网站，http：//ci. ntu. edu. sg/chi/Programmes/aclp/Testimonials/Pages/default. aspx。

出，其匠心集中体现在品牌项目"明师经典"上。明师经典是关于中国语言、文学、历史、哲学的系列讲座，自 2015 年起开办，到 2019 年已经步入第五期，是该孔子学院运作时间长、参加人数多、运营稳定成熟的一项活动。

表 3—5　南洋理工大学孔子学院 2015—2019 年的"明师经典"项目①

时间	主讲人	讲座题目
2015 年 1 月 30 日	林立（NTU 教育学院教授）	中国古典诗词格律
2 月 27 日	陈金樑（NTU 文学院教授）	Developing a MOOC in Confucian Philosophy
3 月 27 日	陈荣照（NUS 中文系教授）	从历史因缘与文化视角看新加坡的华族移民
4 月 24 日	严寿澂（NTU 教育学院教授）	中华学术渊源与固有思想文化之特点
5 月 29 日	高虹（NTU 人文学院助教）	多语环境下的汉语语言习得
6 月 26 日	李晨阳（NTU 哲学系教授）	儒家的平等思想
7 月 31 日	吴英成（NTU 教育学院教授）	想象共同体与众声喧哗：华裔身份认同解构
8 月 28 日	衣若芬（NTU 中文系副教授）	美好与妖魔：近百年香烟形象广告对照看
9 月 25 日	黄贤强（NUS 中文系教授）	林谋盛：哪国的民族英雄？
10 月 30 日	严寿澂（NTU 教育学院教授）	《汉书·艺文志》与中华学术流别
11 月 27 日	王昌伟（NUS 中文系教授）	从流行歌曲看台湾社会的家国认同
12 月 18 日	劳悦强（NUS 中文系教授）	遭人冷落的亚圣孟子
2016 年 1 月 29 日	潘秋平（NTU 中文系副教授）	新加坡汉语方言中的几个有趣现象
2 月 26 日	林立（NTU 教育学院教授）	诗与词的美学区别
3 月 25 日	李晨阳（NTU 哲学系教授）	儒家的自由思想

① NTU 是南洋理工大学英文简写，NUS 是新加坡国立大学英文简写。

续表

时间	主讲人	讲座题目
4 月 29 日	陈荣照（NUS 中文系教授）	新加坡华族移民的个案研究
5 月 27 日	梁秉赋（NTU 孔子学院院长）	儒学与当代政治——汉初历史的一些启示
6 月 24 日	严寿澂（NTU 教育学院教授）	中国传统中的文学观
7 月 29 日	吴英成（NTU 教育学院教授）	互联网＋国际汉语教学：进阶式汉语发音教程
8—12 月	活动暂停	
2017 年 1 月 21 日	许齐雄 NUS 中文系副教授）	一个理学，南北不同：明代儒学家的区域性差异
2 月 25 日	徐兰君（NUS 中文系副教授）	诺奖作家莫言与当代中国的"魔幻现实"
3 月 25 日	谭慧敏（NTU 汉语语言学博士）	当代儒家的演变与话语争议
4 月 29 日	关诗珮（NTU 中文系副教授）	"明者视于无形"：鸦片战争译者英国汉学家郭实腊（Karl Friedrich August Gützlaff）
5 月 20 日	魏月萍（NTU 中文系助教）	当代儒家的演变与话语争议
6 月 24 日	赵振兴（新加坡技术与设计大学讲师）	造之于天然：《红楼梦》中的造园思想
7 月 29 日	林尔嵘（NTU 文学院助教）	语言传承文化，还是文化传承语言？
8 月 26 日	曲景毅（NTU 中文系副教授）	"一鸣惊人"与"隐语"讽谏
9 月 30 日	王兵（NTU 国立教育学院中文系助教）	现代传媒与传统汉诗——以 1881—1941 年的新马地区为例
10 月 28 日	彭睿（NUS 中文系副教授）	汉语外来词的"汉语化"
11 月 25 日	顾史考（Scott Cook，NUS 教授）	从出土文献看中国先秦古书
12 月 9 日	张松建（NTU 中文系助教）	冯至：从"青春写作"到"中年的诗"
2018 年 1 月	活动暂停	
2 月 10 日	何奕恺（孔子学院助理院长）	艺气风发话双刘：刘抗、刘海粟之师友情
3 月 10 日	吉凌（NUS 中文系博士）	掷地金声——《孙公赋》与中国山水美感话语之开启

续表

时间	主讲人	讲座题目
4 月 7 日	杨荘善（新加坡科技设计大学助教）	回顾半个世纪新加坡华族传统建筑的修复史
5—7 月	活动暂停	
8 月 18 日	谢征达（香港中文大学中国语言及文学系博士）	阅读方修：战前新马华文文学史的意义
9 月 29 日	田平（南洋艺术学院戏剧学校讲师）	轻扣京剧艺术大门
10 月 27 日	谭晓薇（NUS 中文系副教授）	动词看天下：从动词的使用规律看语言与现实世界的关系
11 月 17 日	席宏伟（NTU 教师、新加坡围棋协会理事）	数奇藏日月，机发动乾坤——围棋运动和新加坡围棋
12 月 8 日	李佳（NTU 教育学院亚洲语言文化助教）	异口同心，相得益彰 ——《左传》《国语》记"语"之比较
2019 年 1 月 26 日	丁珍珍（NTU 中文系助教）	青春书写与现代中国
2 月 23 日	柯思仁（NTU 中文系副教授）	跨文化的新加坡华文戏剧
3 月 30 日	罗福腾（新跃社科大学教授）	闽、粤、客方言的海外传播与现状
4 月 27 日	何自力（NUS 中文系教授）	语言的命运
5 月 25 日	曾昭程（NUS 中文系助教）	林参天《希腊人》与战前马华社会的族群认同
6 月 22 日	陈志锐（NTU 国立教育学院教授）	南洋墨客——讲好新华诗书画家的故事
7 月 20 日	林静夏（NTU 中文系副教授）	结果很重要：浅谈汉语的介词语序
8 月 31 日	蔡燕（山东大学国际教育学院副教授）	语言有感情：汉语的主观性和主观化
9 月 28 日	游俊豪（NTU 中文系副教授）	华东侨乡与离散华人
10 月 26 日	何奕恺（南大孔院助理院长）	艺气风发话双刘：刘抗、刘海粟之师友情
11 月 30 日	王纯强（NTU 中文系助教）	厦门与闽南移民
12 月 21 日	谢明达（NUS 历史系副教授）	称赞如来：浅谈汉传佛教音乐

资料来源：表格自制。根据南洋理工大学孔子学院网站、facebook 等信息自行整理。

通过以上五期"明师经典"讲座，可以发现这一品牌项目运行背后的本土化理念与逻辑：

1. 活动组织策划方便民众

活动举办是为了要人来看、来参加的，如果客观上让人不便，则观众数量难以保证。南洋理工大学孔子学院充分考虑到了活动举办时间、地点、场合等各种因素。五年来，除了个别时段因各种原因暂停活动以外，"明师经典"讲座几乎都在固定时间、固定地点运行。时间相对固定在每月末周六（年末放假会提前）下午14：00—15：30。时间固定方便听众记忆，便于他们提早制订计划准时参加。地点相对固定在新加坡国家图书馆，只有个别时候在其他场所。国家图书馆地处闹市，比孔子学院所在的纬一校区（One-north Campus）交通更便利，更方便广大市民参加。而且在图书馆举办活动，也方便听众的家人、子女一同前往图书馆看书，听众本人参加活动后也方便去图书馆进一步学习查阅相关知识。活动通常在图书馆五楼会议室举行，该会议室能容纳百人，有多媒体设备，讲台与听众座位零距离相邻，听众的座位是可活动座椅，方便讲者与听众互动，人多时可随时搬来凳子加入，也方便走动出入。这样的场地布置也适应社会人士、中老年人参加。

2. 活动主题贴近当地社会

在以上共51场活动中，关于语言的13讲，文学的13讲，历史12讲（把华人华侨移民放在内），哲学10讲（儒家思想的就有7讲），人文话题3讲（话题分别是广告、围棋、京剧）。这些演讲主题符合孔子学院语言文化传播机构的宗旨和特点，语言、文化是最多的两类讲座，共26讲，占大多数；历史讲座中有9讲与华人华侨移民的历史有关，这对于新加坡这样一个华人移民国家来说是有吸引力的话题；哲学方面共有10讲，其中讲儒家思想的就有7讲，占70%的华族人口深受儒家思想的影响，自然对这一话题有共鸣，这也与孔子学院的"孔子"之名不谋而合。总之，主题在设计上涵盖语言、文学、历史、哲学等人文话题和领域，且语、文、史、哲四部分基本均衡，格调上雅俗共赏，学术性话题居多，贴近新加坡居民高素质、爱学习的特点，符合城市社会、学习型社会、华人社会、中产阶层的知识需求。

3. 活动推广运营方式高效

"明师经典"讲座是开放性文化课堂，不收费，但需要提前注册报名。报名方式有几种，一种是可在活动现场，领取纸质报名表，当即填表报名参加下一次讲座；一种是按照孔子学院在《联合早报》上刊登的活动广告，进行报名；也可以在孔子学院网页上查看下次或最近几个月的活动安排，填写电子报名表发送 email 报名。当然也可以由老学员口口相传获得信息，或通过去图书馆填表参加。表格设计简便，不到 1 分钟便可填好。通常报名一次，孔子学院的工作人员就会按照所留的电子邮件发送活动信息，方便以后参加。孔子学院负责文化活动的工作人员（Executive Officer）还会在活动举行前夕，再发邮件提醒。通过网站通知、图书馆现场传单、《联合早报》宣传广告这三种方式，基本上不同年龄、不同类型受众都能看到信息。多种渠道推广，加上邮件确认与提醒，能够与相应的目标受众保持联系，从而确保到场率。填表注册的必要信息，也可以使孔子学院掌握听众信息，方便与他们进一步联系，或接受反馈。

4. 讲者注重与听者互动对接

从演讲者的情况来看，这些"明师"不管是资深教授、著名学者，还是学界新锐、青年才俊，在讲课时都能深入浅出，将专业学问与普及知识结合起来，令听者不仅听得懂、有回应，而且听后有感悟、有提升。讲者中多数为新加坡本土大专院校的学者，以南洋理工大学教授居多，占总数的 57%；新加坡国立大学的学者占27.6%，新加坡其他大学院校的教师不到 10%，剩下的少数为外国学者——来自中国大陆、台湾、香港的教授，极少数是西方学者。

高达近95%的本土讲演者了解本土居民的品位、习惯与需要，能自觉地将自己所讲与本土居民所受的通识教育与人文教育相接轨，演讲内容贴近大众平均知识水平。因而这样演讲既不失专业水准，又能化难为易、繁简得当、尺度得当。在回答问题环节约30分钟的时间里，观众可自由提问，有的还结合自己平时的学习困惑请教于专家。专家认真解疑释惑，专业、到位的回答令听者过瘾，可谓乘兴而来，满足而归，强化了演讲与听课的效果。现场可以看到一些银发族边听边记的专注神情，一些青壮年人士则以键盘或手机代笔，边拍边查，认真程度堪比在校大学生。有的讲座不得不延时回答听众问题，甚至将讨论从场内延伸到场外，在楼下茶座边喝边聊。①

　　南洋理工大学孔子学院在活动管理方面运营机制成熟，"明师经典"系列讲座听众人数稳定，每场均在百人左右，且现场互动热烈，活动组织者、演讲者与受众之间的友好交流氛围令人印象深刻，达到了以文化人、以理服人的活动效果，未尝不是无缝对接的本土化境界。"明师经典"讲座只是南洋理工大学孔子学院文化活动中的一项，与其他文化活动相比，并不是群众性最强、参与者最多的项目，然而却运行得绵延持久，深入人心，这与孔子学院以听众为本、以文化为魂、以教育为脉、以服务为上的专业精神和细致安排是分不开的。南洋理工大学孔子学院员工自身未必意识到，也许本土化已经内化成为生存之道，无须加以特别强调。南大孔子学院院长梁秉赋作为掌门人，是孔子学院管理团队的核心人物。他是美国加州大学历史学博士，曾执教于新加坡国立大学中文系，并于2010—2012年、2012—2014年担任新加坡亚洲研究学会会长，是

---

　　①　作者2018年9月至2019年9月于南洋理工大学访学期间，先后参加过5次"明师经典"讲座。在听取罗福腾教授（新跃社科大学）的"闽、粤、客方言的海外传播与现状"后，与其他听众一起参与和他的课后茶饮互动环节。

南洋理工大学国立教育学院（NIE）亚洲语言文化学部的教授。不仅是新加坡本土出生和成长的缘由，研究中国经学与新加坡教育史的梁院长对新加坡华文教育、中国文化、儒家思想都很有见地，在这些领域有声望、有人脉，这些都是"名师经典"活动定位准、把脉准、成效好、经营好的原因。

（三）资金来源本土化：非营利的"盈利"

1. 学费收入

在资金本土化方面，南洋理工大学孔子学院堪称模范。首先在资金来源本土化方面，南大孔子学院可谓走在众多孔子学院的前面。其全年运营费用的 80% 是从学费或出版物销售及版权等收入而来，来自汉办和南洋理工大学的补助只占整个孔子学院总开支的 20%。南大孔子学院的自营收入中，学费是一大块。

一则是由于孔院开设的课程深受学员和民众青睐，少儿班和成人班都是收费课程，文化课程中有不少也是收费性课程，如声乐与嗓音保健课程，每次授课 3 小时，每次课费用是 64.2 新元（约合人民币 320 元），学员早期多为教师，现在有来自各行各业的人，来学习如何正确、健康、自然、科学地发声。[①] 其他课程如书法课、古筝等华乐器乐课参加人数也常年不坠，因此孔子学院的收入丰厚也就不难理解了。这一点令其他孔子学院望尘莫及。

二则是因为南大孔院积极配合新加坡政府的终身学习计划政策，使前来学习的学员可享受政府补贴。新加坡政府支持公民职场语言技能学习与培训，设立了"技能创前程培训补助"（SFC），

---

① 2019 年 5 月对南洋理工大学孔子学院文化资源部主任 LI Cailing 进行邮件采访，她在 5 月 6 日的回信中说，这门收费课程每年报名都超过 100 人，很受欢迎。

孔子学院的成人课程被纳入到政府的该补助计划中。① 参加孔子学院自费课程的人士申请此补助后，自己负担的课程费用优惠了很多，又可以通过掌握语言技能"掌握自己的命运与未来"，这样就大大提高了他们报名学习的积极性。孔子学院还与新加坡全国职工总会（简称"职总"）合作推出职总会员培训援助计划（Union Training Assistance Programmme，UTAP），职总会员可享有50%的非资助课程费用津贴，每年以＄250为限。申请者在孔院课程开课前、就读期间及申请UTAP时须为职总会员。申请者每一科目之课堂出席率达到75%，并通过考试，就可于课程结束后的6个月内提交津贴申请，享受学费津贴。

三则孔子学院营销课程有方，南大孔院注重课程的营销管理，经营有道，自然收入颇丰。例如，在2019年春季"认识中医"课程的宣传页中有这样的信息："报名完整课程者，可获得一本价值16元的《认识中医》（价格已包括7%消费税），享有一次南大中医问诊体验，出席率超过75%的学员将获颁结业证书。2019年2月22日之前报名完整课程者：在籍南大师生可享15%优惠；3名及以上新学员同时报名可享15%优惠；其他公众可享10%优惠。"另有教材营销，如购买教材可搭配免费问诊一次。还有"早鸟"优

---

① 2016年1月1日起，新加坡政府开始为每名年满25岁的公民，拨出500新元的"技能创前程"培训补助（Skills Future Credit，SFC），用于鼓励公民进修与职场技能相关的课程，发扬终身学习的优良文化，巩固新加坡的优质教育和培训系统。隶属教育部的精深技能发展局（Skills Future Singapore，简称"精深局"）负责重点推动与统筹该计划。该计划的口号是"你的技能，你的资产，以及你的未来"，这极大地鼓舞了每一个人的培训提升意愿。南洋理工大学孔子学院是精深局允许进行培训的合作单位之一，公民可以使用技能创前程培训补助（SFC）抵扣部分学费。参见王晓亚：《技能创前程培训补助 已让37万国人获进修》，新加坡《联合早报》2018年10月4日；新加坡"技能创前程"积分网站，https：//www.skillsfuture.sg/credit。

惠安排，先报名者享受优惠折扣。① 南大孔子学院的课程还在当地《联合早报》等报纸上刊登广告，因此大大提升了知名度。这些充分体现了孔院的现代市场化营销策略与技巧。

2. 版权收入

这是除学费外，南大孔院的另一大收入来源。该孔子学院策划开发了一系列有自主版权的教材和语言文化书籍，这些教材、书籍与孔院的课程、活动同步销售，孔子学院前厅、活动现场都可以看到这些装帧精美的各类书籍②：

TCEP Chinese for Early Learners，《状元学堂·亲亲华文》学前教材

Little Scholars' Series - Primary Chinese，《状元学堂·乐思华文》系列教材

Top Chinese EnrichmentProgramme - Secondary Series，《状元学堂·小学华文》

Top Chinese EnrichmentProgramme Pre-School Chinese Materials，《状元学堂·学前华文》系列教材

"In Class with Confucius" Comics，《孔子新学堂》漫画

"In Class with Confucius" Magazines，《孔子新学堂》杂志

Business Chinese Today，《今日商务》

Immersion Programme Publication，中国文化浸濡系列

---

① 如 2020 年 2 月 8 日至 3 月 7 日的《麦格罗斯基发声法：让您轻松放歌》(Singing Made Simple：The McClosky Voice Method) 课程，本来 5 次课共 321 新元，但课程报名表中注明了打折条款：1. S＄171.00 for Singapore senior citizens (aged 50 years and above)；2. Sign up before 10 January 2020 to save through our early-bird discount. NTU affiliates and group of 3 new pax or more are entitled to 15% discount. Public are entitled to 10% discount for early-bird. 因此，50 岁以上人士和早报名者可获得不少优惠，大学内部人员可优惠更多。

② Publications, https：//ci. ntu. edu. sg/eng/Publications/Pages/Home. aspx.

Lien Shih Sheng Collections，《连士升文集》

CI-NTU Fund Introduction，南洋理工大学孔子学院基金系列

CI-NTU Nanyang Chinese Literature Award Series，南洋华文文学奖系列

CI-NTU Literature and Art Series，文艺丛书系列

CI-NTU Academic Series，学术丛书系列

CI-NTU Language and Culture Series，语言文化丛书系列

这些书大多数是系列书刊，一套里包括很多本，有针对不同年级的教材、教辅用书，有针对不同年份的集刊、丛书，有连续出版的杂志、漫画。仅《状元学堂·亲亲华文》学前教材就涵盖了3—6岁四个年级使用的544份教师用书、68本故事书、16本学生用书和2800张图卡。全套教材售价为1800新元（约合9000元人民币），性价比很高，孔子学院的课程总监杨静慧说："我们不想在经济上为学前教育中心带来负担，所以制定的价格不高。希望这样可以让孩子们在同一个起跑点上开始学习华文华语。"① 尽管这些书也可以单本售卖，售价在新加坡不算高，但整套价格更为优惠，很多父母出于孩子学习的连续性和递进性，会考虑整套购买，这对于孔子学院来说是一笔不小的进项。

3. 社会支持

新加坡社会、南洋理工大学都有良好的捐助传统。南大孔子学院以其良好运作及信誉贡献得到社会各界的鼎力支持。毕业于南洋大学的刘新汉先生设立"世界华文文学奖"，同时召集同好捐赠了"南洋理工大学孔子学院基金"，旨在鼓励和推动世界华文文学的创作，反映华人社会文化、奖励杰出华文作家、树立艺术家的典范。"南洋理工大学孔子学院基金"每年资助面向社会举行高水准的精

---

① 靳忻：《孔子学院推出华语学前教育教材》，新加坡《联合早报》2018年1月2日。

品讲座、论坛及国际研讨会，产生了广泛的社会影响力，为在中国大陆、台湾、香港、澳门地区以外的华人社会提倡并推广华文文学和文化的普及与传播做出了贡献，同时也赢得了良好的经济效益，成为该孔子学院财源宽裕、资金来源多样化的因素之一。

南洋理工大学孔子学院还有一系列合作伙伴，在各方面提供友情支持和赞助。在其网站上列出的合作伙伴就有：北京外国语大学、北京同仁堂新加坡（科艺）私人有限公司、活跃乐龄理事会、新加坡国家图书馆、人民行动党社区基金（PAP Community Foundation）、新加坡劳动力发展局/精深局、山东大学、釐学院、新华网等。[①] 这些伙伴有的是孔子学院的中方合作方，有的是汉语课程的支持协助者，有的是活动场地的合作者，有的是文化活动的赞助方，有的是老龄学员的支持者，有的是新闻宣传的协助者。这些伙伴能在不同方面给孔子学院提供支持、赞助、便利，可视为孔子学院的有形或无形资产。中方合作院校山东大学孔子学院工作办公室网站显示：山东大学支持孔子学院开设的专业文凭课程（汉语教学教育专业文凭课程、当代中国专业文凭课程），这两门课程是专门针对新加坡当地专兼职汉语老师而设置，为提高其汉语教学技能和加强对当代中国的了解，山东大学允许该专业毕业的学生直接就读山东大学国际教育学院的相关年级。为配合南洋理工大学孔子学院教学、文化活动的开展，山东大学选送国际教育学院、文学院等相关院系专家、教授赴新加坡开设讲座或承担汉语及文化课程，还先后向南大孔子学院赠送了孔子塑像、文化展板、传统乐器等大批文化资源。[②] 在财务管理上，南洋理工大学孔子学院早在汉办倡导之

---

① "合作伙伴"，南洋理工大学孔子学院网站，https：//ci. ntu. edu. sg/chi/aboutus/Pages/Partners. aspx。

② 山东大学孔子学院工作办公室网站，http：//kzxy. sdu. edu. cn/mggldxkzxy/kyjj. htm。

前就引入了第三方审计,独立于学校之外的审计机构每年对孔子学院的资金使用情况进行严格审计。这也是赢得合作伙伴信赖与支持的重要因素。《孔子学院发展规划(2012—2020 年)》中说"充分发挥社会力量办学积极性,通过依法实施税收优惠、提供引导资金等政策,吸引国内外社会各界广泛参与和支持孔子学院建设。"南洋理工大学孔子学院完全符合这一点。

(四)重点项目本土化:"有为"与"不为"

如前所述,汉办推出的孔院项目有八种之多。在对象上,有针对教师、学生、学者的(如"理解中国"访问学者项目);在类型上有交流、培训、考试、比赛等项目。全球各地孔子学院具体情况不同,经营运行的项目也有不同重点。南洋理工大学孔子学院没有固定编制的教师岗位,没有中方教师,新方教师也是从南洋理工大学等当地大学里聘用的,因课程变化而异;该孔子学院没有志愿者,只有行政人员团队;汉语桥项目,南大孔子学院承办了几年且现已经移交给南洋理工大学的华裔馆举办;而 HSK 考试项目在新加坡的运作是与科思达教育集团共同合作开展的①;交流类项目,相比于欧美孔子学院开展较普遍的如访华团(校长/议员/行业代表等)、学生夏令营/冬令营、奖学金项目、"三巡"文化交流项目、

---

① 汉语水平考试中心(HSK Centre,Crestar 科思达)成立于 2003 年 5 月,隶属于科思达教育集团,与中国国家汉办合作,负责在新加坡专业推广和承办汉语水平考试(HSK)和中小学生汉语考试(YCT)等国际汉语考试,以帮助新加坡各界考生在国际平台上测试及了解华语水平,不断提升华语学习能力,为求学和职业发展创造竞争优势。近 10 年来,HSK 考生人数连年在全球名列前茅,2011 年仅次于韩国和日本。除此之外,汉语水平考试中心(科思达)也定期举办"HSK 强化课程师资培训班"、承办 HSK 奖学金活动、并为新加坡华文教师、学生、公共服务界及工商界提供赴中国著名大学交流学习的项目。汉语水平考试中心(科思达)曾获中国国家汉办所颁发的"海外汉语考试优秀考点"之殊荣。《新加坡汉语水平考试中心(科思达)》,https://hsk-crestar.com.sg/zh-hans/hsk-centre-crestar。

新汉学计划等，在新加坡的运行效果一般①；为了将有限资源投入产出更高的领域，南大孔子学院更重视高端学术交流。该孔院的项目，如学术讲座、名师学堂及练声歌唱系列与中医保健系列等因其高端似乎更接近课程而非活动，南大孔子学院将它们纳入了文化课程系列。

　　因而在南大孔院最能体现其项目特征的，是其成人的职场培训项目，由于长期的、固定的项目被纳入了课程之中，在此主要指那些短期的、有针对性的、有特色的培训项目。如 2018 年 1 月 3 日，南大孔子学院正式推出自主开发的学前华文教材《状元学堂·亲亲华文》后，为了协助教师们更好地使用这套教材，学院相应推出了相关的教师培训，培训那些正在使用《状元学堂·亲亲华文》的一线教师，他们来自政府幼儿园、私立幼儿园、教会幼儿园和国际幼儿园。2018 年，南大孔院举行了 3 场培训分享会，培训人数达到 215 人。另外，南大孔子学院为人民行动党社区基金会（PAP Community Foundation，PCF）公办幼儿园每两年提供一次大型的学前华文教师培训。2018 年 11 月 17 日，为来自 PCF 幼儿园的 306 名教师举办了题为"如何引导及促进幼儿发展"的大型讲座，邀请到业内知名导师陈如意博士，以及发展心理学家曲莉博士作为主讲者，还请来特邀嘉宾教育部兼人力部高级政务次长、西南区市长刘燕玲女士。

---

　　①　这是从运作次数和参与人数角度来看的。一方面，新加坡人口少，一共只有 570 万人，不如有的孔子学院所在城市的人口多；另一方面，新加坡面积小，一共只有 720 万平方公里，而经济发达、高收入、出行方便等优势使居民出国交流、度假成为生活常态；更重要的是，由于中新两国同源同种、同文同宗，关系密切，中国母国一般的存在使大多数新加坡华族人士可以借助回乡探亲、过年团聚、祖上祭扫等时机保持与中国的交往联系，即使早期下南洋的华人几近没有生活在中国的至亲，他们依然拥有较多出差或度假到中国的机会，或纯粹出于个人怀念故国情结带领家人子女回国。另外，新加坡作为将中文视为母语的国家，从事组织与中国文化交流的机构很多。鉴于此，由孔子学院出面组织的交流项目在必要性和参与性上不很突出也就可以理解了。

南洋理工大学孔子学院与其他孔子学院在项目运行上的一大不同之处，也是其本土化的表现，即是将孔子学院的培训与在职人士个人的职业发展、机构对其的职业生源规划和政府、工会的补助津贴等措施有机融合在一起。南大孔子学院培训项目有很多类型，参加培训的人员主要是在职人员，有蓝白领职工、政府雇员、各类教师等。孔子学院为减轻这些在职人员的学费负担，主动将培训策略与政府鼓励员工学习进修的政策和新加坡全民学习的社会支持有机结合起来，特别是与政府机构和职总联合推出学费补助和学费津贴等优惠举措。这不仅使孔子学院的培训能够契合多方需要，而且高质量培训与低支付学费有效刺激了学员在职学习语言的积极性，从而实现孔子学院与政府、机构与个人各方多赢。这实在是孔子学院本土化的高明之举，值得其他孔子学院学习和借鉴。总之，南大孔子学院坚持有所为有所不为，有的地方做得很精、很到位，有的方面则放手让与他人。这与新加坡政府的治理理念有相似相近之处。新加坡政府治理模式的一个重要方面是"有为"与"不为"，是"有为政府"与"有效市场"结合得比较好的典范，市场能做好的就交给市场做，专业公司擅长做的就交给专业公司做。南大孔子学院没有直接组织 HSK 考试和汉语桥比赛可能与这种模式和思路有一定关系。

三　南洋理工大学孔子学院本土化评分

以上是南洋理工大学孔子学院在本土化方面的大体情况，结合其特长与优势，我们主要从教学本土化、文化活动管理本土化、资金来源本土化、项目本土化几个方面进行了提炼总结。在重点考察的同时，结合对南大孔子学院院长梁秉赋、助理院长何奕恺及其他员工的访谈，按照我们设计的本土化指标体系评分，该孔院整体得分达86分，其中教师本土化、教材本土化、管理本土化、财务本土化几项得分最高。这与实地考察的观感接近，但总体成绩似乎不如预想的高①。评分过程在一定程度上印证了本土化本质上是特殊化，是对特殊性的适应，条件、境况各不相同的孔子学院对其所处的复杂环境和特殊情况的适应的确很难测量，不变通则行不通，变通太大可能导致缺少比对性。南洋理工大学孔子学院自身的特殊性毋庸置疑。新加坡是世界上少有的以中文为母语的国家，不仅说华语写华文（简体中文的书写习惯与中国大陆完全一致），且认同中华文化和儒家价值观，这是孔子学院在新加坡推广语言文化的基本环境。② 因

---

① 有的项目因特殊情况，赋值有偏差。如新加坡南洋理工孔子学院没有孔子课堂和教学点，教学覆盖情况是按其学员人数占总人口估算的；核心教师因其没有固定教师队伍而酌情减分；HSK 等汉语考试项目由科思达集团承担，该项无法赋值，只能记为 0 分。

② 新加坡推行双语教育，以英语为第一语言，母语为第二语言。母语指中文、马来文和淡米尔文，这是新加坡三大种族的语言。新加坡人很清楚，虽然英语是第一工作语言，但是当地永远不可能变成一个像英美一样的西方社会，外来语言和文化可以影响，但不可以替代母语和母国文化。所以新加坡学校的母语教学，目标就是培养语言听说读写的能力，传递族群的传统文化，以利于构建亚洲传统价值观。新加坡超过 3/4 的人口是华人，而华人的根和魂在中国。虽然经历早期的英国殖民及独立后的英语西化教育，对于中国文化情结，新加坡的华人社会依然念兹在兹。自 20 世纪 80 年代至今，新加坡政府几乎每年都有相关的语言推广活动，比较受关注的几次活动包括 1983 年举行的"华人讲华语，合情又合理"，2000 年举行的"讲华语？没问题"，以及 2006 年举行的"华语酷"等。这些活动为促进该国文化融合、提高沟通效率起到了非常重要的作用。尤其在中国崛起以后，新加坡与中国的商旅往来越来越多，人们更加关注华文华语的学习与应用。李光耀曾在 2010 年 6 月于新加坡召开的亚洲地区孔子学院联席会议上强调，学习汉语让当地华人保留住了身为华族的重要根基，因此，他决心在新加坡推行英汉双语政策。他指出，随着中国的崛起，整个世界都将学习汉语。孔子学院不仅要教授语言，而且还应把中国的思想、哲学、社会情况告诉外国人，让他们有兴趣了解中国，加强交流。（田磊：《亚洲地区孔子学院联席会议在新加坡召开 李光耀同与会代表座谈》2010 年第 1 期）2011 年，李光耀在他的新书《我一生的挑战——新加坡双语之路》推介礼上说："英文让我们同世界连接，而华文则让我们同讲华语的中国大陆、台湾、香港和在美国、欧洲和全世界的海外华人连接。"为了鼓励年轻人掌握双语，他呼吁设立双语基金，并将新书售卖所得全部用来筹款。《李光耀：新加坡为何实行双语政策》，《联合早报》2011 年 11 月 29 日。

此，孔子学院在别处的基础性功能在这里无须展开，它适应本土的一大表现即是适应新加坡华族群体占主流的特色，提供高端中华文化课程和学术讲座，对学前孩童和中小学生华文提供有针对性的启蒙和辅助课程，对华文教师或商务人士提供文凭课程和实用培训。

表3—6　　　　　南洋理工大学孔子学院本土化测评得分

一级指标		二级指标		
指标	得分	指标	赋值	得分
教学本土化（A_1）30%	29	师资本土化（B_1）	8%	8
		教材本土化（B_2）	6%	6
		汉语课程本土化（B_3）	5%	5
		学生总数（B_4）	6%	6
		教学覆盖情况（B_5）	5%	4
文化活动 本土化（A_2）20%	18.5	推广类活动（B_6）	3%	2.5
		学术类活动（B_7）	5%	5
		互动类活动（B_8）	4%	4
		活动量与报道量（B_9）	8%	7
管理本土化（A_3）25%	24	活动管理本土化（B_{10}）	8%	7
		教务管理本土化（B_{11}）	9%	9
		财务管理本土化（B_{12}）	8%	8
项目本土化（A_4）25%	14.5	交流项目本土化（B_{13}）	7%	5
		培训项目本土化（B_{14}）	7%	6.5
		汉考项目本土化（B_{15}）	6%	0
		比赛项目本土化（B_{16}）	5%	3
总分		86分		

注：表格自制。新加坡南洋理工孔子学院因没有承担 HSK 考试项目该项得分为 0 分；比赛项目按原来承办的情况记分。

南洋理工大学孔子学院面向社会，坚持高端化、市场化、本土化的发展定位，以及规模发展和质量内涵发展并行的发展策略，使其成为中国文化在海外最原汁原味的传播基地。台湾著名学者余光中教授、台湾中国式管理第一人曾仕强教授、流行歌曲代表人物侯德健先生、台湾知名作家吴淡如女士、当代新儒学学派代表人物杜维明教授、中国著名经济学家成思危教授、北京师范大学于丹教授等，都曾先后在南大孔子学院用汉语讲学。这种集中华语言、文化、思想的一体式传播只有香港孔子学院、澳门孔子学院可与其相媲美，而后两者是中国境内的更为特殊的孔子学院。在这个意义上南大孔子学院的本土化模式是绝无仅有的。"孔院在新加坡的蓬勃发展，充分展示了中新两国同文同源的特殊渊源，体现了华文教育在海外的探索和拓展，见证了中国走向世界，海峡两岸加强友好交流的历程。"① 在南大孔子学院成立 10 周年庆典上，梁秉赋院长在开幕致辞中表示，新加坡汉语教育已有长达半世纪的历史。南大孔子学院每年培训、教育万余全职、兼职学生，已成为中国汉办重要战略合作伙伴之一。中新两国政治、经济、文化交流密切，在汉语教学及文化推广方面，新加坡绝对不会缺席。展望未来，梁秉赋希望南大孔子学院结合自身丰富的教育经验和资源，为汉语在新加坡乃至全球范围内的推广做出更多贡献。② 南洋理工大学孔子学院的案例验证了越本土化就越成功、越成功就越本土化的孔院发展之道。

以上我们详细分析了"一带一路"海上丝绸之路上新加坡南洋理工大学孔子学院的情况，一方面，南大孔子学院有一定的特殊性，这里以中文为母语，不仅说华语写华文，且认同中

① 《新加坡南洋理工孔子学院院长访问学院》，山东大学国际教育学院 2018 – 05 – 31，http：//211. 86. 56. 202/getNewsDetail3. site？newsId = 45204cca – 5aa4 – 410f – b6e1 – 0de15c2fbac3。

② 《新加坡南洋理工大学孔子学院举行成立十周年庆典》，中国侨网 2015 年 7 月 30 日，http：//www. chinaqw. com/hwjy/2015/07 – 30/58900. shtml。

华文化和儒家价值观。从这个意义上来说，它具有将本土化"深入骨髓"的条件。汉语在东南亚的母语地位和完整教学体系的建立，中国与南洋之间剪不断的血缘、往来密切的地缘演绎了新加坡南洋理工大学孔子学院的本土化故事。另一方面，它又很有代表性，具有典型的东南亚国家孔子学院特色，在实践中已经成为东南亚一隅的教师培训中心，甚至连号称东南亚华文水平最高的马来西亚，教师前往新加坡接受培训和参会已渐成惯例。如果从课程本土化程度和财务本土化绩效看，它取得的成果更是同类中的翘楚。

本章小结

本章是该研究的理论支点，旨在回答孔子学院本土化究竟包括哪些方面，操作上如何对其本土化程度进行测评，结合典型案例进行了深入剖析与解释。

第一节是全文的重点部分——孔子学院本土化指标体系构建。首先交代指标体系的设计原则。本土化测量是孔子学院管理科学化、精细化、具体化的表现，在指标设计中以定量指标为主、定性指标为辅，遵循主观与客观相结合方法，兼顾明晰性、可测性、易得性、相关性等原则。其次说明了该指标体系的4个一级指标：教学本土化、文化活动本土化、管理本土化、项目本土化及其下面的16个二级指标、26个三级指标的构成及赋值情况。

第二节是案例分析。选择新加坡南洋理工大学孔子学院为典型案例进行分析，首先详细介绍了该孔子学院的课程开设情况，其次分析了各方面本土化的措施与表现，从中总结其本土化特色优势和独特之处，最后以本文设计的指标体系进行测评，并简要说明其评分情况。

　　孔子学院本土化评价指标体系是本研究的重点与特色所在，从研究之初到最后成形，其间多次在指标繁简之间调整，通过案例调试指标与分值，也通过指标得分进一步检测案例。

第四章　孔子学院本土化发展的
路径选择

　　上一章论述了孔子学院本土化的指标与评估，结合典型案例回答了孔子学院本土化究竟包括什么内容，如何对其本土化程度进行衡量与把握这一问题。这一章在此基础上首先探究解决本土化意欲何为、何以发生的路径，从理论上剖析本土化的过程机制。其次从实践上提炼"一带一路"沿线孔子学院本土化的经验做法，以此对沿线孔子学院本土化的措施、进程、效果进行总结。

第一节　孔子学院本土化的机制过程

　　第二章中我们梳理了本土化的含义，"本土化"本义是指一个项目、产品或服务为适应当地需求、为适应所处环境而进行的调适和变化。孔子学院本土化是指与所在国家的文化环境相交融，融入社区、服务大众，贴近当地民众思维、习惯、生活的方式，满足民众多样化需要的过程。怎样才能适应、融入、贴近？孔子学院本土化具体进程是怎样的？本节拟从过程上剖析本土化是怎样发生的，从而为探寻孔子学院本土化发展实践提供思路①。

一 洞察语言文化需求

洞察当地需求，做对方有需要、有诉求的事情，这是合作的第一步。孔子学院被人们赋予了很多种想象，被认为是中华文化海外传播的阵地，是输出、推广中国语言文化的机构。在具体从业的孔院人看来，孔子学院不是"阵地"，不是去和人家打赢得来的，是和人家其乐融融地协作而成立的；孔子学院也不是在"输出"什么，从汉语语境上来理解，"输出"就是人家没有或者不够，你需要给人家，是单向的；孔子学院讲"推广"也不好，好像我们要推而广之，需要对方学习，学了是为他们好。在德国纽伦堡—埃尔兰根大学孔子学院中方院长李锷看来，甚至"机构"这个词也不好，说孔子学院是项目更好些，更有助于实践层面的操作，也不容易遭到反感和反对。总之，俯下身做事就是将宏大目标和叙事落实到具体的操作环节，这不是自降身份，而是平和、低调更方便孔子学院具体管理者工作。孔子学院存在的基础是对方的需求，为什么是这个地方、这个大学提出申请？为什么孔子学院没在别的地方建立、没在别的大学建立？这里面的机缘就是需求，这是一个孔子学院横空出世的前提。也就是说，外方大学是一定要对中国的文字、语

---

① 孔子学院本土化的内容与要求是我们多次访谈中都进行过讨论的基础性话题，课题主持人、作者本人曾委托课题组成员、前伦敦孔子学院中方院长李锷对中国驻英国大使馆教育处王永利公参进行过采访（2017 年 6 月 29 日，伦敦时间 17：00—18：30）；李锷在伦敦孔子学院任期届满即将赴任德国纽伦堡—埃尔兰根大学孔子学院中方院长前夕，与当时在英国威斯敏斯特大学做访问学者的辽宁大学新闻与传播学院副教授王鑫进行了一次对谈《孔子学院海外中华文化传播的"五个意象"》；作者本人也曾多次当面或微信与李锷院长就此交谈。有些观点或借鉴了他们的说法，或受到他们的启发，或在相互碰撞中激发。无法一一注明，在此谨致谢忱。

言、文化、文学感兴趣，或对中国的经济、社会、政治、艺术、外交等方面有需要，才有可能建立合作，这是必要前提，当然其中还有一系列的申请条件和程序要求。实际上，如果外方大学有兴趣有需求，又有实力有基础，与中方大学你情我愿，通常就会一拍即合。比如伦敦孔子学院，它是最早的一批孔子学院，其所在的伦敦大学亚非学院，很早就有汉语教学和中国研究的基础，同时也是英国或者说在整个欧洲来说做中国研究和汉语教学最前沿的。孔子学院这个事物一出现，它就找到了相关性，就很感兴趣，因此很快就与北京外国语大学成功"结对"。当然，每个孔子学院建立的"机缘"都不尽一样，但有一点是一样的，就是有需求。需求就是合作之缘，孔子学院办学不是"拉郎配"，而是落花有意，流水有情，水到渠成。建成的孔子学院自然围绕着这些需求去展开工作，在满足当地需要中发展起来。现在建了很多孔子学院，从最初的语言推广和文化传播，延伸到突出特色，比如商务孔院、中医孔院、舞蹈艺术孔院等。这都是在满足需求中慢慢探索发展出来的，需求各种各样，也成就了千姿百态的孔子学院。

二　适应当地工作方式

做什么事情很重要，但按什么方式做事也同样重要，不能适应当地规则做事则有可能做不成，或做不好，或做得让人不愉快。曾经有一位孔子学院中方院长经历了这样的事情：一个异地的中学孔子课堂因负责中文教学的副校长退休，暂时无专人负责，一部分中文课程没有再开；并且由于教室调整，孔子学院总部派送的书籍和文化用品被堆放在走廊里。面对这种情况，中方教师不知如何应对，便向中方院长反映情况，由于课堂离孔子学院尚有几小时车程的距离，中方院长首先向老师说明孔子课堂开设中文课程的课时要求与总部赠书的保管使用政策，让其与校方沟通。同时觉得似乎问题比较严重，需要前往查看弄清情况。按照该孔子学院的人员设置与分工，有一名外方经理主管中学课堂，于是便与其商量能否一起去该课堂一看究竟。但外方经理一口回绝，说这是其个人的工作职责，不用中方院长前往，他会按时依惯例自行与学校沟通。可过了大约一个月的时间，该课堂的中方老师又反映说已经与该中学的教务部门和校长沟通，但还未收到明确答复，课依然未开，那些赠书也依然没有得到妥善安置。于是利用一次外出开会的机会，中方院长顺路赶到孔子课堂所在地，但校方相关负责人说事先没有预约，恕无法面谈。遂请中学经理与校方沟通，经理回复说他与中学是按事先商定、定期沟通的模式进行的，没有预约的拜访，中学是不会接待的，而且再次申明这不是中方院长的分工范围，作为"有资质的、受聘于孔子学院、专门负责有关事务的"专职人员，他本人可以独立完成工作。中方院长感到不可理解，作为中方院长难道无权过问中学事务？中外人员平时在工作中一直是相处融洽、配合默契的合作伙伴，看来是自己的工作方式不对？不仅在中学那里吃了闭门羹，还导致经理同事误会成对他的工作不信任、不放心才自行前往"探查"。这件事如果不是实地经历的孔子学院工作者，很难会相信，作为中方院长连孔子课堂的事务也不能"做主"，"手下"的经理也不"积极配合"。工作方式方法在孔子学院实际工作中非常重要，如果不了解对方的思维方式，不按照当地的工作方式，可能会事与愿违，欲速不达。还有的中方院长带病坚持工作，比如感冒了也照样来办公室处理事务，令外方同事感到不解。他们认为生病了打个招呼就不要来了，如果来办公室别的同事有受到感染之虞。但我们的固有观念是"轻伤不下火线""小车不倒只管推"，岂能因为感冒发烧就请假不来？外方合作伙伴却不以为然，他们认为将病菌传染给别的同事是不负责的，同时也不卫生不礼貌。可见，孔子学院里中外方人员在工作理念、方式、规则、模式上有很多不同，天天 8 小时相处，工作的方方面面配合协调，这样的密切合作需要双方相互理解与适应，尤其是中方人员作为外来者要主动适应、入乡问俗才不会莽撞行事，入乡随俗才能顺利成事。

三 融入对方机构机制

怎样入乡随俗按当地的方式、模式做事？适应当地规则做事？嵌入对方机制，成为其中的一部分就是一种行之有效的办法。孔子学院正是这样做的，它建在海外大学中，机构上隶属于所在大学，这一点可从孔子学院的命名窥见一斑。孔子学院通常在前面冠以国外大学名字，如土耳其中东科技大学孔子学院、印度尼西亚阿拉扎大学孔子学院。根据共建协议，所在大学提供教室、办公场所（包括教师的备课间）、图书室（或图书角），以及电脑、打印机、复印机、笔墨纸张等必要的办公设施。置身国外大学，成为其中一部分，"以他为主"的形式成就"以我为主"的内容，这是孔子学院的特色和优势。中国语言文化的种子在海外没有土壤不能兀自生长，不借势不能生存。

融入对方机制，同时意味着与外方人员合作共事。没有中外员工打成一片，没有和谐的合作关系，孔子学院的嵌入是不到位的，嵌入的目的是融入。孔子学院是中外两家大学共建，作为合作机构，中方院长和教师必然要与国外大学的员工同仁一起共事，这样才能把孔院的工作事务办对、办好、办出成效。中外人员相处也是文化与文化之间的交流碰撞，首先要尊重。孔子学院到海外教授中文，不是"异文化"的"入侵"，与一些国家靠强权进行语言殖民的行为截然不同，绝不像《最后一课》中描述的那样，普鲁士要求法国战败割让的地区禁教法语、改教德语，也绝不像日本人占领中国东三省时强迫当地人民学日语，而是以友好的姿态，礼貌地"敲门"问候，经对方邀请后入座交谈，商讨一起做事的。我们尊重对方的语言文化，孔子学院的工作语言是当地语言或英语，直到现在由中国举办的全球孔子学院大会还是以英文为会议语言的。当然尊重是相互的，美人之美后要达到美美与共，双方平等的态度尤为关键。中方不可高高在上，也不必迎合讨好，西方人士也不要居高临下，非洲伙伴也不必曲意违心。大家是一起做事的，如果对我们的国家、我们的国情、汉办的工作有困惑和质疑，我们就坐下来讨论，不要抱着不良情绪或心态处事。一次文化活动中，中方人员忙着布置场地，（让一名站在旁边的外方人员帮忙）对方却说"Chinese things Chinese do，并指着孔子画像问 Who is the ugly old man？"中方院长当即不亢不卑、不愠不火地说，孔子学院是以他命名的，这个人就是给你我提供饭碗的人。她顿时无语，和中方伙伴一起干了起来。因此，机构嵌入也好，人员融入也好，都不是简单地把机构建起来、把人招进去就万事大吉了，需要机构与机构、制度与制度、人员与人员、文化与文化之间的长期磨合。磨合之中一要尊重，二要平等，才能长久共事。

四　善用合作伙伴资源

纳入对方机制不仅是成为外方大学的一部分，也是成为所在地方、所在社区的一分子；不仅意味着要与大学的外方员工打成一片，也同时意味着与当地的合作伙伴一同推进事业的完成。德国的杜伊斯堡—埃森大学鲁尔都市孔子学院（鲁尔都市孔子学院），由杜伊斯堡—埃森大学与武汉大学于 2009 年 11 月创办，地处德国人口最稠密、经济最发达的鲁尔区。之所以叫"鲁尔都市孔子学院"，就是因为成立时的定位就是要覆盖共有 10 多个城市、六七百万人口的整个鲁尔区。该区经济发达，居民收入高，对教育、学术、文化活动的需求量相应比较大。该孔子学院每年大型活动都有百余场，涉及各个领域各个方面，影响大，与当地协作互动密切，拥有众多的地方合作伙伴。

表4—1　　　杜伊斯堡—埃森大学鲁尔都市孔子学院合作伙伴一览

	合作机构	合作活动
1	杜伊斯堡—埃森大学东亚学院	研究东亚社会、政治和经济问题，尤其是对中国和日本问题的研究。2018年10月孔子学院与其合办中欧合作会议"中国改革开放40周年：制度变迁与中国政治经济学的重构"。
2	杜伊斯堡中国商务网络	杜伊斯堡和当地企业经济发展公司的代表，为中国企业提供量身定制的服务，孔院与其多次合作举办多种多样的活动。
3	埃森伯乐高级文理中学	埃森市最早在高中部开设汉语的学校。从2008年冬季学期起，埃森市所有中学生均可以参加该校开设的中文入门课，并可以将汉语选为高考科目之一。该校也是鲁尔都市孔子学院的汉语水平考试考点。2014年该校成立中文合唱团，鲁尔都市孔子学院执行院长乐苏珊女士任合唱团的顾问。
4	德国儒学学会	成立于2009年，除了学术研讨以外，学会也和孔子学院合作，开办读书园地，讨论和研究孔子的著作。
5	杜伊斯堡市政府	杜伊斯堡市是北威州第五大城市，城市人口约50万。杜伊斯堡拥有欧洲最大的内陆港口，国际列车与公路线路在杜伊斯堡交汇，使得杜伊斯堡港成为重要的物流中心。杜伊斯堡也是从重庆始发的国际货运列车"渝新欧"的终点站。从1982年起杜伊斯堡和武汉建立了友好城市关系。鲁尔都市孔子学院自建立以来，一直与杜伊斯堡市保持紧密的合作关系。
6	杜伊斯堡资优教育中心	中心致力于为有特殊才能的青少年的老师和家长提供咨询和专业支持，并帮助青少年发掘、掌握和发展自己的才能。
7	埃森市政府	埃森市是鲁尔区第二大城市。作为鲁尔区的代表城市，埃森因拥有众多文化机构在2010年被欧盟评为"欧洲文化之都"。从2015年起，埃森和江苏省常州市结为友好城市。

	合作机构	合作活动
8	富克旺根音乐学校	位于埃森市，为全德最大及最活跃的音乐学校之一。孔院与其合作，进行德中音乐交流。
9	杜伊斯堡市经济促进局	致力于促进工业、手工业、贸易行业和服务业的全方位发展以及促进劳务市场的多元化发展。2015 年、2016 年，孔院与其合作举办春节晚会。
10	莫尔斯雅德芬高级文理中学	高中部从 2009 年起开设汉语课。从 2012 年开始，汉语选为高考科目。该校与武汉大学附属中学缔结了伙伴关系，每年双方学校都会派学生进行游学交流。孔子学院与莫尔斯雅德芬高级文理中学有过多次合作演出。
11	乌纳汉莎职业学院	学院具有工商会认证的"亚欧商贸专业技能"的培训资格，学生可以学习与亚洲经济相关的职业、个人和跨文化技能。孔子学院与其合作不仅包括与中国相关的项目，也包括帮助他们通过汉语考试，以及举办中国文化技能的研讨会。
12	波鸿海因里希·伯尔综合性学校	该校高中将中文选为第二外语。孔子学院与该校合作举办备受好评的中文音乐会。
13	明德中文学校	于 2001 年在克雷费尔德市以"中国文化和教育促进协会"的形式注册成立。孔院和该校保持定期合作，为青少年提供语言考试、语言课程和文化课程。
14	黑尔讷马尔凡尼职业学校	该校提供为期两年的"亚欧商贸专业技能"的培训，致力于教授学生与亚洲相关，尤其是与中国商贸和业务流程相关的专业知识；同时也教授汉语和中国文化。孔子学院从 2015 年起为该校提供汉语课程及和中国相关项目的支持。
15	海因里希·海涅书店杜伊斯堡分店	书店坐落于杜伊斯堡大学校区对面，出售许多与中国相关的文学作品。孔院与海涅书店联合举办多现场文学作品朗读会和学术报告。
16	米尔海姆市狼堡学院（天主教学院）	学院是埃森教区成人教育和社会教育所在地，孔院与其通力合作，每年围绕中国当代问题组织多次《聚焦中国》的系列活动。
17	歌德体育馆 Ibbenbüren	2017 年 5 月以来孔子学院新的合作伙伴。

续表

	合作机构	合作活动
18	杜伊斯堡市城市图书馆	借助孔院赠书，图书馆开设了《中国之窗》图书角，面向所有市民开放。2012年共同举办第41届《国际少儿图书—中国主题展》，还在此举办了包括朗读会、文学活动、手工制作和汉语体验课堂在内的大约70场系列活动。
19	杜伊斯堡文学艺术协会	协会把读书会这一传统保存至今，并为杜伊斯堡市的民众介绍著名作家和文坛新人。
20	《中国之声》	该博客向德国民众提供了很多关于中国的报道和讨论。德国民众借此听到中国的声音，更好地了解中国。
21	杜伊斯堡市业余大学	为杜伊斯堡和附近地区的广大市民提供普通继续教育、政治教育、职业和文化培训以及家长和家庭教育的课程。孔子学院与其主要合作项目是：开设汉语语言班、学术报告、中国信息日活动以及汉语体验活动。
22	"我们都是杜伊斯堡人"	这是一个以帮助外来移民融入当地社会为主题的网站，为热心帮助移民的杜伊斯堡市民提供了一个交换信息和沟通的平台。

资料来源：表格自制。根据德国杜伊斯堡—埃森大学鲁尔都市孔子学院网站资料整理。

鲁尔都市孔子学院的案例让我们看到，在海外推进孔院事业发展需要来自当地伙伴的大力支持，政府、学校、媒体、商会、学会、书店、网站、体育馆、图书馆、艺术协会、教育中心，几乎包括各行各业的合作方。应该说，孔子学院之所以能在海外立足，除了合作大学和孔子课堂所在的中小学提供大力支持和便利条件外，还需要来自当地政府、文化、经济、教育、艺术、行政管理和城市生活各个领域的热心赞助者与合作方。这些当地的合作伙伴或提供场地、设备，或提供政策、信息，或提供人员、物品，或提供人才、专业知识，或提供新闻、资讯平台……是孔子学院开展活动的得力支持者和全能"神助攻"。与这些各行各业伙伴建立的合作关系，好比是孔子学院这棵大树将根须伸向不同方向寻求的水源，这是孔子学院汲取营养、扎根异地的关键。孔子学院越是善于结交善缘，越是容易得到当地认可和支持，知名度和美誉度也就越高，也越来越有助于形成利益共同体、荣誉共同体和命运共同体。

　　总而言之，孔子学院本土化就是做对方需要的事情，按当地的方式做事情，嵌入对方机制合作共事，与当地人员、机构合作，利用当地资源做事。这样一个过程就是孔子学院本土化过程。

第二节　孔子学院本土化的具体途径

　　孔子学院的本土化具体路径指的是孔子学院在本土国家落地生根后，通过服务所在地的教学对象，在遵循语言文化国际教育与传播内在规律的前提下，为适应所在地的经济、文化、生活习俗、法律制度、通用语言等所做出改变的方式与做法。总的来说，汉语教学纳入国民教育体系是立足之本；推行"三教"本土化是当务之急；目标定位与学校发展相契合是重要保障；融入当地获取各方支持是活力源泉；服务"一带一路"是现实依托。

一　汉语教学纳入国民教育体系是立足之本

　　孔子学院课程纳入所在国的国民教育体系，纳入所在大学的专业课程体系，是孔子学院教学本土化发展的重要标志和关键因素。孔子学院完成传播中国语言文化的使命，要培养高水平、高层次的汉语人才必须走进体系。孔子学院作为中国文化大规模、成建制、有体系"走出去"的品牌工程，不同于那些教授外国人学习中文的补习机构、培训公司，也不是课后业余辅导班、兴趣俱乐部。从一开始，孔子学院走的就是一条内置于国外大学、融合当地发展的道路，其内嵌结构是其走入体系的初步标志和有利条件。孔子学院与分布在街头巷尾以营利为目的的补习班、培训班、辅导班、兴趣班迥然不同，在目标、使命、定位、格局、水平、层次上都属于卓然不群的"国家队"。"国家队"走向世界，自然要与所在国的"国家队"合作，通过有规划、有体系、有规模的方式推行。因此孔子学院的目标定位决定了要把汉语教学纳入国民教育体系，这是孔子学院实现长远发展、实现本土化发展的主流路径。

（一）汉语课程进入大学专业课程体系

从语言学习的规律和要求来看，业余兴趣班无法承担起有效传播推广语言文化的重任。以面向社会的兴趣班为例，平均每周基本2—3小时，一年下来平均48—72小时，而完成HSK4级需要175—230小时，按照这样的速度，学完HSK4级需要3—4年的时间，对于业余时间靠兴趣来学习的人，这样的进度可以接受，可是对于培养汉语人才来说，这样的进度无疑太慢了。而对于中文专业的学生，一年的课时数可以达到180—240小时，1—2年就可以完成HSK4级。闻名世界的普林斯顿暑期汉语培训班，2个月的时间课时量就达到了200小时以上，学生汉语水平的突飞猛进也是顺理成章的。从某种程度上来说，课时是教学质量的一个保证。而除了课堂上的时间，课下花费的时间也同样重要。对于兴趣班来说，学员有自己的专业或工作，能保证每次来上课已经很难得，课后很少会再投入时间，老师也很难对课后复习甚至作业做出要求，这样一来，学生汉语水平的进步自然会比较缓慢。所以，从培养高水平汉语人才的角度来说，汉语课程必须真正地进入大学的课程体系，这里说的"真正"，甚至连学分课也并不包括在内，因为一两个学期的学分课虽然算是在课程体系内，但是课时量跟兴趣班相差无几。这种选修课本质上是入门课，对于语言学习来说，只是在"广度"上扩大影响，如果想在"深度"上取得成绩，必须开设中文系或汉语专业，这是保障教学质量的最直接有效的手段。当前绝大多数孔院开设的课程都游离在大学课程体系的外围，开设中文系或汉语专业的大学还相当有限，具有广大的发展空间。

（二）汉语教学纳入中小学教育体系

中小学汉语课程的情况也是一样。当前，有70多个国家和地区通过颁布法令、政令等形式将汉语教学纳入国民教育体系，还有大部分国家汉语课程没有进入学校的课程体系。即便进入选修课程体系的汉语课，学生每周一次汉语课也是最为普遍的情况。人的记忆容易遗忘是自然规律，根据著名的"艾宾浩斯遗忘曲线"，2天以后人的遗忘百分比会达到72%，而6天以后会达到75%。可以想象在没有课后复习和作业的情况下，一周一次的汉语课意味着什么。再考虑到孩子的学习特点，课堂中势必要引入一些文化活动，又会占掉一部分有效的教学时间。所以，很多学了两三年汉语的中小学生，甚至说不出几句连贯的中国话。在伦敦肯辛顿区，英国首家中英双语私校——韦德双语小学的校方表示，中文不再只是兴趣班的课程，而是要系统掌握、熟练运用，以获得中文能力提升自身竞争力。为了达到这一目标，校方采用双语沉浸式教学法。在专门的中文教室里，所有的一切都是中文和中式的：书本、玩具、黑板报，都是中文的；听说读写、玩乐游戏，都用中文交流。① 这样的情况只要保持一年，学生的汉语水平就要比学了三年但每周只上一节汉语课的学生高出许多。这也再次证明了课时对于教学质量和效果的重要意义，证明了汉语课真正进入所在学校的教学体系是提高教学质量和效果的有效和必要条件。

一些国家的实践表明，将汉语教学纳入大学和中小学教育体系是培养汉语教育师资人才、夯实汉语学习基础的重要渠道。有了上

---

① 李应齐：《学习中文，不再仅仅是兴趣》，《人民日报》2017年10月24日。

下两端汉语学习的良好氛围，以此为基础，可以推动形成从学前教育、基础教育、职业教育一直到高等教育的完整汉语教育体系。以泰国为例，目前，泰国开设汉语课的学校已超过 3000 所，绝大多数的高校都开设了汉语课，其课程类型分为专业汉语和公共汉语，专业汉语分别为教育系"汉语教育专业"的学生和人文系或社会系"汉语专业"的学生开设。汉语教育专业均为五年制教育，毕业后可直接获得教师资格证。非教育系列的汉语专业为四年制教育，毕业后需要参加为期一年的教师资格培训，通过考试后才可担任汉语教师。[①] 且不说泰国开设"汉语专业"的高校已经超过了 100 所，仅开设专门培养汉语本土师资的"汉语教育专业"（也可称为"汉语师范专业"）的高校也已经达到了 18 所，最早的从 2004 年就开始设立。截至 2018 年，8 所开设"汉语教育专业"5 年以上的高校已经为泰国贡献了 2465 名毕业生，其中大部分都已经成为泰国中小学的本土汉语教师。泰国的"汉语教育专业"无疑已经走在了前面，在源源不断地为泰国的本土汉语教师提供"后备军"方面功不可没。[②] 因此，和其他国家相比，泰国有条件有基础通过政策和法规将汉语纳入从学前教育、基础教育、职业教育到高等教育，形成完整汉语教学体系。

可见，汉语课程进入所在国的国民教育体系，对缓解本土教师匮乏、加快教师本土化、助推孔子学院本土化都有重要作用。陆俭明将汉语课程纳入国民教育体系称为汉语走向世界的三大标志之一。[③] 汉语课程进入国民教育体系对于汉学教学与研究专业设置少、

---

① 潘佳盈：《泰国汉语教育专业本科建设研究》，博士学位论文，中央民族大学，2018 年，第 2 页。

② 该部分观点和数据由厦门大学汉语国际推广南方基地的专职教师刘玉川提供，刘老师曾在泰国皇太后大学孔子学院任汉语教师。

③ 陆俭明：《第 13 届对外汉语国际学术研讨会总结》中国社会科学网 2016 - 07 - 27 日，http：//www.cssn.cn/yyx/yyx_tpxw/201607/t20160727_3137098_3.shtml。

设立晚的国家，尤其是在"一带一路"背景下对汉语人才需求大、汉语学习者低龄化的非洲国家意义非凡。在非洲孔子学院的积极支持下，有 14 个非洲国家将汉语列入本国国民教育体系的语言课程；54 所孔子学院中的 36 所开设了汉语学分课程，21 所孔子学院所在的大学开设了中文专业，汉语教育融入了当地的高等教育体系。非洲的 41 个国家设立了 54 所孔子学院和 30 个孔子课堂，累计培养各类学员达 140 多万人。虽然并不是孔子学院数量最多的大洲，但非洲却被视为全球孔子学院办学成效最好的地区。2012 年以来，非洲孔子学院的学员数量年增幅达到近 36%，2017 年注册学员达到 15 万人，一年举办的各类文化、学术活动达到近 2500 场，吸引了超过 84 万人次参加，在当地形成非常大的影响。这 54 所孔子学院平均注册学员数达到 3000 人以上，其中有 3 所学院的注册学员数超过了 1 万人。汉语课程班次平均年增幅达到 40.3%，专用办学场地面积平均年增幅将近 34%。[1] 非洲孔子学院的办学成效引人注目。据汉办 2018 年度发展报告，在孔子学院带动影响下，60 多个国家通过颁布法令政令等形式，将汉语教学纳入国民教育体系，170 多个国家开设汉语课程或专业。美国、加拿大、日本、韩国、澳大利亚等国都先后将汉语列为大学入学考试的外语科目之一。汉语进入主流，纳入体系，无疑将成为孔子学院顺利发展的重要保障，也是孔子学院本土化发展的一大方向。孔子学院能否持续稳定顺利发展，取决于孔子学院的本土化程度。本土化程度高，孔子学院发展就越稳越好，而纳入所在国的国民教育体系则是孔子学院本土发展的立足之本。

---

[1] 《本土化程度高是非洲孔子学院快速发展的重要原因》，孔子学院总部/国家汉办网站 2018 - 05 - 17，http://www.hanban.org/article/2018 - 05/17/content_732273.htm。

二 推行教师、教材、教法本土化是当务之急

教师、教材、教法"三教"本土化是孔子学院本土化发展的"硬核"。在孔子学院本土化进程中，教学永远是安身立命的根本。教学质量的提高可以助力孔子学院融入当地，更好地满足"一带一路"沿线对汉语人才和孔子学院的需求。无论孔子学院发展到多大规模，课程开到多高端的机构和部门，课程开展得多么有特色，如果不能高效、高质地完成教学任务，这个需求就会受到很大的影响。说得严重些，如果因为教学的质量和效果不好，造成当地对孔院的认同程度降低的话，势必会对孔院融入当地产生阻碍。所以，归根结底，教学才是孔院本土化的生命线，只有回到"教师、教材、教法"这些最根本的层面，在保证教学的基础上，其他的一切才有可能。孔子学院的数量和规模一直在扩大，教学水平也一直在提升，"但是从质量上来说，需要进一步提升孔子学院的内涵建设，无论是发展理念、孔院机制、教师队伍、教材编写还是课程设计等，都要符合当地的实际需求，主要学习者的需求。"① 这是学者与孔院业者的共识。孔子学院提升教师素质、提高教材质量、创新教学方法与满足学生实际需求，其内在逻辑是一致的。"万变不离其宗"，学生需求是孔子学院的最高追求和终极目标，因此提高"三教"水平，无论从孔子学院办学层次还是从整体可持续发展前景来看，本土化是当务之急。

（一）多元渠道培养本土教师

建设一支数量充足、质量上乘、队伍稳定的汉语教师"常备军"、实现汉语教师本土化，是孔院长期可持续发展、促进教学本

---

① 崔希亮：《汉语国际教育的若干问题》，《语言教学与研究》2018 年第 1 期。

土化的关键，但要实现这一目标、推进这一进程并不容易。汉办也早就着手解决这个问题，在第八届孔子学院大会总结中，时任汉办主任许琳提出了解决教师数量不足的两个渠道：一是中方公开招聘汉语教师，二是发掘本土教师力量。"大家都提到我们孔子学院发展非常快，老师非常紧缺，汉办供应不及时。我们已经想了办法来改进这方面的状况。我们从今年开始向全国公告招收，欢迎符合条件者报名，目前已有2万多人报名，我想，明年报名的人会更多。我们会尽快组织专家组选出优秀者，并尽早组织培训。此外，我们今年实际上已经尝试实施从各国本土发现优秀者，由当地孔子学院决定谁合适，目前已寻找到很多合格的孔子学院教师。特别是对于一些非英语语言的国家，这种做法是非常必要的，希望大家能够帮助我们。"① 第一个渠道汉办目前正竭尽全力逐年加大我国汉语教师的选拔与派送，孔子学院专职教师库也正在建设之中，但现阶段依然无法在数量上满足孔子学院办学需求。而且与海外本土汉语教师相比，中国教师有诸多"先天"不足，在胜任本土化使命方面力有不逮；第二个渠道还大有潜力可挖，这是解决师资力量最根本的、长远的、有效的途径，符合孔子学院落实师资本土化的方向目标。本土化从本质上要求海外本土教师担纲，因为他们虽然在汉语言文化知识、汉语教学和中华文化传播方面有不足，但他们熟练掌握所在国语言，了解当地文化，在教学过程中和学生交流起来没有障碍，可以进行较深层次的沟通，有利于及时掌握教学效果，随时调整教学方法和进度，能够更好地把当地的教学方式和汉语教学结合起来。同时，本土汉语教师熟悉当地教育体系，了解学生的学习习惯和思维方式，能够针对学生编写对路的教材。陆俭明曾总结了汉语教师本土化的三大好处：一是"他们在教学中比我们更了解学生的心理，更了解教学的重点，更了解学生学习汉语的难点，比我们

----

① 许琳：《第八届孔子学院大会总结》，《孔子学院》2014年第1期。

更善于进行对比教育，所以会更好地、有意识地引导学生学习汉语。"二是"能根据教材的内容，游刃有余、信手拈来地举出与对象国国情、当地风土人情相关的例子，说实在的只有本土教师能做到，而且可以说是他们的专长"。三是更为重要的一点，"有了一支本土化的汉语教师队伍，他们为了自己的生活和生存，他们自己就会向本国政府提出加强汉语教学的要求，而这是使汉语教学进入对象国国民基础教学体系的一个很重要的助推力量，也是汉语走向世界的一个很重要的条件。"① 从本土化的角度来看，汉语教师的巨大缺口归根结底是各国本土汉语教师不敷教学之需。因此，必须采取多种方式，提高海外本土汉语教师的培养效能。② 由本土教师教授汉语是孔子学院成熟、成功的标志之一，由本国人教本国人学汉语，而不是由中国教师"来教我们"，试想哪个更能说明这一语言的受欢迎程度？哪个更能体现心悦诚服、心之向往的学习动力？办学之初汉语推广很重要，但换个角度看，总是靠"外人"的外力"推广"，终归不如放手让他们自己做我们想做的事，这才符合软实力的要义③。为此，孔子学院总部领导人提出，"要着眼培养各国本土师资，扩大'孔子学院奖学金'招生规模，支持各国大学设立汉语师范专业，实行教师持证上岗制度，聘用优秀来华留学生担任本土教师。"④ 目前汉办在本土汉语教师培养与培训方面主要有以下几

---

① 陆俭明：《汉语国际传播方略之我见》，《汉语应用语言学研究》2019 年第 8 辑。

② 马国彦：《加强海外本土汉语教师 培养助力汉语国际化》，《中国社会科学报》2018 年 6 月 12 日。

③ 美国哈佛大学教授约瑟夫·奈在《注定领导》《软力量》《权力与相互依赖》《美国霸权的困惑》等论著中多次指出，软实力是一种让他人做自己想做的事情从而获得预期结果的能力。

④ 刘延东：《适应需求 融合发展 为促进世界文明多元多彩贡献力量——在第十届孔子学院大会开幕式上的主旨演讲》，《孔子学院》2016 年第 1 期。

类大的举措：外国本土汉语教师合作培养、汉语国际教育硕士专业学位、外国汉语教师来华研修、专家组赴国外培训、核心教师计划、汉学学者访华等。① 具体来说：

1. 系统培训现有本土教师

第一种渠道是孔子学院派本土教师来华培训。孔子学院总部/国家汉办设立"外国本土汉语教师来华研修项目"，资助孔子学院专兼职本土汉语教师和外国大中小学教师来华进修。2009 年，孔子学院总部设立了"外国汉语教师奖学金"项目，这是中国第一次有计划、大规模地帮助外国培训本土汉语教师。2017 年 21 所中国高校对外国大中小学汉语教师提供 49 个培训班课程。通过赴华参加培训，本土汉语教师可以亲自体验中国文化，有效提高其汉语水平。第二种渠道是孔子学院就地组织培训本土教师。不少孔子学院都会定期或不定期地组织本土教师培训研讨会，在汉办的经费预算中，培训费用是专门的一项。北京语言大学在泰国、韩国、新加坡等汉语学习者人数众多的国家开办分校，对于海外本土汉语教师的培训已经成为该学院的常规工作内容。第三种方式是通过远程教育、线上教学等形式培训本土汉语教师。这种方式在时间、地点上灵活方便，日益受到本土教师的青睐。北京语言大学推出的远程国际汉语教师培训项目 ICTP（Online International Chinese Teacher Training Program）是第一个采用在线学习管理的创新型国际汉语教师培训项目。该项目汇集了北京语言大学汉语国际教育一流的教学专家和雄厚的学术资源，通过先进的多媒体技术和网络通信技术让广大学习者获得了前所未有的自由学习体验。②

---

① 汉语教师栏目，孔子学院总部/国家汉办网站 http：//www. hanban. edu. cn/teachers。

② 官玉玲：《北语 ICTP：打造国际汉语教师培训新模式》，《中国远程教育》（资讯）2014 年第 9 期。

2. 加快设立核心教师岗位

核心教师是全面负责孔子学院汉语教学组织和管理的专职人员，要求具有硕士（含）以上学位，精通汉语和所在国语言，具有较强的跨文化交际能力和组织能力等综合素质；具有 5 年以上汉语教学经验，或在孔子学院任教 2 年以上；为所在国公民，或具有永久居留权。核心教师岗位由孔子学院所在大学自愿申请设立，每所孔子学院可申请 1 人。设立核心教师岗位的孔子学院须运行 2 年以上，注册学员 200 人以上。孔子学院所在大学须把核心教师岗位纳入学校岗位体系，且承诺长期保留该岗位。核心教师的工资参照当地大学同等条件教师的工资标准。低于汉办派出教师工资标准的，可参照汉办标准执行。共有两种资助形式，可任选其中一种：（1）汉办承担核心教师岗位第一个 5 年的全部工资，第二个 5 年工资的 50%。孔子学院所在大学承担核心教师岗位第二个 5 年工资的 50%，第三个 5 年起的全部工资。（2）汉办和孔子学院所在大学各承担核心教师岗位第一、二、三个 5 年工资的 50%。汉办为核心教师来华或在当地培训提供资助，并为其提供必要的教材、教辅及教具支持。① 这是将孔子学院教学岗位固定化、本土化，使孔院教师、教学有效纳入孔子学院所在高校的一种尝试。据孔子学院总部发布的《孔子学院 2018 年度发展报告》，截至 2018 年年底，美国、英国、德国等 17 国 33 所孔子学院设立核心教师岗位，聘用 34 人。"一带一路"沿线国的汉学基础不如欧美发达国家，设立核心教师尤其必要。核心教师来自本土，受聘于所在大学，但以汉语教学为安身立命之本，又接受孔子学院总部的培养与资助，享受中方教材、教辅及教具支持的福利。应该说，核心教师是孔子学院本土教师中的佼佼者和引领者，也是孔子学院发展可依赖的稳定的师资力

---

① 核心教师项目详见孔子学院总部/国家汉办网站，http://www.hanban.org/teachers/。

量，是开展中文本土化教学最理想的身体力行者。已有核心教师的孔子学院要发挥核心教师的"星星之火可以燎原"的作用，让他们对其他中文教师、年轻教师进行"传帮带"，将其语言能力、文化素质、学习能力、跨文化思维乃至其对中文教学的热情传递给其他教师。一个称职、尽责、优秀的核心教师是孔子学院的宝贵财富，如何把这个项目做好，把人选对，把课上好，对孔子学院教学本土化发展很重要、很关键。

3. 中外联培年轻本土教师

该项目是通过中外大学联合培养的方式，为国外汉语教学机构培养本土汉语教师。培养的对象是国外大学中文专业的三、四年级的学生，在中国培养的周期一般为1—2年，培养内容包括汉语本体知识、汉语教学法、中外语言对比等。培养目标是能够熟悉地运用汉语交流，掌握一定的汉语教学方法，能胜任本国汉语教学工作。目前开展该项目的国家包括泰国、印度尼西亚、越南、菲律宾，具体的项目有菲律宾本土化汉语教师培养项目（2＋2）、泰国本土化汉语教师培养项目、印度尼西亚本土化汉语教师培养项目（2＋2）、印度尼西亚本土化汉语教师培养项目（3＋1）和越南本土化汉语教师培养项目（2＋2）。[①] 此外，孔子学院总部还设立了"外国本土汉语教师培养奖学金"项目，资助的对象是那些毕业后有意愿担任汉语教师的汉语专业的非中国籍的本科学生或硕士、博士研究生。受资助的对象要与所在学校签订协议，保证毕业后从事一定时间的汉语教学工作。

4. 鼓励外国学生攻读"汉硕"

"汉语国际教育硕士"（Master of Teaching Chinese to Speakers of Other Languages，MTCSOL）是指面向海外母语非汉语者招生的汉

---

① 汉办官网，外国本土汉语教师合作培养栏目，http：//www. hanban. org/node_ 9731. htm。

语师范专业，旨在培养从事汉语作为第二语言/外语教学和传播中华文化的专门人才。汉语国际教育硕士专业学位获得者应具有扎实的汉语言文化知识、熟练的汉语作为第二语言/外语教学的技能、较高的外语水平和较强的跨文化交际能力。2013年2月发布的《孔子学院发展规划（2012—2020年)》指出：要加大孔子学院所在国本土师资培养力度，扩大"孔子学院奖学金"规模，招收更多各国青年来中国攻读汉语国际教育专业硕士学位。大部分留学生汉语国际教育硕士接受孔子学院奖学金，经过近两年的学习，获得硕士学位以后，将回到各自的国家，为汉语传播和汉语教学做贡献。

同时，为支持"一带一路"国家孔子学院本土汉语教师队伍建设，总部资助孔子学院聘用获得汉语国际教育专业硕士学位的优秀留学生回国担任本土汉语教师。总部参照当地同等条件大学助教工资标准，资助受聘本土汉语教师5年的工资，并可根据实际需求为本土汉语教师提供培训及必要的教材、教辅支持。[①] 各国孔子学院也在培养本土教师队伍方面八仙过海各显神通。有的孔子学院与中国师范院校合建师范专业，如蒙古国立教育大学孔子学院积极推进东北师范大学与蒙古国立教育大学设立汉语师范专业和汉语国际教育专业的双学位项目，突出东北师大"师范"特色，助推蒙古国汉语师范专业毕业生的汉语能力和汉语教学水平的提升；有的孔子学院设立中外汉语教师合作上课的方式，加快本土汉语教师的成长。如卡迪夫孔子学院就采取了中国大学教师与当地中小学教师同台上课的措施。在一些孔子课堂或教学点上课时，中国的外派教师由于大多从高校派出，缺乏在中小学上课的经验，最初由所在学校负责汉语项目的教师协助进行课堂管理，后来发现这种联袂上课的方式

---

① 《"'一带一路'国家汉语国际教育专业硕士留学生本土汉语教师招聘项目"实施办法》，孔子学院总部/国家汉办2017-03-10发布，http://www.hanban.org/teachers/yidaiyilu.htm。

很好，不仅中国教师可以学习本土教师的经验长处，本土教师也从联合授课中受益，他们可以利用这一现场观摩机会有效改进发音、书写等弱项；还有的孔子学院定期组织本土教师论坛、讲座、讨论课、培训课，集中解决他们教学中的困惑；还有的孔子学院立足本土发现汉教苗子、支持他们从中国获取汉语国际硕士学位后回国担任本土师资。如加纳海岸角大学孔子学院于 2018 年从各教学点挑选了 20 名有志于从事汉语教学事业的年轻教师开设了本土教师汉语培训班，以帮助他们尽快通过 HSK3 考试获得奖学金前往中国学习汉语，攻读汉语国际教育硕士，学成归来后在孔子学院及其他学校担任本土汉语教师。这个项目深受教学点年轻教师的欢迎。[①]

　　孔子学院的本土化，最终仍须落实在汉语教学的本土化上，而汉语教学本土化的主体是教师——教师是课堂教学的组织者与引导者，因此教师本土化的重要引领作用可见一斑。孔子学院总部理事会主席刘延东早在第十届孔子学院大会上提出了具体举措，"要着眼培养各国本土师资，扩大'孔子学院奖学金'招生规模，支持各国大学设立汉语师范专业，实行教师持证上岗制度，聘用优秀来华留学生担任本土教师。"[②] 第十三届孔子学院大会的专题论坛上，澳门大学孔院院长靳洪刚呼吁关注本土教师的培训培养，认为只有当本土汉语教师数量达到一定规模时，才能确保汉语学习的长期性和稳定性，汉语才能真正进入当地外语学习并成为主流。[③] 这就意味着继续增强本土教师的培养力度，激发各个孔子学院的自主创新功能，让他们有能力、有办法培养打造出符合本国本地本校要求的本

---

　　① 《海岸角大学孔子学院 2018 年年度总结》，加纳海岸角大学孔子学院网站 2019 - 05 - 21，http://confuciusucc.com/2019/05/21/2018 - confucius - institute - annual - report - chinese - edition。

　　② 刘延东：《适应需求 融合发展 为促进世界文明多元多彩贡献力量——在第十届孔子学院大会开幕式上的主旨演讲》，《孔子学院》2016 年第 1 期。

　　③ 《第十三届孔子学院大会"论坛与工作坊"》，《孔子学院》2019 年第 1 期。

土汉语教师队伍，才能奠定汉语海外传播的坚强基石。10 年来，全球孔子学院培养培训本土教师增长了 3 倍。国家汉办负责人马箭飞在接受记者采访时表示，"教师队伍的本土化、专业化、职业化是孔子学院今后发展的重点和方向，有助于推动教材和教学方式的本土化调整，使孔子学院更加'接地气'"。① 随着来华留学、联合培养与在地培训形式的扩展，以及中国国家奖学金、孔子学院奖学金、各个高校奖学金的增多，本土教师量与质的问题将越来越趋于解决。

（二）多管齐下推进教材本土化

本土化教材突出汉语教学的本土化、国别化、区域化特征，对提升学生的汉语学习兴趣、提高学生学习成效十分重要。"教材是汉语国际教育过程中不可或缺的重要因素，好的教材对于教师来说就好比前线的士兵有了精良的武器装备。"② 不适用的教材、不适地的教学法、不灵光的教师，足以构成毁掉海外汉语教育的毒药，对汉语和文化传播产生负面甚至是恶劣影响。什么是适用的汉语教材？大体上，所谓"适用"汉语教材的共同标准包括：一是内容鲜活、生动有趣、简明易学、大众化的新型汉语教材；二是文化含量较高，从中可以感知汉语的优美与生动，品味中华文化的魅力；三是注重教材的信息化，以便通过 MP3、网络等手段进行学习。③ 实际上，这只是粗线条的抽象标准，针对不同国家和地区的教材"适用"标准也各不相同，甚至针对不同对象的教材也有不同的"适用"标准，如对初学者的教材要简明易懂，循序渐进，不仅让学习

---

① 李勋：《专访：孔院筑"心灵高铁" 建人文交流之桥——访孔子学院总部副总干事马箭飞》，新华网 2018 – 09 – 27（2019 – 05 – 12 上网），http：//www. xinhua-net. com/politics/2018 – 09/27/c_1123490189. htm。

② 崔希亮：《汉语国际教育的若干问题》，《语言教学与研究》2018 年第 1 期。

③ 易杳：《对外汉语教育之困》，《瞭望》2008 年第 7 期。

者觉得有趣，而且学习轻松，有收获感，愿意坚持下去；而对层次高的汉语学习者，则要充分展示汉语之美、文化之美，同时对其升学、就业、职业、生活有用、实用。有针对性的教材才可能适用，但不可能针对每个人编写教材，本土化是解决教材对同一地区同一母语的同质学习群体有效性、针对性的方法。"本土化"教材以针对性为导向，优秀的"本土化"汉语教材一般具有以下几个特征。①教材内容本土化。部分话题和词汇的选择具有本土化特征，贴近海外学习者的生活，有利于提高学习者的学习兴趣。②教材中的注释一般使用学生母语。③语音、语法知识的编排和注释等充分考虑母语和目的语的差异性，善用对比意识，有针对性地讲解教学重难点。④教材的编写理念和教材容量等与有关教育体制接轨度高。⑤充分尊重学习者的背景文化，具有文化对比意识。[①] 实现教材本土化是一个浩大工程。在"一带一路"沿线国家中，仅官方语言就有53 种，某类国别化教材就要53 种，考虑到地域化特色的话，可能不下百种。编写有针对性的本土化教材不可能一蹴而就。为此，汉办和各孔子学院正在推出多管齐下的措施解决这一问题。

1. 课程大纲先行

汉办在借鉴英国文化委员会、法语联盟、歌德学院经验的基础上，加强汉语国际教育标准的建设，会聚海内外专家学者研制了《国际汉语能力标准》《国际汉语教师标准》《国际汉语教学通用课程大纲》，尤其是《国际汉语教学通用课程大纲》的制定，为各国开发基于本国国情的教材提供了标准和依据，为教材本土化建设起到了基础骨架作用。2009 年由孔子学院总部/国家汉办组织策划编写的《新汉语水平考试大纲》在商务印书馆出版，大纲以《国际汉语能力标准》为依据，以考教结合为原则，旨在"以考促教"

---

① 吴应辉：《关于国际汉语教学"本土化"与"普适性"教材的理论探讨》，《语言文字应用》2013 年第 3 期。

"以考促学"，成为全球孔子学院教学考试的纲要性指导。在汉办带动下，一些国家的教育部门也推出了所在国的汉语教学大纲。如2016年9月，意大利教育部颁布了第一个国家汉语教学大纲——《意大利高中汉语教学大纲》，对规范和统一意大利高中的汉语教学有着十分重要的指导意义，也标志着意大利汉语教学在《欧洲语言共同参考框架》《国际汉语教学通用课程大纲》《欧洲汉语能力基准项目》与《意大利高中汉语教学大纲》多纲指导下的协同发展。

2. 主干教材支撑

作为教材国别化、本土化的先行步骤，主干教材可视为区域化的种子教材。"一个国家或地区的主干教材，往往是这个国家汉语教材编写的样板。这种主干教材，应该是一部融听、说、读、写、译为一体的综合类教材，从某一角度来说，也可以看作某一国家或地区具有指导意义的通用型教材。这种教材与中国推向海外的通用型汉语教材不同的是，它应该在编写目标、服务对象、所选话题、文化对比等方面，都具这一国家或地区有别于其他国家或地区的独特之处，更能适合本国或本地区教学体制、教学理念、教育模式和教学内容。"① 2017年孔子学院全球大会上，教育部副部长、孔子学院总部理事会常务理事田学军提出要实施"国际汉语教材工程"，"重点研发汉语、中华文化和当代中国三套精品骨干教材，鼓励全球孔子学院自主采用。同时，支持各国孔子学院研发本土教材，积极开设各类语言文化辅修课程。"② 这种两条腿走路的模式是可行的，精品骨干教材有助于保证统一大纲、统一要求，让人看到"标

① 董琳莉：《论汉语国际教育国别化教材的编写》，《全球化的中文教育：教学与研究——第十四届国际汉语教学学术研讨会论文集》（中国澳门），2017年，第180—192页。

② 田学军：《在第十二届孔子学院大会闭幕式上的总结讲话》，《孔子学院》2018年第1期。

准化版本"的汉语教材应该是什么样子的。而本土化教材则凸显其"个性化版本"，二者相映成趣，互补互益。据《孔子学院2018年度发展报告》目前已出版80个语种6700多册汉语教材、文化读物和工具书，其中孔子学院总部主干教材资源库达54个语种，完成《汉语图解词典》《汉语图解小词典》《汉语800字》三套工具书80个语种的翻译出版。①

3. "一版多本"补充

在一种教学媒介语（如英语）版本基础上，进行其他教学媒介语版本二次开发的"一版多本"的教材与教辅，在一定程度上可以缩小海外教学对本土化教材日益增长的需求缺口。本土化教材开发的成本高、难度大，如何将精品骨干教材的开发价值最大化，将其编写经验提炼出来，以此为基础进行多语种改编在现阶段不失为一种省时省力、节约成本、收效较快的"本土化"方式，还可以为后续本土教材的开发提供有益借鉴。反响较好的"普适性"教材和精心开发的骨干教材，有助于形成大纲或指南性质的成果，这是平摊成本、尽快实现教材本土化的一个捷径。② 作为教材本土化的一个阶段性步骤和务实性手段，"一版多本"的准本土化教材在目前是很有必要的，有总比没有好，起码能够提供可以选择的一个选项。另外，要鼓励和扶持国别教材、本土教材、多语种教材，只有百花齐放，才能充分体现汉语教学的个性、地域性、选择性、

---

① 这些数据与2016年数据对比可发现汉办在开发教材方面的进步十分迅速。当时，孔子学院总部/国家汉办教材处处长张彤辉就说："经过10年努力，孔子学院完成了总部多语种主干教材库、孔子学院本土教材库、数字教材编写指南平台、数字图书馆、教材专家信息库、案例库等多项基础建设。主干教材涉及54个语种，本土化教材涉及52个语种，汉语工具书涉及20个语种。构建了面向孔子学院以及海外从幼儿到成人多层次、多需求、多语种的全方位国际汉语教材体系。"凌波文：《汉语教材开发一直在路上》，《人民日报》（海外版）2016年4月2日第5版。

② 观点由厦门大学汉语国际推广南方基地的专职教师戚影提供。

多元性，使教材真正成为当地学生学习汉语、教师讲授汉语的助手拐杖。

4. 数字化平台跟进

汉办利用互联网技术研发高质量数字化教材编写平台，《国际汉语教材编写指南》是汉办在汉语教材本土化建设方面的一大创新之举。《指南》系孔子学院总部集合海内外近百位专家，引入科学领域"分类标定"的研究方法，历时 3 年，依托大数据和数字处理技术，成功打造的集最新科研成果、最丰富语素语料、最权威课程标准、最智能化开发工具、最量化教材评估体系于一体的大型实用网络应用平台。该平台以文字、视频等方式展示当下最流行的热点话题语料资源，进行系统分级及相关知识点标注，编辑制作讲义，将最新信息资源融入实时教学。[①] 平台不是教材，胜似教材，旨在为一线教学工作者提供便捷的教材编写指导和服务，使其利用高科技手段生产出符合个性化需要的教材，体现了优秀教材应具备多样化、本土化、精品化、易学化、数字化的特点。

5. 自编教材配合

没有一本教材可以适应不同孔子学院的不同课程要求，即使是很优秀的教材依然对不同需求存在诸多缺憾和不足："对象群不清楚；难度过大，教材出现课文难度突增；语言点不衔接的情况；每一课的词汇过多，重复率不足，练习不足；课文所阐述的国情、历史及文化知识给予的信息不足；语法解释烦琐或过难；课文对话内容不符合学员的实际需要，缺乏实用性；汉字教学缺乏系统性；教学进度与实际的教学时间不匹配。"[②] 孔子学院开设的课程类型、面

---

① 《国际汉语教材编写指南》，孔子学院总部/国家汉办网站，2019 – 05 – 12 上网，http://www.cltguides.com/main.action。

② 刘宏、张晓晨：《英国汉语教学和教材现状与需求分析——以曼彻斯特大学孔子学院为例》，新加坡《华文学刊》2013 年第 2 期（第 11 卷）。

向的学生类型千差万别，在这个意义上，自编教材几乎成为每个孔子学院的需求，甚至是孔子课堂也有自编教材的必要。随着汉语教学日益走向成熟，在实际教学过程中自编教材渐成主导。我们以泰国吉拉达孔子课堂的自编教材《龙鳞》来看他们是怎样一步步地实现教材本土化的。

吉拉达学校自 2002 年开设了汉语课程，2009 年成为孔子课堂。随着孔子课堂学员人数增加，泰国学生对中华文化的了解和学习需求也随之增加，泰国仅有的几本中泰双语文化类教材越来越不适应新的教学需要。为了更好地促进泰国学生对中华文化的认识和了解，增加学生对汉语学习的兴趣，发挥孔子课堂在当地的影响力，孔子课堂在汉办的大力支持下，决定出版一本介绍中国文化的双语读物。2015 年 6 月恰逢诗琳通公主殿下 60 寿辰之际，吉拉达学校孔子课堂开会商议决定编写本土文化教材《龙鳞》。这本自编教材是如何"炼成"本土教材的？①

内容本土化：中国文化博大精深，内容浩瀚，如何选择教材内容及选择哪些内容成了难题。针对这一问题，中泰双方负责人召开会议，泰国老师从泰国读者的视角分析了泰国学生可能感兴趣的部分，再结合中国老师认为中国文化中不可缺少的内容，初步确定了三大章节的主题。即中国的文化艺术、中国的传统节日、中国的日常礼仪。另外，泰方负责人认为孔子课堂冠以孔子之名，因此理应在该书中加入有关孔子的介绍。根据章节内容，一一细化，增加小标题。在"中国的文化艺术"板块中增加了"教育家孔子"的内容，泰国与中国接壤地带有很多少数民族，因此有"中国少数民

①　诗琳通公主是吉拉达学校的管理者，公主殿下孜孜不倦地坚持学习汉语和研究中国文化，关心和支持孔子学院以及汉语教学在泰国的发展。教材命名为《龙鳞》旨在表达敬意和谢忱。感谢泰国吉拉达孔子课堂的汉语志愿者、来自云南师范大学的周俊伶同学提供介绍资料，她全程参与了《龙鳞》一书的编写工作。

族"方面的一节；在孔子课堂活动中较多涉及中国的传统节日，因此在这一板块中介绍了中国的八大节日——春节、元宵节、清明节、五四青年节、端午节、中元节、中秋节、重阳节，五四青年节因与青年学生关系密切，中元节因泰国也有浓厚传统故列入其中；"中国的日常礼仪"板块中详细介绍了握手礼仪、餐桌礼仪、典礼仪式的注意事项等，从泰国人的角度回应了他们在与中国打交道时对于礼节问题的关切。确定好框架后，将任务一一分配给孔子课堂的老师们。

语言本土化：本土教材之所以"本土"就是因为它的中介语言是本土语言，以本土语言解释要讲授的对象语言。这一阶段需要中泰双语熟练的中泰两国老师共同来完成。孔子课堂委托中文熟练的泰国本土老师和泰语相对熟练的中文老师共同对语言把关。从中文内容语言到泰文内容语言，再到字词拼音对应——为了让初学者更容易识读汉字，还在书中添加了拼音。为了降低由于分词连写带来的复杂性，教材编写者决定不使用分词连写的拼音规则，而是每个字对一个拼音，虽然这意味着工作量加大，但一对一的注音使泰国学生的学习更为方便明了。仅仅语言这一环节就耗时整整半年。

版面本土化：关于排版、插图等环节，泰方负责人认为单纯的汉字会让学生视觉疲劳，且对于汉语基础一般的学生来说，只能依靠有限的泰文理解。因此在书中增添语言之外的元素势在必行。泰方负责人委托学校的美术老师根据内容要求画上插图，以便学生对文中一些内容借助插图能一目了然，同时提升教材的趣味性和对初学者的吸引力。出版社根据内容和插图，以一段汉字附上一段泰文说明的形式来安排版面。初步排版结束后，调整好字体颜色大小、背景设置、插图位置后，送返课堂上进行检验。

试用本土化：一是征求一线师生的意见。根据师生反馈，在原来的基础上又增加了中国四大名著、重阳节等内容，也相应增加了前言、诗琳通公主殿下的相关信息。二是征求专家意见。教材成型后，吉拉达学校孔子课堂邀请泰国华侨崇圣大学汉语文化学院院长刘丽芳博士作为孔子课堂的教材顾问进行审核。刘博士中泰文俱佳，可以站在双语角度审核用词是否合适、翻译是否正确、习俗等是否有误等。针对这些意见，教材重新进行调整，修改了一些翻译不够完善准确的地方，如某些词句在泰语中无法直接翻译，就通过增加同义词和反义词来解释。中国民族乐器古琴在泰语里与古筝不容易区分，为避免让读者产生混淆，需要注音、插图、文字多管齐下。

2016年3月下旬，所有章节的内容都已经完善。出版社先预印刷1000册用于教学中，2017年后在此基础上正式出版。这本书从最初的计划到实践再到出版，历时3年多。这本由课堂教师编写的汉语教材，是一线鲜活教学经验的总结，可谓最接地气的本土教材，对促进泰国汉语教学、丰富本土教材起着积极的推动作用。这本自编的教材也许不那么成熟专业，但对于汉语学习者人数众多，单次HSK考试人数突破5000人、汉语教师志愿者人数累计达到17169人次覆盖1000多所大中小学的国家①，泰国志愿者老师付出努力非常必要，也十分可贵，为探索不同国家、不同地区、不同用途的本土教材做出了独特贡献。

优秀本土化教材的编写是一个较为长期的过程，需要反复摸索总结，在教学实践中锤炼检验，通常是以自编教材、自做教辅、自制教具为起点的，然后在教学实际过程中应用，收到学生反馈后再修改，反复实践后不断充实丰富，走向成熟，最后付诸印刷成为正式教材。因此自编教材是本土化教材的雏形，很多孔子学院都鼓励教师根据学生特点、课时长度、目标要求自编自创教材，尤其是在非典型性教学任务中，面对特别的教学对象时，在没有标准化教材的情况下，自编教材非常重要，所起的作用与正式出版的本土教材

---

① 《汉语成为泰国最受欢迎的外语之一》，人民网2019－03－15，http：//world. people. com. cn/n1/2019/0315/c1002－30978275. html。

没有什么区别。

（三）多种手段探索教法本土化

教学方法是教师在课堂教学中所采用的方法、技巧、策略的总称，是深入探索和解决教师如何教、进而协助学生如何学的问题，是教材本土化最终落实的手段与依托。本土化教材的推广和普及需要一线教师通过适应本土需求的教学方式、方法贯彻到教学实践中去。"汉语作为外语教学法不仅应该国际化，更可以本土化。内容既定，方法灵便。国际汉语教育，面对的是多种多样的教学对象、纷繁复杂的教学环境，应将汉语教学的一般规律，与所在国家和地区的教学实际相结合，并加以改造，以求适应教学与学习的特殊需求。"① 适合学生需求、符合教学实际的教学方法不仅可以事半功倍提高教学效果，也可以减少对教师本土化与教材本土化的依赖，弥补其缺憾或不足。在教师本土化、教材本土化暂时不到位的条件下，如果能做到教学方法的本土化将对教学本土化的推动功莫大焉。相比于教师本土化、教材本土化中孔子学院总部集中力量办大事的优势与作用，教学方法本土化则更依赖各个孔子学院与教师个人的努力与作为。

1. 适应学生的学习模式与特点

教学法有很多种，启发式教学、互动式教学、情景教学法、任务教学法、主题导入法、对比教学法、游戏教学法、活动教学法，针对语言教学的还有翻译法、听说法、交际法、问答法、功能法、结构法、认知法、全身反应法、金字塔法等。这些教学法含义不一，标准不同，有的是指某种教学流派，有的是指教学模式，有的指教学手段，有的指具体方式。各种教学方法各有侧重和优劣，没有哪一种教学方法可以"放之四海而皆准"。教法本土化的实质是

---

① 赵金铭：《孔子学院汉语教学现状与教学前景》，《华南师范大学学报》（社会科学版）2014 年第 11 期。

对各种教学方法的融会贯通，使之适合当地的教学。适合此时此地此课学生的方法就是好方法，也就是说，学生是评判人，好方法是受学生欢迎认可、适应学生学习模式与特点的方法，不是由教师自己喜欢、自己说了算的。树立面向学生、针对学生、基于学生的教学法意识，是改进教法的前提和保障。在英国卡迪夫孔子学院成人暑假班第一次课上，新来的任课教师在做了自我介绍与课程介绍后，为接近与学生的情感距离、激发学员学汉语的兴趣，便与大家聊起了中国历史和文化，还当堂播放了广受好评的《舌尖上的中国》精彩片断与学生互动。本来以为这是正式上课前很好的开场白和"开胃菜"，结果刚一下课就有学生向中方院长抱怨，说他交钱来上课，不是来听聊天、看视频的，老师连 class handout（课堂活页）都没有，一整节课没有要点。经与其他语种授课教师对比，才知道这里的学生习惯老师每节课以课堂活页来明确学习内容和重点，如要学哪些单词、哪些知识点，上完课要取得哪些学习效果，达到了会听说读写的哪些目标，都要显示在课堂活页上，当场发给学生。对此，中方院长群发邮件并开会讨论 class handout 的必要性、设计内容与要求。学生的"投诉"给我们上了生动一课，以此为契机，结合卡迪夫大学对语言教学的相关规定和标准①，要求教师除了开课前提交课程描述（module description）、教学大纲（syllabus）、教学进度（teaching schedule）等文件，结课后提交课程总

①　All Chinese tutors should adhere to Cardiff University's academic regulations, quality and standards. In particular, write module descriptions and assessment of modules; follow the syllabus of the courses; collect students' feedback and address any issues arising from their feedback; welcome academic director and other related persons to observe classes; take other academic-related responsibilities. The same will also apply to our other courses taught in primary and secondary schools, and our undergraduate course. 这是笔者在 2014 年到卡迪夫孔子学院任职时与当时孔子学院所在机构——成人终身学习中心（简称 LEARN）副主任确认的汉语教师上课基本要求。

结（course summary）、课堂评价（class evaluation）、学生反馈（student feedback）等表格外，每个教师每节课还要发给学生具有简明教学内容目标的课堂活页（class handout），向学生交代本次课目标、要求、重点。这些课堂活页是对课程描述、课程大纲的任务分解，有时可以具体到掌握的单词有几个、语法有几点、要会说哪些话、能理解什么文化知识等，与存档的课程文件相一致，使每节课有据可依、有迹可查，并注意随时回应每位学生的具体意见和要求。这个案例说明，每位教师上课前要做足功课，做到有章可循，而不是乘兴而来、即兴发挥。对于成人课程，学生都有明确的学习目标，否则就不会参加业余时间的付费课程，因此要在有限的单位时间里完成核心教学任务。对于相关文化知识和有趣视频材料，可以作为课后作业布置给学员，供他们参考，而不宜在课堂上直接当作教学内容一部分。

2. "比武练兵"切磋教学技能

教学法是由教学活动的主导者——教师来完成的，是授课教师对教学方法的选择、综合、改良、应用，所以教法本土化必然跟教师的本土化意识、教学技能有着密切的联系。一些孔子学院是通过组织开展教学方法、教学技能培训、比赛和研讨活动，让汉语教师在同台竞技"比武练兵"中探索最佳教法的。罗马大学孔子学院重视教师的教学方法与技能，他们组织、承办、参加了多场意大利汉语教师教学技能比赛，为汉语教学切磋教学技能搭建平台，向老师们展示和推广好的实用的教学方法。意大利汉语教师教学技能比赛是其中之一，该比赛是由意大利全国汉语教师（后来圣马力诺的汉语教师加入）一起参加的教学"大比武"活动。参赛选手分为两组，汉语为母语的中国教师A组和汉语为非母语的本土教师B组，比赛内容包括教案设计、授课内容与方法和综合表现等内容。2013年，罗马孔院牵头举办首届意大利汉语教师教学技能比赛，并在A、B两组比赛中均夺得第一名。获奖教师在获奖感言中说，"虽然我得了第一名，但是我看到了很多好的想法、很多好的教学技能在这次比赛中能够得到展现，其实（很多人）用的方法可能比我的更好，但是我能获得这次比赛的大奖，我觉得最重要的一个原因可能是我对意大利本土学生的针对性更强……"① 从练兵准备，到赛场比拼，到赛后总结，教师们从中收获的教学技能远不止一项。

为提升教师的教学方法技能，卡迪夫孔子学院设立了一个不成文的规定，除了支持中外教师积极参加本院、本地区的教学研讨外，还鼓励教师们参加一次英国全国性的教学研讨会，两年内孔子学院至少资助一次参与教学研讨会的费用，目的在于让一线教师能有与同行交流的机会，了解、见识汉语教学领域的最新教学方法和教研成果，通过参会检测自身教学中的不足，向同行中的翘楚学习长处。

3. 鼓励汉办教师学习当地语言

汉办在外派教师行前集训中非常强调教师要提高跨文化交际的意识，要求中方教师学习当地的语言教学理论、教学模式，了解授课学校多数教师普遍采用的、比较有效的教学方法，从本土教学问题出发调整教学思想外，还鼓励支持教师要学习使用当地语言。孔子学院是教授语言的，但在小语种国家和地区，孔子学院教师自身的语言都不通，无法使用当地语言与学生和校方进行沟通，自然会影响教学效果和工作成效。根据汲传波、刘芳芳对欧洲6所孔子学院汉语国际传播现状的调查，位于意大利、德国、波兰、匈牙利和西班牙5所孔子学院的教师和志愿者都反映不会所教学生的母语限制了自己的教学。一位匈牙利志愿者表示："语言不通，匈牙利语不好，在低年级教学中困难多；学生英语水平不高

---

① 意大利孔子学院网站信息平台，http://www.istitutoconfucio.it/italia/zh。

是授课难点。"① 语言不通的问题是小语种国家的汉语教师普遍面临的一个问题，无法沟通、无法交流成为横亘在教师与学生之间的一道鸿沟。汉办这些年来也十分重视这一问题，国内的语言类高校也在加大步伐补齐小语种人才稀缺的短板，但情况难以一下子得到缓解。一些孔子学院意识到了无法使用有效媒介语辅助教学的弊端，积极发挥督导、督促作用，支持鼓励汉语教师及时学习、使用当地语言。学习当地语言要多向本土汉语教师沟通请教，把学习语言与学习教学方法、教学组织技巧等相结合，则可以一举多得，收效更好。

4. 通过教学评估进行督导激励

完善教学评估体系是监督和改进教师汉语教学的手段之一。各地孔子学院都先后制定了各种类型和各个层次汉语教师的考核标准。这是汉办建章立制、规范管理的一个方面，在每年年底各个孔子学院向汉办汇报的孔子学院大会交流材料中，"制度建设及中外方合作情况"是三大内容之一，其中一个重要板块是"人事、财务、教学、档案等管理制度建设情况"，教师教学评估体系是应有之义。同时，汉办要求的教师年度考核、年度评优、离任考核，中方大学要求的学年、学期考核与评优评比活动等也都要求对其教学进行评估，有的表格还有具体分值的要求。如在汉办的年度考核表中除了有教学情况登记与个人总结外，还要求展示3份"汉语教学或中华文化课的教案"② 和1份"有关课堂教学或文化传播活动、跨文化交际的案例"。这意味着孔院教师从一开始入职就要根据汉办、中方高校与外方高校的考核标准严格要求自己。

与此同时，每个孔子学院也都在开展不同方式的教师自我评

---

① 汲传波、刘芳芳：《欧洲孔子学院汉语国际传播现状与思考》，《理论月刊》2017 年第 2 期。

② 要求必填内容包括：教学年级、班级科目、课程名称、教学时间、教学目标（学习成果）、所需资源、教学过程进度、教学评价等。

估、同事互评、同行评比，建立动力激励机制和约束机制，让汉语教师从多层次、多角度反省检测自身教学，优化教学方法和效果，完善和提高教学能力。由于中方院长负责管理外派教师和专业教学，基于管理教师和各方考评需要，通常也会更加重视强调教学评估，这也是其分配教师工作任务的依据。考评的目的不在于找出谁是优胜者、优秀教师，而在于找出哪种教学方法好、哪些方式学生最欢迎。教学评比既可以找到问题，也可发现教师优势，从而扬长避短，将每个教师的最优方法发挥在最适合的地方、最擅长的领域。如一些教师的教法更适合中小学生，有的教法则更容易博取大学生的青睐，有的手段放在文化课中效果好，有的方式更适合活动类课程……这种考评有利于调动每个教师的积极性，让他们找到最好的方法，发现最好的自己。因此教学方法的考评是对教师的考评又不局限于对教师的考评，超越了对教师教学优劣好坏的等级式划分，是针对教法不针对教师、"对事不对人"的动态性激励性评比，是更能鞭策鼓舞教师、凝聚团队合作的评估方式。

三　目标定位与大学发展相契合是重要保障

美国社会学家、思想家丹尼尔·贝尔曾将大学功能概括为两大类：经典功能和实用功能。他认为大学的经典功能是追求真理、传播价值、提出质疑；实用功能是培养人才、应用知识、服务政府和社会。[1] 现代大学生要走出象牙塔服务社会，越来越追求实用功能，而大学排名指标也多以实用功能衡量。外方高校设立孔子学院在很大程度上是基于现实因素的考虑，通常无外乎以下几个方面：响应学生学汉语、了解中国文化的需求，因学术交流、专业合作、生源

---

[1]　Daniel Bell, Quo Warranto? —Notes on the Governance of Universities in the 1970s, National Affairs, No. 19（Spring 1970）: p. 63.

招收与中国开展教育合作的需求，因中国的留学生源、贸易产品、旅游往来、投资项目等带来的实际交流需求。可以说，语言教学、学术交流合作、现实需要这几个方面构成了孔子学院存在的价值维度，也在一定程度上反映了孔子学院本土化发展的维度。由于绝大多数孔子学院都设立在国外的大学中，中方合作者也是中国的一所大学，在这种大学对大学的中外合作中，无论是双方在其他领域早有合作的"先恋爱，后结婚"模式；还是由汉办或所在国其他部门推荐或牵线搭桥促成的"先结婚，后恋爱"模式，"只有为所在大学与社区提供更好的服务，孔子学院才能获得更多的了解与重视。"[①] 依托国外大学、融入国外大学是孔子学院的资源优势，也是其本土化发展的必由路径。

（一）汉语教学融入海外大学教学体系

首先，孔子学院的主要教务活动统一纳入大学管理。如，孔子学院的教学安排纳入所在大学的学期计划，学期长短、课时安排、招生考试等教务活动也与大学一致，孔子学院师生共享大学的公共资源如图书馆、网络资源、共享空间（sharing driver）等教学设施等。其次，汉语教学符合所在大学培养国际化人才的定位目标，这是孔子学院内置于海外大学的重要标志和主流渠道。几年前，就有"94%的孔子学院和课堂开设汉语学分课程，93 所大学在孔子学院带动下开设了中文专业，10 所大学开设了汉语师范专业。在孔子学院影响下，泰国、亚美尼亚、斯洛文尼亚、爱沙尼亚等 20 个国家将汉语教学纳入国民教育体系。"[②] 现在，更多大学将汉语教学纳入课程体系，不仅设置课程计入学分，而且成为大学本科的一个专业，有的成为研究生教育的一个方向。为什么孔子学院融入海外大

---

① 《全球孔子学院掌门人聚"娘家"：孔院谋发展，将融入大学和社区》，《人民日报》（海外版）2012 年 12 月 17 日。

② 《孔子学院 2016 年度发展报告》，http://www.hanban.org/report/index.html。

学的进展这么快？卡迪夫孔子学院开设的大学生汉语课是卡迪夫大学 Language for All 项目的一部分，目的在于向本科生和硕士研究生提供免费语言课程，开阔其全球化视野，为他们以后求学就业提供多元化选择，是该大学国际化战略、培养未来人才需要的一部分。①在中国成为第二大经济体、中文成为第二大国际语言的情况下，不提供汉语课程对知名大学的多元语言教学体系来说是不完整的，与这些大学的国际化人才培养目标也不相称、不吻合。要开设汉语课，与孔子学院合作开设，或由孔子学院开设，对大多数汉语师资匮乏、经费紧张、资源有限的海外高校来说无疑是最佳选择，借助孔子学院中外方院长机制也省去了很多管理的麻烦和业务不熟的困扰。这是海外大学欢迎并邀请孔子学院入驻开设汉语课的重要原因。

　　各孔子学院也积极配合所在大学开设中文课程，无论是专业课还是选修课，无论是学分课还是体验课，总部也都在人力物力和财力上予以支持。2014 年 1 月，作为"孔子新汉学计划"高级学者赴外讲学项目的首位入选者，南开大学的黄春媛副教授正式开始了在美国得克萨斯大学圣安东尼奥校区的教学，给本科高年级学生和研究生开设"中国金融市场""中国商务""中国经济"等课程。开课后，修课人数不断增加，受到该校师生的热烈欢迎。自 2015 年 10 月以来，国家汉办在全国 16 所高校中精心选拔储备了一批人文社科领域的中国赴外讲学专家，涵盖政治学、经济学、法学、社会学、教育学、语言文学、国际关系等多个领域。巡讲正在成为中国教授学者进入国外大学讲堂的一个渠道，体现了孔子学院与国外大学的教学合作，诠释了中外共建共赢的

---

① "Open up a world of new destinations, inspiring cultures and exciting career options by signing up for a free language course." Language for All, http://www.cardiff.ac.uk/study/student‐life/languages‐for‐all.

故事。

（二）项目运行推进中外大学交流合作

孔子学院项目是在语言、文化活动基础上运行的，通过落实一个个项目，孔子学院在中外大学之间架起交流合作之桥。这些项目主要有核心教师项目、各类奖学金项目、新汉学计划项目、汉语桥项目、联合培养博士项目等，共涵盖八大领域。[①] 奖学金项目是孔子学院影响比较大的一个重点项目。孔子学院奖学金类别广泛，包括汉语国际教育专业硕士、一学年研修汉语国际教育专业硕士、汉语国际教育本科、一学年研修生、一学期研修生、四周研修生等。奖学金为外国留学生走进中国大学、系统学习掌握中国语言文化、进行中国研究提供了良好机遇。招生生源一般来自孔子学院所在的大学，少量来自在孔子学院进行 HSK 考试经孔子学院推荐的周边大学，因此需要大学的宣传、配合，并在教学安排上进行对接衔接。事实上，各个孔子学院都在实际教学中将教、考、奖有机结合起来，以夏令营、奖学金等项目作为激励学生继续学习中文的手段。这些年来汉办项目开发越来越贴近学生和教学需要，项目运营也日益机制化、规范化、明晰化，每个坚持学习中文的学生都有项目可申请，不同层次、不同时长、不同种类的项目"必有一款适合你"，使每个热爱中文之心都有与"中国梦"亲密接触的机会。以下是卡迪夫大学孔子学院不同层次汉语课程与夏令营、奖学金的接轨情况。

---

① 包括教师、志愿者、教学资源、考试、奖学金、新汉学计划、汉语桥、中外交流等项目。参见《项目看孔院：孔子学院项目一览》，http：//conference. hanban. org/news/detail21. html。

表4—2　　　　　　　孔子学院不同层次汉语学习者与奖学金申请

学习阶段	汉语课程	HSK 成绩与奖学金申请
第一学年	Beginners I Beginners II	分上下学期，连续学习一年大多数学生可以通过 HSK 一级考试，一部分学生在学过 Beginners I 后就能考过 HSK 一级。这一阶段学生学习时长超过 45 小时，可申请来华夏令营项目。
第二学年	Improvers I Improvers II	分上下学期，第一学年个别没通过 HSK 一级考试的，重修 Beginners II 即可。学完 Improvers II 基本上都能通过 HSK 二级，成绩 120 分以上者可申请来华研修一个学期 5 个月。
第三学年	Intermediate Chinese	上下学期打通，修完一学年可以报考 HSK 三级考试。成绩超过 180 分、无来华留学经历的学生可以申请本科生一学年奖学金，资助期限为 11 个月。
第四学年	Higher Intermediate Chinese	上下学期贯通，课程学习内容广泛，语法点、文化场景几乎全部涉及，具备深造条件，HSK 四级考试合格的可以申请硕士研究生奖学金与来华攻读硕士学位项目。
第五学年	Advanced Chinese	该阶段学习内容更有系统性，对中国文化的理解也更加深入，听说读写全面发展，能够写学术文章，HSK 五级考试合格的，可以申请博士研究生奖学金、来华攻读博士学位、新汉学计划项目。

　　注：表格自制。表中所列各阶段汉语课程名称参照英国卡迪夫孔子学院的课程安排（通常一学年 48 课时），在不同国家、不同孔子学院学期长短不同，课时量不同，课程名称也不尽相同，但大体对应这几个阶段。尤其是汉办推出系列《HSK 标准教程》后，更容易将每个学年学习的知识点、语法点、单词量与 HSK 考级和孔子学院奖学金、来华进修深造等项目挂钩。即使用不同教材（使用自编教材或使用混合教材），各个阶段的教学目标和教学结果也大抵如此，太密集的教学安排不利于学生消化，但如果暑期安排 Summer Course 则教学效果更好，进程可能加快；如果学生参加来华实习或夏令营等活动也会强化学习效果，加快学习进程。奖学金项目申请条件参见汉办奖学金网站 http://cis. chinese. cn。

"新汉学计划"是近几年孔子学院推出的一个重点项目,旨在帮助世界各国青年才俊深入了解中国和中华文化,繁荣汉学研究,增进中国与各国人民之间的友好关系。2013 年,孔子学院总部开始推出"新汉学计划",专业领域涵盖人文学科和社会科学,包含六大项目,分别是:中外合作培养博士项目、来华攻读博士学位项目、理解中国项目、青年领袖项目、出版资助项目、国际会议项目。目前总部已经调动国内高水平大学资源,聚合人文社科领域 1000 多名中国专家与 200 多名外国专家力量,为各国从事汉学和中国研究的学生学者、各界精英人士与优秀青年构筑合作平台。① 以"理解中国"项目为例,孔子学院资助外国大学和研究机构助教资历以上的教师、研究人员、博士后等来华访学研修,与中方联合开展中国研究课题。外国学者到中国访问,时间两周到 6 个月。新汉学计划这些项目涉及的对象主要是国外大学的师生,另有一小部分是社会精英。以实际经验看,大学的重视程度直接影响报考意愿与参与人数。这些青年才俊借此机会走进了中国的大学校园求学求知,有的毕业后留在中国工作,有的甚至成为研究汉学方面的优秀专家和领军人物,成为促进中外学术交流、文化交流的积极分子。

(三) 日常活动成为校园生态的一部分

随着中外学术交流的增多,所在大学或当地大学教职工学习汉语的需求在不断增长,孔子学院也开始承担起为他们提供汉语培训的任务,有的教师是想接受简单口语培训,以便去中国开会演讲、开设讲座、参观访问时能够进行简单口语对话和寒暄;有的是因为指导的中国留学生越来越多,想了解中国文化和中国学生;也有的老师是因为对中国文化感兴趣,要求孔子学院在文化周或开放日时开设文化讲座……在日常工作中,孔子学院的院长、教师和志愿者

① 《2018 孔子学院年度报告》,孔子学院总部/国家汉办官网,http://www.hanban.org/report/2018.pdf。

与所在大学的师生员工同处一个校园，同在一座大楼，共用厨房茶水间，共享公共空间促进了共享活动和共享情感。中外教师相处其乐融融，仿佛是一个大家庭。一些孔子学院中方人员还被视为学校的一分子，中方院长也要参加学校同级别的相关会议或活动①。中外一起办公，一起开会，一起商议，大大提升孔子学院与大学的融合度，提高了孔子学院和院长、教师的"能见度"。中方院长和教师也乐意与外方同事打成一片。比如每逢年底，总部会赠送挂历，中方院长会以此作为新年礼物赠送给周边办公室；到了春节，孔子学院在装扮自己办公室时，也会将对联、福字贴在走廊通道和共用空间增添节日气氛；遇到有孔院教师从中国探亲回来，大家还会把中国地方特产与外国同事分享；也有的教师还在中国节日邀请部分外国同事到家里聚会开 Party 庆祝，让他们体验日常版的中国文化。

通过以上这些渠道，孔子学院不再是孤悬海外的"他者"，而是深深植根于国外大学依势增长、借台唱戏的一个合作者、事业伙伴，中方人员成为并肩工作的同事、和谐相处的友人，中外日益成为融合互补的一体。"坚持从所在大学和社区的需要出发，充实教育内涵，丰富活动形式，真诚为当地民众服务。"② 联袂国外大学为孔子学院奠定了事业发展的基地和培育人才的沃土，这是孔子学院不同于其他国家语言文化推广机构，更不同于街头补习机构和业余学习班的独特之处，也是其能在短短的十几年内生根发芽、枝繁叶茂的优势所在。

---

① 如在英国卡迪夫大学孔子学院，由于外方院长为兼职，通常中方院长出席这些会议，如语言类教学评估会、第二外语教学研究会议，以及大学语言文化周、大学开放日活动。有时为增进与其他部门的联系，也参与一些教职员工的学术性或公益性活动，如女性权益论坛、健康倡议活动等（每周三下午教职工的 Walk Day 活动）。

② 刘延东：《迈向孔子学院的新 10 年——在第九届孔子学院大会开幕式上的主旨演讲》，《孔子学院》2015 年第 1 期。

四　融入社区获取各方支持是动力源泉

孔子学院与当地社区是鱼与水、根与土的关系。一方面，大学与社区是相互依存、相互影响、相互促进的关系。大学寄生在社区，依托社区生存与发展；大学以其知识和智力优势，成为社区发展的重要推动力量。另一方面，孔子学院置身于无围墙的国外大学，与社区"零距离"接触，孔子学院资源、生源直接来源于社区，社区公众也是孔子学院文化活动的主要受众，其口碑、形象很大程度上来自周边民众的评价。孔子学院实现本土化可持续发展离不开社区自身的发展和由此带来的合作机遇。2009 年第四届孔子学院大会就曾以"孔子学院与社区服务"为主题，总部领导人专门提出了孔子学院服务社区的五种方式和途径。"一是坚持以人为本，提高社区服务质量。要重视人的发展，关注人的需求，因人而异，因地制宜，开展多种形式、多种内容、多个层面的高质量社区服务。二是坚持沟通为要，促进语言学以致用。要积极'走出去'，深入社区，广泛沟通交流，发现不同语言的区别，激发语言学习的兴趣，提高语言运用的能力。三是坚持文化为媒，提升社区服务内涵。要在社区广泛开展多样化的文化交流，加深对彼此历史和现状的了解，满足当地民众了解中华文化的需要，增进中国人民同世界各国人民的感情和友谊。四是坚持经贸为桥，扩大双边多边往来。要与社区的功能定位和发展需要紧密结合，利用好孔子学院搭建的人文交流平台，有针对性地提供教育、科技、经贸、文化等信息和咨询服务，发挥孔子学院的综合效益。五是坚持和谐为贵，推动世界共同繁荣。要秉承孔子学院办学宗旨，博采众长，彼此借鉴，求同存异，扩大共识，为建设一个持久和平、共同繁荣的和谐世界作出贡献。"① 孔子学院正是通过融入社区，才获得了当地民众的了解、欢迎和支持，孔子学院赖以生存的生源、资源，甚至财源都需要"取之于民"，从社区中获取源头活水。足不出户无法与当地民众的生活工作挂钩，守着汉办资源坐吃山空，这不是孔子学院的办学之道。只有与社区融为一体，与民众打成一片，才能从中汲取孔子学院发展的动力活力。

（一）实用特色课程紧贴民众需求

孔子学院通过开设形形色色的成人语言班、文化班、兴趣班，帮助当地有学习汉语需求的社会各界人士获取正式的优质教学服务，满足其学习、了解中国语言文化的愿望，也从而使得汉语推广深入社区和家庭，在社会各界扩大孔子学院的知名度和影响力。德国杜伊斯堡—埃森大学鲁尔都市孔子学院地处德国著名的鲁尔工业区，是最发达的工业中心，也是欧洲重要的交通物流枢纽。杜伊斯堡是世界上最大的内河港，也是最早开通中欧班列的城市之一，是"一带一路"的重要支点，近年来与中国的关系日益密切。孔子学院适时推出了面向大型工业企业公司的课程，"对于希望与中国保持或建立密切联系的公司，我们可根据要求提供量身定制的内部语言课程。""除常规课程外，我们还提供强化课程、对话课程、阅读课程，中文写作专业课程和商务汉语课程。根据要求，我们还组织量身定制的私人课程以及小团体（2—3 人）的特殊课程。"除了提供中国语言、文化知识的课程外，该孔子学院还向德国政界、经济界和媒体提供有关中国现今社会经济话题的信息咨询，促进鲁尔区进一步加强与中方的政治经贸以及教育交流与合作。② 匈牙利佩奇

---

① 刘延东：《平等合作 创新发展 推进中外人文交流与合作——在第四届孔子学院大会开幕式上的主旨演讲》，《中国教育报》2009 年 12 月 23 日。

② 德国杜伊斯堡—埃森大学鲁尔都市孔子学院网站，https：//www.uni - due. de/konfuzius - institut/index_cn. shtml。

大学中医孔子学院针对匈牙利社会对中医的认可度较高、佩奇大学有中医教学基础的情况，注重面向大众开展社区公益性活动，普及中医知识，举办以中医保健、饮食养生等为主题的讲座、论坛和体验活动。这种以汉语语言为载体，在中医文化、中医咨询和医疗保健知识普及方面的综合性实用课程深受当地民众好评和欢迎。

通过开设面向社区公众的成人课程，孔子学院接触到了各行各业的专业人士，中外双方拥有了互相理解和学习对方语言文化的机会，对孔子学院的教师来说，教学相长，大开眼界，受益匪浅。此外，孔子学院、中国高校或中国政府、中外公司提供的奖学金和资助，使符合条件的学员可以申请到中国参加游学交流活动，这大大提高了他们学习汉语的兴趣和热情。汉语学习者中不乏一些社会精英人士、成功商务人士，他们亲自到中国参加游学交流活动，有助于在中外交流中起到独特促进作用。如地方官员、商贸人士与校长访华项目。这些项目有时以地市镇为单元混合组团，有时按行业、部门组团，分批次来华访问考察。以中小学校长访华团为例，由孔子学院牵头组织，每年暑期举办，面向学习中文课程、对中文学习感兴趣的资深教育工作者，或推动开设中文课程当地学校的校长或教务长等教育专家开设，旨在增进他们推动中文教学的积极性，使国外教育界人士能够亲自看到、听到和感受中国改革开放、中国人民友好及当代中国文化风貌，为其今后和中国开展教育文化交流奠定良好的基础，并通过影响校长、家长和学生，从而推动孔子学院与社区、家庭、孩子更紧密地联系在一起。

（二）文化活动成为当地人文景观

文化活动与汉语教学是孔子学院的两大支柱，相对于汉语教学的专业性、系统性、持续性来说，文化活动具有形式喜闻乐见、受众分布广泛、效果立竿见影的特点，更接地气，更有感染力和影响力。如前所述，节日庆典是孔子学院举行文化活动的重要形式，节日庆典仪式性、符号性强，主题鲜明，形式活泼，影响直接，能够在短时间内集中展现多姿多彩的中华文化。春节是中国最大的节日，全球孔子学院庆新春贺新年的活动已经成为世界各地蔚为壮观的一大文化风景，极大增进了社区公众对中国文化的接触和对孔子学院的了解。2018 年春节期间，孟加拉国达卡大学孔子学院与中国驻孟加拉国大使馆、孟加拉国人文大学以"欢乐春节"为主题举行系列活动。2 月 4 日在活动现场，欢快喜庆的中国非物质文化遗产山西绛州锣鼓开场后，新春广场、游乐园、灯谜屋、手工坊、中国秀五个板块分别展示了中国春节的习俗和节日文化，观众们积极参加猜字谜、学写中国字、体验制版画、呼啦圈和跳绳等项目。活动极具趣味性、娱乐性和互动性，令当地人印象深刻，市民们不禁感慨中国文化的博大精深和五彩缤纷。[①] 据 2018 孔子学院年度发展报告，狗年春节期间，全球 76 国 443 所孔子学院（课堂）开展春节庆祝活动共 4332 场，参与观众及网络传播受众超过 293 万人。2019 年春节，菲律宾大学孔子学院以"一带一路·共享美好"（One Belt，One Road，One Heritage）为主题举行了系列庆祝活动。活动历时 12 天，既包含大气恢宏的太极、舞龙、舞狮等室外项目，也包含温馨喜庆的包水饺、书法体验、纸扇舞等室内活动，以及展示菲大孔子学院成长轨迹的图书馆主题展览、受到师生们热烈欢迎的新年许愿墙等。这一系列活动全面立体地展示了多彩迷人的中华传统文化，吸引菲律宾大学及周边高校师生与群众逾 2000 人积极参与。中国中央广电总台、菲律宾大学电台、菲律宾邦邦牙省（Pampanga）省报等中菲媒体对系列活动进行了报道。这样的春节活动自该孔院成立以来每年都举办，内容精彩纷呈，包括传统的太极功夫秀、茶艺秀、京剧脸谱创意作坊等项目，还有别开生面的中

---

① 《"欢乐春节"新春游园会在孟加拉国举行》，孔子学院总部/国家汉办官网 2018 - 02 - 09，http：//www. hanban. org/article/2018 - 02/09/content_718180. htm。

菲书法比较讲座、中菲医药讲座等突出两国文化异同之处的国别化主题活动。[①] 新春活动不仅成为菲大孔子学院的品牌项目，也成为当地居民津津乐道、其乐融融参与的文化新习俗。

（三）孔子课堂联结社区千家万户

创办孔子课堂是孔子学院在办学中适应本土需求的一个有益尝试，也是孔子学院发展规划的一个重要组成部分。相对于孔子学院来说，孔子课堂数量更加庞大，分布也更为广泛，影响面也更大。一方面，孔子课堂的设立进一步扩大了孔子学院汉语推广和文化传播的受众群体，为孔子学院深入当地的中小学和社区提供了条件。海外汉语学习者低龄化是汉语国际教育发展的新趋势，这一趋势意味着孔子学院吸引孩子们学习汉语的同时，也吸引了家长对孔子学院、孔子课堂和汉语课程的注意。在一些中小学，设置新课要征求家长同意，课后的中文兴趣班、中华文化体验课等也需要家长接送的配合，孩子们参加 YCT 考试更需要家长协助报名、交费、带孩子参加辅导课、送孩子去考点等。因此，可以说一个孩子学中文，会带动一家人了解中文课程、相关教学情况、孔子学院和课堂等信息。由于孔子课堂设在公立学校，一些非公立学校的家长为了孩子学中文还主动要求孔子学院开设教学点。英国卡迪夫孔子学院就遇到过这样的情况，尤其是一些家庭条件一般的家长，聘请不起私人家教帮助孩子学习中文，就更希望孔子学院能在孩子学校设置教学点，这样他们的孩子就会和有钱人家的孩子一样享有中文学习机会。因此，孔子学院只要师资条件允许，就会考虑以周围孔子课堂为中心向有需求的学校扩展中文教学。从这个意义上说，孔子课堂更加深入社区，与千家万户的孩子和家长相连接，孔子课堂的日常

---

① 《共享美好，共庆新年——菲律宾大学孔子学院举办春节系列文化活动》，孔子学院总部／国家汉办官网 2019－02－22，http：//www.hanban.org/article/2019－02/22/content_762705.htm。

管理和教师教学中更要坚持本土化发展理念。由于孔子课堂是分布在孔子学院周边的中小学校，通常规模不大的学校由一名中方教师被派送前往任课，有时一名教师同时还要兼任其他课堂或教学点的教学，这种外来个体被嵌入本土整体中的情况，对教师和志愿者克服文化"孤岛效应"、融入本土教师队伍提出了很高要求。中方派出的大学教师必须调整教学方法和大学教学模式，虚心向所在中小学本土教师学习，并与之建立良好的团结协作关系才能适应种种挑战坚持下来。因此，有时反而是年龄较小适应性强，尚无教学经验也无教学成规的志愿者更适合在孔子课堂，特别是有本土语言教师（哪怕不懂汉语的负责教师）带领和主导的下设孔子课堂，志愿者可以适应得更快些，中方教师也可以在教学上少走弯路。总之，孔子课堂的办学实践，对孔子学院本土化发展要求更高，也更有助于孔院在教师融入、教材适应、教法调整、管理方式、资源配置方面探索丰富有益的本土化经验。

五　助力"一带一路"民心相通是现实依托

第十一届孔子学院大会号召孔子学院要扩大办学成果，惠及各国人民，"孔子学院不仅属于中国，也属于世界；不仅是连结中外人文交流合作的纽带，也是推动不同文明交流互鉴的舞台。要更好服务当地民众，积极参与当地社区的文化和公益活动，努力为各国民众带来实实在在的好处"。① 孔子学院是中外人文交流合作的桥梁纽带，在助力"一带一路"民心相通，促进中外文化、教育、学术、艺术、经济、社会乃至政治高层等各个领域的交流合作方面，堪称平台和助手。

---

① 刘延东：《创新 合作 包容 共享 携手并肩开创孔子学院发展新局面——在第十一届孔子学院大会开幕式上的主旨演讲》，《孔子学院》2017 年第 1 期。

（一）为学术科研交流铺路

教育部部长陈宝生曾指出，"一带一路"是中国教育国际合作交流的顶层设计，是中国教育逐步走向世界教育中心的路线图，是在更高层次、更大范围推进教育国际合作交流的重要抓手。① "一带一路"教育合作中学术合作是高端引领，各地孔子学院在学术合作方面得心应手，做了大量工作。孟加拉国达卡大学孔子学院和南北大学孔子学院都是云南大学承办的孔子学院，它们结合各自大学的科研需求与特点，联手推进中外高校合作开展科研合作与联合研究。2018年9月两所孔院成功举办了一场中外多方合作论坛——云南大学和孟加拉达卡大学、南北大学联合主办的"中国—南亚东南亚环境与生态危机管理国际会议"。参会方不仅有来自云南大学的国际河流与生态安全研究院、国家光电子能源材料国际联合研究中心、地球科学与资源环境学院、农学院等专家团，还有中国科学院等单位参加，孟方共50余位专家学者参会，还吸引了缅甸和尼泊尔的相关专家与会。4国学者就全球气候变化及其影响、水资源（饮用水安全）管理、水环境治理、生态系统保护、防灾减灾和可持续农业等学术问题展开交流和研讨，共同探索未来学术与科研合作机会。南北大学公共管理学院院长塔飞克教授认为，"此次研讨会是中孟合作双方在CI plus方面迈出的重要一步，将为下一步在更多领域开展更多形式的合作交流奠定坚实基础"。②

波兰弗罗茨瓦夫大学孔子学院积极开展与中国高校的交流合作项目，先后与厦门大学、北华大学和中国科学院在经济学、历史

---

① 《陈宝生："一带一路"是教育国际合作交流的顶层设计》，中国教育部网站 2016 - 11 - 28，http：//www. moe. gov. cn/jyb _ hygq/hygq _ bzsy/201611/t20161128 _ 290202. html。

② 《孔子学院转型建设助推云南大学与南亚东南亚科研合作》，云南大学新闻 2018 - 09 - 29，http：//www. news. ynu. edu. cn/info/1099/24720. htm。

学、考古学、语言文化教学等方面展开了多方位的交流合作。"丝绸之路"概念的提出者、德国地质学家李希霍芬一百多年前曾在弗罗茨瓦夫大学求学。孔子学院外方理事长、弗罗茨瓦夫大学分管对外关系的副校长、考古学家让·米歇尔·波多科维奇（Jan Michal Burdukiewicz）教授十分珍视他们与"丝绸之路"的这一学术渊源。他认为，"一带一路"倡议是一个很伟大的想法，是促进沿路国家在政治、经济、文化方面共同发展与交流合作的良好机遇。从考古学家的视角来看，亚欧大陆是一个整体，并不是互相孤立的，早在一百多万年前的史前社会就有密切的联系。如今，在"一带一路"倡议的推动下，亚欧大陆沿线国家和地区在经济、文化、科技创新等方面都取得了更加密切的联系。但相比经济方面的交流，中波两国在文化方面的交流相对弱一些。作为一名学者、高校教师，科学研究和科技合作是他关注的重点。波多科维奇教授认为，"一带一路"倡议促进了沿线各国和地区的科技交流，而沿线各国科学家的共同努力、团结协作也为"一带一路"的建设提供了强大的科学基础。他认为做好孔子学院建设工作是"一带一路"建设的重要内容之一，也是孔子学院发展的又一崭新开端。目前弗罗茨瓦夫大学正在筹备开设汉学专业，不仅重视汉语教学，而且要让学生更深入地学习中国的文学、哲学、历史、文化，从而提升在文化和科研方面的交流能力。[1]

同时，各孔子学院也积极配合总部支持中国学者"走出去"，赴国外大学开设讲座，进行巡讲。目前孔子学院总部专家库里的专家学者越来越多，他们有很高的专业学术水准，能直接用外语教课或讲座，正在成为各孔子学院争相抢夺的优质资源。此外，孔子学院总部根据孔子学院需求及双方合作大学的优势科研领域，鼓励中

---

[1]　《考古学家眼中的"一带一路"——记波兰弗罗茨瓦夫大学副校长让·波多科维奇教授的"丝绸之路"情怀》，《孔子学院》（中英对照版）2018 年第 3 期。

外高校合作开展科研领域的合作研究。继"舌尖上的中国"走出去后，"理论中国""学术中国""科研中国"也开始亮相世界，而国外大学也因孔子学院"多快好省"地获取了中国教学资源，这的确是两全其美的双赢之举。

（二）为经济社会合作搭桥

孔子学院属于中国，也属于世界；属于高校，也属于社会和国家。孔子学院既要服务于所在学校，也要服务于所在地区，更要服务于国家。"要主动参与'一带一路'建设，充分发挥培养语言人才和熟悉当地政策信息等优势，为中外企业合作搭建平台，提供信息咨询服务，加强职业技能培训，服务好各领域务实合作，以语言互通促进政策沟通、贸易畅通、民心相通。"[1] 据英国谢菲尔德大学孔子学院外方院长赵霞介绍，随着中英两国商贸往来的不断深入，越来越多的合作模式被探索并实践。"中国企业走出去，首先面临的是语言沟通、法律咨询、商业环境调查等挑战，谢菲尔德大学孔子学院看到了这一点，成立了中英国际商务协会，旨在用扎实的学术背景为大家提供服务。同时建立'谢菲尔德——孔子中英商务门户'，旨在把谢菲尔德打造成为英格兰北部中国企业的落户中心。"2019年5月，谢菲尔德大学孔子学院等组织的经贸代表团到北京、郑州等地访问交流。代表团共有9家来自谢菲尔德市的公司参加，其业务涵盖了医疗设备与技术、数字创意与营销、工业制造、食品饮料等行业。"中国已被确定为谢菲尔德最重要的贸易伙伴之一。"谢菲尔德市政厅中国项目经理许自荫认为，"谢菲尔德大学孔子学院为中英经贸往来搭建了桥梁，是很好的合作者。谢菲尔德大学、谢菲尔德孔子学院、当地商会……大家都是一家人。"参加经贸团的索米拖车公司首席执行官宝琳·道斯对和中国企业合作"非常期

---

① 刘延东：《创新 合作 包容 共享 携手并肩开创孔子学院发展新局面——在第十一届孔子学院大会开幕式上的主旨演讲》，《孔子学院》2017年第1期。

待"。"这是我们公司第一次和中国企业谈合作。之前虽然对中国市场很感兴趣，但苦于没有和中国企业合作的渠道，也不了解中国企业的相关情况。如今，谢菲尔德大学孔院及谢菲尔德市政府替我们牵线搭桥，做好了前期工作，这样我们才有机会到中国来谈合作。孔院对我们的帮助很大。"来自谢菲尔德大学孔院的数据显示，2017—2018 年该孔院与合作方共同举办了 27 场各类型的商务活动，以帮助中英商务人士与企业更好地了解对方；2017 年，在谢菲尔德市与中国工业经济联合会联合举办的霍瑞西斯（Horasis）中国商务年会上，谢菲尔德大学孔院获评"最佳中国合作奖"。[①] 和谢菲尔德孔子学院一样，不少孔院成了搭建中外经贸往来的"架桥人"。埃及苏伊士运河大学孔子学院和当地的中国公司紧密合作，具体工作包括为中国公司培训人才，举行招聘会为当地中国公司输送人才，开设跨文化培训营等。

（三）为人文外交活动添彩

孔子学院的公共外交功能是中外学者经常提及的话题。无论是国家高层领导外交访问，还是省市地方政府外事考察，孔子学院都能在业务范围内提供力所能及的协助配合。以英国卡迪夫孔子学院为例，它既是主办高校的小型"驻外机构"，为厦门大学来的访问学者、交换学生、参会师生提供信息支持；也是厦门市与卡迪夫两个姐妹城市交流互访的"中转驿站"，曾为两市举办创意产业研讨会助一臂之力；还为威尔士地区与重庆市的合作牵线搭桥，为重庆大足石刻展落户英国献计献策；在国家高层访问时更是积极配合。2015 年是中国领导人对英国的高访年，习近平主席 10 月正式访问英国前，刘延东副总理于 9 月访问英国，主持中英高级别人文交流机制第三次会议。其中一个重要行程就是到威尔士出席中英科技创

———————

① 赵晓霞：《"我们和孔院是一家人"——孔子学院架设中外交流之桥》，《人民日报》（海外版）2019 年 5 月 10 日。

新座谈会，并访问卡迪夫大学。这是卡迪夫孔子学院前所未有的一大盛事，卡迪夫孔院全程参与了卡迪夫大学迎接中国副总理访问的准备工作，包括为中英创新创业论坛寻找演讲场地，向驻英使馆官员、中国教育部官员汇报办学情况，组织联络孔子学院师生和中国留学生现场聆听刘延东副总理演讲，在访问前还举行了系列暖场活动，并对孔院所在大楼大门和相关接见场地进行精心装饰。孔子学院的积极配合为中国领导人访问和中英人文交流活动创造了良好氛围。刘延东副总理演讲时，卡迪夫大学孔子学院师生、中外方院长和孔子学院理事们全部到场聆听，还当场见证了中英科技、教育合作协议的签署。中外高层访问及由此而来的记者、随行人员、相关部门对孔子学院的关注，也为"偏居威尔士"的卡迪夫孔子学院扩大了知名度。卡迪夫孔子学院和卡迪夫大学提供的助力和支撑，为中英高层交流活动打下了鲜明的孔院印记，也为随后习近平主席对英国进行的国事访问营造了良好气氛，为夯实中英关系发展的民意和社会基础贡献了自己的一分力量。

孔子学院还积极配合孔子学院总部为所在国家、地区的政府或非政府组织高级官员来华访问提供资助支持。欧盟官员赴华研修班项目是2012年4月中欧高级别人文交流对话机制第一次会议所确定的重要后续行动之一，由中国驻欧盟使团和欧盟委员会教育和文化总司共同举办，旨在加强欧盟官员对中国的了解，夯实中欧交往的感情基础，2013年启动以来一直得到国家汉办、孔子学院总部的资助与支持。2016年7月，来自欧盟及其下属机构的29名官员来华开展为期两周的短期交流活动。这些官员分别来自欧洲议会、欧盟经社理事会、欧委会秘书处、对外行动署、科技与创新总司、海关与关税同盟、通信网络与技术总司、贸易总司、环境总司、农业总司等9个总司和2个下属机构，另有2个独立机构。参训官员多为欧盟各部门对华工作的中高层领导及业务骨干，行政级别高、专业范围广，来自欧盟14个成员国，平均年龄45岁。官员们先后赴中国外交部、发改委、商务部、科技部、网信办、教育部、国家汉办、中国社会科学院、中国人民大学、中国人民银行、京东、华为、中关村创业大街等单位参观考察，寻找中欧合作新契机。通过此次多层次、全景式的调研和体验，欧盟官员对当代中国的发展以及政治、经济、人文等领域有了较深入的了解。[①] 各行各业的精英到中国进行不同形式的交流访问，加深他们对中国的认识与理解，有助于推动未来展开更广泛的对话、交流与合作。

2019 年春天习近平主席访问意大利取得了丰硕成果，其中与孔子学院师生的友好互动成为中意人文交流的亮点。在中意建立全面战略伙伴关系 15 周年之际，意大利成为西方七国俱乐部中唯一加入"一带一路"的国家，使昔日丝绸之路两端来往密切的两个文明古国之间的关系上升到了新高度。意大利几所孔子学院在"一带一路"的宣介推广方面做了许多实实在在的工作。不仅给习近平主席写信并收到回信的罗马孔子学院孔子课堂的师生留下了中意人文交流的佳话，而且米兰国立大学孔子学院也以其一场场热烈的"一带一路"研讨会为推进中意外交关系升温添柴加薪。米兰国立大学孔子学院意方院长兰珊德（Alessandra Lavagnino）40 多年来对古丝绸之路的研究情有独钟，从学生到教授，她研究的主题一直是敦煌文化和壁画。她认为欧亚自古在文化、语言、思想和文明上都有着紧密的情感联系，意大利是地中海的交通枢纽和古丝绸之路的重要节点，有着独特的地理位置和合作优势。如今两国通过共建"一带一路"，深化伙伴关系，可以让彼此都得到更好的发展机会。因此作为一名教育工作者、文化研究者，她积极推进意大利和中国之间的文化交流，将"一带一路"视为两国新的沟通方式和合作平台。自2016 年开始，米兰国立大学孔子学院每年都会举行"一带一路"

---

① 《欧盟官员赴华研修班顺利举办》，中华人民共和国驻欧盟使团网站 2016 – 07 –
28，http：//www.fmprc.gov.cn/ce/cebe/chn/rwjl/t1385273.htm。

合作研讨会，为意中两国更深层次的文化交流寻求对话，创新交流模式。① 2016 年 5 月 16 日，由中国驻米兰总领事馆、米兰意中商会与米兰国立大学孔院联合举办的"一带一路"主题研讨会，全面解读了中国"一带一路"倡议，并从地缘、经济、人文角度阐述了新疆在"一带一路"中的地位和作用。2017 年、2018 年的研讨会都从不同角度探讨了"一带一路"和中意合作。2019 年 3 月 27 日的"一带一路"的座谈会吸引了 200 多人参加，兰珊德院长和米兰基金会迭戈安格鲁（Diego Angelo Bertozzi）研究员、米兰国立大学罗伯塔（Roberta Garruccio）教授、米兰国立大学蒂诺（Dino Gavinelli）教授等著名学者对中意"一带一路"合作和未来前景进行了探讨。② 新时代中国特色大国外交正在全方位展开，人文交流、文化因素将越来越重要，孔子学院以其在语言文化交流方面的积极作为和独特价值，成为公共外交的"明星"和文化外交的"旗舰"③，在"一带一路"民心相通中发挥的作用不可替代、不容低估。

本章小结

本章是本书的重要支点，共分两节：

① ［意大利］阿莱桑德拉·拉瓦尼诺：《让彼此都得到更好的发展机会》，《人民日报》2019 年 3 月 14 日。

② 《米大孔院助力新时期中意"一带一路"建设》，意大利孔子学院网络信息平台，2019 年 4 月专辑，http：//www. istitutoconfucio. it/italia/zh。

③ Falk Hartig, Chinese Public Diplomacy：The Rise of the Confucius Institute, Routledge, 2017, p. 98；Xin Liu, China's Cultural Diplomacy：A Great Leap Outward with Chinese Characteristics? Multiple Comparative Case Studies of the Confucius Institutes, 28 （118），2019.

第一节，孔子学院本土化的机制过程。分析本土化发展的一般过程与孔子学院本土化发展的可能路径，首先从认知上厘清孔子学院本土化意欲何为，意味着做什么、怎么做才能称得上是本土化。其次在此基础上进一步从理论上剖析本土化是怎样发生的，其内在机制是什么，以说明孔子学院共建的双方是怎样契合、适应、互动进而结成共同体的。

第二节，孔子学院本土化的具体途径。探索具体境遇中的孔子学院在本土国家落地生根后，是如何适应与服务所在国、所在地、所在社区、所在大学及"一带一路"建设的，将其方式与做法大致归纳为：汉语教学纳入国民教育体系，切实推行"三教"本土化，目标定位与学校发展相契合，融入当地获取各方支持，依托"一带一路"转型升级。

第五章 孔子学院本土化的意义和影响

本章是收尾之作，也是整个研究的落脚点，旨在说明孔子学院本土化的意义和影响如何。孔子学院本土化是孔子学院可持续发展的应有之虑、必然之举和实然之为，自然价值和意义非凡：不仅有助于帮助孔子学院应对外部风险挑战，调动外方积极性，形成持续发展的合力，而且有利于推动孔子学院创新办学模式，健全合作机制，还能产生巨大的溢出效应，大大提升孔子学院的办学效益——在惠及中外教育合作、人文交流的同时，对"一带一路"沿线和整个世界也产生了重要影响，成为推进构建人类命运共同体的有效平台和生动载体。这几个部分在逻辑上有几重意思：一方面，论证本土化对孔子学院自身的意义，强调本土化是孔子学院持续发展的应然、实然与必然之举，为孔子学院下一步发展明确方向、提供动力、形成特色、创新机制、凝聚共识、优化形象；另一方面，紧扣主题回应题目，阐明孔子学院本土化对共建"一带一路"的影响：提供更加优质实用的语言文化教学和服务的国际公共产品，惠及"一带一路"沿线国家求学就业乃至经贸发展；同时，对推进中国教育"走出去"、加强中外教育合作，以孔院为媒，拓展中外人文交流，以文明对话促进教育人文共同体建设等都有重要意义。这些影响看似超乎孔子学院办学之外，其实存乎孔子学院使命之中，至于更广泛的影响，如对提升中国软实力、改善国际形象、扩大中华文化的影响力等大众话题，在此就不再专门赘述了。

第一节　本土化对孔子学院自身发展的意义

一　本土化有助于孔子学院应对外部挑战

孔子学院从诞生之日就面临各种困难与挑战，一路披荆斩棘，虽然凯歌高奏，成绩斐然，但也问题丛生，坎坷不断。孔子学院内困外扰前面已经进行了交代，内部困难最突出的"三教"问题至今没有得到完全解决，外部的挑战主要表现为负面不良舆论和关停风波事件。相比较而言，内部问题在孔子学院总部和各地孔子学院的一致努力下已经得到很大程度上的缓解，而外部问题却相对难以解决，因为纯粹的外在因素不在自身掌控之中，无法通过我方努力去消除。这反过来也进一步印证了本土化的重要性，只有促使中外互动、内外联动，让外方合作者成为能够理解、认可、接受中方立场、观点的密切相关方，纯粹的外部因素慢慢成为与中方因素有交集的"中外方因素"。在这个意义上看，孔子学院本土化过程也是将内外分明的双方变成相互影响、交叉重叠的关联体、共同体的过程。

（一）外部责难来袭

孔子学院不时遭遇外部责难似乎已成为家常便饭，但这几年的负面新闻频发，而且相对集中在美国，在中美经贸关系紧张的大背景下美国对孔子学院的不良言论和过激做法更加引人注目。

2018年2月初，美国佛罗里达州联邦参议员马可·鲁比奥（Marco Rubio）在公开信中指出，孔子学院项目中包括歪曲中国历史的教学内容，呼吁终止孔子学院项目。他敦促迈阿密戴德学院、北佛罗里达大学、南佛罗里达大学、西佛罗里达大学和布劳沃德郡塞普莱斯湾高中关停孔子学院。① 西佛罗里达大学副校长兼教务长乔治·埃伦伯格（George Ellenberg）随即表示，该校于 2018 年 5 月到期时不再续签合同，终止孔子学院项目。②

2018 年 4 月 5 日，学生总数排名全美第二的得克萨斯农工大学（Texas A&M University）宣布，终止与孔子学院的合作。此前，两位来自该州的共和党议员麦克考尔（Michael McCaul）和库埃拉（Henry Cuellar）联合发表声明称，对于"中国政府通过得克萨斯州教育机构扩张其影响力"极度忧虑。

2018 年 7 月，爱荷华大学宣布计划关闭 7 个中心，其中包括孔子学院，原因是州政府削减了资金。孔子学院合同于 2019 年 7 月 31 日到期后不再续签。

2018 年 8 月 14 日，美国总统唐纳德·特朗普签署了 2019 年国防授权法案（National Defense Authorization Act，NDAA）。该法案规定将对那些开设孔子学院的美国大学终止国防部的中文课程资助，除非学校可以获得豁免。限制为开设孔子学院的美国高校中文项目提供资金，导致美国一批孔子学院陆续宣布关停。

2018 年 8 月，美国北佛罗里达大学决定 2019 年 2 月关闭孔子学院。该大学在声明中说，"在审查过去 4 年赞助的课程、活动和事件后，认为它们与大学的使命和目标不够一致"。

---

① 鲁比奥参议员要求佛州学校结束中国资助的教育项目，VOA 中文网 2018 年 2 月 6 日，https：//www.voachinese.com/a/rubio – education – 20180205/4240243.html；Matt Dixon，Rubio：Florida schools should end Chinese – funded education partnerships，Politico 2018 – 02 – 05，https：//www.politico.com/states/florida/story/2018/02/05/rubio – florida – schools – should – end – chinese – funded – education – partnerships – 235062。

② Joseph Baucum，UWF cuts ties with controversial Chinese – affiliated Confucius Institute，Pensacola News Journal 2018 – 0207，https：//www.pnj.com/story/money/business/2018/02/07/uwf – cuts – ties – chinese – run – confucius – institute – criticized – controversial – chinese – government – affiliated/312966002.

2018 年 11 月，北卡罗来纳州立大学宣布计划于 2019 年 6 月关闭孔子学院，作为"重组"其亚洲项目的一部分。大学网站上的一份声明说："2019 年 6 月之后，北卡罗来纳州将不再通过孔子学院提供学术和文化课程。这一转变是北卡罗来纳州努力建立由全球参与办公室领导的更全面的亚洲战略的一部分，其中汉语和文化项目将继续发挥重要作用。"①

2018 年 11 月，密歇根大学宣布不再续签密歇根大学孔子学院的第三期合同。全球参与和跨学科学术事务副教务长詹姆斯·霍洛威（James Holloway）表示，该大学仍然开放以其他方式与汉办合作。②

2018 年 12 月 31 日，南佛罗里达大学在新年前一天关闭了孔子学院。南佛罗里达大学表示，关闭更多地与入学人数下降而不是国家安全问题有关。2018 年秋季只有 65 名学生参加了 4 门中文课程，而 2014 年春季则为 191 门中文课。③

2019 年春季学期开学的第一周，麻州大学波士顿校区（UMass Boston）关闭了在该校运行了 12 年的孔子学院。该消息在校园和社区反响强烈，假期归来的教授、员工、学生、社区人士等对该校的做法深表遗憾，他们认为关闭孔子学院是"政治正确"的表现。该孔院设有 8 家孔子课堂，为学生提供各类活动支持、书籍和文化活

---

① NC State Will Restructure Asia Programming in 2019, University Communications, 2018 – 11 – 08, https：//news. ncsu. edu/2018/11/nc – state – will – restructure – asia – programming – in – 2019/.

② Debing Su, U-M to end agreement with Confucius Institute next year, Michigan News, 2018 – 12 – 10, https：//record. umich. edu/articles/u – m – end – agreement – con-fucius – institute – next – year.

③ Howard Altman & Megan Reeves, USF shutters controversial Confucius Institute on New Year's Eve, Tampa Bay Times, January 2, 2019, https：//www. tampabay. com/break-ing – news/usf – shutters – controversial – confucius – institute – on – new – years – eve – 20190102.

动用品，关闭孔院将对这些学校的学生有一定的影响。①

2019 年中国春节刚过，美国继续在贸易领域对华施压的同时，在文化合作领域对孔子学院挥舞大棒。2 月 27 日，美国参议院国土安全和政府事务委员会下的常设调查委员会发布了一份长达 92 页的报告，将孔子学院描述为"试图出口中国的政治辩论审查制度，并防止讨论政治敏感话题"的软实力战略项目，指出中国向美国孔子学院捐赠了 1.58 亿美元，但有近 70% 的受访学院和大学没有按照法律要求向教育部报告这笔钱。该报告要求调查"孔子学院资金如何带来可能损害学术自由的条件"，并提出了 12 条建议，"除非孔子学院的运作完全透明，并对美国大学文化在中国校园的推广工作给予互惠，否则孔子学院不应该在美国继续存在"。② 美国全国学

---

① 《麻州大学波士顿校区欲加强与中国大学合作》，bostonese. com Online Journal / 双语网（2019 - 01 - 23 访问），https：//bostonese. com/2019/01/umass - boston - looks - forward - to - more - collaboration - with - chinese - universities/。

② 报告提出了 12 条建议：（1）国会应要求所有美国学校公布任何与外国政府包括所有孔子学院签订的合同。（2）美国学校应确保汉办在批准孔子学院年度预算时不行使项目否决权。（3）美国学校应确保汉办的审查、筛选和面试流程与他们自己的招聘程序相一致。（4）国会和州和地方教育官员应研究中国语文教育规划的需要与需求，并考虑进行必要的额外投资。美国学校、州和地方教育委员会不应将汉语教学外包给汉办。（5）司法部应确定孔子学院是否为从事影响美国政府或公众的外国代理人身份。然后据此决定孔子学院雇员是否应在《外国代理登记法》名下登记（FARA）。（6）国务院应审查所有活跃的孔子学院。（7）美国学校必须遵守法律并正确向教育部报告外国捐款，及时更正、更新信息。（8）教育部应要求美国学校报告任何由外国机构拥有或控制的资金，尤其是来自外国政府的资金。（9）国务院应该要求在华外交官和雇员得到对等和公平的待遇。（10）国务院应与外国授予人保持密切联系，建立一个收集有关外国当局进行干涉、骚扰或质询等信息的正式系统。（11）美国学校应继续与中国大学合作，以为学生提供独特的国际学习经验并增加研究机会。然而，在任何情况下都不应向学术自由妥协。（12）美国学校应要求汉办对孔子学院的雇用行为保持完全透明，并对美国在中国学校的教育项目提供互惠待遇。鉴于对学术自由和中美之间更广泛利益的担忧，美国学校应该充分意识到主办孔子学院的任何弊端。United States Senate Permanent Subcommittee on Investigations Committee on Homeland Security and Governmental Affairs, China's Impact on the US Education System, https：//www. hsgac. senate. gov/imo/media/doc/PSI% 20Report% 20China's% 20Impact% 20on% 20the% 20US% 20Education% 20System. pdf。

者协会（National Association of scholars，NAS）2019 年 3 月 1 日发布文章"批评孔子学院"，称"孔子学院在学术自由方面存在妥协，违反西方的透明规范，不合适留在大学校园中。NAS 继续呼吁所有大学关闭他们的孔子学院。"① 随后一批美国的孔子学院终止协议。明尼苏达大学、西肯塔基大学、印第安纳大学、俄勒冈大学、旧金山大学、夏威夷大学和罗德岛大学等多所大学宣布，他们因无法获得豁免，为继续获得国防部资助的中国语言旗舰计划，将终止中国政府资助的孔子学院协议。②

2019 年 2 月 28 日，在外交部举行的例行记者会上，发言人陆慷表示，所有美国孔子学院都是由美国大学自愿申请，中美高校本着"相互尊重、友好协商、平等互利"的原则合作成立的，所有这些孔子学院的日常运营和管理合法合规、公开透明，为促进中美人文交流做出重要贡献，受到了各方广泛好评。陆慷指出，美方个别人和个别机构毫无根据地将孔子学院这一正常的中美教育交流项目政治化，表现出了典型的冷战思维，可能也反映出他们在一定程度上的不自信，"我们希望这些人能够正确看待孔子学院在增进两国人民相互了解方面发挥的重要作用，能够真正考虑广大美国公众、学生、老师和家长对学习汉语和对了解中国文化这方面的正当迫切需求，而不要动辄把中美两国人民之间的交往活动政治化"。③ 纵观

① Criticizing Confucius Institutes, Mar 01, 2019, https: //www. nas. org/articles/criticizing_confucius_institutes. 2017 年 4 月 26 日，NAS 发表过报告 Outsourced to China: Confucius Institutes and Soft Power in American Higher Education, https: //www. nas. org/projects/confucius_institutes.

② Tara Francis Chan, Pentagon to End Language Funding for Universities That Host Chinese Communist Party-Funded Confucius Institutes, 2019 - 04 - 30, https: //www. newsweek. com/confucius - institute - pentagon - communist - chinese - 1406772.

③ 《2019 年 2 月 28 日外交部发言人陆慷主持例行记者会》，中国外交部网站 2019 - 02 - 28, https: //www. fmprc. gov. cn/web/fyrbt _ 673021/jzhsl _ 673025/t1641802. shtml。

这些事件，的确都与美方对孔子学院过度政治化解读有关，是美国大学或政府单方面根据自己的主观判断做出的决定，诱因大多出自政治因素，如议员、总统、政治机构或组织在其中起到了推波助澜、兴风作浪的作用，依据都是某种观点、论调、舆论等主观因素而不是事实、数据等翔实资料的支撑。

（二）多重原因并存

以上分析表明，对孔子学院的指责攻击并无真凭实据，甚至与孔子学院并无直接关系，这种先入为主"欲加之罪，何患无辞"的非理性言论有很多出自政客之口，政治图谋明显，极尽夸大渲染；有的为团体利益和内部问题，不惜拿孔院开刀；有的思维狭隘、剑走偏锋，缺乏事实依据；有的是"逢华必反"，孔院撞在枪口；有的不分青红皂白，"万箭齐发"……但却给孔子学院发展带来了很大压力。

1. 中国崛起引发的紧张焦虑是孔院遭到攻击的深层原因

孔子学院这些年来承受的恶名骂名与中国遭受的负面舆论是同步同构的，换句话说，孔子学院"躺着中枪"是一些人将他们对中国的不满情绪投射到了孔子学院身上的缘故——表面上是责骂孔子学院，实则是敌视中国崛起。以美为首的西方国家对华负面舆论从未中断，延绵不绝，花样迭出，中国"威胁"、人权主权、环境生态、大国责任、中非关系、"奥运""世博"、南海危机、"一带一路"、贸易顺差等问题都曾喧嚣一时，孔子学院只是其中一个文化靶子而已。社会主义国家的身份、制度与意识形态是西方对中国崛起更加不容的体制因素。日本崛起曾受美国忌惮和打压，中国与"自由世界"在经济上的密切并没有伴随政治上的接轨，反而在制度上渐行渐远，西方痛感失望后重提"文明冲突"口号就是明证。一年来美国关闭多家孔子学院就是在中美贸易关系紧张的背景下发生的，迈克尔·麦考尔等几个狂批孔子学院的议员同样主张限制中国 5G 发展。"与一个完全不同的文明作战"已经成为美国遏华新理念新战略。如果说中国经济、科技、军事上的强大威胁到美国"老大"的地位，那么中国制度、文化、模式上的成效更是动摇了整个西方世界的根基，这是孔子学院受到波及、招致打压的"原罪"。

2. 西方话语霸权对我国话语权的挤压是孔院受到责难的直接原因

话语权是控制话题主题、操纵话语方式、垄断话语结论的权力，说白了就是我想怎么说你就能怎么说你但你却无法以牙还牙的权力。比如有些人言之凿凿指责孔子学院进行"政治审查"，不讲有争议话题，就是"妨碍学术自由"。按照那些攻击者的逻辑：你讲政治话题是不对的——是"输出意识形态"，是"洗脑"，印证孔子学院是"政治宣传工具"的假说；不讲政治话题也是不对的——"不敢讲"恰恰是被汉办和中国政府"控制"的证据，"回避"则是"妨碍学生自由讨论"。孔子学院怎样做才是对的呢？"自由"成了西方的专利，孔子学院是没有选择自由的，中方老师也没有讲与不讲、要怎样讲的自由。可见，西方的强势话语和霸权逻辑可以无中生有把"政治缺失"理解成"政治存在"，于是本来不存在的问题就被设置为话语主题，然后按照自己的逻辑引导话题，无论你怎样回答最后都能得出他们想要的结论，这才是孔子学院深陷舆论旋涡百口莫辩的要害所在。

3. 语言文化推广传播的局限不足是导致外界对华误解的重要原因

反观自身，孔子学院过多聚焦于传统文化、符号文化、表象文化的特点，对于深层次的思想文化、哲学宗教方面的传播较少，重官方叙事，轻公民、个体故事。尤其是一些会议、活动场合，汉办领导和使馆官员的讲话中政策、宣传、官样的东西还比较多，且风格严肃、凝重，轻松愉快、"与民同乐"的互动较少。孔子学院传播十几年都是讲中华大文化，地方文化、多样文化、民族文化讲得不够；在讲述方式上重宏大叙事，大而化之，故事性不强，案例不多，与个人结合不够，微观、细节、细微之处体现不足；有的教师上课时还有"重区别轻联系"的倾向，如过分强调中西差别，忽略了中国文化与西方文化之间的相通性，对中华文化的包容性、变通性、融合性呈现不到位；重语言轻话语，是指孔子学院目前还没有有意识地将语言上升为话语，更没有参与话语权的塑造。

4. 孔子学院本土化发展不充分、不深入是遭受诟病的内在原因

对于批评孔子学院的观点，孔子学院的师生员工怎么看？美国明尼苏达州州立圣克劳德大学孔子学院院长凯瑟琳·约翰逊（Kathryn Johnson）在《孔子学院是有好处的，不是威胁》的文章中称，自2014年5月州立圣克劳德大学孔子学院开放以来，很多人的生活得到了改变，学到了知识，同时具有全球竞争力的未来领导者也得到了培养。[①] 夏威夷（玛诺亚）大学孔子学院美方院长任友梅（Cynthia Ning）说，她所在的孔子学院也"根本不存在"限制学术自由的问题。汉办"从头开始也没怎么指定我们要教什么，只是要推广语言和文化，那么你怎么教语言，怎么推广文化完全由你自己去决定"。[②] 这两个外方院长从孔子学院的实际工作出发给出了他们的答案，以下是学生的答案——《波特兰新闻先驱报》（*Portland Press Herald*）刊登的学生来信："孔子学院为南密西西比大学（University of Southern Mississippi，USM）及其学生提供了难以置信的机会。这给了我在USM最好的学习经验。我是政治学和国

---

① 《美孔子学院院长文章：孔子学院在美绝非"威胁"》，《参考消息》2018年4月10日。

② 《走进孔子学院：美方院长谈发展与争议》，VOA，2018 – 09 – 25，https：//www.voachinese.com/a/studies – in – usa – china – confucius – institute – fate/4580014.html。

际关系专业的大四学生。在孔子学院的帮助下，我不到一年就学会了汉语会话。我去过中国两次，去过许多地方。我很感激这些经历，以及当我进入我的职业生涯时他们给我带来的机会。作为一个非常重视言论自由和学术自由的人，我想明确的是，我与孔子学院的无数互动中没有任何令人反感的东西。相反，我发现了一个开放的、激发智力的、与政治无关的学术环境。"① 可见，孔子学院师生等内部人士（insiders）因为了解事实都更愿意从学术上看待它，只有那些孔子学院以外的人（outsiders）才有可能将它政治化。

——这是我们强调本土化的原因。

（三）本土化是出路

孔子学院受到挑战，多家孔子学院关闭促使人们再次思索中国文化如何在异国他乡落地生根发展壮大的问题。本土化发展是孔子学院发展的必然之举和现实之路，也是面对挑战、处理危机的应对之策。

1. "咬定青山不放松"

本土化是孔子学院融入所在大学和当地环境，将越来越多的不了解情况的局外人变成利益相关方（stakeholder）的过程，是中外双方结为共商共建共享一体的过程——你中有我、我中有你的利益共同体、责任共同体、命运共同体。在遇到风险和挑战时能够共同面对问题、解决问题，而不是茫然观望、听之任之，更不是调转矛头、反咬一口。孔子学院有现实需求也受到学习者的欢迎，但却遭遇关门停运的风险，说白了是一些政客将政治考量置于民众需求之上的结果，并非主要由孔子学院自身办学问题所致。孔子学院关闭，中止学生的学业，事关大学的声望，影响民众的利益，然而却能成就政客们捍卫美国自由的"政治正确"。只要孔子学院继续咬定青山不

---

① Letter to the Editor: Unfairly Criticized Chinese Partnership Benefits USM, Portland Press Herald, 2019 - 03 - 06, https: //www. pressherald. com/2019/03/13/letter - to - the - editor - unfairly - criticized - chinese - partnership - benefits - usm.

放松，将汉语教学做好做实，使文化交流入脑入心，身正不怕影子斜，迟早会赢得民心。系列片《舌尖上的中国》成功之处可以供孔子学院借鉴，文化似水，于无形处，浸润万物，舌尖上的美食不显山露水，但满口全是中国滋味，让人如痴如醉。孔子学院是中国基因海外成长，要像水一样柔软灵活而坚韧，处于不同国家，因器盛之，不拘于形。水有不同的形态，但水还是水，孔子学院因地制宜，所处不同的环境而形有不拘，但孔子学院的内核是一样的，中华文化的优秀基因是不变的，因势利导是为了更好地从异域文明、他国文化中汲取营养和力量。随着本土化发展越来越深入，未来孔子学院办学动力将由汉办推力变为外方拉力，学习汉语将由"我来教"变为"请你教"，由"让你学"变成"你要学"，有更多或者主要由本国本土的教师教授汉语，各种疑虑、不安和指责终会有树静风止的一天。遍及天涯，扎根大地，兼收并蓄，茁壮成长，枝繁叶茂，最终遍地开花、硕果累累——这是孔子学院要走的本土化道路。

2. 转型升级本土化

对于已步入16周岁的孔子学院来说，转型升级和本土化是同一个过程，二者不仅在时间交合重叠在一起，而且在本质上有密切的内在联系。本土化是植根本土，深入当地，适应融合不同气候与土壤，根深蒂固，汲取营养，完善自我的过程，是孔子学院海纳百川、有容乃大，进一步巩固全球化成果、更好完成使命的过程；转型升级是指孔子学院实现从数量扩张到内涵办学，从官方推行向内生发展，从汉办拨款为主向多元筹资，从单向交流向互学互鉴，从政府主导向市场运作，从浅层次交流向深层次交融等一系列转变与提升。本土化和转型升级的内容、要求、任务一致，目标、方向、使命相同，本土化是转型升级的关键战略和现实选择，转型升级是本土化的出发点、努力方向与最终结果。目前，学术界和圈内人士对孔子学院转型的方向、升级的方式、变革的缓急等中心议题并没有统一看法，以下是个人初步思考。

首先，作为教育办学机构，孔子学院转型升级要从当地的学习需求出发。需求是孔子学院的安身立命之本，学生是办学最重要的利益相关方，转型升级不是不办学了、不教学生了、去做别的了。这是一个原则和方向问题，无论是危机处理还是日常工作都是如此。美国关闭孔子学院并没有征求和考虑学生的意见，这不仅与其标榜的民主决策相去甚远，更违背了学生的根本利益。因此遭遇冲击的美国孔子学院不能简单退出，被动走人，否则就掉入了和对方一样忽略学生、强化政治的陷阱。汉办和孔子学院应本着学生学习为重的原则，与校方协商如何继续孔院学生的学业。2019 年 5 月宣布关闭的西肯塔基大学校长说，要确保目前参加汉语学位课程的 6 名研究生完成学位，"我们仍然坚定地致力于国际教育，并为我们的学生创造扩大视野的机会。西肯塔基大学多元化体验的一个标志是我们的学生能够看到与我们不同的世界和文化"。[①] 进行文化交流、文明对话是教育的职责与价值所在，因此孔子学院要寻找方法继续合作，使中外高校基于为学生提供多元教育这一共识保持对话磋商。日常工作中，"三教"常抓不懈是办学根本，其重要性在此不必赘述。

其次，作为非政府机构，孔子学院要创新体制机制。升级转型除了要求所有的工作都要"百尺竿头，更进一步"外，还要求孔子学院在工作方式、方法、手段上有所调整和优化。一要淡化政治色彩。外界对孔子学院的误解和诟病很大一部分集中在所谓政治宣传、政府拨款、官方背景方面。政府对孔子学院的高度重视和支持，汉办的有力推进与管理，出发点都是想在初创时期推动孔院办得更快更好更顺一些。既然"好心没好报"，事与愿违，就要适当抽身、隐身。汉办可以作为掌舵者，而不是划船者发挥作用；作为幕后支持者帮助搭建舞台，而不是作为主角出现在舞台上；作为横向多元网

① WKU ends agreement with Confucius Institute, WKU News, 2019 - 04 - 22, https: // www. wku. edu/news/articles/index. php? view = article&articleid = 7622.

络中的一个枢纽运作，而不是通过垂直方式控制整个网络。二要减少政府花费。总部和汉办要鼓励各地孔子学院市场化运作、民间筹款，实现资金来源多元化，避免中方出钱不讨好。同时，各地孔子学院要开发出满足当地需求的收费课程和项目，争取实现自我收支平衡。好的、有价值的东西就得收费，孔子学院到了可以转型、升级的阶段，不必全球统一拨款，要将钱花在刀刃上，使有限资源集中到能产生更大效益、更好声誉的地方，确保孔子学院质和量同步发展。

3. 命运共同体是目标

孔子学院屡次遭受责难，让国人痛心疾首，也引起了大家普遍关心与讨论。"美方如果适应不了，要关一些孔院，关就关，我们无须把此事看得很重。我们要在一个大判断上充分自信，那就是孔子学院走向全世界，根本原因是中国高速发展拉动的世界各国对学习中文和了解中国的迅速扩大的需求。中国迎合这种需求，主动帮外国人开展这种学习，是有利于当地社会的。中方不做这件事，外方自己投资花钱，中文也要学。美国现在要促中方省下孔院和孔子学堂的这笔钱，由他们的纳税人掏腰包，才觉得踏实，我们是可以顺水推舟的。"① 这些话有一定道理，可以说一说，但解决不了问题。如果急流勇退，不仅不能继续我们要做的事，而且正中了他人下怀。"作为正处于发展中的新生事物，孔子学院在得到关注和支持的同时，必将受到监督，乃至招来非议。面对争议，应该区分哪些是学术的，哪些是政治的，哪些是历史的，哪些是现实的；面对矛盾，应该分清哪些是思想认识问题，哪些是是非原则问题……"② 于众声喧哗之中，保持理性平和，面对不同问题，厘清本质、明确方向是为上策。

上策就是坚持不懈推进本土化，与对方建立利益、责任、命运

---

① 《坦然应对美方围绕孔院的小心眼》，《环球时报》2019 年 2 月 28 日。
② 张德瑞：《对孔子学院国际传播战略的思考》，《人民论坛·学术前沿》2016 年第 4 期。

共同体。本土化是关键、实质，共同体是目标、方向。作为海外合作机构，孔子学院源自中国，办在海外，是中外合作的结晶，本身就是个共同体。孔子学院不是中方一家说了算的事，要想有所成，必须走融合发展之道，有容乃大，有融乃强。在一定意义上，孔子学院的本土化程度决定了中外的利益融合程度、当地认可程度、对华信任程度、承担责任程度、抵抗风险程度。本土化有助于使孔子学院的利益与所在大学、社区和所属国家、地区的利益融合在一起，建立起淡化、缓冲、过滤外界疑虑、不解、敌意的屏障。因此孔子学院中外合作的身份定位决定了本土化是基本生存逻辑，构建与对方相嵌、相契、相融的共同体是长远发展大计。为此，孔子学院要在办学过程中不断"贴近各国不同的生活方式、不同的语言习惯和不同的思维表达"，洞察对方需要，以他们适应的方式满足这种需要。如一些国家需要学汉语，但不适应、不理解甚至以此质疑孔子学院目前免费教授汉语的方式，那就将教授汉语变为市场化的收费项目。2019 年在首届国际中文教育大会上，孙春兰强调，"我们将遵循语言传播的国际惯例，按照相互尊重、友好协商、平等互利的原则，坚持市场化运作，支持中外高校、企业、社会组织开展国际中文教育项目和交流合作，聚焦语言主业，适应本土需求……"①通过市场化相互满足对方需求，做对方想做的事，按对方的方式做事，这是构建利益共同体的基础；为维护经营好共同利益，共商共建，履行好共同责任，这是构建责任共同体的行动；在此基础上，不断融入对方机制，与所在大学、本土员工、当地资源结成一体，实现人、财、物方面的共享共赢，实际上就是逐渐向命运共同体迈进。孔子学院建立之初，共商共建比较明显，随着收益增进，共享共赢得到切实体现，有效的本土化也将使孔子学院获得更多信任和

①《孙春兰出席国际中文教育大会时强调　深化国际中文教育　让世界更加了解中国》，《人民日报》2019 年 12 月 10 日。

认可，孔子学院所属学院、大学、当地将会以更加积极的态度理性认识中方的动机、理解汉办的作为，承担更多的责任，将孔子学院"视如己出"，自觉地维护它，把它当作自己未来发展的一部分，这是孔子学院发展的最高境界——命运共同体。当然，这是一个长期的过程，要靠孔子学院扎实的本土化努力，也需要利益共同体、责任共同体的长期磨合。

二　本土化有利于孔子学院形成发展合力

孔子学院办学之初，汉办是孔子学院大合唱中的领唱、主唱，起着一呼百应的作用，随着孔子学院深入发展、本土化发展，各地孔子学院逐渐成长为主角，汉办则成为协调乐队的总指挥。汉办由划桨者变为掌舵者，各个孔子学院百舸争流，这是孔子学院事业走向自主治理、成熟发展的标志。本土驱动，也就是说要充分调动各个孔子学院及其所在的本土力量和资源，挖掘本土知识经验，促进本土能力建设，最终使汉办外力推动，变成孔子学院内在发力，变成外方员工、外方大学主动作为，当地政府和社会力量积极配合，中方和外方内外合力良性互动。来自总部的推力与来自本土的拉力，来自中方的内力与来自外方的潜力相互激发，形成合力，共同驱动孔子学院乘风破浪。

（一）本土化有助于调动外方员工的工作积极性

从影响本土化的指标因素可以看出，无论对"三教"本土化、办学资源（人、财、物）管理、文化活动落实，还是当地媒体报道、孔子课堂拓展、访华交流成行，都在很大程度上依靠外方员工的能力与作为，外方人员对工作的负责、热情和投入程度，直接影响着孔子学院运行是否顺利，以及本土化的幅度和程度。难以想象一个外方人员人数不多或兼职投入时间不长，或工作热情不高的孔子学院能顺利开展各项工作。纵然中方院长和员工有三头六臂，天天加班加点，作为外国人、外来者在任期有限的情况下，很多情况摸不透，环境、政策、法规了解不到位，没有人脉资源，只能事倍功半，或根本办不成。① "海外大学的行政人员是孔子学院建立和存续的最主要行为者，其他力量对于孔子学院的运作没有明显影响。"② 在最初的顶层设计中，当时的国家汉办主任、孔子学院总部总干事许琳曾在谈到孔子学院命名权时说，"把牌子给外国高校，以外方为主，中方为辅，他才会当成他自己的事情，才会真正爱护，才会全力以赴把孔子学院办好。"③ 可见从一开始，孔院"掌门人"就深知调动外方积极性的重要性。随着本土化意识和进程的推动，汉办和总部越来越重视发挥外方员工的积极性，总部同时发给中外方院长的邮件越来越多，文件、政策、通知的发文也越来越注重中文外语并用，这在客观上将外方人员当作"自己人"，有助于促使其更加积极主动"不见外"。"……合作，就是发挥中外双方积极性，促进合作办学融合发展。'孤举者难起，众行者易趋。'

---

① 在卡迪夫孔子学院工作的实际经验中，深感文化活动的场地安排、人员邀请、广而告之、媒体报道方面是多么需要外方员工的协调配合，不要说刚就职时"两眼一抹黑"，根本不知道哪里有合适的场地，找谁去联系，连发信的 Email 地址都依赖外方同事提供。起初的外方院长是挂名兼职，由于其经常调研在外，约见一次不容易，有一段时间两个工作人员也都是兼职，以至于有时在工作遇到问题都没人可以商量。很长一段时间不能适应无人并肩作战、单枪匹马闯荡的工作方式，到后来才慢慢学会事先将需要他们配合的事务梳理好，然后分别在他们上班的时间一项一项集中加以解决，他们不上班的时间自己完成独自可以完成的部分。有时遇到外方人员有异议、不在场或不积极的情况，如在运行访华团时要求降低汉办标准，外方人员在"巡演"活动时因休假缺位，中方人员即使用尽浑身解数，也很难保证运行成功。

② Amy Stambach, Confucius and Crisis in American Universities: Culture, Capital and Diplomacy in US Public Higher Education, New York: Routledge, 2014.

③ 《专访国家汉办主任、孔子学院总部总干事许琳——孔子学院的"苦"与"歌"》，对外汉语人俱乐部 2011-11-21, http://www.teachingchinese.net/? p=1969。

孔子学院成功的一条基本经验，就是始终坚持中外平等合作、互利共赢的独特办学模式。"① 越是本土化，越有利于发挥外方的积极性，就越有利于中外密切合作，这就是孔子学院在机构设计上嵌入对方机制进行合作的根本原因。反过来也一样，缺少外方本地人员的支持配合，孔子学院的运行管理就会遇到问题，更不要说实现与本土对接、适应当地需求了。

（二）本土化有利于提升外方大学的办学责任感

除了有限的外方员工力量，孔子学院还必须依赖外方大学及其资源投入。不仅设立孔子学院首先要由外方大学提出申请，在组织结构和功能作用上，外方大学也通常起主导作用。本土化指标体系中有关于理事会作用的子项指标中，"理事会定期召开、规范运转"就体现了中外合作尤其是外方大学对孔子学院事务的重视和支持。"理事会是中外合作办学的重要平台，要进一步完善机制，充分协商，密切协作，共同议事决策。要充分发挥双方办学优长，鼓励将孔子学院纳入中外合作院校各自发展战略和长远规划，大力拓展中外院校在学生互换、学者互访、学术交流、学科共建等各领域的全方位合作，努力扩大利益交汇点，实现双方办学深度融合。"② 孔子学院理事会的成员由中外方大学的主管校级领导、孔子学院所在学院负责人，中方院校孔子学院办公室或国际合作处分管主任、处长，以及中外方院长组成。理事会真正体现了中外平等合作的精神，定期化、机制化的理事会使外方能够意识到自己的角色、责任。2017 年第十二届孔子学院大会专门设置了"中外大学对办好孔子学院的责任"的校长论坛，美国中田纳西州立大学校长西德

---

① 刘延东：《创新 合作 包容 共享 携手并肩开创孔子学院发展新局面——在第十一届孔子学院大会开幕式上的主旨演讲》，《孔子学院》2017 年第 1 期。

② 刘延东：《创新 合作 包容 共享 携手并肩开创孔子学院发展新局面——在第十一届孔子学院大会开幕式上的主旨演讲》，《孔子学院》2017 年第 1 期。

尼·麦克菲（Sidney A. McPhee）在发言中说，孔子学院的发展很大程度上依赖于校长的领导力和参与度，校长应充分认识和理解孔子学院的价值，积极参与孔子学院的活动，提供"硬性支持"和"软性支持"，发挥沟通、宣传、促进的作用。中外合作方建立了校领导负责的统筹机构或机制，形成高效的工作管理模式。① 从实践经验看，外方校长、外方院长首先要有积极性，重视是做好一切工作的前提；其次是领导力，有领导力才能将使命变为行动，推动事情一步步完成；最后是参与度，只有具体参与其中，才会了解个中艰辛与不易，才有切实的责任感，不舍得放弃已经付出的努力，进一步做好工作。如参与不足，置身事外，就没有做事的动力，对孔子学院的事务、声誉、前途可能就事不关己，遇到问题就不会像"自己人"对待"自己事"一样去竭力维护。

（三）本土化有利于加大与当地政府的合作力度

"孔子学院没有照搬其他国家语言推广机构政府间合作的单一模式，而是既与学校合作，又与政府、企业和社团合作，形式灵活多样。要进一步拓宽渠道，激发社会力量参与办学的积极性，完善企业投入和社会捐赠的机制，把多方资源统筹到孔子学院可持续发展上来。"② 首先，本土化有利于调动当地政府资源投入。孔子学院秉承贴近本土的发展理念，将自身发展融入当地的发展战略，如新加坡南洋理工大学孔子学院将汉语课程与新加坡精深技能发展局（Skills Future Singapore）的"技能创前程"计划有机结合起来，不仅与政府倡导的终身学习理念高度吻合，还可以使汉语学习者享受技能创前程培训补助（SFC），减轻学员负担和"选择困境"；还有的孔子学院直接有针对性地为政府机构提供语言文化服务，如柬埔

---

① 《中外大学对办好孔子学院的责任》，《孔子学院》（中英对照版）2018 年第 1 期。

② 刘延东：《携手促进孔子学院可持续发展——在第五届孔子学院大会上的主旨演讲》，《孔子学院》2011 年第 1 期。

寨王家研究院孔子学院把课程开进柬埔寨总理府，菲律宾大学孔子学院为菲律宾总统府新闻部开设了汉语部长班。孔子学院培养的具有全球视野、创新意识、跨文化沟通能力的国际人才，成为当地发展的优质人力资源，受到政府部门的欢迎；有的孔子学院发挥平台和桥梁作用，积极促成本国、本地政府与中国之间的文教、经贸、旅游合作项目，成为其对华开展外交活动的左膀右臂。孔子学院与政府部门的良好关系，使其赢得了政府部门人力、物力、财力的支持，每逢春节、孔子学院日等重大活动，当地政府要员成为孔子学院活动的助阵嘉宾，相关部门提供免费活动场地，有的还拨款赞助。不少孔子学院的中外方院长还得到政府嘉奖。如 2015 年，意大利罗马孔子学院的中外方院长张红和马西尼同时被意大利《米兰财经》评为对中意交流做出突出贡献的 100 人。2016 年，蒙古国立大学孔子学院外方院长米德策耶获得"国家功勋文化活动家"荣誉勋章，这是蒙古国最高级别的荣誉，由总统亲自签发命令，用于嘉奖蒙古国各行各业的精英。

（四）本土化有利于激发社会力量的参与能动性

当地企业、社会组织、公民个体等力量对孔子学院事业支持也至关重要。目前，孔子学院的日常运营经费主要来源于以下三个渠道：孔子学院总部的资金支持、外方合作院校经费投入、孔子学院的自身活动收入，其中"总部资助和外方投入仍然是现阶段运营经费的主要来源"。自身盈利能力不足、运行资金来源相对单一的现状在一定程度上限制了孔子学院的长远健康发展。扩宽资金渠道，制定企业和社会组织支持孔子学院建设的政策，引导和鼓励社会力量通过捐资捐物、合作办学等方式参与和支持孔院建设，已经成为孔子学院创新办学模式的一个重要方面。① 另外，本土化有助于探

---

① 《2011 年欧洲地区部分孔子学院工作座谈会交流材料》，http：//www. conference. confucius-institutes. eu/pdf/reference. pdf。

索与当地社会机构，尤其是教育教学、语言文化机构有效合作模式，从而在汉语国际教育事业中形成伙伴关系。如当地语言文化机构是汉语教育事业中不可或缺的本土力量。孔子学院在本土化中势必会借鉴这些语言文化机构的做法，加强与他们的联系，汲取其在语言教学和文化传播方面的经验；也可以在师资和教学资源方面互相支持，通过互访参观、课堂观摩、会议研讨、教材共享、文化活动等形成相对稳定的合作模式。此外，重视当地校友资源的开发和维系，鼓励探索成立孔子学院基金或基金会也可以进一步扩宽孔子学院的人脉资源和资金来源。有些地方的华人华侨力量强大，可以发挥人力、物力、财力多方面的支持作用。"智者不袭常。孔子学院是一项全新的事业，我们正在走前人没走过的路，正在做前人没做过的事。要进一步创新理念思路、完善体制机制，充分调动学校、政府和社会各方面力量，最大限度凝聚共识，打牢务实合作的根基。中国政府和人民将一如既往支持孔子学院发展，也希望各国继续加大扶持力度，同时鼓励更多社会力量积极参与，推动各国孔子学院建立校友会（联谊会）和基金会等，探索建立多渠道筹措资金的良性机制，为孔子学院的持续发展提供强大保障。"[①]

　　总之，孔子学院推进本土化有利于激发调动孔院外方员工、外方大学、当地政府、社会力量等诸因素对孔子学院的支持，使其看到孔子学院的作为是立足长远、服务当地的，不是中国人自说自话的"自嗨"行为，让海外员工、合作大学、政府部门和其他团体个人都能感受到孔子学院与自身利益的契合点，从而积极主动、群策群力加入孔子学院的建设中来。激发本土力量的汉语推广能量，提升孔子学院的本土内生能力，是汉语文化传播的最终目标。本土化进程将一步步促进本土力量成为汉语教育的能动主体，"众人拾柴

---

① 刘延东：《迈向孔子学院的新 10 年——在第九届孔子学院大会开幕式上的主旨演讲》，《孔子学院》2015 年第 1 期。

火焰高",在他们的热情点燃下,孔子学院会越办越旺。

三　本土化有益于孔子学院创新发展模式

提供语言教学和文化服务是孔子学院的天职和本分,这是毋庸置疑的,然而随着现实需求变化和本土发展进程,孔子学院的转型升级势在必行,转型升级在一定意义上就是创新。创新就是利用现有的知识、经验和条件,为满足不断变化的社会需求(存在的即是合理的)或本着自我完善的理想化需要,去改进或创造新的方法、手段、路径,增添新的内容、元素、特色的过程和行为。在本土化与"一带一路"共建的联合作用下,孔子学院的创新正当其时,这种转变升级有多种表现方式,为简便可以将其整体概括为模式上的变化。关于孔子学院的发展模式有几种层次:合作模式、运营模式(运作模式)、办学模式、教学模式。① 目前呈现出合作模式"高校+"、运营模式"教学+"、办学模式"汉语+"、教学模式"课

---

① 这几种说法都普遍存在,也分别都有学者在进行探讨。在中国期刊网上以主题查询"孔子学院"并含"合作模式"有15个结果,以"孔子学院"并含"运营(运作)模式"共个8结果,而"孔子学院"并含"办学模式"有23个结果,并含"教学模式"则多达37个(2019年7月31日检索)。可见,随着模式在外延上由合作模式、运作(运营模式)到办学模式、教学模式的减小,期刊研究成果呈现逆向的增多趋势,这不仅是因为对于研究者来说选题较小容易把握,还因为大多数研究孔子学院的成果出自孔子学院从业人员(孔院人)之手,最多的则是孔子学院教师、院长,而教师、院长最关心也最得心应手的问题是教学,其次是办学。这是关于教学模式、办学模式的成果较多的原因。而运作、运营管理方面最有发言权的是汉办和高校孔院办、国际处的管理人员,而研究对于他们显然不是主业,深陷某一孔子学院具体教学或管理的中方老师和院长反而没有宏观视角,去很难跳脱出来概括运作模式上的规律,除非专业对口(如教育管理)。大多数对孔子学院话题感兴趣的一般研究者尤其是孔子学院之外的"外人"讨论时没有细分,国内多数人谈的是较为笼统的中外"合作模式",新闻传播相关专业的则使用"传播模式",个别研究者提到"治理模式"。

堂＋"的苗头和趋势，整体上表现为合作多头化、运营特色化、办学实用化、教学灵活化。

（一）合作模式多元化："高校＋"

合作模式侧重于讲中外双方的合作方及其合作方式，早在 2006 年，当时的教育部部长周济在第一届孔子学院大会上的总结讲话中将四种合作模式概括为："一是中外高等学校合作举办的，目前这种模式占多数；二是外国的社团机构和中方的高校合作举办的；三是外国的政府和中国的高校合办的；四是中外高校联合跨国公司合办的。我们要对这四种合作模式分别进行深入的研究，总结出各种不同模式的规定性、规律性的东西，在章程的总体要求下，加强不同模式孔子学院的管理。同时要在基本的四类合作模式的基础上，鼓励管理运作模式的创新和业务范围的拓展，使得孔子学院更富有生机和活力。"[①]

在"一带一路"沿线，合作模式上的创新最主要的表现是校企合作。泰国孔子学院在这方面走在了前列。典型的有：孔敬大学孔子学院的"高铁培训班"，泰方学员经汉语培训后前往中国高校参加高铁技术培训，并进入相关企业实习，部分学员毕业后顺利在企业找到工作。孔敬大学孔子学院还与中国银行孔敬分行合作培训泰方员工。2016 年 8 月底，泰国孔子学院与孔子课堂联席会议上就曾探讨校企合作的有效模式，一些孔院院长表示，希望能在建设发展方面获得更多中资企业的资金和技术等全方位支持，并建议可借助总商会网站或年会、孔院校友会、孔院院刊等平台，搭建孔院与中企共享人员招聘及储备的桥梁。中国驻泰国大使馆教育组一秘周高宇强调，泰国孔院要站在发展 10 年后的新起点上谋求创新，加强职业教育，创建与中资机构合作新模式。与会代表们普遍认为，孔院与中企开展涵盖语言和技术的综合性培训，既为泰国学员们拓展

---

① 《周济部长在孔子学院大会上的总结讲话》，《教育部通报》2006 年第 18 期。

学以致用的更广阔就业空间，又为中企输送高质量人才，必将为中泰双方的文教交流和经贸发展带来互惠共赢。[①] 2019 年 1 月 18 日，泰国海上丝路·帕那空皇家大学孔子学院与腾晖技术（泰国）有限公司签署合作协议并举行汉语班开班仪式，为这家位于泰中罗勇工业园区的中资企业培养汉语人才。根据协议，除了汉语培训，孔子学院还将为企业开展文化交流活动、协助招聘汉语人才并开展职业技能培训、为中泰高校和职业院校学生建立实习实践基地等。中国国家汉办驻泰国代表处处长王会昌说，海上丝路·帕那空皇家大学孔子学院着眼于孔院的职业化、特色化发展，与泰中罗勇工业园开展实质性合作，推动汉语走进泰国、走进东部经济走廊，有助于进一步推进园区项目建设，促进中泰合作，增进中泰友谊。协议的签署和汉语班正式开班上课标志着院企合作项目落地，是一个良好的开端。未来孔院将与所在国企业进行更广泛的合作。[②]

乌克兰基辅国立语言大学孔子学院为航空公司设立教学点进行空乘汉语培训也是院企合作的很好例证。近年来，随着中国与乌克兰商贸往来的不断增加，中国已成为乌克兰第三大出口市场和第三大进口来源地。"一带一路"倡议为乌克兰与中国深化互利合作提供了历史性机遇，成为乌中双边关系发展的基石，确定了两国在诸多领域合作的方向。2015 年 4 月，乌克兰国际航空公司开通了从基辅直航北京的班机。基辅国立语言大学孔子学院抓住这一机遇，与航空公司多次会谈后，就员工招聘与测试、成立汉语教学点、开展航空汉语培训等事宜达成框架协议。经过一年多的努力，孔子学院为乌航培训工作人员 36 人次。一位从事与中国业务有关的地勤人

---

① 《泰国孔院联席会探讨与中企合作办学模式》，北部湾在线 2016 - 08 - 31，http：//www. bbrtv. com/2016/0831/283424. html。

② 《泰国一孔子学院为中资企业培养汉语人才》，新华网 2019 - 01 - 18，http：//www. xinhuanet. com/2019 - 01/18/c_1124009113. htm。

员，在顺利通过汉语考试后晋升进入管理层，拓宽了职业发展空间。乌航为表达对孔子学院的感谢，特别批准对孔子学院奖学金学生、交流团组乘坐航班提供购票绿色通道和优惠措施。[①] 可见，孔子学院走出学校与企业单位需求对接，这样的便民服务不仅惠及企业，也惠及民众。"一带一路"建设需要大批实用型人才，沿线各国孔子学院主动填补缺口，在企业设立汉语教学点，为当地机构培养培训本土员工，将会在校企合作方面开辟更多的新路。

除了与企业合作，有的孔子学院为当地政府部门、酒店、银行、铁路、机场、旅行社等量身定制职业汉语培训课程，还有的孔子学院与政府、企业、职业培训单位同时展开多头合作。如2017年5月23日，由德国奥迪集团、德国英戈尔施塔特市政府、英戈尔施塔特工业技术大学与中国华南理工大学合作共建的奥迪英戈尔施塔特孔子学院正式揭牌。这一孔子学院的成立开启了孔子学院与海外企业合作的新模式，即由德国奥迪集团和英戈尔施塔特市政府投入运营经费，国家汉办和华南理工大学提供汉语教师、教材和课程等支持，英戈尔施塔特工业技术大学提供办学场地、设备和管理人员。驻慕尼黑总领事毛静秋在揭牌仪式上表示，奥迪英戈尔施塔特孔子学院集合了多方的力量，她相信在各方的支持下，这座孔院可以开辟出一条新的道路。她说："在此之前，其实并没有成立过类似的侧重科技与经济领域的孔院。所以，我们之后应该在发展的过程中继续保持这种创新的思维和开放的理念。"英戈尔施塔特市市长罗思天也认为，英戈尔施塔特工业技术大学和华南理工大学立足于各自的优势，大力推动奥迪英戈尔施塔特孔子学院在科技和创新方面的发展是一次大胆的有益尝试。在此基础上，中德高校乃至双方企业的合作都能得到有效的推动。英戈尔施塔特科技大学校长

---

① 荆文娜：《孔子学院："一带一路"上的"亲善大使"》，《中国经济导报》2017年5月16日。

瓦尔特·硕博也强调说："全球的 500 多家孔子学院主要聚焦文化和语言两个方面，奥迪英戈尔施塔特孔子学院的特别之处在于，我们还关注第三个方面，就是技术和可持续发展。"① 孔院和政企工商部门在语言、文化、技术、科研合作等方面进行多层次交流合作将成为"孔子学院 2.0 版本"升级的一大表现。

（二）运营模式特色化："教学 +"

本土特色造就了孔子学院的千姿百态，没有本土化就没有地方特色，全球孔子学院由汉办一个模板刻出来，不仅不可能，而且没有意义，也没有活力。深入本土，发展特色，才是孔子学院多姿多彩、各美其美之道。《孔子学院发展规划（2012—2020 年）》提出"适应学员多样化需求，鼓励兴办以商务、中医、武术、烹饪、艺术、旅游等教学为主要特色的孔子学院"。孔子学院总部制定的《先进孔子学院（课堂）、先进个人、先进中方合作机构评选办法》中，先进孔子学院（课堂）的评选条件，其中一个指标是"突出领域"占 20% 分值。"先进孔子学院（课堂）须在本土化、协同合作、数字化及特色化 4 个方面具有突出表现。申报先进的孔院（课堂）须从以上 4 个方面任选其一详细阐述突出事迹。""特色化"这一项考核在中医、音乐、武术、农业、职业教育、"汉语 +"等方面开展特色项目情况。② 从中可见总部对于特色化的重视程度和具体要求。各地孔子学院在本土化过程中不断"适应需求、融合发展"，根据自身的资源优势，根据中外方合作大学的专业特色，以受众需求为导向，开发适应当地需求的特色课程，在此基础上创立

① 《奥迪英戈尔施塔特孔子学院揭牌 开启孔院与海外企业合作新模式》，凤凰资讯 2017 – 05 – 24，http：//news.ifeng.com/a/20170524/51153149_0.shtml。

② 《2018 年先进孔子学院（课堂）、先进个人、先进中方合作机构评选办法》，孔子学院总部/国家汉办网站，2019 – 05 – 12 上网，http：//conference.hanban.org/pc/news_details.html? main_lan = cn&_id = 13。

和发展以特定主题、特色服务为切入点的办学定位。各具特色的孔子学院，有利于打破孔子学院"千校一面"的单一模式，形成全球孔子学院百花竞放的新格局。

　　根据国家汉办公布的数据，目前全球已有 80 多所孔子学院形成了涵盖中医、商务、武术、艺术、学术研究、职业培训等的特色化办学。以英国为例，虽然 29 个孔子学院都以传播汉语和中华文化为办学宗旨，但 6 所孔子学院呈现出独树一帜的鲜明特色，如伦敦中医孔子学院、伦敦商务孔子学院、利兹大学国际商务孔子学院、赫瑞瓦特大学苏格兰商务与交流孔子学院、牛津布鲁克斯大学孔子学院、伦敦大学金史密斯舞蹈与表演孔子学院。其中的伦敦中医孔子学院是全球第一所以中医为特色开展汉语教育和中医养生文化推广的孔子学院。全球还成立了很多家特色孔子学院，如澳大利亚格里菲斯大学旅游孔子学院是全球首个旅游孔子学院，丹麦皇家音乐学院孔子学院则是全球首家音乐孔子学院。有的孔子学院虽然没有在名称上冠以何种特色，但办学的特色定位是很明确的，如日本早稻田大学孔子学院是全球第一所研究型的孔子学院，重点是中国学研究，专门开设了当代中国问题研究讲座；意大利米兰国立大学孔子学院 2017 年被评为全球 12 所文化试点孔子学院之一，学院的发展目标是打造文化特色孔子学院；挪威卑尔根孔子学院是以武术见长的，注重汉语和中华武术的教学与推广，中方合作院校之一是中国体育大学；美国加州大学戴维斯分校孔子学院是全球首家以饮食文化为特色的孔子学院，致力于中华饮食文化的推广与中西饮食文化交流探索。这些特色孔子学院的建立极大丰富了孔子学院的发展模式，是孔子学院融入当地、不断本土化的成果。许琳谈到示范孔子学院建设时将其分成四类："一是以教学为主，这类示范孔子学院应该成为师资培训中心，应该成为教学中心，应该成为考试中心，这类应占主要部分；二是研究型的孔子学院，更多做研究；三是特色型的，像中医孔子学院、旅游孔子学院、商务孔子学院；

四是语言和职业技术培训，特别是在很多不发达国家，可能需要培训直接能够到中资企业去就业的本地人。"① 一些外方院长认为孔子学院"需要在保留教育功能的同时，朝着国家、地区和部门的中国研究中心方向转变。也许，不是所有的孔子学院都需要这种转变，但对于一些'一带一路'沿线国家和孔子学院，这个转变是很重要、很必要的。对于一些国家，其中包括白俄罗斯，孔子学院这样转变，是形成各国中国学派最现实的可能渠道，这对于推动沿线国家成功融入'一带一路'建设是非常必要的"。②有人将全球孔子学院的发展特色概括为以下四种：即汉语教学型、特色文化传播型、汉语教学与职业技能型和培养汉学家型。分类的细化表明了孔子学院活动内容的深入化和专门化，能够根据所在国、所在地的文化背景或"一带一路"的实际需求展开有针对性的专项活动。没有本土化的意识和行动，就不会洞悉发现这些多元需求，更不会满足对接这些特殊受众群体的喜好。此外，还有的"孔院人"根据实际工作提出发展智库型孔子学院的思路。巴塞罗那孔子学院已经做了三期关于塞万提斯学院的研究，为孔子学院发展提供比较借鉴，中方院长常世儒介绍说，"巴塞罗那孔院的三期研究也充分发挥了智库作用，汉办对于研究塞万提斯学院的发展很感兴趣，得到了领导重视。另外，我们也在对孔院自身进行研究，巴塞罗那孔院对当地社会、经济、文化贡献的相关数据以及具体事例，说明三期研究取得很好的成果。""从未来发展来看，我希望在大孔院的基础上，将来再成立专门的研究机构，研究孔院、塞院、国外的语言文化政策，以及一切对汉办、中国政府有用的课题，由我们牵头，组织相关合作的 10 所大学的专家学者及社会资源一起进行研究，让孔院能成

---

① 许琳：《第八届孔子学院大会总结》，《孔子学院》2014 年第 1 期。
② ［白俄罗斯］阿娜托利·托济克：《孔子学院和"一带一路"建设》，《孔子学院》2018 年第 1 期。

为汉办及中国政府的海外智库，这是我个人未来的目标。"① 无论是中医孔子学院、旅游孔子学院，还是商务孔子学院、培训孔子学院，抑或是研究型孔子学院、智库型孔子学院，都体现了孔子学院从传统教学型向"教学＋"功能的拓展。

（三）办学模式实用化："汉语＋"

关于孔子学院的办学模式，教育部早有规划——"概括地讲，未来的孔子学院，应当是一个推广中心，努力挖掘、发现和扩大所在的国家和地区汉语学习的需求；是一个教学中心，积极组织开发和实施各种形式的汉语课程；是一个研究中心，推动从不同国家和地区的实际情况出发研究汉语学习的策略；是一个培训中心，为各类汉语学习机构提供师资和技术的支持；是一个考试中心，担负起推进各类对外汉语考试的职责。"② 应该说，孔子学院发展到今天，已经初步实现了这"五个中心"的设想，或者说已经不只是推广中心、教学中心、研究中心、培训中心、考试中心了，还是咨询中心、资料中心、翻译中心、服务中心，也有人将它类比成"涉华顾问""准大使馆""小驻外办"，或比喻为"中华文化苗圃""中国圆桌"③ "文化名

---

① 荆文娜：《孔子学院："一带一路"上的"亲善大使"》，《中国经济导报》2017 年 5 月 16 日。

② 《周济部长在孔子学院大会上的总结讲话》，《教育部通报》2006 年第 18 期。

③ "中华苗圃说""中国圆桌说"出自 2011 年 8 月底召开的全国政协"深化文化体制改革，繁荣发展文化事业和文化产业"专题协商会上的讨论。全国政协常委赵启正表示，当前中国文化对世界的影响力，与其本身的内涵相差甚远。多数外国人对中国的印象除了长城，就是大熊猫和中国功夫。他认为孔子学院的蓬勃发展在外国建立了中华文化发展的苗圃，是一个成功的案例，它为推动中外教育文化交流，开辟中国公共外交新渠道，提升国家软实力做出了重要贡献。许琳说，孔子学院是一张搬到国外的"中国圆桌"，可让各方发表不同意见。孔子学院让中外文化"对冲""摩擦起电"，让习惯直线思维的外国人对螺旋式思维的中国人多了一份理解，越研究越感觉中国"挺文化、挺哲学。"参见马海燕《文化走出去 孔子学院是搬到国外的"中国圆桌"》，中国文明网2011 - 10 - 14，http://www. wenming. cn/wenshi/c/201110/t20111014_353085. shtml。

片""心灵高铁"①。人们关于孔子学院的多种比方为其营造了多种意象，而桥梁、纽带、窗口、平台、中介、钥匙、种子、灯火，等等，体现了孔子学院角色、功能的多元性，是朝着"汉语+"办学模式转变的多重表现。

办学模式多元化是孔子学院因地制宜顺应国情民意的结果，多元化与本土化是相辅相成的，办学模式基于各国国情和各地特点而不同，自然无法整体划一。教育主管部门也将办学模式的"汉语+"与孔子学院的"推动创新发展，实现转型升级"联系起来。"面对各国民众不断涌现的学习新期待、新需求，孔子学院要在总结成功经验的基础上，保持锐意进取精神，增强改革创新本领，推动自我转型升级，打造'孔子学院2.0版本'，积极探索灵活多样的办学模式。"② 一些孔子学院与所在大学的商学院、医学院、工程学院、新闻学院等学院合作，开展专用汉语、医用汉语、法律汉语、新闻汉语课程，取得了良好的教学效果。对"一带一路"沿线孔子学院来说，办学模式"汉语+"最主要的表现是汉语与实用培训相结合，呈现语言学习实用化趋势，即就业需要、技能需要超过了求学、留学的需要。因为相对于发达国家汉学基础雄厚、学习汉语的渠道较多③，"一带一路"沿线的大多数发展中国家更加倚重

---

① 2014年3月，全国政协委员、孔子学院总部总干事、国家汉办主任许琳在接受新华社记者采访时说，中国扩大对外开放与加强教育国际合作的趋势正在加强，未来10年，孔子学院如同承载着中华优秀传统文化基因的"心灵高铁"，必将延伸到更多国家和民众中，为世界多样文明交流对话和人类和谐共生做出新的贡献。在许琳看来，孔子学院每年派出中方专职老师和志愿者约1万人，这就是1万张"中国文化名片"。李志晖、韩乔：《孔子学院总部总干事许琳：加速修建中外"心灵高铁"》，人民网2014 – 03 – 13，http：//culture. people. com. cn/n/2014/0313/c22219 – 24620996. html。

② 田学军：《在第十二届孔子学院大会闭幕式上的总结讲话》，《孔子学院》2018年第1期。

③ 《全球学中文最狂热的三个国家，都是发达国家》，搜狐网2018 – 05 – 08，https：//www. sohu. com/a/231156090_559529。

孔子学院。而发展中国家的大量年轻人口，他们学习汉语的动机中，就业实用的需求超过求学研究的兴趣，因此提供更加务实有用的课程、培训就成为孔子学院面对的现实，也是孔子学院本土化的基本环境要求。近年来，孔子学院高度重视与当地政府和社会各界合作，一方面，积极融入当地主流社会，面向沿线国家政要和社会精英、智库开展形式多样的高端汉语教学，如菲律宾红溪礼示大学孔子学院为总统府开设汉语课程，柬埔寨王家学院孔子学院在总理办公室、参议院等开设政府官员汉语班；另一方面，一些孔子学院直接面向普通大众提供服务，如缅甸福庆、福星孔子课堂分别开展摩托车维修、中文导游和计算机应用培训等课程，埃塞俄比亚职业教育孔子学院开设的机电一体化、车身材料与技术和重型汽车技术等职业培训，利比里亚大学孔子学院合作开设藤编汉语技能培训职业班，帮助学习竹藤编技术的当地民众学习汉语。

　　泰国海上丝路孔子学院是全球唯一一所以"海上丝路"命名的孔子学院，旨在为更好发展和提升泰国作为海上丝路枢纽国家的汉语教育水平，为促进中泰两国合作交流服务。2017 年，为帮助泰国培养更多的航空服务人才，海上丝路孔子学院与海南省慈航公益基金会、三亚航空旅游职业学院共同签订了《招收泰国学生参加航空服务类培训三方协议》，海南省慈航公益基金会将提供 400 余万元经费支持设立"航空服务培训奖学金"，海上丝路孔子学院负责招生宣传和组织推荐以及基础汉语培训，三亚航空旅游职业学院组织招录具有一定汉语水平的泰国学生并对其进行航空服务培训。泰国学生经培训考核合格后，海航集团旗下航空公司将在同等条件下择优录取。2018 年 1 月，海上丝路孔子学院开始在全泰国高等院校、职业院校以及社会范围内组织该项目报名工作，首次报名人数就达159 人。海上丝路孔子学院还与泰国职教委以及中方承办校一同合作，设计了"泰国职业教育汉语精英学员"培养计划，2018 年从全泰国选拔出了 30 名汉语学员赴天津师范大学学习。该项目是海丝孔院培养"汉语＋专业技能"人才的又一力作。① 据孔子学院理事会主席赵昆通猜大师介绍，该孔子学院从泰国4.0战略对接"一带一路"建设的实际出发，十分重视"专业技能＋汉语"人才的培养，会同中外方院校加入了"一带一路本土汉语师资和汉语＋职业技能复合型人才培养院校联盟"，为当地职业技术学校学生、高新工业园区职工、公检法领域官员等提供"汉语＋技能"的培训服务，助力"一带一路"倡议落地生根。② 据海丝孔院中方代理院长王尚雪介绍，目前该孔院已经培养了一批"汉语＋高铁""汉语＋空乘""汉语＋电商"人才。"海上丝路孔子学院一直以发展职业教育为自身特色，助力泰国4.0发展战略与'一带一路'倡议对接。泰国4.0战略规划中有七大重点专业，其中就有轨道交通、科技和旅游管理。之前海丝孔院建立的鲁班工坊帮助泰国培养了许多高铁人才，为泰国轨道交通发展提供帮助；现在我们利用泰国在旅游方面的优势，帮助泰国培养'汉语＋旅游'专业人才。"③

当然各地孔子学院面临的国情、地情、校情、院情不尽相同，即使在"一带一路"沿线也并非只有培训单一需要。一些沿线孔子学院根据当地需求，开设了高端翻译、商务汉语、旅游汉语等汉语＋的课程。德国纽伦堡—埃尔兰根孔子学院另辟蹊径提供高端文化产品，如举办禅画展览系列活动，开发艺术空间项目。孔子学院发展至今，单一发展模式已无法支撑当地的多样化需求和可持续发展。各地孔子学院在因地制宜满足当地政府、机构、企业和民众的

---

① 《中泰联合培养航空服务人才》，人民网 2018 - 03 - 22，http://world. people. com. cn/n1/2018/0322/c1002 - 29883663. html；《海上丝绸之路孔子学院泰国"职业教育汉语精英学员"计划取得阶段性成果》，中国日报网 2018 - 04 - 02，http：//tj. chinadaily. com. cn/a/201804/02/WS5beb6b44a3101a87ca92f476. html。

② 《适应需求的孔子学院特色发展战略》，《孔子学院》2018 年第 1 期。

③ 《海上丝路孔子学院为泰国职业教育培养"汉语＋技能"人才》，东方资讯 2019 - 07 - 03，http：//mini. eastday. com/a/190703135418895 - 2. html。

多元需求中，与时俱进探索了不少新鲜的做法，"多元驱动时代"孔子学院发展的新模式已经成为国家汉办和全球各孔子学院的共识。"积极探索灵活多样的办学模式。推动各国孔子学院因地制宜，朝着语言教学、文化交流、职业培训等方向特色发展；鼓励各国地方政府、企业、社会团体参与或与中外高校合作举办孔子学院；支持中外双方高校合作设立汉语教学中心、中国研究中心、人文交流中心。……积极探索设立二级学院。遴选一批中外高校，依托孔子学院设立师资培训学院，加大对全球汉语教师的岗前、岗中及专题培训；支持中外高校在自愿和条件具备的基础上，将孔子学院合作打造成外方大学的中国学院、中方高校的海外学院，推动双方学科建设和学术交流深度融合，实现孔子学院办学的新突破。"① 未来孔子学院在办学模式上还有很大的突破空间。

（四）教学模式灵活化："课堂＋"

有不少学员尤其是"一带一路"沿线国家的学员来到孔子学院不一定单纯地求学或留学，除了为学习而学汉语，不少人是为就业、为谋生而学汉语。本土化在对接满足这部分需求时，必然要突破课堂、教室、书本的传统模式，运用最新技术为学员提供更方便、更灵活的教学模式。"传统教学模式以教师为中心，以有限的书面文字为主要教学内容，以单一课堂为学习场所"。而"移动互联网时代下的教学模式逐渐转变为以学生为中心，以多样化的多媒体和网络资源为学习材料，线上、线下等各种学习媒介相结合。比如近年来流行的'翻转课堂'、多种多样的网络课堂、各类学习软件等等，不仅能让教师更合理、高效地组织课堂，充分利用教学资源，发挥教师的指导作用，更主要的是给学生提供了丰富的学习资

---

① 田学军：《在第十二届孔子学院大会闭幕式上的总结讲话》，《孔子学院》2018 年第 1 期。

源，能更有效地培养学生自主学习的能力，激发学习动机。"① 现代网络技术突破了教师、教材、教室的局限，使得传统的教学环境、学习方式、教学模式等都发生了重大的变化。总部和汉办早就倡导"要充分利用现代信息技术，创新教学手段，丰富教学资源，运用网络、广播、电视等现代传媒手段，为孔子学院和其他开设汉语课程的学校和机构提供多媒体教学资源和教学服务"。② 在这一大背景下，网络孔子学院于 2009 年成立，在线课堂于 2014 年正式上线，为世界各地的汉语学习者和爱好者提供汉语学习课程、为对外汉语教学教师和志愿者提供汉语教学和经验交流的平台。网络孔子学院目前共设有 58 个频道，拥有汉语、英语、法语、德语、阿拉伯语、西班牙语、俄语、韩语、日语、泰语等语言版本，内容涵盖四大版块：汉语教学资源、全球孔子学院慕课平台、全球孔子学院原创微课、教学资源案例库。如中国文化集锦资料库里就有中医、艺术、文学、功夫、美食、茶酒、民俗、文化遗产等丰富多彩的各类选项。作为实时互动类在线授课系统，网站提供可以互动的在线课堂、点播课程、可回访的课堂和直播课堂预告四类学习模式，按授课内容可分为综合文化、商务汉语、旅游、交际汉语、基础汉语、认证培训、人物、教学资源、中医、艺术、文学、功夫、美食、茶酒、民俗、文化遗产、电影、娱乐、新闻 19 类。③ 学习者可以通过对课堂、系列课或教师的搜索找到自己想学习的课程。作为中国语言文化国际传播数字平台，网络孔子学院发挥了一个空中教室、虚拟教室的作用，学生足不出户，坐在电脑前就可以找到"教师"，

---

① 《移动互联网时代的对外汉语教学》，《孔子学院》（中阿对照版）2018 年第 1 期。

② 刘延东：《共同参与 平等合作 把孔子学院越办越好——在第三届孔子学院大会上的主旨演讲》，《中国教育报》2008 年 12 月 11 日。

③ 《网络孔子学院发展面临的挑战及建议》，《世界教育信息》2016 年第 23 期；网络孔子学院网站，http://www.chinesecio.com。

自行选课听课，跟着老师听说读写，也可以做配套练习，进行模拟考试，还可以通过留言的方式与教师进行交流。总之，学生可以随心所欲选择自己方便的时间、按照自己的节奏、方式、喜好"上课"，可以"切换教师"上，实现随时进"课堂"、随时有课上，课程内容广而全，包含了中国文化和生活的方方面面。这些都完全刷新了传统教学模式，教师、教材、教法都发生了全新改变。孔子学院在教学模式创新改革中走在了前沿，这将给孔子学院带来革命性的新变化：一方面，成千上万种课件、海量信息资源、即时高效互动，使教师、教材匮乏问题都得到了很大程度上的缓解；另一方面，孔子学院利用大数据分析等手段，精准把握受众需求，提供个性化教学，可以更好地因需施教、因材施教，做到教法本土化无缝对接。网络孔子学院与现实孔子学院双管齐下，相互配合，相得益彰，赋予汉语教学以全新的面貌，这种课堂＋的方式，大大提高了学生的学习效率，提升了孔子学院的教学效果。

第二节　孔子学院本土化发展的外部效益与影响

孔子学院的合作办学机制体现了顺应教育全球化、推进教育现代化进程中的中国作为与中国方案。汉办原主任许琳认为孔子学院是中国文化"走出去"的成功范例和有效模式①，江苏省把其承办的遍布五大洲的海外孔子学院与走出国门举办老挝苏州大学等一起

---

① 刘汉俊、翁淮南：《孔子学院：中国文化"走出去"的成功范例——访国务院参事、国家汉办主任、孔子学院总部总干事许琳》，《党建》2011 年第 11 期。

视为该省"教育国际品牌逐步形成"的标志与体现。① 2019 年 2 月 23 日国务院印发《中国教育现代化 2035》，在中国面向教育现代化的十大战略任务的第九条"开创教育对外开放新格局"中，将"促进孔子学院和孔子课堂特色发展"视为"全面提升国际交流合作水平"的一个方面。②

一 推进中国教育"走出去"

中国"大把花钱"兴建孔子学院有没有意义？一直是国人热衷讨论并相持不下的一个问题，实则是说孔子学院的价值问题，有没有用？有什么用？推进中外教育国际合作尤其是中国教育国际化应该是孔子学院最重要的溢出效应。作为教育"走出去"的先行者，孔子学院造福了国际教育合作，更切实推动了中国教育国际化进程。这是讲到孔子学院办学效益时不应忽略的。一些学者称孔子学院为"人类历史上最大规模的国际教育合作以及中国大学历史上最大规模的国际化项目"③，很多学者认为这是大学国际化、高等教育国际化的重要表现④，有的地方明确将推进文化"走出去"和吸引

---

① 《以更大力度集成推进教育国际合作与交流 提升江苏教育国际影响力和竞争力》，江苏省教育厅网站，http://202.119.175.195/art/2015/4/30/art_4607_178041.html。

② 《中共中央国务院印发〈中国教育现代化 2035〉》，《人民日报》2019 年 2 月 24 日。

③ 李军、田小红：《中国大学国际化的一个全球试验——孔子学院十年之路的模式、经验与政策前瞻》，《中国高教研究》2015 年第 4 期。

④ 在中国期刊网上以主题查询"孔子学院"并含"大学国际化"有 25 个成果，以"孔子学院"并含"高等教育国际化"有 48 个结果，而"孔子学院"并含"教育国际化"有 49 个结果（2019 年 7 月 30 日检索）。可见，绝大多数学者将孔子学院与高等教育国际化联系在一起，这是由于孔子学院绝大多数由中国的高校承办，派出的中方教师也主要是大学教师，只有少数孔子学院的共建者是省教育厅等单位，派出去的是中小学教师。

留学生当作提高孔子学院的办学实效的表现，以山东省教育厅国际交流与合作处署名的文章提出，"充分发挥孔子学院综合文化交流平台作用，推动齐鲁文化'走出去'。增强我省学校对各国留学生的吸引力，将孔子学院建设与来鲁留学相结合，'走出去'与'引进来'并举，切实提高孔子学院的办学实效。"① 2019 年 2 月颁发的《加快推进教育现代化实施方案（2018—2022 年）》中，在推进教育现代化的十项重点任务之九"推进共建'一带一路'教育行动"中，将"优化孔子学院区域布局，加强孔子学院能力建设，全面提高办学水平。加大汉语国际教育工作力度"作为教育行动的重要内容。② 孔子学院从机构"走出去"、人才"走出去"、教学资源"走出去"和教育理念"走出去"四个方面见证了、践行了中国教育国际化的进程。③

（一）教育机构"走出去"

孔子学院本土化强化了孔子学院独树一帜办学体制的优势，检验了孔子学院的"三教"成果，探索出了一套海外办学的有益经验，成为全球化时代教育国际合作的"中国案例""中国模式"。孔子学院的中外合作办学模式，一方面，以机构内置方式在国外办

---

① 《与时俱进 锐意创新 推动我省教育国际交流与合作向深度广度发展》，《山东教育报》2016 年 2 月 9 日。本篇文章还谈到"整合高校中国传统文化教学和科研资源，利用友好省州、友好城市、友好学校等资源，积极参与孔子学院建设。借助孔子学院总部体验基地丰富的儒家文化资源和独特的儒学研究优势，吸引海内外儒学爱好者来鲁访学，不断扩大齐鲁文化的国际影响力。高等教育国际化发展是时代的要求，是高等学校应对全球教育市场竞争的生存之道，是大势所趋。"

② 《中办国办印发〈加快推进教育现代化实施方案（2018—2022 年）〉》，《人民日报》2019 年 2 月 24 日。

③ "走出去"是国际化的第一步，国际化是系统地、成规模、有体系地"走出去"，并具有持续影响力、较强吸引力、良好竞争力。"走出去"和"国际化"都是站在中国角度上来说的，如果跳脱中国立场则是中外教育合作或国际教育合作，乃至教育全球化。

学，可以借助国外先进成熟的办学理念和方式，有助于使我方投入最大化、最优化，并从切实合作中学习借鉴国外办学机构的管理经验；另一方面，将外方机构、资源为我所用，机构设置在国外大学或相应机构，可以调动其相应的资源投入，从而激活融合国外资源（机构的物质条件与声望、人脉等资源），激励外方管理人员承担起对孔院的责任，中方借助这些有利条件可以顺利开展教学活动。实践证明，这一模式有利于充分发挥中外双方的长处，正是孔子学院的优势和快速发展的原因所在。英国文化委员会首席执行官马丁、歌德学院主席雷曼等外国政要评价："孔子学院模式"仅用短短几年，走完了英法德西等国语言推广机构几十年的路，和中国经济发展一样，堪称世界奇迹。经过十几年的"苦"与"歌"，孔子学院树立了和而不同、平等合作、互惠双赢的体系模式，成就了一个在文化传播上可以与英法德西美日等发达国家并肩而立的国际品牌机构，这就是孔子学院最了不起的办学效益。

（二）教育人才"走出去"

高水平的教师队伍是优质教育资源的核心要素，孔子学院的教师都是百里挑一、融通中外的人才，既要会讲好汉语课，又要有良好的外语作交流中介；既要会教书，又要会搞文化活动；既要有专业知识，又要成为兴趣爱好的多面手。通过教师"走出去"，中国的教育理念、教学方法、思维方式得以直观呈现，这是中国软实力、影响力的重要体现，也是中外教育交流、人文交流的具体和深化。同时，这些"走出去"的人才完成任期后的回归也可以成为我国国际人才的重要储备。外派教师通晓外语、了解国际惯例、具有国际视野，兼具高素质、高学历（专职教师均有硕士以上学位，中方院长为副教授以上职称的专业人才），经过历练大多可以成为"具有国际视野的学术型教育人才""具有跨文化交际能力的实践型教育人才""具有专业情意的反思型国际教育人才""具有自主发展意识的创新型国际教育人才"。① 孔子学院是一个巨大的人才宝库，据孔子学院 2018 年度报告，截至 2018 年年底，我国共派出 10.5 万名院长、教师、志愿者到孔子学院任职。② 孔子学院教师尤其是年轻的志愿者（绝大多数是实习期间或刚毕业的研究生）通过在孔子学院的历练，可以成为中外教育合作、人文交流的高层次人才储备，助力国家"一带一路"建设和全方位对外合作。

（三）教学资源"走出去"

首先是中国教材"走出去"。孔子学院教学所需的各级各类教材、教学辅助材料、音像资料和汉语考试的相关材料、试卷，绝大多数都由国内提供。为支持孔子学院（课堂）开展汉语教学，孔子学院总部根据每年核定的经费预算，赠送给孔子学院（课堂）一定额度的教材用书。③

表 5—1　　　　　　　　　　　汉办赠书配额规定

项目	赠书配额（人民币）		要求
	新建	已运行	（1）根据年度教学计划，提前 2
孔子学院	15 万元以内/年	5 万元以内/年	-3 个月提交订单。（2）运行期间的孔院每年赠书额度根据注册
孔子课堂	5 万元以内/年	2.5 万元以内/年	学生数做适当浮动。

资料来源：《孔子学院总部资金管理办法》，孔子学院总部/国家汉办官网，http://www.hanban.org/confuciousinstitutes/node_7535.htm。

---

① 刘玉凤、王洪波：《俄罗斯孔子学院国际性教育人才教师专业发展情况调查与反思》，《吉林省教育学院学报》2016 年第 12 期。

② 《孔子学院 2018 年度发展报告》，孔子学院总部/国家汉办网站，2019 – 05 – 12 上网，http://www.hanban.org/report/2018.pdf。

③ "孔子学院最重要的一项工作就是给世界各地的汉语学习者提供规范、权威的现代汉语教材；提供最正规、最主要的汉语教学渠道。"《孔子学院遍全球》，《人民日报》（海外版）2013 年 12 月 9 日第 4 版。

其次是文化资源"走出去"。除了教学资源外，孔子学院还带动了大量文化资源"走出去"。孔子学院在组织春节、端午、中秋、孔子学院日、开放日、周年庆典等重大活动时，在推广包括京剧、武术、茶艺、中医、太极等各种形式的文化活动中，需要大量的文化资源做支撑。例如，孔子学院在举办中国茶文化展示会、书法艺术展示活动、中国古典音乐会等活动中，中国的茶具茶艺、文房四宝、古典乐器也走出了国门，与异国的观众听众直接面对面。这种形式的"走出去"以柔见长，以情动人，重在交流，贵在沟通，能够有效回应提升中国文化软实力、提升中文国际影响力的国家需求，又不至于引起反感和防范。

（四）教育理念"走出去"

中国的语言文化和教育理念与模式正在"走出去"影响世界，受到各国的重视。如很多政商学界人士都在学汉语，越来越多的年青一代有条件在学校系统学习汉语；现在国际一流大学都到中国来争取生源，上海学生在"PISA"测试（"国际学生评估项目"）中夺冠，英国到上海请 50 名教师到英国教课，把上海的数学课本引到英国去。[①] 孔子学院在传播中国教育理念方面功不可没。一位由意大利罗马孔子学院选送到北京外国语大学参加双学位项目的学员在撰文中仔细描述过中国大学体系、教学方式、教育理念对她的震撼和影响，这位来自罗马智慧大学东方学系的学生说："中国的大学体系与意大利很不一样。我们的班上最多只有 10 位同学，修课必须出勤并不允许迟到，哪怕就几分钟也不可以。这让我们有了很快的进步，这与老师们的积极鼓励也是分不开的。想想吧，我们每个人都和老师交换了微信号，有任何的小问题都可以发信息询问，轻松获得解答。这对我们有很大帮助，不仅是在学业上，还包括在

---

① 《纵论教育改革开放 40 年，顾明远先生对话许美德教授——中国教育发展的全球意义在哪里》，《中国教育报》2018 年 9 月 27 日第 6 版。

生活方面，我们的老师一直觉得对我们负有'责任'。"中国的校园生活是非常规律的，有着它自己的节奏，在每天的日程表上总会有些事情。从周一到周四，我们全天上课，有必修课也有选修课。除此之外，每个周五都安排有多种多样的活动：书法课、参观天安门和故宫博物院、中国国际广播电台一游，甚至参加颐和园马拉松长跑，所有这些极具吸引力的活动对于我们认识这个美丽国度的文化都有着极大的益处。""我觉得形成一套日常习惯对于适应中国充满工作狂热的节奏来说非常重要。从这点上来说，像是回到了高中：课程必修，上课需积极参与（对此要求很高），布置家庭作业，还有大家都喜欢的用 PPT 做课堂演讲，锻炼我们的表达能力。事实上我们只需要去适应这套体系，而且从最终结果上来看，这样做益处颇多。""我很确信自己的视野得到了开拓，在对待与我们'相异'的事物时自己的思想更为开放。我们还有很多东西要学，我迫不及待地去发掘这个神奇的国度蕴藏的宝藏！"①

　　教育具有基础性和先导性作用，孔子学院海外办学、"送教上门"，大大拉近了中国教育、中华文化与世界的距离。在中国教育国际化的进程中，孔子学院提供了让中国的教师、教材、教育资源和教学理念在国际上被了解、认可和分享的机会，可以说它既是中国教育"走出去"的体验者、受益者，也是推动教育国际合作、教育国际化的先行者和排头兵。教育部对此充分肯定，"孔子学院是中国教育走向世界的重要体现，中外教育交流合作的成功典范"。②

---

① 费瑞雪：《在中国参加一个意大利双学位项目》，《孔子学院》（中意对照版）2018 年第 1 期。

② 田学军：《在第十二届孔子学院大会闭幕式上的总结讲话》，《孔子学院》2018 年第 1 期。

二　塑造人文交流响亮品牌

　　孔子学院本土化不仅增进了孔子学院的办学产出，带动引领中国教育"走出去"，而且本土化的深度融入还为"一带一路"建设增添了一股人文清流，孔子学院以"语"感人、以"文"化人，宛如一脉清香沁人心脾，润泽着丝路沿线中外人文交流，起到了春风化雨大道无形的作用。中外人文交流是对外工作的重要组成部分，是夯实中外关系社会民意基础的重要途径。2009 年在第四届孔子学院大会开幕式上，国务院副总理、孔子学院总部理事会主席刘延东在主旨演讲中指出，"孔子学院已经发展成为国际汉语教育与推广的重要品牌、中外教育文化友好交往的合作平台。"① 2013 年刘延东在第八届全球孔子学院大会开幕式上发表主旨演讲，题目就是《携手促进孔子学院事业发展 共同谱写中外人文交流的新篇章》，她集中论述了孔子学院在中外人文交流中的作用，"孔子学院开办到哪里，就把沟通、了解、和谐、友爱的种子播撒到哪里，落地生根、开花结果；把汉语和中华文化带到世界各国，又把不同国家的语言文化引入中华大地，书写着中外人文交流的绚丽篇章"。孔子学院是人文交流的"有效载体"和增进中外人民友谊的"重要平台"，中外文化交流的"亮丽名片"，"孔子学院是中外双方真诚合作的结晶，是中外人文交流史上的一大创举"。② 孔子学院成立 10 周年之际，她再次肯定，"10 年来，孔子学院以语言为媒、以文

---

① 刘延东：《平等合作 创新发展 推进中外人文交流与合作——在第四届孔子学院大会开幕式上的主旨演讲》，《孔子学院》2010 年第 1 期。

② 刘延东：《携手促进孔子学院事业发展 共同谱写中外人文交流的新篇章——在第八届孔子学院大会开幕式上的主旨演讲》，《孔子学院》2014 年第 1 期。

化为桥，成为深化人文交流的响亮品牌"。①

（一）孔子学院使人文交流内容更加丰富

孔子学院是语言文化推广传播机构，开展汉语课堂教学无疑是其本质任务。但"一带一路"沿线国家绝大多数是发展中国家，人口众多，结构年轻，受教育程度不高，就业糊口压力较大，这决定了其学习汉语的动机与发达国家和地区学员有所不同。发达国家、学习型社会大多将学习汉语和中国文化视为兴趣、爱好、心愿，部分将其与专业研究、业务拓展、职业晋升联系起来。而"一带一路"沿线国家和地区的需求显然是短线需求，是要解决他们实际生存和生活问题的需求，要给予雪中送炭式的满足，短期就能见效。孔子学院要积极调整战略、主动应对服务，在应对新情况中实现新作为。为此，一些孔子学院主动在课程设置上进行开拓创新，开设了汉语短训类课程，为一些跨国企业招工量身定做课程，甚至新增教学点提供上门服务的培训。另外，除了课堂教学，孔子学院还利用自身的语言特长、知识信息优势及海外办学的运作特点搭建中外合作的信息平台，提供咨询服务。刘延东副总理在第十一届全球孔子学院大会开幕式上指出，孔子学院"要主动参与'一带一路'建设，充分发挥培养语言人才和熟悉当地政策信息等优势，为中外企业合作搭建平台，提供信息咨询服务，加强职业技能培训，服务好各领域务实合作，以语言互通促进政策沟通、贸易畅通、民心相通。"② 孔子学院为"一带一路"沿线国家民众提供有关中国教育、留学、旅游、中医、文化等信息咨询服务，切实满足了这些国家民众的现实所需，这不仅拓展了孔子学院的原有功能，而且丰富了人

---

① 刘延东：《迈向孔子学院的新10年——在第九届孔子学院大会开幕式上的主旨演讲》，《孔子学院》2015年第1期。

② 刘延东：《创新 合作 包容 共享 携手并肩开创孔子学院发展新局面——在第十一届孔子学院大会开幕式上的主旨演讲》，《孔子学院》2017年第1期。

文交流的内容。

（二）孔子学院使人文交流层次水平提升

一方面，从交流影响的人数多寡、效应大小看，孔子学院的文化交流越来越上规模、上档次。不少孔子学院结合国家层面上的大型活动开展了一系列语言文化交流活动，影响很大。如俄罗斯国立人文大学孔子学院举办"中国文化周"活动、中俄媒体见面会以及中俄文学论坛等，拓宽中俄两国青年交往的同时巩固了两国人民友谊。孔子学院已经逐渐突破了原来面对一个班、一个课堂、一个校园开展活动的局限，越来越走向社区、地区和国家层次，举行大型活动的次数增多，影响相应增大。另一方面，从交流活动的质量水平、深入程度看，孔子学院文化交流越来越深入。一般的海外人文交流活动，如文艺演出、文化展演、文化节等活动受到时间、场地的限制，孔子学院置身海外，有固定交流平台，文化活动和语言教学是其两大基本活动，自主、常态化地开展文化交流是其基本职能，因此更有条件将人文交流活动做深做细做持久。文化活动丰富多彩，国外公众喜闻乐见，相对于走进课堂、拿起课本学习汉语的人数比，观摩文化活动、参与人文交流的人数更多。这些年来，孔子学院举办了各种类型的文化活动，如中国传统节日庆祝活动、中国当代电影展映、中华传统艺术鉴赏、中国文化俱乐部、"体验中国"夏令营、中华烹饪、中国书法、中医养生与保健、中文演讲比赛、儒家文化系列讲座等，大大提升了中国文化的知名度和影响力。据《2018年孔子学院年度报告》，孔子学院累计举办文化活动22万场，受众达1亿人次，积极服务中外姊妹学校、友好省州、经贸往来、人文交流等各领域合作，成为"一带一路"国际合作的有生力量。近年来，孔子学院逐渐超越原来剪纸、包饺子、打太极的简单形式，迈向职业化、专业化、内涵性的文化深度交流。如英国伦敦中医孔子学院（南岸大学）举办"在华经商的法律事项"系列讲座，来自中英商业委员会、桑坦德银行（Santander）、金杜律师事务所（King and Wood Mallesons）专家介绍他们在华经商、与中国合作的法律事项；新加坡南洋理工大学孔子学院举办"李白《将进酒》赏析"讲座、"轻扣京剧大门"展演活动；印度威斯福中学孔子课堂举办中国历史讲座等，填补中印文化交流的缺口；南非斯坦陵布什大学孔子学院举办汉语教学研讨会、本土中医师培训项目等。孔子学院的文化活动正在走向精品化、系列化、专门化、学术化，大大提升了中外人文交流的档次水平。

（三）孔子学院使人文交流双向互动性彰显

2014 年，刘延东副总理在第九届孔子学院大会上全面部署了孔子学院在"一带一路"中要发挥的功能和相应的规划安排，"我们要更好发挥孔子学院综合文化交流平台的独特优势，进一步拓展功能，从单一的语言教学向文化交流、科技合作、信息咨询等多元服务功能发展，从简单的你来我往向深层次的汉学研究、国别研究和经典互译发展"。"不仅让各国民众更好了解中国和中华文化，也要把各国文化介绍给中国人民，畅通中华文化与世界优秀文化互学互鉴的双向通道。"① 注重双向沟通、拓展单向功能，这是孔子学院升级转型的重要标志。前十年初创时期，孔子学院从无到有，面临的首要问题是让人们接纳、认可和了解。2004 年 11 月 21 日首家孔子学院在韩国首尔创立之时，正是"中国威胁论"甚嚣尘上之际，中国选择了孔子作为连接世界的"大使"，向世界发一声问候，"这是一种沟通的开始，尘封在西方记忆中的东方文化日渐清晰，对中国的印象从猜想变为现实感触"。② 孔子学院一出场姿态都很低，采

---

① 刘延东：《迈向孔子学院的新 10 年——在第九届孔子学院大会开幕式上的主旨演讲》，《孔子学院》2015 年第 1 期。

② 沈卫星、靳晓燕、沈耀峰：《孔子学院：向世界的一声问候》，《光明日报》2012 年 1 月 5 日。

用和当地机构合作的形式，入乡随俗，客随主便，努力适应融入当地环境，其定位是满足国外学习汉语、了解中国文化的需要。这种姿态和定位的优点是不易引起防范、抵触和反感，容易生存，像水一样灵动易变，根据外在环境改变自身形状。但是，10 年后孔子学院开始长大，"一带一路"建设启动后，更是成为"沟通、了解的宣言书，是文明、文化的宣传队，是和谐、友爱的播种机"。① 此时如果依然只是教授中国汉语、传播中国文化的定位，可能在这些"好邻居、好朋友、好伙伴、好兄弟"眼里就有孤芳自赏、单向推销之嫌。因此，2015 年 12 月孔子学院大会提出了"适应需求、融合发展"的主题，这是孔子学院对"一带一路"倡议的热切回应和对自身定位的重新思考，预示着未来孔子学院的发展路径和价值目标。巩固和夯实与"一带一路"沿线国家的民意基础是双向互动过程，不宜只强调中国语言文化的对外传播，还要学习借鉴他国语言文化。"一带一路"实施催生了我国了解沿线国家语言文化的现实需要，孔子学院发挥自身优势为中外人文交流做些铺路搭桥、穿针引线的工作，既恰逢其时，也恰如其分。如今沿线国别研究、经典互译工程已经启动，沿线国家语言字典被开发出来，沿线国家电影展、沿线歌手歌曲也传入中国……从对外传播，到双向互动，再到深度融入，"一带一路"沿线孔子学院既要成为他国学习汉语的窗口园地、体验中华文化的中国之家，也要成为中外知识资源的共享枢纽、互通情感的心灵之桥。

三 促进人类命运共同体建设

孔子学院以教育为本、语言为媒、文化为桥、经贸为缘，在构

---

① 《驻加纳大使孙保红在孔子学院日活动上的讲话》，外交部网站 2014 - 09 - 30，https：//www. mfa. gov. cn/mfa_chn//dszlsjt_602260/ds_602262/t1197000. shtml。

建你中有我、我中有你的利益共同体、责任共同体、命运共同体过程中发挥着非常独到的作用。孔子学院的办学宗旨与中国构建人类命运共同体的倡导主张不谋而合，二者之间存在着天然内在联系，在实践中二者相辅相成、相互促进。孔子学院是中外共商共建共享的教育人文共同体，充分体现了构建人类命运共同体的人文维度，是致力于中外教育合作、跨文化对话交流的中国案例。

（一）孔子学院为建设人类命运共同体奠定基础平台

构建人类命运共同体理念，根植于源远流长的中华文化，借鉴了人类文明的优秀成果，契合了世界人民求和平、谋发展、促合作、要进步的共同诉求。中国既是这一理念的提出者，更是坚定不移的践行者、推动者。文明对话、人文交流、民心相通是构建人类命运共同体的黏合剂和连心桥。孔子学院以语言交流为纽带，以文化互鉴为平台，在人类命运共同体建设中发挥着桥梁中介作用，是树立人类命运共同体意识、构建交流互鉴、开放包容文明共同体的重要途径和依托平台。十几年来，孔子学院搭台，中外合作伙伴唱戏，平台越来越大，戏也越唱越火。"孔子学院走过了一段不寻常的历程，得到了世界各国和人民的共同呵护，呈现出日新月异、蓬勃发展的良好势头，成为人类命运共同体理念的积极践行者和促进者。"① 第十二届孔子学院大会首次推出了"孔子学院发展与构建人类命运共同体"大会论坛，来自亚、非、拉、欧洲的 5 名大学校长畅所欲言，嘉宾们一致认为，孔子学院既能够助力构建人类命运共同体，又能在人类命运共同体的构建过程中实现自身的更大发展。山东大学党委书记郭新立表示，孔子学院以中外院校合作办学为基础，适应当地实际需求，因地制宜地开展汉语教学和中华文化推广活动，本身就是中华民族文化观念的集中体现，契合了人类命

① 刘延东：《深化合作 创新发展 为构建人类命运共同体贡献力量——在第十二届孔子学院大会开幕式上的主旨演讲》，《孔子学院》2018 年第 1 期。

运共同体"四海一家""和而不同"的基本构建思想。哥伦比亚波哥大塔德奥大学校长塞西莉亚·怀特表示，包容与仁义是中华文化的精髓，也是构建人类命运共同体的基本思想之一。孔子学院在当地分享的不只是语言，更是中华民族常年积淀的哲学思维，这种价值理念的交流至关重要。阿联酋迪拜大学校长伊萨·巴斯塔基表示，在第四次工业革命的背景下，世界各国加强联系和合作是大势所趋，孔子学院有能力、有责任助推中国与世界各国间的技术合作、经贸往来和教育交流，实现成果共享、互惠互利。[①] 2018 年 12月第十三届孔子学院大会上，孙春兰副总理指出，构建人类命运共同体，推动各国共同繁荣发展，需要更好地发挥语言在增进理解、凝聚共识、促进合作、深化友谊中的独特作用。她还指明孔子学院做贡献的具体方式是发挥"四个平台"的作用——"孔子学院要创新教学方法，加强师资队伍建设，健全质量评价体系，打造汉语教学权威平台。要开展丰富多彩文化活动，发挥汉学家的文化使者作用，培育人文交流综合平台。要实施'汉语＋'项目，因地制宜开设技能、商务、中医等特色课程，建立务实合作支撑平台。要坚持开门办学，发挥双方办学优长，培养更多熟悉对方国家的优秀人才，构建国家友好交往平台，为深化中外友好、构建人类命运共同体作出贡献。"[②] 汉语教学权威平台、人文交流综合平台、务实合作支撑平台、国家友好交往平台，这"四个平台"从微观到宏观高度概括了孔子学院在构建人类命运共同体中的贡献。孔子学院是传播人类命运共同体理念的平台，中国的和平、和睦、和谐、和合、和为贵、协和万邦的"和"文化基因浸透在它的语言文化教学、人文交流项目之中，无不体现人类命运

---

① 《孔子学院发展与构建人类命运共同体》，《孔子学院》2018 年第 1 期。

② 《第十三届孔子学院大会在成都召开 孙春兰副总理出席开幕式并讲话》，《孔子学院》2019 年第 1 期。

共同体思想的精髓；同时孔子学院也是推进人类命运共同体建设的路径，在经贸合作和人文交流方面，孔子学院可以利用语言的先导作用、文化的浸润作用，担当翻译官、先遣队、连心锁的角色。从实践中看，语言文化畅通有助于潜移默化、润物无声地化解冲突问题和水土不服的问题。

　　孔子学院不仅为构建人类命运共同体奠定了人文基础，而且也在一定程度上带来了经济效益。根据有的学者统计，孔子学院显著地推动了中国对外直接投资的发展，中国向建立孔子学院比较多的国家资本输出额也较大。① 虽然中国已在 2008 年成为世界第二大经济体，但中国的资本输出仍处于发展阶段，投资增长效应仍低于美日欧等一些发达国家，并且存在明显的洲际差异，例如，在巴基斯坦、津巴布韦等诸多亚非和孔子学院集中的地区，中国的投资效益明显更高。有的学者通过定量研究已经证实：通过建立和运行孔子学院，中国对发展中国家的出口和对外直接投资都显著增加，而且对外直接投资的积极影响大于贸易。这是因为"有几个因素决定了非汉语学习者学习汉语的成本和效益，包括中国人口众多、中国财富和收入的巨大增长以及中国与其潜在合作伙伴之间的工资差异。孔子学院的建立为外国留学生学习汉语提供了重要的教育支持和制度框架。孔院还向中国和东道国的商界人士提供重要的市场准入信息。从而降低了交易成本，促进了贸易和对外直接投资。"②

　　在个人层面上，孔子学院的影响更是不可估量。英国兰卡斯特

---

　　① 谢孟军：《文化"走出去"的投资效应研究：全球 1326 所孔子学院的数据》，《国际贸易问题》2017 年第 1 期。

　　② Donald Lien, Chang Hoon Oh and W. Travis Selmier, Confucius institute effects on China's trade and FDI: Isn't it delightful when folks afar study Hanyu? International Review of Economics and Finance, Vol. 21, 2012, pp. 147 – 155.

大学孔子学院的学生康可、肯尼亚内罗毕大学孔子学院本土汉语教师茹丝、匈牙利匈中双语学校本土教师如意、苏丹喀土穆大学孔子学院的学生李灿、美国圣地亚哥州立大学孔子学院的学生康可米都曾深情讲述过孔子学院成就他们学业、点亮他们未来的故事，他们精彩的学业、事业乃至人生都是在孔子学院这个平台上得以展开和绽放的。孔子学院通过满足汉语学习者的共同需求，使五洲四海的人们因为共同兴趣、爱好、理想而走到一起，成为孔子学院大家庭的一员。"在孔子学院，大家互相帮助，一起努力。孔院是一个大家庭，我们每一个人都在这个家庭里不断成长，能认识新朋友，学到新知识。我爱我的孔院，我爱我的老师和朋友们。"① 构建人类命运共同体是一个远大理想、一项长期目标，需要从人与人交往、文化与文化交融、国家与国家交流的点点滴滴做起，不可能一蹴而就，中国领导人说"构建人类命运共同体是一个美好的目标，也是一个需要一代又一代人接力跑才能实现的目标"。② 在这一时代大合唱中，孔子学院像一股清流，滋润心田，穿越时空，连绵逶迤，它正在通过一节一节上课、一项一项活动、一个一个学员、一声一声问候，像涓涓细水、潺潺缓流汇成江河。遍及全球的一所所孔子学院正在通过一步一个脚印的行动，编织着人类命运共同体的人文路径，搭建着通向"天下一家"的平台阶梯。

（二）孔子学院本身就是语言文化共同体、教育人文共同体

孔子学院本身就是人类命运共同体的一部分，是语言文化共同体、教育人文共同体的一个方面、一个环节。十几年的披荆斩棘，孔子学院不断克服种种困境与不适，逐渐与国外民众学习汉语的意

---

① 康可米：《"孔子学院是一个大家庭"》，《人民日报》（海外版）2018 年 12 月 7 日。

② 习近平：《共同构建人类命运共同体——在联合国日内瓦总部的演讲》，《人民日报》2017 年 1 月 20 日。

愿、学习中国文化的热情、了解中国现实的需求、搭乘中国发展快车的热望结合起来，从一个外来的陌生者变成了近在眼前的邻家人和求学就业的好帮手。这样一个过程体现了共商、共建、共享、共赢的共同体精神。2016 年第十届孔子学院大会上就提出了"要以语言为媒、文化为桥，既'走出去'又'请进来'，广泛开展艺术团组互访互演等文化交流活动，增进各国人民，特别是青少年之间的了解和友谊。还要努力推动全球孔子学院和课堂及其所在学校之间的互联互通，将孔子学院建设成为更富魅力的国际教育文化共同体"。① 第十一届孔子学院大会又提出孔子学院已成为"覆盖面最广、包容性最强、影响力最大的全球语言文化共同体之一"②，第十二届孔子学院大会主旨演讲中，刘延东副总理在回望 13 年发展历程时，说孔子学院"奉行质量第一、内涵发展，打造具有权威性和影响力的全球教育共同体"。③ 在闭幕式上，教育部部长展望未来时指出，"希望各国孔子学院和全球广大教职员工坚持不忘初心、牢记使命、精诚合作、砥砺奋进，努力将孔子学院打造成为全球著名的教育文化共同体，为构建人类命运共同体发挥独特作用，作出重要贡献。"④ 在第十三届孔子学院大会上，肯尼亚内罗毕大学副校长、内罗毕大学孔子学院院长艾萨克·姆贝奇在发言中指出，"内罗毕大学孔子学院由点到面地启发、影响和参与推动中肯命运共同体的发展进程，成为肯尼亚乃至非洲汉语教学和传播中华文化的重

---

① 刘延东:《适应需求 融合发展 为促进世界文明多元多彩贡献力量——在第十届孔子学院大会开幕式上的主旨演讲》,《孔子学院》2016 年第 1 期。

② 刘延东:《创新 合作 包容 共享 携手并肩开创孔子学院发展新局面——在第十一届孔子学院大会开幕式上的主旨演讲》,《孔子学院》2017 年第 1 期。

③ 刘延东:《深化合作 创新发展 为构建人类命运共同体贡献力量——在第十二届孔子学院大会开幕式上的主旨演讲》,《孔子学院》2018 年第 1 期。

④ 田学军:《在第十二届孔子学院大会闭幕式上的总结讲话》,《孔子学院》2018 年第 1 期。

要基地，成为增进人民了解和友谊的重要桥梁。"姆贝奇自豪地宣称内罗毕大学孔子学院也是"一带一路"的重要一分子，为蒙内铁路的开通运行做出了贡献。"我们的学生艾瑞克是首列列车的车长，他干得非常出色，最近又提升到了客运部的'二把手'，成了高管。艾瑞克的二十多个同伴，有的当上了司机，有的做了机修和乘务员。在肯尼亚，知道蒙内铁路的人都知道他们，他们成了保证运营的关键人物。应该说蒙内铁路的开通运行很好，有他们的功劳"①他以实际例证说明了孔子学院是如何成为中国和世界心与心交流的平台、中国教育和世界教育合作的结晶，他说内罗毕大学和天津师范大学像支持和爱护自己的孩子一样，更加重视孔子学院的发展。如此深情的告白，将孔子学院视为孩子一样，这样的血脉联系不正是你中有我、我中有你的命运共同体吗？

"构建人类命运共同体的前提是交流，而文化教育的基础也是交流。加强国际学生之间的交流沟通以及国际学校间的合作共赢，高校教育合作是促进民心相通的重要基石。中国作为世界教育大国，教育有着传承人类文明和国际文化相互理解贯通的重要力量。"②孔子学院正是为架设文明对话、文化理解桥梁而提出的教育版、文化版的中国方案。在国际形势风云变化、人类面临全球性挑战日益严峻的今天，需要国家、团体与个人各种力量齐心协力、共同应对。孔子学院能做什么呢？正如英国谢菲尔德大学校长凯思·博内特爵士（Sir Keith Burnett）指出："孔子学院如同照亮彼此的一束光，让我们相互倾听、互相学习，这会使全人类、全世界都受益。"让中外相互倾听、互相学习的孔子学院在这位大学校长的眼里就是一座桥梁，像他母校校训"欲成领袖，先成桥梁"的寓意一

---

① 《第十三届孔子学院大会"论坛与工作坊"》，《孔子学院》2019 年第 1 期。

② 韩幸：《构建人类命运共同体 推动高校教育合作——以哈尔滨师范大学为例》，《中国教育报》2019 年 4 月 25 日。

样，建筑桥梁，互通有无，才能创造全人类更美好的未来。谢菲尔德大学在 2006 年同北京语言大学、南京大学一同搭建起谢菲尔德大学孔子学院这座"桥梁"后，致力于搭建中英之间友谊和合作的桥梁，在凯思·博内特爵士的大力支持下，双方合作从语言、文化领域发展到商业、工业以及健康产业，促进中英两国工程师、科学家和企业界的相互了解，进而加深两国商业合作伙伴之间的理解。在工业领域，孔院将致力于配合谢菲尔德大学将英国先进工业创新模式（AMRC 模式）引入中国；在商业领域，孔院将继续为当地商务组织提供中国商务文化介绍，帮助他们与中国合作伙伴在日常沟通以及商务谈判中能够自如交流；在医疗保健领域，孔院宣传中英两国医疗理念，为中英医疗互通服务，在"孔子学院日"活动中，孔院与全英学生医疗协会组织推介中医理念。借助孔子学院这座"桥梁"，谢菲尔德大学与上海航天局、上海交通大学签订了合作备忘录，加强三方在航空航天先进制造业领域的合作。因为在中英合作交流中做出的突出贡献，谢菲尔德孔院曾两次被汉办授予"全球先进孔院"，并获评全球首批示范孔子学院，凯思爵士也于 2014年、2016 年两次被孔子学院总部授予"先进个人"称号，并于2017 年在谢菲尔德区域—霍瑞西斯（Horasis）中国商务年会中获"最佳中国合作奖"。① 中国驻英国大使馆王永利公参曾这样评价谢菲尔德孔院——扎根谢大，服务当地，联动中英，共促语言互通、民心相通，实现两国多维度的纵深发展。② 谢菲尔德孔子学院在语

①　［英］凯思·博内特：《孔子学院——照亮彼此的一束光》，《人民日报》（海外版）2016 年 10 月 22 日；《专访："大学是英中两国交流与合作的桥梁"——访英国谢菲尔德大学校长伯内特》，新华社 2017 - 07 - 25，http：//www. xinhuanet. com/world/2017 - 07/25/c_1121375941. htm；《北语孔院：英国谢菲尔德大学孔子学院》，搜狐网 2017 - 11 - 01，http：//www. sohu. com/a/201804673_407318。

②　《中国驻英国大使馆王永利公参一行到访谢菲孔院》，北京语言大学孔子学院工作处 2019 - 07 - 01，http：//ci. blcu. edu. cn/art/2019/7/1/art_6885_1141635. html。

言教学、文化推广及商务合作方面所做的工作不断加固、拓宽中英人文交流之桥梁，这正是孔子学院凭借其独特的特色优势推动构建人类命运共同体的具体行动和切实路径。

习近平在出席全英孔子学院和孔子课堂年会开幕式的致辞中指出，语言是了解一个国家最好的钥匙，孔子学院是世界认识中国的一个重要平台。作为中外语言文化交流的窗口和桥梁，孔子学院和孔子课堂为世界各国民众学习汉语和了解中华文化发挥了积极作用，也为推进中国同世界各国人文交流、促进多元多彩的世界文明发展做出了重要贡献。通过人文交流，中英两国文化中的精华正在对两国人民的思维方式和生活方式产生着奇妙的"化学反应"。[①]这种"化学反应"就是心灵相通、相知、相友，这是通向人类命运共同体的"秘密武器"。构建命运共同体思想，产生于全球化时代，倡导于全球化与逆全球化风潮激荡之际，深深地反映了全球化时代的世界发展趋势，是中国进一步推进新型全球化的思路方案。"构建人类命运共同体是新时代中国的大国担当与作为，中国引领推动构建人类命运共同体的方向，是打破文明冲突魔咒、加强不同文化间交流融合的方向，是促进中华文明与其他文明互通互鉴的动力。"[②] 孔子学院是中国与全球化良性互动的产物，是中国全球化成功故事的人文华彩篇章，它在构建人类命运共同体的过程中发挥着无可替代的独特作用，成为世界多元文明共同体、文化教育共同体链条中的重要一环和活跃因素。在人类和平发展合作的时代大潮流中，孔子学院像一只梭子不断在中外之间穿梭，以语言文化为经纬编织着人文交流纽带，进而结成各种文明交相辉映的绚丽锦缎，使古老的丝绸精神焕发出新的光彩，铺就通向人类共同体的美好前

---

① 《习近平出席全英孔子学院和孔子课堂年会开幕式》，《人民日报》2015 年 10 月 23 日。

② 李丹：《孔子学院与人类命运共同体建设》，《对外传播》2018 年第 7 期。

景。总之，孔子学院是人类命运共同体的有机组成部分、重要推动力量，也是中国引领构建人类命运共同体的有效平台和生动载体。构建人类命运共同体为孔子学院发展指明方向，孔子学院为构建人类命运共同体贡献力量，谱写着文化教育共同体、文明共同体建设的美丽音符，也必将在人类命运共同体的构建过程中实现自身的更大发展。

综上所述，孔子学院本土化有助于扩大孔子学院办学的外部效益，推进中国教育"走出去"，改进中外人文交流方式，促进人类命运共同体建设——这是孔子学院办学效益最大化的体现。目前，孔子学院扎实喜人的办学成果正在推进中外教育国际化乃至教育全球化，并辐射到文化、社会、经济、政治等方面的国际合作、区域合作，进而成为"一带一路"民心相通、构建人类命运共同体的人文力量——这样的良性传导链条正在形成，同时这也是双向互动传导机制，教育国际化、教育共同体建设、人类命运共同体建设的成果也会进一步反哺孔子学院，为孔子学院发展奠定良好合作基础、办学条件和国际氛围。在这个意义上，本土化将焕发、激发孔子学院最大的办学优势，为展开更为深入和广泛的中外教育交流合作提供平台、机制、便利，从而成为推进"一带一路"、构建人类命运共同体的教育人文方案。

本章小结

本章是全书的落脚点，探讨孔子学院本土化发展的意义何在、有什么价值。第一节分别从应对挑战、凝聚合力、创新动力三个方面，分析本土化有助于孔子学院排除内忧外患，聚同化异；充分调动外方积极性，形成发展合力；而且有利于创新体制机制，使孔子学院发展模式朝着多元化、特色化、实用化、灵活化方向转变。第二节论证了孔子学院本土化发展的外部效益与影响，包括推进中国教育"走出去"，树立人文交流品牌，促进人类命运共同体建设——孔子学院本土化发展的意义升华至此，看似宏阔高远，却也水到渠成。

附 录

一 调查问卷

包括针对孔子学院中、外方院长设计的关于孔子学院本土化的中英文调查问卷各一份；针对孔子学院中外教师设计的孔子学院教材本土化的中英文调查问卷各一份；针对孔子学院学生设计的项目本土化调查问卷一份。为简化，以下中英文合并成一张问卷，因此总共三份。在实际调查应用后，又进行了多次调整，不同批次的调查内容和统计口径一致，但具体问题和表述不完全一样。如前面研究方法中所述，在实际调查中，为了适合孔子学院"千院千面"的特点，为了使本土化话题深入、准确、有效，往往调查与访谈相结合。以下呈现的是调查简表，有些问题因有特殊背景、语境需要"此时此地此景"的解释说明，在此从略。

（一）孔子学院本土化调查表（针对院长）

孔子学院本土化调查 Survey on Localisation of CIs

1. 教师本土化：贵院有几个汉办教师？几个本土汉语教师？几名外方工作人员（包括外方院长）？

In your CI, how many Hanban tutors? How many local Chinese teachers and local staff (including the foreign director)? Please fill in the figures.

		Chinese side	Local
Director		1（Chinese Director）	
Teaching staff	Teachers/Tutors		
	Volunteers		
Support staff			

2. 教材国别化（地方化）：贵院使用的教材是汉办赠书吗？本土教材有合适在用的吗？中小学自编教材是否更多？

What types of the teaching materials are used in your CI? Are the textbooks used in your CI from Hanban? Are self-developed or localized teaching materials more popularly used in the Classrooms than in the university? Do you think it is more necessary to use them? Please tick this box.

	Hanban textbooks	Local textbooks	other materials
For university			
For professionals			
For schools			

3. 教学本土化：

（1）教学管理：孔子学院教学计划、大纲、听课、备课制度情况

Teaching plans, course syllabuses, class observation and preparation.

	Chinese course	Other courses
Teaching plans		
Course syllabuses		
Class observation		
Course evaluation		
Teaching training		
Others		

（2）教学方法：中方教师与本土教师相比在具体教学方法上有何异同？请打钩，没有的请补充。

Teaching methods: what are the similarities and differences between Chinese teachers and local teachers in specific teaching methods?

Please tick the box and add the method which is not in the form.

Chinese teaching methods	University		primary schools		secondary schools	
	Hanban	Local	Hanban	Local	Hanban	Local
Infusion Teaching Method						
Communicative Approach						
Scene Teaching Method						
Game Playing Method						
Act Teaching Method						
Others						

（3）与其他学科（其他语言类学科优先）教师相比，您觉得中方教师在教学方法上能否与本土方式方法接轨？

How well does the Chinese tutors' teaching approach under the local education circumstance? Are there any suggestions you would like to offer if they were not doing well enough compared with local teachers?

_____

_____

_____

4. 筹资本土化：您觉得汉办的资助是否够用？贵院是否有自筹资金？您认为怎样扩大收入来源？比如？

Is the Hanban fund sufficient enough? If not, are there any possible ways to increase the income in order to cover the gap? Could you tell us the ratio of self-generated revenue to the total expenditure? Is there any way to raise money from local community or companies? Please give some examples.

---

5. 管理本土化：您认同汉办的工作方式吗？在奖学金、访华团夏令营、汉学计划的运作及文化活动策划上，与贵方操作方式有何不同？运作中有无问题？您认为哪些方面需要中方改进？比如？

How do you think the way Hanban run the programmes (for instance, the scholarship plans, China trips, summer camps, or Confucius China studies programmes)? any differences from the programmes your university organised? On which aspects do you feel it hard to adjust? Any suggestions to improve?

	Hanban or Chinese partners	Local working system
Notice		
Application		
Requirement		
Fund using		
News report		

Others: _____

谢谢！Thank you very much.

（二）教材本土化调查表（针对教师）

您好！非常感谢您抽出时间填写此问卷。本问卷实行匿名制，所有数据只用于统计分析，请您放心填写。除了最后一题为开放式问题外，其他所有题目的答案采用五度量表的形式，答案无对错之分，请您按自己的真实感受填写。谢谢您的帮助！

Hello! Thank you very much for taking the time to complete this form. The questionnaire is anonymous and all data is only used for statistical analysis, please feel free to fill in. Except for the last question listed as an open one, the answers of all other questions are in the form of a five-degree scale. There is no so called right or wrong answer. Thank you for your help!

您目前所使用的汉语教材名称：＿＿＿＿＿＿＿＿＿＿＿＿

已学汉语的时间：＿＿＿＿＿＿＿＿＿＿＿＿＿

国籍：＿＿＿＿＿＿＿＿＿＿＿＿＿＿＿＿＿

The name of the Chinese textbook in use：

Time length of learning Chinese：

Nationality：

序号 No.	内容 Content	分值 score				
		非常差 Very bad	不太好 Not so good	一般 General	好 Good	非常好 Very good
		0	1	2	3	4
教材适配性 Textbook compatibility						
1	教材符合我的年龄和汉语水平。 The textbook is in line with my age and Chinese level.					

续表

序号 No.	内容 Content	分值 score				
		非常差 Very bad	不太好 Not so good	一般 General	好 Good	非常好 Very good
		0	1	2	3	4
2	课文的内容和话题是我身边的日常生活中很真实常见的,我很喜欢。 The contents and topics of the textbook are real and common in my daily life. I like them very much.					
语言知识与技能 Language knowledge and skills						
3	语音部分基于我的母语特点进行了针对性处理,让我更容易理解和掌握。 The phonetic part is based on the characteristics of my native language, which makes it easier for me to understand and master.					
4	词汇部分包含了富有我国特色的词汇,是我需要掌握的。 The vocabulary section contains rich vocabulary with my national characteristics, which is what I need to master.					
5	语法的讲解结合了我的母语跟汉语的对比,让我更容易理解和掌握。 The explanation of grammar combines the comparison between my native language and Chinese language, which makes me feel easier to understand and master.					
6	教材的翻译语言是我的母语,让我更容易理解。 The textbook is translated into my native language, which makes it easier for me to understand.					

续表

序号 No.	内容 Content	分值 score				
		非常差 Very bad	不太好 Not so good	一般 General	好 Good	非常好 Very good
		0	1	2	3	4
文化 Culture						
7	在文化方面，教材中没有令我觉得不快的内容。 There is no cultural content in the textbook that makes me feel uncomfortable.					
8	文化方面有很多我的国家文化跟中国文化的对比，让我很感兴趣。 In terms of culture, I am very interested in the comparison between my national culture and Chinese culture.					
教材形式 The teaching material form						
9	教材容量适合我们的当地课时。 The volume of the textbook is suitable for our class level.					
10	教材的整体风格正常，是我能接受的。 The overall style of the textbook is acceptable to me.					
11	教材的价格合理。 The price of the textbook is reasonable.					
评价及建议 Evaluation and Suggestions						
12	您对该教材的整体评价 Your overall assessment of the textbook					
13	您对该教材的建议： Your suggestions for this textbook： _____ _____ _____ _____ Thank you so much for your support!					

（三）项目本土化（针对学生）

您好！非常感谢您抽出时间填写此问卷。本问卷实行匿名制，所有数据只用于统计分析，请您放心填写。除了最后一题为开放式问题外，其他所有题目的答案采用五度量表的形式，答案无对错之分，请您按自己的真实感受填写。谢谢您的帮助！

Hello! Thank you very much for taking the time to complete this questionnaire. The questionnaire is anonymous and all data is only used for statistical analysis, please feel free to fill in. Except for the open question in the last question, the answers of all other questions are in the form of a five-degree scale. There is no right or wrong answer, please fill in according to your true feelings. Thank you for your help!

您参加过的项目类型（在类型后面打钩）：交流□ 培训□ 考试□ 比赛□

参加过的项目具体名称：_____

您所在国家（如不介意请填写孔子学院名称）：____（国家）

_____（孔子学院名称）

序号 No.	内容 Content	分值 score				
		非常差 Very poor	不太好 Not so good	一般 General	好 Good	非常好 Very good
		0	1	2	3	4
一、交流项目本土化						
1	学院有种类多样的交流项目，能够吸引我参加。					
2	交流项目的内容充实丰富，我在交流中收获很大。					
3	交流过程中我感觉轻松亲切，没有大的障碍和压力。					
4	能够促进对中国的理解，让我更加喜爱中国文化。					

续表

序号 No.	内容 Content	分值 score				
		非常差 Very poor	不太好 Not so good	一般 General	好 Good	非常好 Very good
		0	1	2	3	4
二、培训项目本土化						
5	孔子学院提供的培训种类很多，顺利获得报名资格。					
6	培训是专业和高质量的，通过培训达到了预期结果。					
7	培训方式很不错，实用、有效，令我收获很大。					
三、考试项目本土化（HSK，HSKK，YCT，BCT 等）						
8	考试内容与我平时的学习密切相关。					
9	考试成绩能够准确地反映我的实际学习情况。					
10	考试的结果可以帮助我申请到奖学金和夏令营机会。					
四、比赛项目本土化						
11	孔院举办的比赛类型丰富多样，有我感兴趣的内容。					
12	比赛的形式和过程生动有趣，非常渴望参加。					
13	通过比赛我学习到了很多知识，更加喜爱中国文化。					
14	比赛让我可以认识更多朋友，还可以去中国。					
评价及建议						
15	对孔子学院项目的整体评价					
16	您对孔子学院项目运作的建议：_____ _____ _____ _____					

二 访谈情况

自 2015 年对孔子学院本土化问题进行持续关注和课题论证以来，作者就有意识地利用在孔子学院工作之便对在孔子学院工作、为孔子学院或围绕着孔子学院事务工作的同行、同事、同仁进行非正式访谈，还利用孔子学院大会、片会和工作会议进行会议交流访谈。2016 年课题立项后，作者已经从中方院长职位上离任，先后利用学术活动的机会去日本、德国、爱沙尼亚、新加坡等国家开展调研访谈，还有大量邮件和微信的通信访谈。此外，还发挥课题组成员的作用，委托他们进行了一些访谈。每次访谈大约持续 30 分钟以上，通常 60 分钟至 120 分钟之间，有时则达 2—3 小时。

（一）访谈问题

一般来说，访谈问题集中在以下几个与调查问卷相匹配的主题：

1. 孔子学院的基本信息，如中外方教师、员工人数，学生人数，汉语课程开课情况，文化活动的规模和受欢迎程度等；

2. 孔子学院发展的进程、现状和期许，有什么问题、困难和可感知的挑战，以及对此的原因分析、对策看法；

3. "一带一路"是否给当地经济、社会、就业、旅游等带来一些新的变化，孔子学院在招生、开课、培训等方面有何反应和举措；

4. 孔子学院本土化——孔子学院如何纳入本校机制（课程、人员、管理）、满足本地需求、符合本土方式，当地的合作伙伴有哪些，是否获得当地政府资助、当地商业赞助，等等。

在实际访谈中，对于不同的访谈对象，访谈问题不尽相同，侧重点也有所不同。以对中国驻英国大使馆教育处王公参的访谈为例，由于其曾担任孔子学院总部和国家汉办副主任，对孔子学院工作十分了解，对孔子学院发展很有见地，作者拟定了以下提纲交给课题组成员李锷（时任伦敦孔子学院中方院长）进行访谈。①

（1）从 2007 年第二届孔子学院大会上就提出"加快汉语教师本土化步伐"，汉办还在致力于本土化，这个目标似乎不容易，您有什么看法？

（2）以前提出的教师本土化、教学本土化、发展本土化落实得如何？这几个方面中哪个进展更大？哪些国家和地方响应得比较好？更有效果？

（3）您觉得孔子学院下一步的目标是什么？最迫切需要做的是什么？什么是孔子学院发展的最大障碍？

（4）"一带一路"是国家战略，也是热点话题，欧洲或英国孔子学院有什么呼应吗？具体做些什么才叫服务"一带一路"？怎么服务？

（5）汉办新闻中看到，不少孔子学院都在围绕"一带一路"开展活动，沿线的还开展了实用课，有的则举办研讨会。英国孔子学院是否也有所行动？您有什么方案和构思吗？

这次访谈效果很好，收获很大，可惜这样高质量的访谈机遇并不是很多。由于孔子学院本土化问题本身有一定专业性、特定性、具体性，一般访谈者不容易抓住重点，使访谈流于关于孔子学院的

---

① 2017 年 6 月 5 日将大纲发给李锷，以供她约谈公参进行访谈时使用或参考。2017 年 6 月 29 日，伦敦时间 17：00—18：30，当时担任伦敦孔子学院中方院长的李锷在中国驻英国大使馆教育处对公参进行深入访谈，就有关孔子学院发展、如何把握本土化需求、发挥民心相通作用等重要问题详细请教了他。入题话语从他来英国后对英国孔子学院发展的看法谈起，询问英国作为欧洲建设孔子学院最多的国家，在孔子学院实际合作中是否会比别的国家和地区合作会更顺畅？访谈进程十分顺利和愉快，公参对提纲中几乎所有的问题都进行了回答。这次访谈整理了 8000 字的文字记录，获取了珍贵的资料。在此对公参表示衷心感谢！

漫谈和感想。因此，我们对访谈提纲进行了多次调整，几乎变成了"因人设问"，提纲呈现多个版本，并在访谈中随时调整转换。这是在这里无法清晰准确提供一个完整访谈提纲的原因。

（二）访谈对象

作者和课题组的访谈对象一共包括这几类：

1. 孔子学院中外方院长 21 人次①

新加坡南洋理工大学孔子学院院长、助理院长 2 人各 2 次

德国杜伊斯堡—埃森大学鲁尔都市孔子学院中方院长、外方执行院长 2 人

英国威尔士三一圣大卫大学孔子学院中方院长

意大利罗马大学孔子学院中方院长

南非斯坦陵布什大学孔子学院中方院长

英国纽卡斯尔大学孔子学院中方院长

英国知山大学孔子学院中方院长

泰国皇太后大学孔子学院中方院长 2 人次

美国圣地亚哥州立大学孔子学院中方院长

马耳他大学孔子学院中方院长

英国南安普顿大学孔子学院外方（副）院长

法国留尼汪大学孔子学院外方院长

爱尔兰都柏林大学孔子学院中方院长

瑞士巴塞尔孔子学院中方院长

意大利比萨孔子学院中方院长

美国纽约华美协进社孔子学院中方院长

2. 孔子学院教师、管理人员、志愿者 19 人次

---

① 中外方院长的任期原因，这些人目前在任和离任的均有，有个别先后在不同孔子学院任职，故以人次计算，没标明的为 1 人 1 次。以下访谈的个别教师也存在这个问题，不再一一说明。

新加坡南洋理工大学孔子学院课程总监

德国杜伊斯堡—埃森大学鲁尔都市孔子学院外方经理、志愿者各 1 人

泰国吉拉达孔子课堂汉语志愿者

英国卡迪夫大学孔子学院汉语教师 5 人、本土教师 2 人、志愿者 3 人

菲律宾大学孔子学院汉语教师

菲律宾红溪礼示大学孔子学院汉语教师

英国威尔士三一圣大卫大学孔子学院汉语教师

南非斯坦陵布什大学孔子学院汉语教师

马耳他大学孔子学院汉语教师

3. 孔子学院总部和国家汉办和高校孔子学院工作处管理人员 14 人

中国驻外使馆教育参赞 2 人、秘书 1 人

孔子学院总部和国家汉办处长 2 人

孔子学院总部和国家汉办工作人员 3 人

高校孔子学院工作处处长、主任 3 人

高校孔子学院办公室管理人员 3 人

4. 对孔子学院进行过专门研究和调查分析的学者 7 人

南洋理工大学社会科学学院博士

南洋理工大学教授（孔子学院理事会成员）

南开大学国际关系专业教授（前孔子学院中方院长）

日本新潟大学现代社会和文化学院博士

山东大学国际教育学院副教授

厦门大学海外教育学院教授

北京外国语大学教授

另外，在实际访谈调研中，还与孔子学院的毕业生和在校生进行过接触，然而对于本研究的核心话题孔子学院本土化，他们没有

太多的关注和见解，但他们对汉语学习的体会、对中国文化的体认、对中外关系的理解给本研究提供了从学生视角看问题的启发。

总之，访谈的对象包括孔子学院的中外方院长、教师、管理人员、志愿者、使馆人员、孔子学院总部官员、汉办工作人员、高校孔子学院工作处主任、工作人员、孔子学院学生、从事孔子学院研究的学者、博士等共逾60人次。所有数据、资料都进行了归类整理与分析，大部分涉及观点和数据的内容都经由访谈对象进行核实。本研究收集的文件、领导人讲话、汉办的年度报告、孔子学院大会会议材料、各孔子学院的资料，以及厦门大学、北京外国语大学、北京语言大学的孔子学院年度报告等被用以进行信息数据互证，确保了访谈信息在使用时的正确性、准确性。

结　语

本书将孔子学院置于广阔的战略视域和时代背景下，选取本土化为切入点探索这一人文交流综合平台与国家大战略之间的互动及其作为。研究发现：本土化不仅是孔子学院海外办学的一贯思路，也是其15年来融合发展的现实之路。主要观点：孔子学院发展与"一带一路"战略存在良性互动关系；"一带一路"倡议合作为孔子学院的本土化提供沃土和良机，并对其发展运行产生重要影响；本土化深入发展将会推动形成孔子学院的中外合力共建机制，这是孔子学院持续发展的保障和目标。课题运用了多学科综合研究，国际问题、教育管理、对外关系、公共政策、文化传播、组织管理等领域有都所涉及，力求用跨学科、宽领域、广视野的方法来探索求解孔子学院如何顺应天时地利民情，在新一轮发展中由规模化植入型发展转型到内涵式融入型发展这一综合性命题。研究共分五章，分别从五个方面进行研究：

第一章　"一带一路"建设与孔子学院发展：研究的起点
第二章　孔子学院本土化发展的必要性与可能性：研究的支点
第三章　孔子学院本土化指标设计与评估：研究的亮点
第四章　孔子学院本土化发展的路径选择：研究的重点与难点
第五章　孔子学院本土化的意义和影响：研究的落脚点

孔子学院本土化是孔子学院健康发展的应有之虑、必然之举和实然之为。本书探索了孔子学院本土化的内涵与外延、路径与策略，及其教学本土化（教材、教师、教法）、文化活动本土化、管理本土化（人、财、物）、项目本土化等方面开拓创新的实践，展现了孔子学院在培养本土师资、研发本土教材、开设本土课程等方面卓有成效的作为。目前孔子学院本土化成就斐然，从师资、教材、课程，到思维、习惯、生活方式，到目标、定位、需求都在与当地相契合、相适应、相交融，孔子学院不仅入乡随俗，还正在融为一体，"成为当地教育文化生态的重要组成部分"，"将孔子学院建设成为更富魅力的国际教育文化共同体"，为构建人类命运共同体做出自己独特的贡献正在一步步地变为现实。

孔子学院是中国与外部世界良性互动的产物，也必将进一步对外界产生影响，正像长期以来我们的语言文化也深受欧美国家的影响一样，只不过现在中国的影响越来越大了，孔子学院与外方的教育文化机构进入了彼此改变、相互影响的新时期。当然语言文化的交流、国与国人与人的交往既有交融也有交锋，孔子学院收获了"不打不相识"的喜悦，也遭遇了种种"成长的烦恼"。正值志学之年的翩翩少年，孔子学院出道才16年，未来的路还很长，有足够时间去改变自己、影响他人。黄河九曲十八弯才最终入海，每个波折都成了它的一道风景。通过不断改进工作方式和管理模式，通过持续本土化和自主创新特色发展，孔子学院将不断"贴近各国不同的生活方式、不同的语言习惯和不同的思维表达"，在"一带一路"的时代大合唱中，奏响扎根本土、服务当地的华丽乐章，同时以质量同步、中外融合的成熟发展，为"一带一路"民心相通发挥独辟蹊径、独具特色的作用。孔子学院本土化的故事，是和"一带一路"相互推动、共同成长的故事，是为"一带一路"和中华文明复兴做出更大贡献的故事！

参考文献

一　著作

安然、刘程编：《文化传播使者：孔子学院教师故事》，华南理工大学出版社 2017 年版。

曹德明：《国外语言文化推广机构研究》，时事出版社 2016 年版。

陈昊苏、张胜军：《民间外交与大国崛起》，凤凰出版社 2011 年版。

陈荣岚：《全球化与本土化：东南亚华文教育发展策略研究》，厦门大学出版社 2007 年版。

戴蓉：《孔子学院与中国语言文化外交》，上海社会科学院出版社 2013 年版。

范俊军编：《联合国教科文组织关于保护语言与文化多样性文件汇编》，民族出版社 2006 年版。

冯并：《一带一路：全球发展的中国逻辑》，中国出版集团、中国民主法制出版社 2015 年版。

葛剑雄、林毅夫、胡鞍钢等：《改变世界经济地理的"一带一路"》，上海交通大学出版社 2015 年版。

顾长声：《传教士与近代中国》，上海人民出版社 2004 年版。

韩方明：《公共外交概论》，北京大学出版社 2011 年版。

江西元：《中国的世界还是世界的中国：中国外交文化本原与国际体系变化趋势》，时事出版社 2009 年版。

金惠敏：《全球对话主义》，新星出版社 2013 年版。

李德芳：《全球化时代的公共外交》，中国社会科学出版社 2013 年版。

李华：《国际组织公共外交研究》，时事出版社 2014 年版。

李泉：《对外汉语教学思考集》，北京语言大学出版社 2017 年版。

梁秉赋、李晨阳主编：《比较视野下的先秦儒学》，友联书局（新加坡华文出版）2015 年版。

梁岩：《中国文化外宣研究》，中国传媒大学出版社 2010 年版。

刘程、安然：《孔子学院传播研究》，中国社会科学出版社 2012 年版。

刘宏：《海外华侨华人与中国的公共外交：政策机制、个案分析、全球比较》，暨南大学出版社 2015 年版。

刘宏：《跨界亚洲的理念与实践：中国模式、华人网络、国际关系》，南京大学出版社 2013 年版。

刘宏：《战后新加坡华人社会的嬗变：本土情怀·区域网络·全球视野》，厦门大学出版社 2003 年版。

刘宏：《中国—东南亚学：理论建构·互动模式·个案分析》，中国社会科学出版社 2000 年版。

柳思思：《中国周边国家文化外交·中亚卷》，世界知识出版社 2015 年版。

马丽蓉等：《丝路学研究——基于中国人文外交的阐释框架》，时事出版社 2014 年版。

孟晓驷：《文化经济学思维》，人民文学出版社 2005 年版。

潘一禾：《文化与国际关系》，浙江大学出版社 2005 年版。

秦亚青：《文化与国际社会：建构主义国际关系理论研究》，世界知识出版社 2006 年版。

孙洪斌：《文化全球化研究》，四川大学出版社 2009 年版。

孙英春：《跨文化传播学导论》，北京大学出版社 2008 年版。

王义桅：《"一带一路"：机遇与挑战》，人民出版社 2015 年版。

吴应辉主编:《汉语国际传播研究》(总第 9 辑),商务印书馆 2017
　　年版。

吴瑛:《孔子学院与中国文化的国际传播》,浙江大学出版社 2013
　　年版。

吴瑛:《文化对外传播:理论与战略》,上海交通大学出版社 2009
　　年版。

邢悦:《文化如何影响对外政策——以美国为个案的研究》,北京大
　　学出版社 2011 年版。

徐坚编:《文明的再造与复兴——历史大视野下的战略机遇期》,人
　　民出版社 2016 年版。

严晓鹏:《孔子学院与华文学校发展比较研究》,浙江大学出版社
　　2014 年版。

杨善民:《"一带一路"环球行动报告(2015)》,社会科学文献出
　　版社 2015 年版。

余虹:《"一带一路"、中国崛起与国际合作》,世界知识出版社
　　2017 年版。

俞新天等:《强大的无形力量:文化对当代国际关系的作用》,上海
　　人民出版社 2007 年版。

袁礼:《基于空间布局的孔子学院发展定量研究》,中央民族大学出
　　版社 2014 年版。

张岱年、方克立主编:《中国文化概论》,北京师范大学出版社
　　2004 年版。

张骥、刘中民等:《文化与当代国际政治》,人民出版社 2003 年版。

张骥等:《国际政治文化学导论》,世界知识出版社 2005 年版。

张允杭主编:《中国传统文化概论》,浙江大学出版社 2005 年版。

赵金铭:《对外汉语教学概论》,商务印书馆 2004 年版。

赵可金:《公共外交的理论和实践》,上海辞书出版社 2007 年版。

赵磊:《一带一路:中国的文明型崛起》,中信出版社 2015 年版。

赵启正：《公共外交与跨文化交流》，中国人民大学出版社 2011
年版。

赵毅、赵剑：《世界大国（地区）文化外交（中国卷）》，世界知识
出版社 2013 年版。

郑启五：《红月亮：一个孔子学院院长的汉教传奇》，武汉大学出版
社 2013 年版。

周丽娟：《对外文化交流与新中国外交》，文化艺术出版社 2010
年版。

周亭、王润珏主编：《融合与创新"一带一路"软力量建设研究》，
中国传媒大学出版社 2017 年版。

庄晓东：《文化传播：历史、理论与现实》，人民出版社 2003 年版。

澳门大学、中央民族大学、美国罗德岛大学：《全球化的中文教育：
教学与研究——第十四届国际汉语教学学术研讨会论文集》（中
国澳门），中央民族大学出版社 2017 年版。

北京大学汉语国际推广工作办公室：《我的孔子学院：北京大学孔
子学院中方院长访谈实录》，北京大学出版社 2017 年版。

北京语言大学汉语国际教育研究院编：《汉语应用语言学研究》
（第 8 辑），商务印书馆 2019 年版。

哈佛燕京学社编：《全球化与文明对话》，江苏教育出版社 2004
年版。

经济合作与发展组织编：《衡量全球化——OECD 经济全球化指标
体系》，蔡春林、杜耀武译，中国财政经济出版社 2007 年版。

孔子学院总部/国家汉办：《光荣岁月——汉语教师志愿者文集》，
国家汉办志愿者中心 2013 年版。

联合国教科文组织编：《世界文化报告——文化的多样性、冲突与
多元共存》，关世杰等译，北京大学出版社 2002 年版。

世界汉语教学学会秘书处编：《第十三届国际汉语教学研讨会论文
选》，商务印书馆 2019 年版。

［新加坡］蔡志礼主编：《学语致用——李光耀华语学习心得》，汕头大学出版社 2006 年版。

［德］迪特·森格哈斯：《文明内部的冲突与世界秩序》，张文武等译，新华出版社 2004 年版。

［日］渡边靖：《美国文化中心——美国的国际文化战略》，金琮轩译，商务印书馆 2013 年版。

［德］哈拉尔德·米勒：《文明的共存——对塞缪尔·亨廷顿"文明冲突论"的批判》，郦红、那滨译，新华出版社 2002 年版。

［新加坡］李光耀：《我一生的挑战：新加坡双语之路》，译林出版社 2013 年版。

［英］理查德·刘易斯：《文化冲突与共融》，关世杰等译，新华出版社 2002 年版。

［美］塞缪尔·亨廷顿：《文明的冲突与世界秩序的重建》，周琪等译，新华出版社 2010 年版。

［美］塞缪尔·亨廷顿、劳伦斯·哈里森主编：《文化的重要作用——价值观如何影响人类进步》，程克雄译，新华出版社 2002 年版。

［德］维克多·埃尔：《文化概念》，康新文、晓文译，上海人民出版社 1988 年版。

［美］雅克·布道：《建构世界共同体》，江苏教育出版社 2006 年版。

［美］约瑟夫·奈：《硬权力与软权力》，门洪华译，北京大学出版社 2005 年版。

［美］约瑟夫·奈：《美国注定领导世界？——美国权力性质的变迁》，刘华译，中国人民大学出版社 2012 年版。

［美］约瑟夫·奈：《软实力》，马娟娟译，中信出版社 2013 年版。

Anne – Marie Brady, "Marketing Dictatorship: Propaganda and Thought Work in Contemporary China ", Plymouth: Rowman and

Littlefield, 2008.

Amy Stambach, "Confucius and Crisis in American Universities: Culture, Capital and Diplomacy in US Public Higher Education", Routledge, 2014.

B. M. Jain, China's soft power diplomacy in South Asia: myth or reality? New York and London: Lexington Books, 2017.

David M. Lampton, "The Three Faces of Chinese Power: Might, Money and Minds", University of California Press, 2008.

David Shambaugh, "China Goes Global: The Partial Power", Oxford University Press, 2013.

Falk Hartig, "Chinese Public Diplomacy: The Rise of the Confucius Institute", Routledge, 2017.

Hasan H. Karrar, The New Silk Road Diplomacy: China's Central Asian Foreign Policy since the Cole War, UBC Press, 2010.

Jennifer Hubbert, "China in the World: An Anthropology of Confucius Institutes, Soft Power, and Globalization", University of Hawai'i Press, 2019.

Joshua Kurlantzick, "Charm Offensive: How China's Soft Power Is Transforming the World", Yale University Press, 2007.

Jennifer Hubbert, China in the World: An Anthropology of Confucius Institutes, Soft Power, and Globalization, University of Hawaii Press, 2020.

Jeffrey Gil, Soft Power and the Worldwide Promotion of Chinese Language Learning: The Confucius Institute Project, Multilingual Matters Book, 2017.

John Aitchison & Harold Carter, Language, Economy and Society: The Changing Fortunes of the Welsh Language in the Twentieth Century, Cardiff: University Of Wales Press, 2000.

John Aitchison & Harold Carter, Spreading the world: The Welsh Language, Aberystwyth: Y Lolfa, 2004.

Linda Mingfang Li, Language Management and Its Impact: The Policies and Practices of Confucius Institutes, Routledge, 2018.

Rachelle Peterson, Outsourced to China: Confucius Institutes and Soft Power in American Higher Education, National Association of Scholars, 2017.

Marshall Sahlins, "Confucius Institute: Academic Malware", Chicago, IL: Prickly Paradigm Press, LLC, 2015.

二　期刊论文

阿依提拉·阿布都热依木、刘楠:《"一带一路"倡议下中国与哈萨克斯坦教育合作的政策对接与实践推进》,《比较教育研究》2019 年第 12 期。

毕彦华:《"一带一路"倡议背景下汉语国际传播的新思考》,《文化学刊》2019 年第 12 期。

蔡翠红、黄子玲:《从公共外交角度比较孔子学院及歌德学院的美国实践》(上)(下),《世界教育信息》2019 年第 22 期、第 24 期。

曹凤霞、李碧权:《从孔子学院看中国文化的传播与传承现状及反思》,《长春大学学报》2014 年第 1 期。

曹云华:《全球化、区域化与本土化视野下的东南亚华文教育》,《八桂侨刊》2020 年第 1 期。

昌灏:《孔子学院的发展回顾与前瞻》,《高教发展与评估》2015 年第 1 期。

陈刚华:《从文化传播角度看孔子学院的意义》,《学术论坛》2008 年第 7 期。

陈曦:《孔子学院面临的问题与解决思路》,《对外传播》2009 年第
　　9 期。

崔世鹏:《海外孔子学院对汉语教师及志愿者的管理特征、影响及
　　建议》,《文教资料》2020 年第 2 期。

崔希亮:《汉语国际教育的若干问题》,《语言教学与研究》2018 年
　　第 1 期。

崔希亮:《汉语国际教育与人类命运共同体》,《世界汉语教学》
　　2018 年第 4 期。

段奕:《硬实力—软实力理论框架下的语言——文化国际推广与孔
　　子学院》,《复旦教育论坛》2008 年第 2 期。

董璐:《孔子学院与歌德学院:不同理念下的跨文化传播》,《国际
　　关系学院学报》2011 年第 14 期。

董淑慧:《汉语教材编写的本土化特征——基于〈汉语教科书
　　(1954)〉与通用性教材、"一本多版"的比较》,《海外华文教
　　育》2014 年第 1 期。

段吉方:《理论与经验:托尼·本尼特与 20 世纪英国文化研究》,
　　《马克思主义美学研究》2009 年第 2 期。

费瑞雪:《在中国参加一个意大利双学位项目》,《孔子学院》(中
　　意对照版)2018 年第 1 期。

樊钉:《孔子学院质量评估体系研究》,《云南师范大学学报》(对
　　外汉语教学与研究版)2012 年第 5 期。

高飞、赵罗希:《"一带一路"打造中国外交新图景》,《人民论坛》
　　2017 年第 14 期。

高永安:《十年来孔子学院的布局及其相关性报告》,《华南师范大
　　学学报》2014 年第 5 期。

龚莉红:《文化全球化与孔子学院的发展》,《重庆社会科学》2014
　　年第 10 期。

顾明远:《"一带一路"与比较教育的使命》,《比较教育研究》

2015 年第 6 期。

顾时宏：《以中国声音传播中国善意——以"一带一路"建设中关
　　于印尼媒体的谣言应对为例》，《对外传播》2018 年第 5 期。

关世杰：《中国跨文化传播研究 十年回顾与反思》，《对外大传播》
　　2006 年第 12 期。

郭灵凤：《欧盟文化政策与文化治理》，《欧洲研究》2007 年第
　　2 期。

郭伟、潘雅：《打造中巴教育文化交流的互动平台——访巴西里约
　　热内卢天主教大学孔子学院中方院长乔建珍》，《世界教育信息》
　　2015 年第 18 期。

郭永辉：《"文化＋"与文化产业崛起》，《红旗文摘》2015 年第 22
　　期。

海力古丽·尼牙孜、李丹：《"丝绸之路经济带"的建设基础——
　　人文合作》，《新疆大学学报》（哲学·人文社会科学版）2013 年
　　第 6 期。

韩召颖：《孔子学院与中国公共外交》，《公共外交季刊》2011 年第
　　3 期。

和曼：《从孔子学院看中美的文化差异》，《人民论坛》2012 年第
　　6 期。

何懿、杜莹：《"孔子学院"创办和发展中存在的问题及对策》，
　　《新视点》2008 年第 12 期。

胡惠林：《国家文化治理：发展文化产业的新维度》，《学术月刊》
　　2012 年第 5 期。

胡雪儿、李佳琪：《"一带一路"背景下孔子学院建设探析——基
　　于媒介传播力的视角》，《新闻研究导刊》2017 年第 7 期。

胡宗山、鲍林娟：《"一带一路"倡议与中国外交新动向》，《青海
　　社会科学》2016 年第 4 期。

黄书：《柬埔寨皇家科学院孔子学院及其作用与意义》，《湖北经济

学院学报》（人文社会科学版）2019 年第 12 期。

黄长彬、陆书伟：《非洲地区孔子学院布局现状及可持续性发展策略研究》，《云南师范大学学报》（对外汉语教学与研究版）2020 年第 1 期。

黄卓明：《服务于"一带一路"建设的汉语国际教育》，《世界教育信息》2017 年第 21 期。

汲传波、刘芳芳：《欧洲孔子学院汉语国际传播现状与思考》，《理论月刊》2017 年第 2 期。

贾冠杰：《语言教学流派发展的新趋势——〈语言教学原则和方法〉评析与讨论》，《外语界》2004 年第 6 期。

姜冬梅：《印尼孔子学院的建设现状分析及解决方案》，《湖北科技学院学报》2011 年第 3 期。

江作苏、李理：《传播视野：国家形象的官方民间舆论场互补建构》，《华中师范大学学报》（人文社会科学版）2014 年第 6 期。

景璟：《以"一带一路"为框架构筑中国外交新局面》，《东北亚经济研究》2018 年第 3 期。

康晨、王陈伟、李宁：《关于陕西开展丝绸之路经济带教育合作的思考》，《新西部》（理论版）2014 年第 21 期。

雷克啸：《论孔子与孔子学院》，《教育史研究》2014 年第 2 期。

雷在福：《中国传统文化的当代世界意义》，《社科纵横》2007 年第 1 期。

李宝贵、金志刚：《意大利孔子学院汉语教学的特色、问题与对策——以米兰国立大学孔子学院为例》，《辽宁师范大学学报》（社会科学版）2016 年第 1 期。

李宝贵、刘家宁：《"一带一路"战略背景下孔子学院跨文化传播面临的机遇与挑战》，《新疆师范大学学报》（哲学社会科学版）2017 年第 4 期。

李宝贵、庄瑶瑶：《意大利孔子学院/课堂当地化汉语教材建设研究》，《辽宁师范大学学报》（社会科学版）2020 年第 1 期。

李丹：《孔子学院与人类命运共同体建设》，《对外传播》2018 年第
　　7 期。

李丹：《"一带一路"的舆论困扰与周边公共外交——以孔子学院
　　为切入点》，《贵州省党校学报》2019 年第 6 期。

李德芳：《中国文化外交模式建构——以孔子学院为例》，《当代世
　　界》2012 年第 11 期。

李佳、胡晓慧：《孔子学院发展和对外汉语教材本土化进程中的问
　　题及对策》，《中国出版》2013 年第 11 期。

李佳、王晋军：《论东盟华语热之语言推广性质》，《大理学院学
　　报》（社会科学）2013 年第 1 期。

李静：《文化战略语境下孔子学院发展历程回顾与反思》，《辽东学
　　院学报》（社会科学版）2019 年第 6 期。

李军、田小红：《中国大学国际化的一个全球试验——孔子学院十
　　年之路的模式、经验与政策前瞻》，《中国高等教育》2015 年第
　　4 期。

李建军：《中国与中亚的文化交流力建构》，《中南民族大学学报》
　　2013 年第 1 期。

李明：《德国杜塞尔多夫孔子学院的汉语教学》，《云南师范大学学
　　报》2009 年第 5 期。

李泉：《论对外汉语教材的实用性》，《语言教学与研究》2007 年第
　　3 期。

李爽：《高校孔子学院智库建设与区域文化软实力发展》，《边疆经
　　济与文化》2019 年第 5 期。

李宇明：《语言也是"硬实力"》，《华中师范大学学报》（人文社会
　　科学版）2011 年第 5 期。

李志永：《公共外交相关概念辨析》，《外交评论》2009 年第 2 期。

连大祥：《美国孔子学院对中国出口贸易的影响——基于美国各州

的分析》,《上海金融学院学报》2013 年第 1 期。

连大祥、王录安、刘晓鸥:《孔子学院的教育与经济效果》,《清华大学教育研究》2017 年第 1 期。

林杰、张曼:《对西方少数学者质疑孔子学院"学术自由"的驳论》,《比较教育研究》2016 年第 3 期。

刘汉俊、翁淮南:《孔子学院:中国文化"走出去"的成功范例——访国务院参事、国家汉办主任、孔子学院总部总干事许琳》,《党建》2011 年第 11 期。

刘宏:《创新合奏发展曲,同心共筑孔院梦——在第十三届孔子学院大会开幕式上的发言》,《孔子学院》2019 年第 1 期。

刘宏:《孔子学院与中华文化的国际传播:成就与挑战》,《公共外交季刊》2012 年冬季号(总第 12 期)。

刘宏:《近十年来英国的中国学:政策、机构、视野》,《海外中国学评论》2012 年第 4 辑。

刘宏、张晓晨:《英国汉语教学和教材现状与需求分析——以曼彻斯特大学孔子学院为例》,新加坡《华文学刊》2013 年第 2 期(第 11 卷)。

刘静:《"一带一路"战略背景下推进滇缅教育合作的现状、挑战与前景》,《印度洋经济体研究》2015 年第 4 期。

刘晶晶、关英明:《海外孔子学院的教材选择与编写》,《沈阳师范大学学报》(社会科学版)2012 年第 1 期。

刘会春:《当前舆论环境下美国孔子学院发展的法律研究》,《法制与社会》2020 年第 3 期。

刘立、何克勇:《孔子学院等六所学院传播者角色对比分析》,《现代教育论丛》2014 年第 3 期。

刘立恒:《中外合作创建孔子学院的问题与对策》,《沈阳师范大学学报》(哲学社会科学版)2007 年第 3 期。

刘荣、刘娅莉、徐蔚:《孔子学院教学模式述评》,《兰州大学学报》（社会科学版）2014 年第 2 期。

刘延东：《共同参与 平等合作 把孔子学院越办越好——在第三届孔子学院大会上的主旨演讲》，《孔子学院》2009 年第 1 期。

刘延东：《平等合作 创新发展 推进中外人文交流与合作——在第四届孔子学院大会开幕式上的主旨演讲》，《孔子学院》2010 年第 1 期。

刘延东：《携手促进孔子学院可持续发展——在第五届孔子学院大会上的主旨演讲》，《孔子学院》2011 年第 1 期。

刘延东：《面向未来 携手合作 共同谱写孔子学院发展新篇章——在第六届孔子学院大会开幕式上的主旨演讲》，《孔子学院》2012 年第 1 期。

刘延东：《共同推动孔子学院融入大学和社区——在第七届全球孔子学院大会上的主旨演讲》，《孔子学院》2013 年第 1 期。

刘延东：《携手促进孔子学院事业发展，共同谱写中外人文交流的新篇章——在第八届孔子学院大会开幕式上的主旨演讲》，《孔子学院》2014 年第 1 期。

刘延东：《迈向孔子学院的新 10 年——在第九届孔子学院大会开幕式上的主旨演讲》，《孔子学院》2015 年第 1 期。

刘延东：《适应需求 融合发展 为促进世界文明多元多彩贡献力量——在第十届孔子学院大会开幕式上的主旨演讲》，《孔子学院》2016 年第 1 期。

刘延东：《创新 合作 包容 共享 携手并肩开创孔子学院发展新局面——在第十一届孔子学院大会开幕式上的主旨演讲》，《孔子学院》2017 年第 1 期。

刘延东：《深化合作 创新发展 为构建人类命运共同体贡献力量——在第十二届孔子学院大会开幕式上的主旨演讲》，《孔子学院》2018 年第 1 期。

刘玉凤、王洪波：《俄罗斯孔子学院国际性教育人才教师专业发展情况调查与反思》,《吉林省教育学院学报》2016 年第 12 期。

刘晔:《"一带一路"背景下河北省海外孔子学院服务性研究》,《智库时代》2020 年第 6 期。

陆效用:《美国 21 世纪的"5C"外语教育》,《外语界》2001 年第 5 期。

陆俭明:《汉语国际传播中一些导向性的问题》,《云南师范大学学报》2016 年第 1 期。

吕明:《美国孔子学院教师教学本土化的调查及培训策略》,《延边大学学报》(社会科学版) 2014 年第 5 期。

马佳妮、周作宇:《"一带一路"倡议下中国与中东欧教育合作:挑战与机遇》,《中国高教研究》2019 年第 12 期。

马箭飞:《办好孔子学院,贡献中国智慧》,《中国教育报》2018 第 1 期。

门洪华:《中国软实力评估报告》,《国际观察》2007 年第 3 期。

宁继鸣:《基于体验的文化教学与传播——中华传统文化研究与体验基地建设分析》,《世界汉语教学学会通讯》2014 年第 3 期。

牛康侃、陈德敏:《孔子学院对我国高等教育国际化的借鉴意义》,《海外华文教育》2017 年第 9 期。

潘懋元、张应强:《华文教育:中华优秀传统文化现代价值的彰显》,《东南学术》1998 年第 3 期。

曲凤荣、刘珉川:《发挥孔子学院作用 助推中俄民间话语融通》,《对外传播》2020 年第 4 期。

沈蓓蓓:《孔子学院发展困境透析》,《贵州民族大学学报》(哲学社会科学版) 2014 年第 4 期。

沈蓓蓓:《从孔子学院看中华文化的跨文化传播》,《贵州大学学报》(社会科学版) 2003 年第 3 期。

宋佳琪:《孔子学院的文化传播困境及其消解》,《记者摇篮》2017 年第 8 期。

苏晓智、吴耀武：《丝绸之路经济带西部高校孔子学院建设构想——以西安为例》，《科技创业月刊》2014 年第 9 期。

孙志远：《"一带一路"战略构想的三重内涵》，《学习月刊》2015 年第 1 期。

孙存良、李宁：《"一带一路"人文交流：重大意义、实践路径和建构机制》，《国际援助》2015 年第 2 期。

孙吉胜：《孔子学院：语言、文化与理念的传播》，《公共外交季刊》2014 年第 3 期。

孙璐瑶、濮桂芳：《网络孔子学院发展面临的挑战及建议》，《世界教育信息》2016 年第 23 期。

唐京华、李国青：《孔子学院对外文化传播功能的现状与反思》，《改革开放》2018 年第 13 期。

唐小松：《中国公共外交的发展及其体系构建》，《现代国际关系》2006 年第 2 期。

田学军：《在第十二届孔子学院大会闭幕式上的总结讲话》，《孔子学院》2018 年第 1 期。

宛新政：《孔子学院与海外汉语师资的本土化建设》，《云南师范大学学报》（对外汉语教学与研究版）2009 年第 1 期。

王建军：《汉语国际教育师资本土化的基本内涵、培养模式与未来走向》，《云南师范大学学报》（对外汉语教学与研究版）2015 年第 3 期。

王秋彬：《开展"一带一路"公共外交的思考》，《理论视野》2015 年第 6 期。

王天军、王珏瑞：《丝绸之路经济带战略构想下的体育文化交流研究》，《西安体育学院学报》2014 年第 6 期。

王蔚：《文化治理不是治理文化——与竹立家教授商榷》，《探索与争鸣》2014 年第 8 期。

王彦伟：《孔子学院的利益相关方及其互动关系：一个分析框架》，

《云南师范大学学报》（对外汉语教学与研究版）2013 年第 4 期。

王彦伟：《非营利组织全球文化治理功能的实践——以孔子学院项目为例》，《中国非营利评论》2017 年第 1 期。

王彦伟、赵雅萍：《文化治理：一个治理领域抑或一种治理方式?》，《文化软实力研究》2017 年第 3 期。

王彦伟：《孔子学院提升齐鲁文化国际影响力的分析与思考》，《对外传播》2019 年第 1 期。

王毅：《开辟新时代中国特色大国外交新境界》，《求是》2018 年第 1 期。

王义桅：《孔子学院与公共外交三步走》，《公共外交季刊》2014 年第 6 期。

王怡仙：《孔子学院如何讲好中国故事》，《人民论坛》2018 年第 25 期。

王瑛：《法国本土化汉语师资培训模式的构建》，《云南师范大学学报》（对外汉语教学与研究版）2010 年第 6 期。

王志民：《"一带一路"战略与中国外交走向》，《中国浦东干部学院学报》2016 年第 1 期。

王祖嫘、吴应辉：《汉语国际传播发展报告（2011—2014）》，《新疆师范大学学报》（哲学社会科学版）2015 年第 4 期。

汪灵灵：《"第三种文化"视阈下孔子学院文化建设的思考》，《人民论坛》2013 年第 32 期。

魏建国：《一带一路是中国的第三次改革开放》，《中国投资》2015 年第 17 期。

温洪泉：《对外文化传播：从丝绸之路到孔子学院》，《技术与市场》2013 年第 12 期。

吴俊清等：《大学文化治理：概念、理念、环境与研究内涵》，《现代教育管理》2012 年第 10 期。

吴玫、朱文博：《中国文化走出去面临的国际舆论困境》，《经济导刊》2017 年第 11 期。

吴明海：《"一带一路"与孔子学院》，《文化学刊》2015 年第 3 期。

吴晓萍：《中国形象的提升：来自孔子学院教学的启示——基于麻
　　省大学波士顿分校和布莱恩特大学孔子学院问卷的实证分析》，
　　《外交评论》2011 年第 1 期。

吴瑛：《中国文化对外传播效果研究——对 5 国 16 所孔子学院的调
　　查》，《浙江社会科学》2012 年第 4 期。

吴应辉：《孔子学院经营模式类型与可持续发展》，《中国高教研
　　究》2010 年第 2 期。

吴应辉：《孔子学院评估指标体系研究》，《教育研究》2011 年第
　　8 期。

吴应辉：《关于国际汉语教学"本土化"与"普适性"教材的理论
　　探讨》，《语言文字应用》2013 年第 3 期。

吴应辉：《汉语国际传播事业新常态特征及发展思考》，《语言文字
　　应用》2015 年第 5 期。

吴应辉、刘帅奇：《孔子学院发展中的"汉语+"和"+汉语"》，
　　《国际汉语教学研究》2020 年第 1 期。

谢孟军：《文化"走出去"的投资效应研究：全球 1326 所孔子学院
　　的数据》，《国际贸易问题》2017 年第 1 期。

邢欣、李琰、郭安：《"丝绸之路经济带"核心区汉语国际化人才
　　培养探讨》，《国际汉语教学研究》2016 年第 1 期。

邢欣、宫媛：《"一带一路"倡议下的汉语国际化人才培养模式的
　　转型与发展》，《世界汉语教学》2020 年第 1 期。

徐丽华：《孔子学院的发展现状、问题及趋势》，《浙江师范大学学
　　报》（社会科学版）2008 年第 5 期。

徐平：《文化治理现代化的可行路径》，《国家治理》2014 年第
　　16 期。

许利平：《中国与周边国家的人文交流：路径与机制》，《新视野》

2014 年第 5 期。

许坚、张文秋：《国际文化交流平台与中国文化产品出口——基于全球 1356 所孔子学院的数据》，《文化产业研究》2019 年第 4 期。

许琳：《汉语国际推广的形势和任务》，《世界汉语教学》2007 年第 2 期。

许琳：《第八届孔子学院大会总结》，《孔子学院》2014 年第 1 期。

许少民：《孔子学院能否塑造"文化中国"话语权》，香港《瞭望中国》2012 年 6 月总第 171 期。

阎学通、徐进：《中美软实力比较》，《现代国际关系》2008 年第 1 期。

杨利英：《文化走出去战略与文化大繁荣》，《中共山西省委党校学报》2012 年第 6 期。

杨庆华：《新一代对外汉语教材的初步设想——在全国对外汉语教学基础汉语推荐教材问题讨论会上的发言》，《语言教学与研究》1995 年第 4 期。

杨恕：《关于推进"一带一路"建设教育交流合作的战略思考》，《比较教育研究》2015 年第 6 期。

杨晓霭：《汉语"本土化"教学与汉语国际教育专业硕士的培养——以土耳其汉语教学为个案》，《中国大学教学》2012 年第 6 期。

杨毅：《软实力视角下中国人文交流机制的构建》，《理论与改革》2012 年第 4 期。

易杳：《对外汉语教育之困》，《瞭望》2008 年第 7 期。

叶隽：《作为理念的文化外交及其柔力强势——以德国孔子学院为例》，《国际观察》2010 年第 6 期。

尹春梅、马磊：《中亚孔子课堂质量评估研究——以吉尔吉斯国立民族大学孔子学院为例》，《新疆师范大学学报》（哲学社会科学版）2015 年第 1 期。

殷淑芬、黎瑛：《"一带一路"背景下新西兰孔子学院的建设路径
　　探析》，《世界教育信息》2019 年第 24 期。

袁礼、郑晓齐：《孔子学院贡献度、组织行为及功能定位述评》，
　　《大学教育科学》2010 年第 4 期。

于小植：《汉语言文化在"一带一路"沿线国家传播的时代语境、
　　现实瓶颈与未来路径》，《华夏文化论坛》2019 年第 2 期。

詹春燕、李曼娜：《孔子学院的可持续性发展：指标、模式与展
　　望》，《华南师范大学学报》（社会科学版）2014 年第 5 期。

詹春燕、卢梦亚：《孔子学院汉语国际教育的困境与优化分析》，
　　《现代教育论丛》2019 年第 6 期。

张德瑞：《对孔子学院国际传播战略的思考》，《人民论坛·学术前
　　沿》2016 年第 4 期。

张蝶、王杰、祝欢：《"我的'中国梦'"——专访卡迪夫大学孔子
　　学院最年长学员》，《孔子学院》2018 年第 3 期 。

张东辉、谷婷婷：《孔子学院发展模式探析——对四所孔子学院的
　　比较研究》，《复旦教育论坛》2015 年第 1 期。

张红：《中意合作打造新入职公派汉语教师培训》，《孔子学院》
　　（中意文对照版）2015 年第 5 期。

张会：《孔子学院文化活动设计与反思》，《云南师范大学学报》
　　（对外汉语教学与研究版）2014 年第 5 期。

张日培：《服务于"一带一路"的语言规划构想》，《云南师范大学
　　学报》2015 年第 4 期。

赵成新：《"一带一路"视域下孔子学院的功能与实现》，《河南大
　　学学报》（社会科学版）2020 年第 2 期。

赵金铭：《论对外汉语教材评估》，《语言教学与研究》1998 年第
　　3 期。

赵金铭：《国际汉语教育研究的现状与拓展》，《语言教学与研究》

2011 年第 4 期。

赵金铭：《孔子学院汉语教学现状与教学前景》，《华南师范大学学报》（社会科学版）2014 年第 11 期。

赵世举：《"一带一路"建设的语言需求及服务对策》，《云南师范大学学报》（哲学社会科学版）2015 年第 7 期。

赵屹青：《非洲汉语教学师资本土化培养的思考——以埃塞俄比亚职业教育孔子学院为例》，《吉林广播电视大学学报》2018 年第 5 期。

赵跃：《孔子学院与高校协同发展研究》，《山东社会科学》2013 年第 10 期。

郑刚、刘金生：《"一带一路"战略中教育交流与合作的困境及对策》，《比较教育研究》2016 年第 2 期。

钟启泉：《教学方法：概念的诠释》，《教育研究》2017 年第 1 期。

钟新、邝西曦：《新丝绸之路外交：促进中国与周边国家多主体之间良性互动》，《公共外交季刊》2014 年第 4 期。

钟英华：《孔子学院在中外文化交融中的作用》，《天津师范大学学报》2015 年第 2 期。

周璐铭：《孔子学院十年发展统计、成果分析与战略建议》，《西南交通大学学报》2015 年第 1 期。

周明伟：《"一带一路"人文交流亟待强化》，《中国报道》2015 年第 4 期。

周倩：《"一带一路"视野下的东南亚汉语推广市场分析》，《云南师范大学学报》2015 年第 5 期。

周小兵、陈楠：《"一版多本"与海外教材的本土化研究》，《世界汉语教学》2013 年第 2 期。

周小兵、陈楠等：《汉语教材本土化方式及分级研究》，《华南师范大学学报》（社会科学版）2014 年第 5 期。

朱国仁：《"一带一路"是中国全方位对外开放的新战略》，《行政管理改革》2015 年第 7 期。

竹立家:《我们应当在什么维度上进行"文化治理"》,《探索与争鸣》2014 年第 5 期。

Christopher Hughes, "Confucius Institutes and the University: Distinguishing the Political Mission from the Cultural", Issues and Studies, 50 (4), 2015.

David Volodzko, "China's Confucius Institutes and the Soft War", The Diplomat, 08 July 2015.

Ding, S. & Saunders, R. A. "Talking up China: An analysis of China's rising cultural power and global promotion of the Chinese language", East Asia, 23 (2), 2006.

Don Starr, "Chinese Language Education in Europe: The Confucius Institutes", European Journal of Education, 44 (1), 2009.

Donald Lien, Chang Hoon Oh and W. Travis Selmier, "Confucius institute effects on China's trade and FDI: Isn't it delightful when folks afar study Hanyu?", International Review of Economics and Finance, 21 (1), 2012.

Emily Metzgar, "Friends from Afar? American media coverage of China's Confucius Institutes", Journalism Practice, 11 (8), 2017.

Falk Hartig, "China's Global Image Management: Paper Cutting and the Omission of Politics", Asian Studies Review, 42 (4), 2018.

Falk Hartig, "Communicating China to the World: Confucius Institutes and China's Strategic Narratives", Politics, 35 (3 - 4) 2015.

Falk Hartig, "Confucius Institutes and the Rise of China", Journal of Chinese Political Science, 17 (1), 2012.

Falk Hartig, "Cultural diplomacy with Chinese characteristics: The Case of Confucius Institutes in Australia", Communication, Politics & Culture, 42 (Part 2), 2012.

Falk Hartig, "New Public Diplomacy Meets Old Public Diplomacy -the Case of China and Its Confucius Institutes", New Global Studies, 8 (3), 2014.

Falk Hartig, "Panda Diplomacy: The Cutest Part of China's Public Diplomacy", The Hague Journal of Diplomacy, 8 (1), 2013.

Flew, Terry & Falk Hartig, "Confucius Institutes and the Network Communication Approach to Public Diplomacy", The IAFOR Journal of Asian Studies, 1 (1), 2014.

James F. Paradise, "China and international harmony: The role of Confucius Institutes in bolstering Beijing's soft power", Asian Survey, 49 (4), July/August 2009.

James McBride, Building the New Silk Road, Economics, 25 May 2015.

Jeffrey Gil, "China's Confucius Institute project: Language and soft power in world politics", The Global Studies Journal, 2 (1).

Jennifer Hubbert, "Ambiguous States: Confucius Institutes and Chinese Soft Power in the U.S. Classroom", Political & Legal Anthropology Review, 37 (2), 2014.

Joseph S. Nye, Jr., "China's Soft Power Deficit—To Catch Up, Its Politics Must Unleash the Many Talents of Its Civil Society," Wall Street Journal, May 8, 2012.

Liu Xin, So Similar, So Different, So Chinese: Analytical Comparisons of the Confucius Institute with its Western Counterparts, Asian Studies Review, 43 (2), 2019.

Marguerite J. Dennis, "The soft power of Confucius Institutes", Enrollment Management Report, 22 (6), 2018.

Marissa Benavides, "When Soft Power is Too Soft: Confucius Institutes' Nebulous Role in China's Soft Power Initiative", The Yale Review of International Studies, August 2012.

Marshall Sahlins, "China U", The Nation, Nov 18, 2013, 297 (20).

Michael Schuman, "China's New Silk Road Dream, Bloomberg Business-week", November 25, 2015.

Michael Schuman, "China's New Silk Road Dream", Bloomberg Busi-nessweek, Nov 30 – Dec 6, 2015.

PanSu-Yan, "Confucius Institute Project: China's Cultural Diplomacy and Soft Power Projection", Asian Education and Development Stud-ies, 1 (2), 2013.

Paradise, J. F., "China and international harmony: The Role of Confu-cius Institutes in Bolstering Beijing's Soft Power", Asian Survey, 49 (4), 2009.

Peter Schmidt, "At U. S. Colleges, Chinese-Financed Centers Prompt Worries About Academic Freedom", The Chronicle of Higher Educa-tion, 17 Oct. 2010.

Randolph Kluver, "The Sage as Strategy: Nodes, Networks, and the Quest for Geopolitical Power in the Confucius Institute", Communica-tion, Culture & Critique, 7 (2), 2014.

Yang Rui, "Soft power and Higher Education: An Examination of China's Confucius Institutes", Globalization, Societies, and Educa-tion, 8 (1), 2010.

Zhao Hongqin and Huang Jianbin, "China's Policy of Chinese as a For-eign Language and the Use of Overseas Confucius Institutes", Educa-tional Research for Policy and Practice, 9 (2), 2010.

三　报纸文章

习近平:《弘扬人民友谊 共创美好未来——在纳扎尔巴耶夫大学的演讲》,《人民日报》2013 年 9 月 8 日。

习近平:《携手构建合作共赢新伙伴 同心打造人类命运共同体——在第七十届联合国大会一般性辩论时的讲话》,《人民日报》2015 年 9 月 29 日。

习近平:《共同构建人类命运共同体——在联合国日内瓦总部的演讲》,《人民日报》2017 年 1 月 20 日。

习近平:《决胜全面建成小康社会 夺取新时代中国特色社会主义伟大胜利——在中国共产党第十九次全国代表大会上的报告》,《人民日报》2017 年 10 月 28 日。

习近平:《携手建设更加美好的世界——在中国共产党与世界政党高层对话会上的主旨讲话》,《人民日报》2017 年 12 月 2 日。

习近平:《坚持对话协商共建共享合作共赢交流互鉴 推动共建"一带一路"走深走实造福人民》,《人民日报》2018 年 8 月 28 日。

习近平:《东西交往传佳话 中意友谊续新篇》,《人民日报》2019 年 3 月 21 日。

习近平:《深化文明交流互鉴 共建亚洲命运共同体——在亚洲文明对话大会开幕式上的主旨演讲》,《人民日报》2019 年 5 月 16 日。

陈宝生:《落实 落实 再落实——在 2019 年全国教育工作会议上的讲话》,《中国教育报》2019 年 1 月 31 日。

陈晓晨、马赛:《中意人文交流取得实实在在成果》,《光明日报》2019 年 3 月 21 日。

陈至立:《对外汉语推广和中外文化交流的成功实践——写在孔子学院创建 10 周年之际》,《人民日报》2014 年 12 月 19 日。

郭扶庚:《孔子学院:给世界一个温暖积极的中国》,《光明日报》2007 年 4 月 10 日第 5 版。

韩方明:《孔子学院代表中国软实力》,新加坡《联合早报》2013 年 12 月 17 日。

韩业庭:《以文化为媒促合作交流——"一带一路"人文交流与合

作取得新进展》，《光明日报》2017 年 4 月 14 日。

韩幸：《构建人类命运共同体 推动高校教育合作——以哈尔滨师范大学为例》，《中国教育报》2019 年 4 月 25 日。

郝时远：《文化是"一带一路"建设的重要力量》，《人民日报》2015 年 11 月 26 日第 7 版。

荆文娜：《孔子学院："一带一路"上的"亲善大使"》，《中国经济导报》2017 年 5 月 16 日。

李宝贵、庄瑶瑶：《意大利：将汉语纳入国民教育体系》，《光明日报》2019 年 3 月 21 日。

李丹：《孔子学院凸显文化公共外交价值》，《中国社会科学报》2015 年 4 月 8 日。

李丹：《一带一路为孔子学院发展升级提供新推力》，《中国社会科学报》2017 年 6 月 5 日。

李丹：《孔子学院为何屡遭责难》，新加坡《联合早报》2019 年 6 月 8 日。

李应齐：《学习中文，不再仅仅是兴趣》，《人民日报》2017 年 10 月 24 日。

李宇明：《"一带一路"语言铺路》，《光明日报》2018 年 8 月 12 日第 12 版。

凌波文：《汉语教材开发一直在路上》，《人民日报》（海外版）2016 年 4 月 2 日第 5 版。

刘宏、马思睿：《从软实力到网络力——孔子学院发展的新思路》，新加坡《联合早报》2014 年 10 月 20 日。

刘利：《从"对外汉语教学"到"汉语国际教育"》，《光明日报》2018 年 12 月 23 日第 12 版。

刘琛：《以国际视野讲好中国故事》，《光明日报》2018 年 9 月 27 日。

鲁元珍：《感受亚洲文明的风采魅力》，《光明日报》2019 年 5 月 14

日。

马国彦:《汉语国际化的必由之路:从普通评价到专业评价》,《中国社会科学报》2018 年 3 月 6 日。

鲁元珍:《感受亚洲文明的风采魅力》,《光明日报》2017 年 10 月 7 日。

马国彦:《加强海外本土汉语教师培养助力汉语国际化》,《中国社会科学报》2018 年 6 月 12 日。

苗福光:《孔子学院运营模式有待完善》,《中国社会科学报》2016 年 1 月 29 日。

邱芹:《无棣人王宝祥在几内亚"白手起家"创办孔子学院》,《滨州日报》2018 年 6 月 22 日。

沈卫星、靳晓燕、沈耀峰:《孔子学院:向世界的一声问候》,《光明日报》2012 年 1 月 5 日。

田延辉、练洛:《孔子学院:从文化之窗到心灵之桥》,《光明日报》2014 年 9 月 28 日第 1 版。

王春辉:《汉语国际传播事业新格局》,《中国社会科学报》2018 年 10 月 23 日。

王芳、傅丁根:《文化交流的"中国样本"》,《人民日报》2012 年 3 月 1 日。

王义桅:《"一带一路"助孔子学院高飞》,《人民日报》(海外版) 2015 年 2 月 17 日。

王颖:《厦门师友如相问 一片冰心在玉壶》,《福建侨报》2017 年 8 月 4 日。

吴兢:《为不同国家、不同肤色的人们提供交流、互鉴、合作新平台——孔子学院:中国文化拥抱世界》,《人民日报》2012 年 8 月 10 日。

叶琦:《意大利汉学家费德利科·马西尼——"让更多外国人获得理解中国的钥匙"》,《人民日报》2019 年 1 月 6 日。

余三乐：《利玛窦：中西文明交流的开拓者》，《中国社会科学报》2010 年 5 月 11 日。

张鹏飞：《人心相通 语言先行》，《光明日报》2017 年 8 月 3 日。

张颖：《菲律宾孔子学院中方院长章石芳：茉莉花开香满园》，《福建日报》2016 年 5 月 23 日。

张志文：《汉语班开到菲律宾总统府》，《人民日报》2017 年 2 月 11 日。

赵晓霞：《"我们和孔院是一家人"——孔子学院架设中外交流之桥》，《人民日报》（海外版）2019 年 5 月 10 日。

周明阳：《从语言入手 用心灵沟通——"一带一路"沿线已有 53 国建立 137 所孔子学院》，《经济日报》2018 年 9 月 11 日。

《孔子学院发展规划（2012—2020 年）》，《光明日报》2013 年 2 月 28 日。

《坦然应对美方围绕孔院的小心眼》，《环球时报》2019 年 2 月 28 日。

《推动共建丝绸之路经济带和 21 世纪海上丝绸之路的愿景与行动》，《人民日报》2015 年 3 月 29 日。

《习近平主席给意大利罗马国立住读学校师生回信》，《人民日报》2019 年 3 月 19 日。

《携手并肩开创孔子学院发展新局面》，《人民日报》2016 年 12 月 11 日。

《写在 10 年之际——中国大学校长眼中的孔子学院》，《光明日报》2014 年 9 月 27 日。

《与时俱进 锐意创新 推动我省教育国际交流与合作向深度广度发展》，《山东教育报》2016 年 2 月 9 日。

《中办国办印发〈加快推进教育现代化实施方案（2018—2022 年）〉》，《人民日报》2019 年 2 月 24 日。

《中共中央国务院印发〈中国教育现代化 2035〉》，《人民日报》

2019 年 2 月 24 日。

《中国教育的世界眼光》,《中国教育报》2012 年 8 月 20 日。

《中华人民共和国和意大利共和国关于加强全面战略伙伴关系的联
合公报》,《人民日报》2019 年 3 月 24 日。

《助力中国文化"自信出海"》,《人民日报》2014 年 12 月 11 日。

《纵论教育改革开放 40 年,顾明远先生对话许美德教授——中国教
育发展的全球意义在哪里》,《中国教育报》2018 年 9 月 27 日。

《最想把什么带回国?外国学生选出中国"新四大发明"》,《京华
时报》2017 年 5 月 12 日。

四 学位论文

戴蓉:《孔子学院与中国语言文化外交》,硕士学位论文,复旦大
学,2008 年。

董郁倩:《文化传播视角下的孔子学院发展研究》,硕士学位论文,
河北师范大学,2012 年。

杜巍:《孔子学院与歌德学院在文化推广方面的比较研究》,硕士学
位论文,浙江大学,2013 年。

郝俊峰:《中国软实力建设的有效途径——以孔子学院为例》,硕士
学位论文,河北师范大学,2010 年。

黄荣钧:《孔子学院提升我国文化软实力作用研究》,硕士学位论
文,西南财经大学,2014 年。

贾昊:《土耳其安卡拉地区汉语教学"三教"(教师、教材、教法)
问题调查研究》,硕士学位论文,云南大学,2013 年。

李佳晔:《孔子学院管理中存在的问题及对策研究》,硕士学位论
文,中央民族大学,2011 年。

李瑶:《论孔子学院对中国软实力的影响》,硕士学位论文,北京语
言大学,2009 年。

刘红叶：《欧盟文化政策研究》，博士学位论文，中共中央党校，
　　2013 年。

宁继鸣：《汉语国际推广：关于孔子学院的经济学分析与建议》，博
　　士学位论文，山东大学，2006 年。

潘佳盈：《泰国汉语教育专业本科建设研究》，博士学位论文，中央
　　民族大学，2018 年。

田迎春：《海外孔子学院教学模式研究》，硕士学位论文，山东大
　　学，2011 年。

王金燕：《文化传播视角下孔子学院的功能研究》，硕士学位论文，
　　山东师范大学，2011 年。

王玥：《斯里兰卡本土汉语师资调查与分析》，硕士学位论文，重庆
　　师范大学，2017 年。

王云泉：《孔子学院海外文化传播模式研究》，硕士学位论文，江西
　　师范大学，2011 年。

闫雅琪：《菲律宾红溪礼示大学孔子学院本土汉语教师培养模式调
　　查分析》，硕士学位论文，辽宁师范大学，2016 年。

于光胜：《文明的融合与世界秩序》，博士学位论文，山东大学，
　　2009 年。

袁国强：《中国文化外交模式下的孔子学院研究》，硕士学位论文，
　　电子科技大学，2012 年。

张薇：《基于语料库的中外"一带一路"话语批评架构分析》，博
　　士学位论文，南京师范大学，2018 年。

钟永亮：《中国文化外交面临的问题及其原因分析——以孔子学院
　　为个案》硕士学位论文，外交学院，2013 年。

周石：《中国软实力提升的文化路径分析——以孔子学院为视角》，
　　硕士学位论文，上海社会科学院，2012 年。

朱海：《教材本土化与汉语作为外语教学的专业化——维也纳大学
　　汉语系教材与教学现状分析》，硕士学位论文，复旦大学，

2012 年。

Andrii Pavlenok/安德烈:《乌克兰小学汉语教材本土化编用研究——以〈中文课本〉和〈汉语新起点〉为例》,硕士学位论文,吉林大学,2018 年。

Chua Cindy Sin Ni、蔡欣霓:《论南洋理工大学孔子学院的本土化与社会功能》,硕士学位论文,新加坡南洋理工大学,2015 年。

Fan Qiang, "Promoting Public Diplomacy in Adversarial Environment-A Stakeholder Approach to the Survival of the Confucius Institutes (CIs)", Doctoral Thesis of Niigata University, 2018.

Ma Sirui, "Building the 'Chinese Bridge': Dynamics of Transnational Engagement through Confucius Institutes in Southeast Asia", Doctoral Thesis of Nanyang Technological University, 2018.

Stephen Hoare-Vance, "The Confucius Institutes and China's Evolving Foreign Policy", MA Thesis of University of Canterbury, 2009.

五　网站

孔子学院总部/国家汉办网站,http：//www. hanban. org。

网络孔子学院,http：//www. chinesecio. com。

对外汉语人俱乐部网站,http：//www. teachingchinese. net。

一带一路网,http：//www. ydylw. cn。

中国一带一路网,https：//www. yidaiyilu. gov. cn。

"一带一路"频道,http：//www. xinhuanet. com/silkroad。

中华人民共和国教育部网站,http：//www. moe. gov. cn。

中华人民共和国外交部网站,https：//www. fmprc. gov. cn。

中华人民共和国文化和旅游部网站,https：//www. mct. gov. cn。

国务院侨务办公室网站,http：//www. gqb. gov. cn。

中外人文交流网,https：//www. ccipe. edu. cn。

《人民日报》网站，http：//paper. people. com. cn/rmrb。

《人民日报》（海外版）网站，http：//paper. people. com. cn/rmrbh-wb。

《光明日报》网站，http：//www. gmw. cn。

《环球时报》网站，http：//www. huanqiu. com。

《参考消息》网站，http：//www. cankaoxiaoxi. com。

人民网，http：//www. people. com. cn。

新华网，http：//www. xinhuanet. com。

中国新闻网，http：//www. chinanews. com。

中国日报网，http：//www. chinadaily. com. cn。

海外网，http：//www. haiwainet. cn。

公共外交网，http：//www. pdcec. com。

中国华文教育基金会，http：//www. clef. org. cn。

凤凰资讯，http：//news. ifeng. com。

中国华文教育网，www. hwjyw. com。

厦门大学汉语国际推广南方基地网站，http：//ocia. xmu. edu. cn。

北京外国语大学孔子学院工作处网站，https：//oci. bfsu. edu. cn。

北京语言大学孔子学院工作处网站，http：//ci. blcu. edu. cn。

北京大学汉语国际推广工作办公室网站，http：//www. hanban. pku. edu. cn。

山东大学孔子学院工作办公室网站，http：//kzxy. sdu. edu. cn。

BBC 中文网，https：//www. bbc. com/zhongwen/simp。

美国之音中文网，https：//www. voachinese. com。

德国之声中文网，https：//www. dw. com/zh。

欧洲时报网站，http：//www. oushinet. com。

金融时报 FT 中文网，http：//www. ftchinese. com。

路透 Reuters 中文网，https：//cn. reuters. com。

新加坡南洋理工大学孔子学院网站，http：//ci. ntu. edu. sg。

新加坡汉语水平考试中心（科思达），https：//hsk – crestar. com. sg。

新加坡华文教研中心网站，https：//www. sccl. sg。

意大利孔子学院网络信息平台，http：//www. istitutoconfucio. it/italia。

意大利罗马大学孔子学院网站，http：//it – uniroma1 – confuciusin- stitute. it. chinesecio. com。

英国伦敦孔子学院，https：//www. soas. ac. uk/lci。

英国曼彻斯特大学孔子学院，http：//www. confuciusinstitute. man- chester. ac. uk。

英国谢菲尔德大学孔子学院，https：//www. sheffield. ac. uk/confu- cius。

德国孔子学院信息网，http：//www. konfuzius – institute. de。

德国纽伦堡 – 埃尔兰根孔子学院官网，http：//www. konfuzius – in- stitut. de。

德国杜伊斯堡 – 埃森大学鲁尔都市孔子学院网站，https：// www. uni – due. de/konfuzius – institut。

American Association of University Professors （AAUP），https：// www. aaup. org.

Asia Times, http：//www. atimes. com.

British Council, https：//www. britishcouncil. org.

Brookings Institution, https：//www. brookings. edu.

Center for Strategic and International Studies （CSIS），https：// www. csis. org.

Centre for the Study of Globalisation and Regionalisation, www. war- wick. ac. uk/csgr.

China File, http：//www. chinafile. com.

Daily Times, https：//dailytimes. com.

Financial Times, https：//www. ft. com.

Foreign Policy（FP）, https: //foreignpolicy. com.

Global Research, http: //www. globalresearch. ca.

Inside Higher Education, https: //www. insidehighered. com.

Money Week, http: //moneyweek. com.

National Associaton of Scholars（NAS）, https: //www. nas. org.

News Week, https: //www. newsweek. com.

Portland Press Herald, https: //www. pressherald. com.

The Diplomat, https: //thediplomat. com.

The Nation, https: //www. thenation. com.

The State, https: //www. thestate. com.

United States Government Accountability Office, https: //www. gao. gov.

Washington Post, https: //www. washingtonpost. com.

World Politics Review（WPR）, https: //www. worldpoliticsreview. com.

后　记

　　细想起来，我与孔子学院结缘可以追溯到2012年，那年正在英国做访问学者，有两件事触动了我。一是过年时看到孔子学院在英国庆祝春节的活动报道，大开眼界，孔子学院作为中国的语言文化机构早已在国外民众生活中"撑动一池春水"。二是看到《孔子学院与中国崛起》（*Confucius Institutes and the Rise of China*）的文章，作者福克·哈蒂格（Falk Hartig）将孔子学院视为中国发起魅力外交攻势的手段和向世界说明自己的两大支柱之一，顿时为之一振。孔子学院已经成为一个显性存在，甚至是热门现象，同时也成了公共外交、文化传播、语言教学、海外教育等领域的研究对象。当看到我所在的厦门大学公开招聘孔子学院中方院长的公告时，当即在那年三八节的截止日期报了名——与其坐而论道，不如起而行之，就算作给自己妇女节的礼物吧。随后经过笔试、面试、培训后，一年后正式开始了我的"孔院人"生涯。个人认为，是不是"孔子学院的人"除了看是否从事孔子学院的工作以外，还要看是否"心在孔院""为了孔院"，做孔子学院的相关研究应该也算吧？起码我自己这么以为，以至于在调研中我多次不自觉地以"咱们"和孔子学院的师生们相称。

　　关于孔子学院本土化的论题是我在英国卡迪夫大学（Cardiff University）孔子学院任职中方院长时就开始思考和关注的。至今清楚地记得自己与卡迪夫孔子学院最年轻的教师戚影谈及这一话题时她的困惑。她说自己每天坐火车往返 St. Cenydd 孔子课堂上课，在路上花费的时间有时比上课时间都多，早出晚归的依然达不到汉办工作量，由此感慨自己没有什么成就感。她问我如果培训一个本土教师，岂不是成本更低、效果更好？如此年轻的一位汉语教师已经意识到了师资本土化的必要性和重要性！联想到我们当时刚刚申请成功的若姆尼河谷中学孔子课堂（Ysgol Gyfun Cwm Rhymni，英语为 Rhymney Valley Comprehensive school），这是一所以威尔士语为教学中介语言的中学（Welsh－medium school），光是填写、对应中英文和威尔士语三语的申请表，我和杨琨老师都花费了一周时间（汉办要求课堂申请表中英对照，该中学则要求任何官方文件必须英语、威尔士语双语），连孔子学院总部为该孔子课堂制作的铜制匾额都修改了两次（由最初的中英双语改为中威双语，作为专门倡导威尔士语的学校，该校使用的所有语言文字标识和资料都要有威尔士语对应，英语反而可以不用）。对于这样一个不仅体现国别化特色更体现地域化语言的孔子课堂，汉语教学对本土化的要求、对教师的挑战可想而知。如果说本土化是解决师资不够用、教材不实用、教法不适用问题最直接、最有效的方式，孔子学院具体该怎么办。这是一线孔院人不得不思考和回答的问题，也是一个因地制宜、因院而异的问题。因此，当 2015 年圣诞放假期间着手论证孔子学院本土化的国家社科基金课题时，觉得自己对于正做的这个事业及其未来发展有很多话要说，未来本土化要在全球不同的孔子学院推进，这里面有很多问题值得研究。

与很多从事过孔子学院事业的孔院人一样，孔院经历令我感慨、感悟、感触、感动、感念、感怀良多。麦克·库奇（Mike Crouch）是英国卡迪夫大学孔子学院最年长、对中国语言文化最痴情的学员，汉语是他热爱中国的信物，他的信条是"如果你会使用英语和汉语，这个世界将是你的主场！"20 年前他就给当时工党政府写信建议开设汉语课。2002 年，他又给媒体写信呼吁，再后来又向威尔士政府提议。在得到威尔士联合教育委员会（WJEC）同意后，第一时间就做出了完整文案，从多个层面阐释了学习汉语、推广汉语教学的重要性，积极说服相关部门展开汉语教学工作。如今威尔士政府已经启动了"全球未来"（Global Futures）计划，投资48万英镑以推动威尔士地区学校的外语教学，威尔士四个地区的中学老师接受汉语教学培训。他本人身体力行，80岁高龄还在孔子学院成人班上坚持学习汉语、参加HSK考试。在他这样的热心人士支持下，卡迪夫大学孔子学院的汉语教学推广工作取得了很大进步。我离任前夕，麦克通过别人转交给我一张贺卡，感谢我背井离乡来到卡迪夫，为教授当地人汉语尽心尽力，他说每次晚上路过楼下看到我办公室的灯光就会由衷感谢中方的付出。贺卡信封里还装了一个威尔士传统礼物"爱之勺"。他的诚挚话语和深厚情谊令我万分感动，意识到自己所做工作的意义，他馈赠的卡片和礼物也成为最美好的记忆。

这大概是一个国际政治专业教师旁逸斜出积极投身孔子学院建设、潜心研究孔子学院的原因。孔子学院的经历也刷新了自己对教师职业生涯的以往经验，此前似乎觉得凡是付出努力的事情必有收获：努力上课自然能得到学生好评，努力钻研就能写出东西，努力做科研就会有成果。但来到孔子学院之后，才知道努力的不一定有结果，甚至不一定有好结果，有时还需要"努力"地把"努力"变成不那么"努力"的样子——正所谓"无为而治"，做了但看起来却像没做，这似乎才是中国在汉语国际推广、中国文化对外传播中更高的境界和技巧。针对孔子学院的各种负面论调，我这个国际政治专业的老师特别敏感，诸如什么"妨碍学术自由""渗透意识形态""窃取知识产权""输出价值观""特洛伊木马""政治宣传""文化前哨""安全威胁""压制批评""教师洗脑"等，让我如鲠在喉不吐不快，但以"孔院人"的身份进行批驳似有以牙还牙之嫌，又怕不小心掉入议题陷阱，只有暗下决心要将孔子学院问题研究到底，以一个专业学者的理性思维去澄清这些问题。同时，这些批评也让我看到了中方努力与对方看法的巨大差异。孔子学院的顾问、歌德学院的阿克曼（Michael Kahn‑Ackermann）先生，曾于2014 年 12 月 8 日在厦门大学科学艺术中心音乐厅针对参加第九届孔子学院大会的中方院长做过《关于文化交流》的讲座，劝我们不要害怕误解和批评，他认为文化交流是不同文化、不同价值观的接触，不可避免会产生误会。而误会不一定就是坏事情，有时误会反倒是一个极具创造性的事情，因为别人没有完全理解你，通过这个事情你却可以反思。我的反思结果是：要在逆势中办成办好孔子学院这件事，既不能低头哈腰、逆来顺受，也不能激愤赌气、意气用事，要于众声喧哗之中，保持理性平和，面对不同问题，厘清本质、明确方向。上策是坚持不懈推进本土化，与对方建立利益、责任、命运共同体。作为海外合作机构，孔子学院源自中国，办在海外，是中外合作的结晶，本身就是中外合作共同体。孔子学院不是中方一家说了算的事，要想有所成，必须走融合发展之道，有容乃大，有融乃强。在一定意义上，孔子学院的本土化程度决定了中外的利益融合程度、当地认可程度、对华信任程度、承担责任程度、抵抗风险程度。本土化有助于使孔子学院的利益与所在大学、社区和所属国家、地区的利益融合在一起，建立起淡化、缓冲、过滤外界疑虑、不解、敌意的屏障。可以说，孔子学院中外合作的身份性质决定了本土化是基本生存逻辑，构建与对方相嵌、相契、相融的共同体是长远发展大计。有效的本土化也有助于孔子学院获得更多信任和认可，孔子学院所属学院、大学、当地将会以更加积极的态度理性认识中方的动机、理解汉办的作为，承担更多的责任，将孔子学院"视如己出"，自觉地维护它，把它当作自己未来发展的一部分，这是孔子学院发展的最高境界——命运共同体。当然，"美美与共"是一个长期的过程，要靠中外双方包容互鉴，"美人之美"，悦纳对方，在平等合作中满足自我需求，实现自我成长，最终升华为文明互补、文化共荣。孔子学院合作就像好的姻缘，能提升自我、成就人生。当然，错配的婚姻会分道扬镳，中外双方兴趣利益和发展方向不一致也可能导致孔子学院关闭叫停。离婚不会让人怀疑人生，憧憬美好姻缘的人大有人在，孔子学院也是一样。

作为中华民族复兴伟业的重要部分和关键步骤，中国语言文化传播、中外人文交流事业不可等闲视之、无所作为，重要的是方式、方法和途径。作为中方院长、教师工作在第一线，在认真做好手头事务的同时，应该对此进行深入思索和探讨。当大家都在努力做事并认真思考如何把事情做好时，好事情才会更顺利地变成好结果。在此感谢厦门大学汉语国际推广南方基地提供的机会。厦门大学是国内建立孔子学院最多的重点综合高校，也是多次获得总部褒奖的孔子学院建设先进单位，孔子学院院长学院设在厦大，每年的中外方院长培训成为厦大一道亮丽的风景线。汉语国际推广南方基地不仅通过卓有成效的具体工作推进孔子学院建设，还通过组织承办孔子学院中外研讨会、全球孔子学院院长培训、孔子学院和国际汉语教学研讨会等形式推动孔子学院研究。

感谢新加坡南洋理工大学公共管理研究生院刘宏院长和各位同仁，刘宏教授院长曾担任英国曼彻斯特大学孔子学院的首任院长，他以"外方院长"的视角给我提供了不少启发，更以合作导师的身份给我一年的访问交流提供了良好的研究条件，怀念那间宽敞明亮的办公室，还有从来不把我当外人的温馨氛围。感谢南洋理工大学孔子学院院院长梁秉赋老师和助理院长何奕恺先生，我冒昧前去访谈，他们热情接待，不吝赐教，还邀请我多次参加他们孔子学院的活动。梁院长在我案例初稿写好后，认真负责地进行全文核对，还密密麻麻地在旁边添加了许多文字材料，怕我再去取稿麻烦，亲自扫描后把电子版本发给我。他是我见过的最认真的访谈对象。还要特别感谢德国纽伦堡－埃尔兰根大学孔子学院中方院长李锷、德国杜伊斯堡－埃森大学鲁尔都市孔子学院中方院长刘靓、意大利罗马大学孔子学院中方院长张红。她们都是经验丰富的"老"院长，是我学习的榜样，向我提供了真诚的帮助，李锷还提供了很多资料和素材。感谢厦门大学公共事务学院提供良好研究氛围和出版支持，争取将孔子学院作为中国公共外交的典型案例融入教学科研，为我院"一流学科"建设贡献心力。衷心感谢院长同事们的支持与帮助，谨以这本书献给公共事务学院和政治学系！最后还要感谢本书的责任编辑孔继萍女士，关于孔子学院的书交给一位姓孔的编辑，这是缘分美满的安排！感谢孔老师的辛勤付出！

相信在各方支持下孔子学院本土化会进一步焕发孔子学院的办学优势，激发孔子学院的办学活力，使孔子学院机制更加成熟完善。十六年的翩翩少年一路走来，经历了风雨，也见到过彩虹，正在出落为谦谦君子——方而不割，廉而不刿，直而不肆，光而不耀。初心不改，信念常在，孔子学院必将在深化中外人文交流合作中发挥更大更好作用，成为中国软实力的响亮文化品牌和构建人类命运共同体的人文交流方案。